本书为教育部人文社会科学研究一般项目（项目批准号：10YJA770033）

西南大学中央高校基本科研业务费专项资金资助出版

刘志英　张朝晖　著

全面抗战时期大后方地方银行研究

科学出版社

北　京

内 容 简 介

全面抗战时期大后方地方银行研究，是抗日战争史与近代中国金融史研究中的一个重要领域。本书在总结前人成果的基础上，从历史学与经济学的双重角度，以宽广的视野对全面抗战时期大后方地方银行的发展演变历程进行了深入研究与论述，同时注重对大后方各省地方银行和典型的县银行进行个案分析。本书从宏观与微观的多个层面展现了大后方地方银行发展的全貌，深刻揭示了全面抗战时期大后方地方银行在支持和促进大后方经济发展中所发挥的作用，以及在推动中国西部地区金融业早期现代化进程中所产生的深远影响。

图书在版编目（CIP）数据

全面抗战时期大后方地方银行研究 / 刘志英，张朝晖著.—北京：科学出版社，2019.3
ISBN 978-7-03-060746-1

Ⅰ. ①全… Ⅱ. ①刘… ②张… Ⅲ. ①银行史-研究-中国-1937-1945
Ⅳ. ①F832.96

中国版本图书馆 CIP 数据核字（2019）第 043217 号

责任编辑：王 媛 李秉乾 / 责任校对：韩 杨
责任印制：张 伟 / 封面设计：黄华斌
编辑部电话：010-64011837
E-mail: yangjing@mail.sciencep.com

科学出版社出版
北京东黄城根北街 16 号
邮政编码：100717
http://www.sciencep.com

北京中石油彩色印刷有限责任公司 印刷
科学出版社发行 各地新华书店经销
*
2019年3月第 一 版 开本：720×1000 B5
2020年1月第二次印刷 印张：21 3/4
字数：347 000
定价：117.00 元
（如有印装质量问题，我社负责调换）

目　录

表目录

导　论

一、研究对象与研究意义

众所周知，地方银行制度是社会经济发展和金融体制演变的必然产物。从经验和理论上说，地方银行的创立是社会商品经济与信用制度发展到一定阶段的产物，特别是商业银行制度发展到较高阶段的产物。中国的金融制度，自晚清时期起开始了近代化的演变过程，出现了体现近代化的金融机构——新式银行。近代中国地方银行包括省地方银行和县市银行两类，与国家银行和商业银行共同构成整个银行事业，在金融体系中占据重要地位。省地方银行为各省政府投资或吸收一部分民商资金所创设，以调剂本省金融，扶助本省经济建设，开发本省生产事业，协助中央推行财政金融政策，并以本省省境为主要营业地区之银行。[①]县银行是由县政府以县乡镇之公款与民间资本合办，以该县境乡镇为营业区域，以"调剂地方金融，扶助经济建设，发展合作事业"[②]为宗旨的地方银行。近代中国地方银行与国家银行、商业银行不同，地方银行有着自己独特的发展历程，与主要社会力量发生着千丝万缕的关系，业务范围异常广泛，对地方经济有着举足轻重的影响。

省地方银行开始于清末，最初的兴起却与理论上的地方银行相悖，它的产生和发展并非完全是近代中国商品经济发展和地方经济发展的内在要求，也不是在商业银行得到充分发展之后的产物，而主要是近代中国金融业的超前发展和地方政府力量迅速上升相结合的地方割据的产物。而县银

---

① 郭荣生编：《中国省银行史略》，沈云龙主编：《近代中国史料丛刊续编》第十九辑，台北：文海出版社，1975年，第1—2页。

② 沈长泰编著，胡次威主编：《省县银行》，上海：大东书局，1948年，第73页。

行的历史虽可追溯到北京政府时期的农工银行，但真正的县银行则是1940年1月20日国民政府《县银行法》颁布后才建立起来的。因此，从整体上而言，近代中国的地方银行体系形成较晚，加之其资本来源受制于地方政府的财力，在业务经营上又远不如商业银行活跃，因而在中国近代金融体系中，地方银行居于一种特殊的边缘化地位，然而，全面抗日战争却使这种状况发生了深刻变化。

全面抗日战争时期，国民政府在西南、西北地区建立抗战大后方，战时大后方经济的开发和建设在一定程度上支撑了国民政府正面战场的抗战，使战时国统区经济在极端困难的情况下免于最后崩溃，为抗战的最后胜利奠定了经济基础，而金融与经济密不可分，大后方经济的开发和发展离不开金融的配合和支持，同时大后方经济与金融的建设，促成了中国经济的西部开发，缩小了大后方经济与东部沿海经济发展的差距。因此，战时大后方经济与金融史是中国近代经济史、金融史的重要组成部分。随着近代中国经济史研究的不断深入及西部大开发进程的加快，大后方经济与金融史越来越受到学界的高度关注，并日益体现出它在历史与现实中的独特价值。

战时大后方的地方银行，主要指全面抗战时期国民政府统治之西南地区的川、渝、康、滇、黔、桂及西北地区的陕、甘、宁、青、新等十一省市内各省地方银行及县银行。它们是支撑战时西南、西北地区地方经济的重要金融力量之一，是抗战大后方金融的重要组成部分。

全面抗战前，中国已形成了以上海为中心、以"四行二局"①为核心、以"南三行"②和"北四行"③等商业银行为主流的多种金融机构并存的金融体系，辐射中国东部及中部地区。全面抗战之后，东部沿江、沿海的大城市纷纷沦陷，战前以上海为中心的金融网遭受极大打击，损失惨重，国民政府被迫迁都西部的重庆。于是，西迁后的国民政府决定重建以重庆为中心的西南、西北金融网，支持大后方的经济建设。在大后方金融网建设中，以国家银行为骨干，地方银行为基础，商业银行相呼应，其他金融机构为补充，层层推进、

---

① "四行"是中国银行、交通银行、中国农民银行、中央银行；"二局"是邮政储金汇业局和中央信托局。
② "南三行"即上海商业储蓄银行、浙江兴业银行、浙江实业银行。
③ "北四行"即盐业银行、金城银行、中南银行、大陆银行。

全面发展。这一时期，战时的西南、西北地区及全国其他国统区的各地方银行就逐渐成为国民政府支撑西部及国统区经济发展的一个重要支柱。正是在国民政府的大力扶植下，全面抗战时期的各地方银行不仅积极协助政府执行国家的金融政策，而且对地方经济的建设更是不遗余力，对抗战时期国统区经济的发展起到了极大的促进作用，成为战时国民政府统治区中值得依赖的、重要的金融力量，为抗战的胜利做出了不可磨灭的贡献，同时这也是地方银行在近代中国金融史中发展最为辉煌的一段历史。

（1）研究的理论意义

全面抗战时期大后方的地方银行不仅是抗日战争史研究中的重要内容，更是近代中国金融史研究中不可缺少的组成部分。有鉴于此，笔者选择对"全面抗战时期大后方地方银行研究"这个目前学术界研究相对薄弱的环节进行研究，不仅可以弥补近代中国经济史、金融史研究领域的一个空缺，提升经济史、金融史研究的整体水平，而且对当代西部地区社会经济的发展和西部大开发的实施也有着重要的历史借鉴意义与现实意义。

（2）研究的现实意义

在全球经济一体化成为不可阻挡的潮流的今天，中国金融发展的模式和银行体系均面临着挑战。地方银行的崛起和发展是我国改革开放的产物，是金融深入变革的结果。金融体制从 20 世纪 80 年代中期建立两级银行架构，分设中央银行和专业银行起，直至 21 世纪初推出一批地方商业银行和城市商业银行，标志着金融体系改革进入了一个新的发展时期。随着中国经济的蓬勃发展，上海浦东发展银行、广东发展银行、重庆商业银行等一批地方性银行相继成立，地方银行同地方政府、地方经济的关系，与近代建立的省地方银行同地方政府、地方经济的关系有相当的可比性。为此，本书通过对近代中国地方银行，特别是对战时大后方地方银行与大后方经济的研究，总结其历史的经验与教训，对当代中国地方银行的发展可以提供纵向的历史借鉴与启示，具有深远的现实意义。

二、学术研究回顾

自改革开放以来，随着中国金融体制改革的展开，从历史的角度，对近代中国银行业进行探讨，对新式银行与近代中国社会经济发展之间的关系进行研究，不仅能揭示近代中国银行产生、发展、演变的历史轨迹，更能为我们今天银行业务的改革与发展提供纵向比较的宝贵历史经验。20世纪80年代以来，对近代中国新式银行的研究，就成了近代中国经济史，尤其是金融史领域中的重要内容之一。特别是进入21世纪以后，随着现代银行业的发展与新史学的兴起，以及跨学科研究方法的引入，银行史研究更是受到学术界前所未有的重视，逐渐被推向高潮，相关著作、论文大量涌现，在研究深度与广度上均有很大突破，此前的空白研究领域逐渐有所涉及，之前的薄弱研究环节也在不断加强，取得了令人瞩目的成绩。据统计，从20世纪80年代到2003年，已经有约50部银行史著作出版，至少发表了300多篇银行史研究论文。①此后的10年更是突飞猛进，国家银行、商业银行颇受学界重视，专著、论文纷呈迭出。研究重点在中央银行、中国银行、交通银行、中国农民银行、四联总处②及中国通商银行、"南三行"、"北四行"等，多集中于论述银行机构设置、体制演变、具体业务、人事变动、组织管理，以及银行业与社会经济发展的关系等问题，在研究观点、史料运用、研究方法上也有不断创新。

近年来，有关近代中国地方银行的整体与个案的研究成果也逐渐受到学界的重视，虽与国家银行、商业银行的研究成果相比略显微薄，但还是取得了不小的成绩，从笔者所搜集的以下有关近代中国地方银行整体研究及大后方省、县地方银行个案研究的情况，便可大致反映出此类问题的研究状况。

省地方银行重点针对城市，县市银行则更多面向农村，而目前对这一领域的研究才刚刚开始起步。在省、县银行的研究中，相比较而言，有关省地方银行的研究成果更为突出，在学术研究专著方面，《中国地方银行史》一书，是目前中国大陆唯一一部研究地方银行史的著作，是一部具有代表性的巨著，多达200万余字，书中全面论述了近代中国地方银行发展演变的历史，主要包括地方官银钱号、省市银行和革命政权银行等三部分。特别是比较详细地介绍了濬川源银行③、四川省银行、江苏省银行、浙江地方银行等数十家近代省市地方银行的兴衰、业务情况、组织机构等。书中不少珍贵的史料是中国人民银行总行金融研究所金融历史研究室主任姜宏业同志组织各地百余位金

---

① 易棉阳、姚会元：《1980年以来的中国近代银行史研究综述》，《近代史研究》2005年第3期，第254—256页。

② 四联总处是南京国民政府控制全国金融的机构，即"中央银行、中国银行、交通银行、中国农民银行联合总办事处"。

③ 注：浚川源银行，即濬川源银行，"濬"同"浚"，本书一律采用"濬"。

融史研究人员，对中国各地方银行创建和发展过程的研究成果的科学总结，因而是集体智慧的结晶。这是中国首部系统地记述中国各地方银行史的大型资料性工具书，是一部最全面、最真实、最有权威的银行专业史。它的出版，填补了中国地方银行史的一项空白，具有拓荒意义，它也是一部查阅中国各地方银行史、各民族货币经济史的必备工具书。①但可惜的是，由于近代时期中国设立的省地方银行数目惊人，很难对每一个地方银行都进行详细的考证和研究，书中只做了较为简略的线条性概述，每一个地方银行的研究字数尚不足千字，缺乏深入的探讨；涉及近代政府对地方银行的制度建设等问题，没有进行综合研究，同时，虽然该书名为研究地方银行，实则主要集中于省地方银行与少数市银行，对地方银行的重要组成部分——县银行则几乎没有涉及，不得不说是一种遗憾。不过，这部学术著作为我们进一步研究省地方银行提供了不少借鉴。

有关省地方银行的研究论文近年来层出不穷，其中有从较为宏观层面考察的，如《旧中国地方银行的发展》《清末民初形形色色的地方银行》《民国时期地方银行建设思想及对当前地方金融体系构建的启示》《限制与利用：南京国民政府时期省银行发行权的沿革》等②论文，即是从近代中国省地方银行整体发展概貌与特点、地方银行建设思想与纸币发行权等方面做了比较宏观性的研究。更多的研究则是体现在对省地方银行的个案考察与探究上，如对直隶省银行③、河南省银行④、山东省银行⑤、山西省银行⑥、绥远省银行⑦、浙

---

① 姜宏业主编：《中国地方银行史》，长沙：湖南出版社，1991年。

② 杨亚琴：《旧中国地方银行的发展》，《上海金融》1997年第4期，第43—44页；杜恂诚：《清末民初形形色色的地方银行》，《银行家》2003年第8期，第154—155页；刘京：《民国时期地方银行建设思想及对当前地方金融体系构建的启示》，《中国经贸导刊》2010年第9期，第43页；张秀莉：《限制与利用：南京国民政府时期省银行发行权的沿革》，《史林》2010年第5期，第136—143页。

③ 主要有申艳广：《民国时期直隶省银行研究》，河北师范大学硕士学位论文，2012年5月，第1—71页；申艳广、戴建兵：《直隶省银行挤兑风潮及其影响》，《江苏钱币》2011年第4期，第37—45页。

④ 主要有何志成：《解放前河南省银行的演变》，《河南金融研究》1983年第9期，第43—45页；徐维喜：《谈谈旧河南省银行第一次的成立》，《河南金融研究》1984年第8期，第63—64页；王迎春、王接福：《李汉珍与民国河南省银行》，《中州今古》1995年第5期，第41页。

⑤ 主要有朱连熙、孟珉：《张宗昌与山东省银行钞票》，《中国钱币》1992年第1期，第44—47页。

⑥ 主要有张正廷：《山西省银行片断回忆》，《山西文史资料》1997年第1期，第129—139页；李永福：《解放前山西省银行存在的合法性考证》，《山西高等学校社会科学学报》2000年第8期，第81—83页；何惠忠、柳崇正、段宝玲：《民国山西省银行的祁帮票商》，《山西档案》2007年第3期，第49—50页。

⑦ 主要有赵敏：《抗战胜利前后的绥远省银行》，《吉林省教育学院学报》2006年第5期，第64—67、56页；苏利德：《绥远省银行在抗日战争中的历史作用》，《内蒙古统计》2013年第5期，第54—56页。

江地方银行①、安徽地方银行②、江西裕民银行③、湖南省银行④、福建省银行⑤、广东省银行⑥等东中部地区的省地方银行进行了程度不同的个案分析与探究。虽然这些个案研究的深度与广度有所差别，有的省地方银行受到的关注度相对较高，如浙江、安徽、江西、福建等地的省地方银行，不少研究者通过深入挖掘各种已刊、未刊档案及文献资料，发表了一系列高质量的学术论文，对这些省的省地方银行历史沿革、制度建设及省地方银行与各省地方经济关系等都有专门论述。不仅如此，以上省份的省地方银行，还分别都有硕士论文进行过专题探究，而其他省份省地方银行的研究则仅停留于一般回忆录层面，仅做了简单的历史概述与货币发行等方面的介绍，缺少有分量的深入探讨。由于中国近代地方银行的广泛建立，且各省地方银行的情况又各不相同，它们与当地经济的关系更是呈现出显著差异，因此，对于地方银行的个案研究就显得十分必要，它们是整体研究的不可或缺的基础。

除此之外，有关全面抗战前西部及战时大后方各省地方银行的研究也已

---

① 主要有王恭敏：《浙江地方银行沿革》，《浙江金融》1987 年第 10 期，第 62—64 页；王恭敏：《浙江金融史简述》，《浙江学刊》1989 年第 6 期，第 28—31 页；吴东海、汤根火：《关于浙江地方银行纸币的几个问题》，《东方博物》2004 年第 3 期，第 6—11 页；周玮：《浙江地方银行研究（1923—1949）》，浙江大学硕士学位论文，2007 年 5 月，第 1—40 页；刘志英、张朝晖：《抗战时期的浙江地方银行》，《抗日战争研究》2007 年第 2 期，第 135—156 页；刘志英、张朝晖：《民国时期浙江地方银行的农贷研究》，《杭州师范学院学报（社会科学版）》2007 年第 1 期，第 69—77 页；张朝晖、刘志英：《近代浙江地方银行与政府之关系研究》，《财经论丛》2006 年第 6 期，第 95—100 页；张朝晖、刘志英：《浙江地方银行与近代浙江工商业》，《中国社会经济史研究》2011 年第 1 期，第 45—55 页。

② 主要有汪昌桥：《安徽地方银行史略》，《安徽史学》1991 年第 4 期，第 47—53 页；马陵合：《地方银行在农村金融中的定位与作用——以民国时期安徽地方银行为例》，《中国农史》2010 年第 3 期，第 82—92 页；冯定学：《试论抗战前安徽地方银行的农贷》，《传承》2010 年第 33 期，第 76—77 页；冯定学：《民国时期安徽地方银行研究》，安徽大学硕士学位论文，2011 年 5 月，第 1—53 页；王平子、马陵合：《金融监管体制下的地方银行——以民国时期安徽地方银行为例》，《历史教学（下半月刊）》2017 年第 11 期，第 22—28 页。

③ 主要有伍常安：《近代江西地方银行业的几个发展时期》，《历史档案》1990 年第 2 期，第 106—118 页；张开东：《论江西地方政府与裕民银行（1928 年—1946 年）》，江西师范大学硕士学位论文，2008 年 5 月，第 1—66 页；唐学智：《民国江西裕民银行述论》，南昌大学硕士学位论文，2008 年 12 月，第 1—54 页；万振凡、张开东：《论"政府主导模式"对中国近代地方银行发展的制约——以民国江西裕民银行为中心》，《江西师范大学学报（哲学社会科学版）》2009 年第 4 期，第 100—108 页。

④ 主要有袁常奇：《民国时期湖南省银行货币》，《金融经济》2008 年第 18 期，第 50—51 页；小河：《战时的湖南省银行》，《经贸导刊》1996 年第 9 期，第 44 页。

⑤ 主要有陈锦祥、林德志：《试述抗战前期的"福建省银行"》，《中国社会经济史研究》1990 年第 2 期，第 86—91、97 页；曾斌：《福建省银行研究》，福建师范大学硕士学位论文，2003 年 4 月，第 1—74 页。

⑥ 主要有叶少宝：《局势发展与民国地方官办银行经营模式的转变——以抗战前广东省银行为例》，暨南大学硕士学位论文，2005 年 5 月，第 1—59 页；屈晶：《抗日战争时期广东省银行的农贷活动研究》，暨南大学硕士学位论文，2010 年 6 月，第 1—36 页；张晓辉、屈晶：《抗战时期广东省银行农贷研究》，《抗日战争研究》2011 年第 4 期，第 112—117 页。

受到广泛关注和重视，分别取得了相当的研究成果。对四川省银行的考察相对集中①，分别对近代不同历史时期存在的四川省地方银行进行了考察，对其历史沿革、纸币发行、刘湘与四川省银行成立的关系等问题都有关注，特别是舒畅的硕士学位论文《四川省银行述论（1935—1949）》，利用四川省档案馆中有关四川省银行的未刊档案及相关文献资料，对1935—1949年的四川省银行发展与演变、人事制度、业务资金的来源及运用、业务种类等问题展开了较为深入的探讨，进而总结了四川省银行对当时社会经济的影响及作用。

对广西银行的研究，主要有《论旧广西银行的产生、发展和消亡》《张其煌与广西省银行券样票》《新桂系时期广西银行市场化探析》《广西银行及其发行的纸币》等文章②，它们都简略介绍了广西银行及其纸币的发行情况。《民国时期广西银行与社会的发展》及《广西银行业务研究（1932—1945年）》等硕士论文③，则在充分挖掘和利用各种文献史料的基础上，考察了广西银行的业务、组织机构、人事制度的发展变化以及广西银行在广西社会发展变迁中的作用。

对贵州银行的研究，《近代贵州金融业变迁中的省银行》一文，以叙述贵州银行变迁为主，以1935年为界，把贵州银行的发展分为前后两个时期，前期主要依附省财政，业务以发行货币为主；后期开始涉足实业，加入地方经济建设行列④；《我所知道的贵州省银行》一文，以回忆录的方式介绍了贵州银行的情况⑤。《贵州银行研究（1941—1949）》一文，通过对贵州省档案馆中有关贵州银行资料的梳理，主要从股份制公司治理结构、资金及经营范围、

①　主要的研究成果有：吴篆中：《重庆银行与四川地方银行的钞券》，《西南金融》1989年第S1期，第33—34页；张善熙：《民初的两个"四川银行"和两种"四川兑换券"》，《四川文物》1994年第4期，第48—50页；白兆渝：《刘湘与四川地方银行》，《文史杂志》2002年第6期，第46—48页；白兆瑜：《王陵基王锡琪叔侄与四川省银行》，《世纪》2008年第6期，第30—32页；田茂德：《四川省银行要略》，《西南金融》2003年第5期，第52—54页；田茂德：《四川省银行要略（续）》，《西南金融》2003年第6期，第53—55页；舒畅：《四川省银行述论（1935—1949）》，四川师范大学硕士学位论文，2007年4月，第1—63页；袁克林：《四川地方银行及四川省银行纸币发行始末》，《东方收藏》2012年第9期，第104—106页；许顺利：《民国时期四川省银行与四川经济发展关系研究》，西南财经大学硕士学位论文，2013年4月，第1—45页。

②　郑家度：《论旧广西银行的产生、发展和消亡》，《广西农村金融研究》1985年第6期，第29—34页；阳福明：《张其煌与广西省银行券样票》，《收藏界》2002年第11期，第51—52页；张奇峰：《新桂系时期广西银行市场化探析》，《广西财经学院学报》2009年第6期，第62—65页；沈飞：《广西银行及其发行的纸币》，《收藏》2013年第5期，第97—99页。

③　祝远娟：《民国时期广西银行与社会的发展》，广西师范大学硕士学位论文，2004年4月，第1—50页；夏彬洋：《广西银行业务研究（1932—1945年）》，广西师范大学硕士学位论文，2013年5月，第1—53页。

④　王庆德：《近代贵州金融业变迁中的省银行》，《贵州文史丛刊》2000年第4期，第26、38—41页。

⑤　赖永初：《我所知道的贵州省银行》，《贵阳文史》2005年第4期，第25—29页。

绩效方面概述了贵州银行的公司治理结构和业务网络，但缺少对贵州银行管理制度、业务经营及其发展过程等问题的分析。[①]《贵州银行的前世今生》与《贵州银行及其发行的纸币》，对贵州银行的历史发展与纸币发行做了简单介绍，但缺少深度。[②]《抗战时期贵州银行研究（1941—1945）》一文，则通过对贵州省档案馆藏档案以及民国报刊等原始资料的梳理，对贵州银行的建立与发展、贵州银行的现代化制度建设、贵州银行与贵州金融网的构建、贵州银行与战时贵州的发展等问题进行了研究。[③]

对云南富滇银行及富滇新银行的研究，主要有《再论富滇——富滇新银行》《试论1914年～1935年云南地方银行与法国东方汇理银行的博弈》《从富滇银行的历史看重建富滇银行的机遇与条件》《富滇银行时期云南金融恐慌的成因》《历史上的富滇银行》《缪云台与富滇新银行》等文章[④]，这些文章对近代云南历史上的省地方银行——富滇银行及富滇新银行的基本发展历史概貌有简略的叙述与分析，同时对云南近代的经济实业家和理财专家缪云台对富滇新银行进行的一系列改革展开了研究，认为缪云台对富滇新银行的改革是成功的，改革使云南的金融得到稳定，促进了云南的经济建设和云南地方政权的巩固与发展，有利于近代云南工业现代化的发展。

对陕西省银行的研究，目前有《民国时期陕西省银行小额贷款市场化运作经验探析及其现代启示》一文。通过对陕西省档案馆藏陕西省银行未刊档案及相关文献的收集与整理可知，20世纪30—40年代，陕西省银行为了扶助处于困境的小本农工商业，对陕西省境内从事的小额贷款业务进行了考察，并对小额贷款的市场化运作经验进行了总结。[⑤]

对新疆省银行的研究，主要有《略谈毛泽民改组新疆省银行》《民国年间

① 萧良武：《贵州银行研究（1941—1949）》，《贵州文史丛刊》2007年第2期，第94—99页。

② 安文：《贵州银行的前世今生》，《当代贵州》2012年第20期，第35—36页；沈飞：《贵州银行及其发行的纸币》，《收藏》2012年第19期，第117—119页。

③ 郑猛：《抗战时期贵州银行研究（1941—1945）》，西南大学硕士学位论文，2014年4月，第1—59页。

④ 常树华：《再论富滇——富滇新银行》，《云南财贸学院学报》1986年第3期，第31—36页；唐云锋、刘涛：《试论1914年～1935年云南地方银行与法国东方汇理银行的博弈》，《思想战线》2003年第3期，第65—68页；车辚：《从富滇银行的历史看重建富滇银行的机遇与条件》，《云南财贸学院学报》2006年第2期，第59—63页；梁宏志、唐云锋：《富滇银行时期云南金融恐慌的成因》，《云南民族大学学报（哲学社会科学版）》2008年第3期，第109—113页；屠涛：《历史上的富滇银行》，《传承》2009年第6期，第94—95、149页；汪良平、袁丽琴：《缪云台与富滇新银行》，《大庆师范学院学报》2012年第2期，第103—105页。

⑤ 李雨艾：《民国时期陕西省银行小额贷款市场化运作经验探析及其现代启示》，西北大学硕士学位论文，2008年6月，第1—44页。

新疆省银行研究》《近代新疆金融变迁研究（1884—1949）》等①，笔者通过对新疆维吾尔自治区档案馆藏档案及相关文献的收集，对民国时期新疆金融业的主要机构——新疆省银行的产生背景、发展过程、性质及影响进行了一些有益的探讨，其中发现了新疆省银行参与当时新疆的财政、金融、经贸等主要经济活动以及与全国的政治、经济状况密切相关，同时对盛世才、毛泽民等在新疆省银行的恢复与改组中的作用也进行了考察。

对西康省银行的研究，仅有《西康省银行及其发行的藏币券》一文，该文简要叙述了西康省银行发起所发行的藏币券，缺少有分量的研究成果。②

从以上可见，对于广大西部地区的省地方银行，虽然已经受到学术界的关注，对四川、贵州、广西、新疆等省份的省地方银行也有较为深入的研究，但这种研究还是参差不齐的，有些省份如云南、陕西、西康③等省，还是缺少探讨，特别是在个案研究基础上，从宏观的角度对全面抗战开始之后的大后方各省地方银行与抗战大后方经济金融发展关系等整体性研究更是不足。

相对于省地方银行而言，县地方银行的历史就要短暂得多，然而对其研究的起步虽晚，但却取得了相当的成果，纵观现有的研究情况，既有对民国时期县银行，特别是抗战时期县银行的总体考察，如史继刚的《民国前期县地方银行的创设》《县（市）银行与抗战时期的西南、西北金融网建设》《论抗战时期国民政府大力推广县（市）银行的原因》等系列文章④，对民国前期（1912—1937 年）县地方银行的创设情况做了概述，进而对战时国民政府创设和开展的县银行与西南、西北金融网建设之关系进行了论证，同时还对战时国民政府大力推广县银行的原因展开了较为深入的分析，认为战时县银行是当时政府为解决农村金融枯竭、弥补大银行业务经营不足、复兴农村经济、保障国家财税而设立的以县境为营业区域的一种基层金融机构，以"融通资财，振兴农工业"为宗旨。国民政府之所以要在其控制的大后方各省大力推广县（市）银行，一方面是为了复兴农村经济，增强经济实力以适应抗

①　主要有袁自永：《略谈毛泽民改组新疆省银行》，《新疆金融》1998 年第 10 期，第 49—52 页；郭丽：《民国年间新疆省银行研究》，新疆大学硕士学位论文，2007 年 6 月，第 1—65 页；郝宏展：《近代新疆金融变迁研究（1884—1949）》，中央财经大学博士学位论文，2013 年 3 月，第 1—125 页。

②　吴筹中、吴中英：《西康省银行及其发行的藏币券》，《中国钱币》1995 年第 1 期，第 40 页。

③　西康省，1939 年设置，1955 年建制撤销，并入四川省。

④　史继刚：《民国前期县地方银行的创设》，《四川师范大学学报（社会科学版）》1999 年第 1 期，第 80—84 页；史继刚：《县（市）银行与抗战时期的西南、西北金融网建设》，《四川金融》1999 年第 2 期，第 51—53 页；史继刚：《论抗战时期国民政府大力推广县（市）银行的原因》，《江西财经大学学报》2003 年第 3 期，第 29—31 页。

战需求，另一方面也是为了配合所谓的"新县制"建设，进一步强化中央对地方的控制等。抗战时期国统区的县（市）银行建设虽对复兴农村经济贡献殊微，但它对改变旧中国金融机构地域分布上的不平衡状况有一定的积极意义。《民国时期县银行的变迁、缺陷及启示》一文，不仅总结了民国时期的县银行在抗战爆发前及抗战期间有过辅助县域经济发展的作用，还对县银行存在的资本薄弱、信用不稳固、营业区域狭小、业务难发展、未能专注于服务三农、监管难度大、经营风险及脆弱性高等问题进行了分析，进而审视民国县银行经营实绩不尽如人意、由盛转衰的史迹及其弊端，具体考察了县银行发展过程中的缺陷，以及给我们今天地方金融发展带来的启示。[①]《抗战大后方金融网中的县银行建设》一文，根据四川省档案馆中有关县银行的资料及相关文献，认为战时县银行在大后方的推设是国民政府构建大后方金融网的重要举措，也是实施战时新县制的配套措施，根本目的是厚植"抗战建国"的物质基础。县银行在战时的大量出现是在特殊背景下政府不遗余力倡导的结果；县银行的发展推动了大后方金融网络的建设，并有利于地方经济的发展；战时县银行的发展主要集中于大后方的四川与陕西两省，尽管其分布趋势很不平衡，但对改变近代中国金融机构区域分布不合理的状况仍有积极意义。[②]《宪政视角下的南京国民政府县银行制度史论——以规则变迁为中心》一文则从法制的角度，认为民国时期中国银行体制配合行政组织机构逐步开始了三级建制——国家银行（含中央银行与特许银行）、省银行、市县银行，构成了县银行制度演进的路径依赖，将县银行的发展及 1940 年《县银行法》的公布，纳入宪政体制的视角下进行考察，为我们的研究提供了新的视角和思路。[③]除了以上综合性研究之外，还有一些对县银行的个案考察，如萧山县支行金融志编写组编写的《民国时期的萧山县银行》，就对民国时期具有典型性的萧山县银行进行了个案剖析。[④]虽然县市银行的个案研究相对于省地方银行而言比较薄弱，但仍为进一步的研究奠定了基础。

对县银行研究的重视，还表现在近年来有关于这一问题的学位论文不断

---

① 孙建华：《民国时期县银行的变迁、缺陷及启示》，《经济研究导刊》2011 年第 7 期，第 105—106 页。

② 刘志英：《抗战大后方金融网中的县银行建设》，《抗日战争研究》2012 年第 1 期，第 106—122 页。

③ 李永伟：《宪政视角下的南京国民政府县银行制度史论——以规则变迁为中心》，《中南大学学报（社会科学版）》2013 年第 2 期，第 106—111 页。

④ 萧山县支行金融志编写组：《民国时期的萧山县银行》，《浙江金融研究》1983 年第 1 期，第 29—30 页。

出现，根据目前所收集的资料显示，有关县银行的硕士学位论文就有两篇，金东的《民国时期县域新式金融机构的构建——以县银行为中心的考察》一文，对民国时期的县域金融机构的历史演变进行了考察，重点探讨了抗战时期县银行的发展情况。①遗憾的是，该文在论述战时县银行的发展情况时，重点集中于一般性分析，对战时设立县银行成就最大的四川、陕西两省则缺少考察，至于其他有关战时省、市、县银行的研究则几乎属于空白，未见有专文论述。这些文章仅粗略涉及近代中国地方银行的发展轮廓，而对近代各地涌现出来的地方银行的个案研究也仅局限于个别银行，有分量的、深入的个案研究更是阙如。而王冬梅的《国民政府时期的县银行研究（1940—1949）——以四川省县银行为例》一文则对此有了补充与完善，该文以国民政府时期的县银行为重点考察对象，通过对四川省档案馆藏的四川省政府财政厅全宗档案以及民国时期大量期刊的梳理，着重考察了县银行的创设缘由、发展历程、组织机构、人事制度等问题，试图展现金融机构在县域金融环境中的构建，系统而深入地探讨了县银行的业务详情、县银行发展中存在的问题及原因等，揭示县域金融中外部性的制度移植所面临的内外部挑战及最终绩效如何。②

　　此后，金东在其硕士学位论文的基础上又发表了两篇文章，即《20世纪40年代县银行存贷款业务论析》和《我国20世纪四十年代县银行资本考论》，它们对抗战时期及战后中国县银行的资本来源与存贷款业务情况进行了进一步的专题考察，文章认为，20世纪40年代，各县银行的资本额虽因地区差异而有所不同，但普遍存在着数额不足的问题。县银行的资本由公股和商股两部分构成，其来源五花八门，且难以筹齐。在筹集和扩充资本的过程中，容易产生县银行的权力落入地方强权人士之手及强行摊派股本等弊端。县银行的存款主要来自政府公款，存款形式则以活期存款为主，总体数额也比较低下。受有限的资本制约，县银行的贷款主要投放于商业领域而非经济建设。这样的存贷款状况，一方面显示出县银行在很大程度上扮演着政府的存储机构，另一方面也使得它为谋求生存而表现出明显的营利性倾向，而其自身的定位则一直未能真正确定下来。③

　　①　金东：《民国时期县域新式金融机构的构建——以县银行为中心的考察》，华中师范大学硕士学位论文，2008年5月，第1—89页。
　　②　王冬梅：《国民政府时期的县银行研究（1940—1949）——以四川省县银行为例》，西南大学硕士学位论文，2011年4月，第1—38页。
　　③　金东：《20世纪40年代县银行存贷款业务论析》，《宁夏大学学报（人文社会科学版）》2010年第5期，第112—116页；金东：《我国20世纪四十年代县银行资本考论》，《西南金融》2010年第5期，第66—69页。

综上所述，在近代中国的银行史研究中，存在着重视东部沿海地区而忽视西部地区的现象，也存在着重视国家银行、商业银行而忽视地方银行的现象。近年来，这种现象虽有所改观，对近代中国地方银行的研究也取得了相当的成就，但总体而言，多局限于就事论事，在省地方银行的研究中只对个别银行的具体问题展开议论，而在县银行的研究中，虽重视了整体考察，但又忽略了个体研究，整体上还没有将其置于全国银行体制中加以研究，对地方银行与地方经济发展关系的研究则更显薄弱。目前，对抗战大后方地方银行的研究现状，存在如下突出的问题：

（1）缺乏有分量、有见地的系统性专题研究。仅从现有的研究成果来看，主要集中于对个别省份的地方银行有一些个案研究，缺乏对整个抗战大后方地方银行进行宏观考察，甚至有许多领域几乎还是一片空白，无人涉足，至今尚无一本系统、全面研究抗战大后方地方银行发展与变迁的专著出版。

（2）史料的挖掘与运用方面存在严重不足。在目前已出版的相当一部分与大后方地方金融相关的史料中，对地方银行的史料搜集十分缺乏，在现有的相关资料的发掘上还不是十分充分，尤其是缺乏对档案与当时的报刊等资料系统而深入的挖掘和运用，如大后方各省市档案馆中保存的大量相关档案资料都未能得到很好的采用。

（3）研究方法单一。现有成果一般是从历史学的角度、用历史学的方法来研究，单纯实证叙述较多，理论分析的少，尤其缺乏相关经济学、金融学理论的运用。对地方银行的研究也仅局限于个案分析，未能很好地将地方银行与国家银行、商业银行进行对比研究，从而探索其对大后方经济、金融的作用。

三、主要研究资料介绍

历史科学的一个最显著的特征是它的实证性，进行史学研究，除了要有正确的理论和方法外，最重要的是要有可靠、丰富的史料支撑。离开了史料的发掘和利用，史学研究就失去了生存的基础，就不可能成为科学，任何一位严肃的史学工作者都会非常重视对史料的发掘、收集和利用。笔者在从事全面抗战时期大后方地方银行研究时，正是从这方面开始努力，笔者的研究主要依据以下资料。

（一）档案资料

对档案资料的发掘和利用，在当今的史学界，特别是近现代历史的研究中，已经得到了极大的重视。档案资料又分为已刊档案与未刊档案两大类。笔者的研究中除了大量查阅与采用已经刊出的档案文献资料外①，则把更多的精力放在对各级档案馆中大量未刊档案的搜集、整理上，通过对这些未刊档案资料的整理与采用，来补充已刊档案资料的不足。因此，在笔者的研究中，这部分档案资料占据着最为核心的地位，是研究结论的最有力的史料基础。

（1）台湾"国史馆"藏档案资料。台湾"国史馆"中虽没有直接关于抗战大后方地方银行的档案全宗，但是，在国民政府（全宗号：001）、资源委员会（全宗号：003）、国防部军事情报局（全宗号：148）、外交部（全宗号：020）、财政部（全宗号：018）等档案全宗里，有国民政府关于省地方银行的制度建设、大后方部分省县地方银行的业务情况等相关资料，为笔者将抗战大后方地方银行融入整个近代中国银行发展历史中考察提供了坚实的史料基础。

（2）重庆市档案馆藏档案。在中国银行重庆分行（全宗号：0287）、交通银行重庆分行（全宗号：0288）、中国农民银行重庆分行（全宗号：0289）、四联总处重庆分处（全宗号：0292）、中央信托局重庆分局（全宗号：0294）、四明商业储蓄银行重庆分行（全宗号：0314）、上海商业储蓄银行重庆分行（全宗号：0310）、美丰商业银行（全宗号：0296）、川盐银行（全宗号：0297）、重庆市银行商业同业公会（全宗号：0086）、交通部重庆电信局（全宗号：0344）、东川邮政管理局（全宗号：0340）、民生实业公司（全宗号：0328）等全宗里面，有国民政府财政部有关管理地方银行的政策法规等训令、四川省银行工

---

① 笔者运用的主要已刊档案资料汇编有：吴冈编：《旧中国通货膨胀史料》（上海：上海人民出版社，1958 年）；中国人民银行总行参事室编：《中华民国货币史资料（1912—1927）》（第一辑）（上海：上海人民出版社，1986 年）；云南省档案馆、云南省经济研究所合编：《云南近代金融档案史料选编（1908—1949 年）》第一辑（上、下）（内部资料，1992 年）；重庆市档案馆、重庆市人民银行金融研究所合编：《四联总处史料》（上、中、下）（北京：档案出版社，1993 年）；中国第二历史档案馆编：《中华民国史档案资料汇编》（南京：江苏古籍出版社，1991—2000 年）；财政部财政科学研究所、中国第二历史档案馆编：《国民政府财政金融税收档案史料（1927—1937 年）》（北京：中国财政经济出版社，1997 年）；四川联合大学经济研究所、中国第二历史档案馆编：《中国抗日战争时期物价史料汇编》（成都：四川大学出版社，1998 年）；贵州省档案馆编：《贵州企业股份有限公司》（上、下）（贵阳：贵州人民出版社，2003 年）；重庆市档案馆：《抗战时期大后方经济开发文献资料选编》（内部资料，2005 年）；洪葭管主编：《中央银行史料（1928.11—1949.5）》（上、下）（北京：中国金融出版社，2005 年）；重庆市档案馆、重庆师范大学合编：《中华民国战时首都档案文献·战时工业》（重庆：重庆出版社，2008 年）；重庆市档案馆、重庆师范大学合编：《中华民国战时首都档案文献·战时金融》（重庆：重庆出版社，2008 年）等。

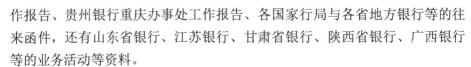

作报告、贵州银行重庆办事处工作报告、各国家行局与各省地方银行等的往来函件,还有山东省银行、江苏银行、甘肃省银行、陕西省银行、广西银行等的业务活动等资料。

(3)四川省档案馆藏档案。主要利用的档案全宗有三个:四川省政府财政厅档案(全宗号:民059),其中县银行的档案资料相当丰富。而对四川省银行则专门有一个全宗(全宗号:民072),该档案共计7135卷,主要反映1939—1949年四川省银行各项金融法规、组织人事制度、事业概况、省银行历年工作计划、省银行行务会议、董事会会议记录、总行及各行处业务报告、储蓄与存放款业务等。此外,在中国农民银行成都分行档案(全宗号:民071)里也有部分与四川省银行相关的资料。

(4)贵州省档案馆藏档案。在本次研究中,笔者利用的档案资料涉及贵州银行(1912.2—1949.11,全宗号:M56)的,共有1155卷,收录了从1912年2月,滇军入黔,成立贵州都督府,将贵州官钱局改名为贵州银行之后,直到1949年11月,贵阳解放,贵州银行被贵阳市军事管制委员会接管的民国时期各个不同阶段的贵州银行的资料,其中,以1941—1949年的档案为主体,主要内容包括:①董事会、监事会年会会议记录,董事会会议记录、议案,股东会、股东常会记录;行务会议记录,总行工作报告及概况;金融调查及经济研究报告等。②银行组织文件、章则,贵州银行章程,筹备会、创立会文件;银行改组及各分支行处筹设、称谓、等级升迁、停业、撤退等。③业务会议记录;该行及所属各分支行处计划、报告以及办理汇兑、放款、托收、托运、托管、保险、代理省市县库材料;库款缴拨、会计处理、账务审核等。④人事章则及建议,人事动态;行员训练、考绩、奖惩;员工薪金、福利、抚恤规章及实施;职员名册,股东、董事会、监事会名册等。

(5)陕西省档案馆藏档案。在陕西省档案馆中保存着完整的陕西省银行(1930—1949,全宗号:22)的档案资料,馆藏全宗共有档案398卷,主要收录了1930年杨虎城入主陕西后,于同年10月设立陕西省银行,到1949年5月西安解放后该行撤销前,民国时期不同阶段陕西省银行的各类资料。主要内容包括两个方面:①该行董事会章程、年度工作报告、人事管理记录、各行处行务会议记录以及报告战乱中被炸、各行处撤退情况等内容。②业务方面有:财政部、陕西省政府、该行发行兑换券等的密令与报告;该行巩固金融、增加生产办法;该行业务报告;监理工作报告等资料。

(6)甘肃省档案馆藏档案。虽然该省档案馆中保存有甘肃省银行的全宗档案，但遗憾的是，当笔者到甘肃省档案馆查阅时，该卷未对外开放，这使笔者未能看到有关甘肃省银行的最为核心的材料。不过从甘肃省参议会（全宗号：14）中查阅到了《甘肃省银行行务报告书》（1941 年）、《甘肃省银行之农贷业务》（1941 年）等资料，同时还从档案馆所藏资料中查阅到了甘肃省政府编的《甘肃省银行概况》（1942 年 2 月 25 日）、甘肃省银行经济研究室编的《甘肃省银行小史》（1945 年 6 月 1 日本行成立五周年纪念日出版）、甘肃省银行编的《甘肃省银行成立七周年纪念特刊》（1946 年 6 月 1 日）等当时出版的珍贵文献资料，对笔者了解与认识甘肃省银行有很大帮助。

以上是笔者查阅到的未刊档案资料的基本情况，至于全面抗战时大后方其他省份省银行的情况，目前还没有查获到直接的未刊档案资料。关于青海省银行，虽然青海省档案馆中有关于该行的全宗档案，但目前尚未开放。云南省档案馆中也有关于富滇银行与富滇新银行的档案全宗，无奈当笔者去查阅时未能如愿，不过该档案馆已经整理编辑了相关金融业的资料汇编，对此能够弥补。从目前的宁夏省档案馆公布的全宗来看，并没有关于金融机构方面的档案。而陕西省档案馆中也有陕西省银行的全宗档案，笔者虽然查阅了相关资料，但还未系统整理出来，只能从其他资料中弥补了。

（二）民国时期的报刊资料

目前已搜集到的与大后方地方银行直接相关的报刊资料共计有 50 多种，其中最为重要的是由专业银行专门组织的经济研究室编辑出版的经济、金融专业期刊，如中央银行经济研究处编印的《金融周报》（1936—1949 年）、《中央银行经济汇报（半月刊）》（1939—1945 年），中国银行总管理局（重庆）编印的《中行农讯》（1941—1942 年），重庆中国银行编的《四川月报》（1932—1938 年），交通银行总管理处编的《交通银行月刊》（1939—1940 年），广东省银行经济研究处编印的《广东省银行季刊》（1941 年），四川省银行经济调查室（1935 年 12 月前为四川地方银行经济调查部）编的《四川经济月刊》（1934—1943 年）、《四川经济季刊》（1943—1947 年）及《四川经济汇报》（1948—1949 年），湖南省银行经济研究室编的《湖南省银行经济季刊》（1942—1944 年），四川省银行编的《四川省银行行务月刊》，陕西省银行编的《陕行汇刊》，陕西省银行经济研究室编的《西北经济》（1948 年）等。由其他金融机构及金融学会组织编辑出版的金融专业期刊有邮政储金汇业局（重庆）发行的《金融知识》（1942—1944 年），银行学会编印的《金融导报》

（1939—1941 年），重庆市银行业学谊励进会编的《银励》（1939—1941 年），银行学会编印的《银行周报》（1917 年 5 月—1949 年）等。由政府机构组织编辑出版的经济、金融类专业期刊有财政部金融研究委员会编的《金融季刊》（1944 年），云南省财政厅财政经济编辑室编的《财政经济》（1945—1946 年），四川省政府[发行者]（成都）《四川统计月刊》（1939—1946 年）等。也有由各种经济协会与组织、高校经济学系等编辑出版的经济、金融类专业期刊，如重庆新经济半月刊社编的《新经济（半月刊）》（1938—1945 年），新云南半月刊社编的《新云南》（1939 年），财政评论社编印的《财政评论》（1939—1948 年 10 月），重庆中国国民经济研究院编辑的《西南实业通讯》（1940—1948 年），重庆川康建设杂志社编的《川康建设》（1943—1945 年），贵州企业同仁总会编的《贵州企业季刊》（1942—1943 年），国民经济研究所编的《经济动员（半月刊）》（1938—1940 年），中国经济建设协会编的《经济建设季刊》（1942—1945 年），陕西省农业改进所编的《陕农月报》（1941 年），西北经济研究所编的《西北经济通讯》（1941—1942 年）等。此外，战时出版的综合性报刊如《新华日报》（1937—1945 年），《大公报》（重庆）（1937—1949 年）等同样刊载了大量与战时省县地方银行相关的信息与资料。

以上这些各级各类的经济、金融类专业期刊，主要刊载了西部地区省县地方银行的成立、发展情况，各种调查与统计资料。另外，还就当时经济、金融发展形势进行了理论探讨，并提出了建议和批评。这些期刊以其消息权威、内容丰富、数据详尽，在经济、金融界及社会上产生了较大的影响，这些报刊资料真实地反映了战前与战时广大西部地区地方银行发展的原貌，已成为当今研究战时大后方地方银行发展史中不可或缺的珍贵史料。

（三）民国时期的资料汇编与著述

民国时期的经济、金融类资料汇编与省地方银行直接相关的，首推经济、金融类年鉴，它们都是由当时的经济、金融类机构组织编写的，真实地记录和反映了当时中国金融的本来面目，是研究抗战大后方地方银行的不可多得的珍贵史料。主要有《财政年鉴》（1935 年、1945 年）、《财政金融大辞典》（1937 年）、《中国经济年鉴》（1936 年、1947 年）、《中国金融年鉴》（1939 年、1947 年）、《全国银行年鉴》（1934 年、1935 年、1936 年、1937 年）、《中国县银行年鉴》、《民国三十年实用国民年鉴》（1941 年）、《陪都工商年鉴》（1945 年）、《中国工商要览》（1948 年）等。其中，尤其值得一提的是《全国银行年鉴》

与《中国金融年鉴》。《全国银行年鉴》由中国银行经济研究室编辑和出版，始自 1934 年，终于 1937 年，共出版四次，反映了 1934—1937 年上半年全国银行业的概况，其中对省市银行的发展情况、相关法规，都有调查和公布。该年鉴征集资料全面，调查广泛，内容翔实，统计数字尤具权威，对我们了解全面抗战前中国广大西部地区地方金融机构的分布与金融业的发展情况，以及其在中国金融业中的地位和作用，有着重要的价值。全面抗战后，中国银行总管理处亦由上海内迁至重庆，如此规模巨大的全国性银行年鉴，限于战时条件，遂未能继续编辑出版。《中国金融年鉴》（1939 年、1947 年），是继《全国银行年鉴》停刊后，全面反映战时中国金融业，特别是战时大后方金融业的大型资料汇编，1939 年版的资料搜集到 1938 年 6 月止，1947 年版的资料搜集到 1947 年 7 月止。特别是 1947 年版的《中国金融年鉴》，分列了战时省县地方银行总分支机构的简史、地址、资本、组织、负责人等。该年鉴资料翔实，卷帙浩繁，为我们研究战时西部省县地方银行留下众多有价值的史料。

各省县银行在发展中还将自己的经营发展情况汇编成资料结集出版，如陕西省银行编的《陕西省银行二十六年份通函汇编》（1938 年）及《陕西省银行民国三十年营业报告》（1942 年），北碚农村银行编的《北碚农村银行报告书》（1937 年），甘肃省银行编的《一年来之甘肃省银行》（1939 年）及《甘肃省银行三十二年度业务报告》、《甘肃省银行三十三年度业务报告》、《甘肃省银行三十四年度业务报告》，董文中编辑的《中国战时经济特辑续编》（1940 年），杨宗序编著的《金融——四川内地金融考察报告》（1939 年），杨晓波编的《四川省银行工作报告——民国三十一年度》（1942 年），张肖梅编著的《四川经济参考资料》（1939 年）、《贵州经济》（1939 年）及《云南经济》（1942 年），赵廪的《金融法规续编》（1942 年）等。

以上这些都是由当时的财政部、经济部、四联总处、各地方政府及相关经济、金融机构组织以及个人编写的经济、金融类法规，文献汇编，调研考察报告，统计资料，业务报告，金融概况，金融机构的沿革历史等资料，它们生动地展示了当时金融发展的各个方面，为我们深入探讨和研究大后方的金融现状与各类金融机构的具体个案提供了丰富可靠的珍贵文献资料参考。

近代中国省县地方银行自成立之日起，当时的学术界和学者就对这一经济现象给予了普遍关注，在其推广过程中，亦不断有人对其进行研究和探讨，并陆续出版了一批研究成果，其中既有官方组织编著的，也有民间私人编写的，既有专门性的论著，也有相关的著作。反映当时中国省地方银行的研究成果体现在徐学禹、丘汉平编著的《地方银行概论》（1941 年），郭荣生编的《中国省银行史略》（1975 年）、《中国省银行史话》（1944 年）及《中国省地方银行概况》（1945 年），刘佐人著的《省地方银行泛论》（1946 年），沈长泰编著的《省县银行》（1948 年）等著述中，它们分析了地方银行的经营管理状况及其发展演变情况，是当时比较全面研究地方银行的专著。这些人的研究，为我们今天重新认识和探讨近代以来的中国省地方银行留下了不可多得的宝贵资料，使之可与档案资料互为印证，互相补充。

研究县银行的专著性成果。广西银行总行经济研究室编著的《县市银行手册》（1944 年），分 6 章详细介绍了县银行设立的要义、筹备步骤、行址选择、内部组织、各股主办事项及各项规章法令。陕西省财政厅第四科编印的《陕西县银行服务人员手册》（1944 年），主要介绍了国民政府的县银行法令和陕西省本省的各项县银行规程。莫文闰编著的《县银行之理论与实务》（1944 年），从县银行的重要性、历史演进、业务、会计制度，以及与各级金融组织的联系等 5 个方面进行了系统论述。高造都著的《县银行实务论》（1944 年，据作者授课讲义编成）一书，包括总论、业务、会计、出纳、总务 5 编；此册仅收“总论”“业务”2 编，叙述县银行的筹设、管理及有关业务；该书附录部分包括银行法、银行注册章程、管理银行信用放款办法及公司法等有关章则法令。王沿津编的《中国县银行年鉴》（1948 年），全书分为 6 编，分别介绍了中国县银行史料、对全国县银行的调查、有关县银行的各项法规及当时的物价变动和国内外经济概况。时任财政部主管县银行的科长沈长泰先生在《中国县银行年鉴》（1948 年）中的《中国县银行史略》一文中对县银行的由来做了简要介绍。另外，沈长泰先生编著的《省县银行》（1948 年）一书，在阐明银行与国民经济的关系和我国银行事业发展历史的基础上，对我国县银行的历史沿革、组织资本、业务状况、预算决算及盈余分配等做了全面论述并展望其未来。卓宣谋著的《新县制与县乡银行》（1941 年）、彭俊义著的《县银行的业务与会计》（1944 年）、蓝尧衢著的《成都市银行的实务和法理》（1946 年）等，对县银行推广与新县制的关系、县银行的具体业务情况和属于县银行范畴的成都市银行等个案进行了理论分析，这些资料为我们深入考察和认识民国时期的县银行提供了丰富的实证史料。

除了以上直接对省县市地方银行的研究之外，在关于全面抗战前与战时金融机构的专题研究著述、西部各地金融业发展等著述中，也有不少论述省县地方银行的部分，如周葆銮编纂的《中华银行史》（1919 年）、孙德全编的《银行揽要》（1919 年）、李道南编的《我国银行业之今昔》（1932 年）、吴承禧著的《中国的银行》（1934 年）、姚曾荫著的《战后银行组织问题》（1940 年）、交通银行总管理处编印的《各国银行制度及我国银行之过去与将来》（1943 年）、寿进文著的《战时中国的银行业》（1944 年）、朱斯煌著的《银行经营论》（1939 年）、潘益民编的《兰州之工商业与金融》（1936 年）、千家驹等编的《广西省经济概况》（1936 年）、冯谷如著的《四川金融》（1940 年）、陕西省银行经济研究室编辑的《十年来之陕西经济》（1942 年）等。以上著述涉及抗战大后方金融业的整体发展、金融政策与制度的建立，为我们全面认识抗战时期的省县地方银行提供了必不可少的历史背景。

以上档案资料、民国报刊文献与资料汇编和著述，为本书的主体史料来源。同时，当代学者对近代中国省县地方银行的相关研究著述和发表在各级各类学术期刊上的专题研究论文，对于笔者来说，是进入该领域研究不可或缺的第二手资料，为笔者进一步的探索奠定了必不可少的研究基础。笔者在研究之中，将对前人的各类研究成果有所鉴别、有所取舍地进行借鉴，力求在前人多番耕耘过的田地上再次耕耘时，能做出视野、观点、资料或论说方式等方面的创新。

四、研究架构与研究方法

全面抗战开始前，由于东西部经济发展的区域性差异很大，中国近代化的工商业及金融业主要集中在东部沿江、沿海地区。抗战开始后，随着国民政府的内迁，重庆成为战时首都，全国的主要政治、经济机构和许多工商企业向西部大后方转移，大后方经济迅速发展起来。由于战时经济的刺激和国民政府努力建设西南、西北金融网，以重庆为中心的大后方金融业获得较快发展，战时金融体系得以建立。在这个金融体系中，大后方地方银行的建立、完善与发展是全面抗战时期大后方金融业的重要组成部分。本书在广泛分析和吸取前人研究成果的基础上，尽量详细、全面地占有和分析各种相关文献史料，搞清基本史实，并在此基础上，重点利用经济学的相关理论及研究方法，从历史学与经济学的双重角度，将抗战时期西南、西北整个大后方的地方银行发展作为一个整体来考察，同时注重对大后方各省级地方银行，以及典型的县银行进行个案分析，做到宏观考察与微观研究相结合，对其发展演变历程做多视角的研究与深入的论述。重点将运用制度经济学理论，考察战时大后方地方银行制度在国民政府的强力干预下，所发生的强制性制度变迁。同时通过对大后方地方银行对各省、市、县地方生产事业所需资金融通的探讨，深刻揭示抗战时期大后方地方银行在支持和促进大后方各省、市、县及乡镇的工业、农业、商业、交通事业的发展中所起到的作用，以及地方银行的发展在推动中国西部地区金融业早期现代化、缩短东西部经济金融间差距中所起到的作用。

（一）本书研究的重点

（1）抗战大后方地方银行的体系构成，包括大后方各省的省级地方银行、内迁省级地方银行、县银行、乡镇银行及其关系。

（2）大后方地方银行与地方经济的关系，主要探讨大后方地方银行业与工业、商业、农业的关系。

（二）本书研究需要突破的难题

（1）抗战大后方地方银行制度的建立与变迁，着重探讨抗战时期国民政府推动建立大后方地方银行业（特别是对于省地方银行、县地方银行）发展的政策措施。

（2）抗战大后方地方银行与国家银行、商业银行关系研究。

（3）抗战大后方省地方银行与县银行、乡镇银行关系研究。

总之，本书将着力于挖掘原始资料，将重点发掘与利用台湾"国史馆"，中国第二历史档案馆，重庆市档案馆，四川、云南、贵州、陕西、甘肃、宁夏等省级档案馆大量未刊档案资料，以及当时的报刊文献，力求使问题的研究拥有丰厚、扎实的资料依据，在认真、细致地梳理档案资料和报刊资料的基础上，构建自己的研究体系。在从事历史研究的同时，注意借鉴经济学、管理学、财政学、金融学等相关学科的专门知识和理论做多角度综合分析，在研究中注重史论结合，提升观察研究对象的立意，使本书能在资料、方法及观点上都有所创新。

（三）基本思路

本书拟从以下七个部分进行研究。

第一部分：全面抗战前的西部地方银行业发展状况。主要从以下方面展开研究：①战前中国地方银行的发展概貌；②战前西南各省地方银行的发展概貌；③战前西北各省地方银行的发展概貌。

第二部分：全面抗战时期大后方地方银行的制度建设。主要从以下方面展开研究：①战时关于省地方银行制度建设的思想认识与论争；②20世纪40年代县银行发展的困境及其存废之争；③战时国民政府对大后方省地方银行的监管；④20世纪40年代县银行的制度建设。

第三部分：全面抗战时期省地方银行的变迁。主要从以下方面展开研究：①战时东中部省地方银行的演变；②战时大后方省地方银行地位的提升；③战时大后方省地方银行发展演变的特点分析。

第四部分：全面抗战时期西南地区省地方银行组织机构和业务的发展。主要从以下方面展开研究：①战时的四川省银行；②战时的贵州银行；③战时的富滇新银行；④战时的广西银行；⑤战时的西康省银行。

第五部分：全面抗战时期西北地区省地方银行组织机构和业务的发展。主要从以下方面展开研究：①战时的陕西省银行；②战时的甘肃省银行；③战时的宁夏银行；④战时的新疆商业银行。

第六部分：全面抗战时期大后方县银行机构的建立与发展。主要从以下方面展开研究：①战时大后方县（市）银行的建立与发展概况；②典型剖析一——战时四川省的县银行；③典型剖析二——战时陕西省的县银行。

第七部分：地方银行业与抗战大后方经济。主要从以下方面展开研究：①西南地区各省地方银行对本省工商业的投资；②西北地区各省地方银行对本省工商业的投资；③大后方省银行与地方农业的关系；④大后方县银行业与县级地方经济的关系。

（四）研究方法

本书在方法上首先是运用历史学的基本研究方法，通过对史料的搜集、整理、排比、归纳及因果分析，探索全面抗战时期大后方地方银行发展演变的历史轨迹。其次，在历史研究的基础上，尽量结合经济学、货币银行学、管理学、金融学等相关学科的专门知识和理论，特别是重点运用银行学与制度经济学的相关理论，对本书进行经济学角度的综合分析与比较，以期对所研究的问题有较全面、准确、深刻的科学认识。努力走历史学研究方法与经济学、金融学研究方法相结合，定量分析与定性分析相结合，动态研究与静态研究相结合的道路。

第一章 全面抗战前的西部地方银行业发展状况

地方银行的存在是近代中国金融业中的独特现象。它虽属于国家银行体系，但又不是国家银行的分支机构，而是自成系统的地方政府掌握的金融机构。近代中国地方银行包括省地方银行与县（市）地方银行两部分，省地方银行是以一省省境为主要营业地区之银行，县（市）银行主要是以一县（市）、县（市）境为主要营业地区的银行。本章将主要探讨 1937 年全面抗战前，中国地方银行的发展概况以及西部地区地方银行（主要是省级地方银行）的产生与初步发展情况。

第一节 全面抗战前中国地方银行的发展概貌

近代中国的省地方银行兴起于晚清时期，是从晚清地方官银钱号演变而来的。咸丰二年（1852 年），北京官银号首先设立，此为设立官银钱号之发轫。此时的清政府正处在鸦片战争失败之后，并要平定太平天国的革命关头，军需孔急，清政府在京城内外招商设立官银钱号的目的即在发行钞票，渡过财政上的难关。[1]在清政府的倡导下，京外各省中首有四川官钱局、湖南阜南官钱局与吉林通济官钱局相继宣告成立，它们是中国省地方银行之开端。[2]自咸丰年间至中日甲午战争（1894 年）前，各省设立的官银钱号共有 12 家。[3]后因办理不善，近代中国首批官银钱号中途停滞。

清末设立省地方银行的主张是由省地方政府提出来的，设立省地方银行

---

[1] 陈寿琦：《论地方银行之将来》，《四川经济季刊》1943 年第 1 卷第 1 期，第 275 页。
[2] 郭荣生编：《中国省银行史略》，沈云龙主编：《近代中国史料丛刊续编》第十九辑，台北：文海出版社，1975 年，第 15 页。
[3] 姜宏业主编：《中国地方银行史》，长沙：湖南出版社，1991 年，第 3 页。

主要是为了维持地方财政，发展地方经济。省地方银行组织结构和管理制度的制定既受西方银行制度的影响，又吸收了传统金融机构票号的许多有益做法，其所用管理和办事人员也多系经营过票号的人，这与其他性质的银行是不同的。清光绪二十八年（1902 年），直隶省于天津创设的直隶省银行，是近代中国最早建立的省地方银行。[①]其次是四川省的濬川源银行，"濬川源"意即开通四川省的财源，其建行的宗旨和目的是维持四川财政，成立于光绪三十二年（1906 年），此后陆续成立的省地方银行有广西银行（1910 年）、浙江银行（1910 年）、福建银行（1911 年）、贵州银行（1911 年）。

自光绪中叶以迄清末，清政府又陆续设立了官银号或官（银）钱局，其省份主要有豫、鄂、鲁、吉、燕、赣、湘、粤、辽、川、皖、陇、热、新、贵、黑、苏、桂、浙、陕、闽、晋等 22 家之多。[②]其间，不少官银号开始改组为省地方银行，如广西官银号改设为广西银行，浙江官银号改设为浙江银行，其他如湖北、江苏、吉林、奉天、黑龙江、湖南、河南、江西等省在光绪末年实际上也已担负起了省银行的职能。光绪、宣统两朝成立之省地方金融机构，受辛亥革命影响，凋谢殆尽，所存者为数甚少，详见表 1-1。

表 1-1　受辛亥革命影响倒闭改组之省地方金融机构

行局名	成立年月	总行所在地	停业改组年月
广东官银钱局	光绪三十年（1904 年）	广东番禺	辛亥革命后，1915 年结束
江西官银钱局	光绪二十九年（1903 年）	江西南昌	辛亥革命后倒闭
湖南官钱局	光绪二十九年（1903 年）	湖南长沙	1912 年改组为湖南银行
兰州官银钱局	光绪三十二年（1906 年）	甘肃兰州	1913 年改组为甘肃官银号
浙江银行	宣统元年（1909 年）	浙江杭州	1912 年改称中华民国浙江银行
四川濬川源银行	光绪三十二年（1906 年）	四川成都	辛亥革命后一度停业，旋复业，1916 年停闭
秦丰官钱局	宣统二年（1910 年）	陕西长安	辛亥革命后停业
山东官钱局	光绪二十七年（1901 年）	山东济南	1912 年 8 月改组为山东银行
裕宁官钱局	不详	江苏江宁	辛亥革命后收结
裕苏官钱局	不详	江苏苏州	辛亥革命后收结
广西银行	光绪四年（1878 年）	广西邕宁	1912 年停业
裕皖官钱局	光绪三十二年（1906 年）	安徽芜湖	1912 年改组为临时中华银行

资料来源：郭荣生编：《中国省银行史略》，沈云龙主编：《近代中国史料丛刊续编》第十九辑，台北：文海出版社，1975 年，第 17—18 页，有改动。

[①] 胡铁：《省地方银行之回顾与前瞻》，《金融知识》1942 年第 1 卷第 6 期，第 14 页。另，杨亚琴（《旧中国地方银行的发展》，《上海金融》1997 年第 4 期）认为：1905 年在四川创办的濬川源银行是中国成立最早的地方银行。笔者经过考察与研究，认为此说法欠妥。

[②] 寿进文：《战时中国的银行业》，出版社不详，1944 年，第 12 页。

在受辛亥革命影响而倒闭的 12 家省地方金融机构中，属于西部地区的有 4 家，占 1/3。而在存续下来的 10 家省地方金融机构中，属于西部地区的仅四川濬川源银行 1 家。这说明，西部地区地方金融业在清末民初相对于全国而言，还是十分薄弱的。

中华民国成立以后，新式银行之勃发，顿如雨后春笋，在 1912 年一年间，宣告成立者达 17 家之众。其中 8 家系省银行性质：①江苏银行，系江苏省政府拨资开办，于 1 月间成立，总行设于上海；②富滇银行，系云南省政府特拨公款所创，总行设于昆明；③秦丰银行，系陕西官钱号所改组，总行设于长安，后改为富秦银行；④福建银行，系福建官银号改组而成，总行设于福州；⑤湖南银行，系湖南官钱号所改组，总行设于长沙；⑥江西民国银行，系江西官钱号所改组，以南昌为其总行所在地；⑦广西银行，总行设于邕宁；⑧临时中华银行，总行设于芜湖。①在这 8 家新设立的省地方银行中，属于西部地区的有 3 家，占 37.5%。

辛亥革命以后，新设的省地方银行大多数也都是在原有官银号基础上扩建或改建而成的。②北京政府时期的地方银行与地方军阀密切相关，成为军阀筹措军政费用的工具，倒闭停歇不断。据统计，1927 年以前省立性质之地方银行数共 23 家。③1912—1928 年，省地方银行中有 13 家倒闭，存在最短的仅有 2 年，最长的也仅有 15 年，平均不到 6 年，可见其寿命之短促。④

1927 年南京国民政府成立以后，特别是在 20 世纪 30 年代，南京国民政府在形式上完成了对全国的统一之后，省地方银行有了较快的发展，其新设之省行，则绝少停业情况之发生，实为近代中国地方银行发展史上之重大进步。从 1927 年到全面抗战前，全国新设立的省地方银行，计有江西裕民银行、河南农工银行、江苏省农民银行、湖北省银行、湖南省银行、河北省银行、江西建设银行、新疆省银行、陕西省银行、宁夏省银行、广东省银行、河北民生银行、山东省民生银行、富滇新银行、四川地方银行、福建省银行、广东实业银行、安徽地方银行、广西农民银行、西康省银行、贵州银行等 21 家，

---

① 徐学禹、丘汉平编著：《地方银行概论》，福州：福建省经济建设计划委员会，1941 年，第 38—39 页。

② 谢杭生：《清末各省官银钱号研究（1894—1911）》，《中国社会科学院经济研究所集刊》第十一集，北京：中国社会科学出版社，1988 年，第 219—220 页。

③ 徐学禹、丘汉平编著：《地方银行概论》，福州：福建省经济建设计划委员会，1941 年，第 42 页。

④ 徐继庄：《我国省地方银行问题》，《金融知识》1942 年第 1 卷第 6 期，第 6 页。

加之此前设立且继续存续的江苏银行、山西省银行及浙江地方银行（1923 年由浙江地方实业银行分出），这一时期共计 24 家银行（表 1-2）。其中仅河北民生银行一行于 1933 年停办，广东实业银行与广西农民银行分别合并于广东省银行与广西银行两省行，四川地方银行改组为四川省银行。[①]

　　总体而言，据调查，1937 年"七七事变"发生前夕，全国共有银行 164 家，除已停办的河北民生银行外，其中省银行共 23 家，约占全国银行总数的 14%，全国银行分支行合计 1627 家，其中省地方银行的分支行合计 487 家，约占全国总数的 30%。[②]由此可见，到全面抗战前，中国的省地方银行逐渐走上轨道。

表 1-2　全面抗战前全国省立银行统计表

银行名称	设立年月	设立时总行所在地
江苏银行	1912 年 1 月	上海
山西省银行	1919 年 1 月	阳曲
浙江地方银行	1923 年 3 月	杭州
江西裕民银行	1928 年 1 月	南昌
河南农工银行	1928 年 3 月	开封
江苏省农民银行	1928 年 7 月	镇江
湖北省银行	1928 年 11 月	汉口
湖南省银行	1929 年 1 月	长沙
河北省银行	1929 年 3 月	北平
江西建设银行	1930 年 3 月	南昌
新疆省银行	1930 年 7 月	迪化
陕西省银行	1930 年 12 月	长安
宁夏省银行	1931 年 1 月	宁夏
广东省省银行	1932 年 1 月	广州
河北民生银行	1932 年 4 月成立，1933 年 1 月奉令停办	天津
山东省民生银行	1932 年 7 月	济南
富滇新银行	1932 年 9 月	昆明
四川地方银行	1934 年 1 月成立，1935 年 11 月改组为四川省银行	重庆
福建省银行	1935 年 10 月	福州
贵州银行	1930 年 1 月建立，1935 年停办	贵阳
广东实业银行	1936 年 1 月成立，1938 年 2 月并入广东省银行	广州
安徽地方银行	1936 年 1 月	芜湖

---

① 胡铁：《省地方银行之回顾与前瞻》，《金融知识》1942 年第 1 卷第 6 期，第 15—16 页。
② 傅兆莱：《国家银行专业化后之省地方银行》，《财政知识》1942 年第 2 卷第 1 期，第 27 页。

续表

银行名称	设立年月	设立时总行所在地
广西农民银行	1937年3月，后并入广西银行	桂林
西康省银行	1937年3月	康定

资料来源：徐学禹、丘汉平编著：《地方银行概论》，福州：福建省经济建设计划委员会，1941年，第48—49页。

从全面抗战前全国省立地方银行的设立与发展情况来看，省立地方银行从事营业者共23家，然而，各省银行所具有之资力究属如何，可以通过从各行1936年12月31日止的资产负债情形，抽出实收资本、公积金与各项存款三项列为简表，得到进一步的分析与说明（表1-3）。

表1-3　截至1936年底中国各省地方银行资力比较表　　单位：万元

行名	实收资本	公积金	各项存款	总计
江苏银行	200	104	3687	3991
山西省银行	2000	24	2121	4145
浙江地方银行	300	27	2637	2964
江西裕民银行	200	18	1274	1492
河南农工银行	154	49	491	694
江苏省农民银行	400	60	2685	3145
湖北省银行	300	16	1078	1394
河北省银行	150	—	—	—
湖南省银行	150	91	954	1195
江西建设银行	50	5	27	82
陕西省银行	100	6	889	995
广东省银行	1040	110	2320	3470
山东省民生银行	320	7	580	907
广西银行	308	33	1030	1371
四川省银行	200	20	1490	1710
福建省银行	100	—	540	640
安徽地方银行	100	—	232	332
广东实业银行	100	—	245	345

资料来源：徐学禹、丘汉平编著：《地方银行概论》，福州：福建省经济建设计划委员会，1941年，第95—96页，有改动。

注：本表中广东省银行中的数据单位原为毫银元，为与表中其余数据单位保持一致，故将其单位折合成国币（每144毫银元合国币100元）；广西银行中的数据单位原为毫银元，为与表中其余数据单位保持一致，故将其单位折合成国币（每2毫银元合国币1元）。

　　由表 1-2 和表 1-3 可见，在全面抗战前设立的 23 家省地方银行，其中西康省银行及广西农民银行两家，皆成立于 1937 年春，在 1936 年底自无资产负债可言。其余成立于 1937 年以前的 21 家省营银行中，河北省银行、宁夏省银行与富滇新银行等 3 家，俱无公开营业报告，仅知河北省银行于 1935 年已收足资本为国币 150 万元；宁夏省银行额定资本为国币 200 万元，是否收齐不得而知；富滇新银行于其成立时，虽积有半元银币 1600 万元，但因负有整理富滇银行钞票数千万元之责任，也不能视为充实之资本。再有新疆省银行一家，以该省省票 1 两为计账单位，而每两票因发行过滥，价值倾落，也不宜用作统计及比较标准。这样，能进行比较的就只有 17 家银行。在这 17 家银行中，资本实收额最大的是山西省银行，国币 2000 万元；其次是广东省银行，其资本为 1500 万毫银元（每 144 毫银元合国币 100 元），合国币 1040 万元；江苏省农民银行为国币 400 万元，列居第三位；山东省民生银行为国币 320 万元，列居第四位；广西银行为 616 万毫银元（每 2 毫银元合国币 1元），合国币 308 万元，列居第五位。浙江地方银行、湖北省银行等 2 家，各为国币 300 万元，除江西建设银行外，其余银行资本实收额皆在国币 200 万元至 100 万元之间。

　　公积金之最多者为广东省银行，约 110 万余元；其次为江苏银行，为 104万元，湖南省银行 91 万元位列第三，江苏省农民银行 60 万元列第四，河南农工银行 49 万元列第五。福建省银行、安徽地方银行、河北省银行、广东实业银行，由于成立未久，尚无公积金可言，其余银行公积金亦皆在 40 万元以下。

　　从存款来看，各项存款（储蓄部独立者，储蓄存款亦列在内）最多者，首推江苏银行，为 3687 万元；其次是江苏省农民银行，为 2685 万元；浙江地方银行第三，为 2637 万元；广东省银行第四，为 2320 万元；山西省银行第五，为 2121 万元；四川省银行第六，为 1490 万元。其余银行存款皆在 1300万元以下。江西建设银行因未代理省县金库，存款仅 27 万元。

　　从各行资力之综合情况来看，山西省银行实力最强，达 4145 万元；其次是江苏银行，为 3991 万元；广东省银行第三，为 3470 万元；江苏省农民银行第四，为 3145 万元；浙江地方银行第五，为 2964 万元，其余银行资力皆在 1800 万元以下。不过，在上列 5 家资力较厚之银行中，山西省银行于 1931年曾以纸币滥发而濒于破产，广东省银行则因发行数额庞大，借给地方政府之放款过多，而困难重重。因此，战前各省银行中，资力确实坚强且信誉比较昭著者，应该是江苏银行、江苏省农民银行以及浙江地方银行 3 家银行。

笔者再从全面抗战前全国各省地方银行的分支机构情况分析，到 1937 年初夏，在全国 23 家省地方银行中，除西康省银行刚成立，尚未设置分支机关外，其余 22 家皆设有分支行办事处。各行员生人数，则自 20 余人至 60 余人。凡分支机构越多之银行，其员生人数亦即越多，故两者之多寡，皆足表明每一银行规模之大小。

表 1-4　截至 1937 年春季至夏初各省银行分支机关及员生统计表

行名	分行/处	支行/处	办事处/处	分理处或相似机关/处	分支机关合计/处	全行员生总数/人
江苏银行	6	8	20	—	34	442
山西省银行	9	—	10	16	35	364
浙江地方银行	8		38		46	547
江西裕民银行	5		25	1	31	304
河南农工银行	2		27	—	29	237
江苏省农民银行	17	6	49	1	73	631
湖北省银行	—		7	7	14	162
湖南省银行	3	—	8	—	11	161
河北省银行	6	42	5		53	611
江西建设银行	4	—	2	2	8	123
新疆省银行	8		—		8	113
陕西省银行	1		29		30	145
宁夏省银行	—		6	—	6	26
广东省银行	2	5	5		12	428
山东省民生银行	—		8		8	170
广西银行	7	—	24	1	32	484
富滇新银行	4		4		8	166
四川省银行	2		12	3	17	198
福建省银行	1		12	7	20	384
安徽地方银行	3		34	—	37	179
广东实业银行	—		1		1	19
广西农民银行			12		12	130
西康省银行	—		—		—	22
总计	88	61	338	38	525	6046

资料来源：徐学禹、丘汉平编著：《地方银行概论》，福州：福建省经济建设计划委员会，1941 年，第 99—100 页。

由表 1-4 可知，全面抗战前全国各省地方银行中，设立分行最多者为江苏省农民银行，达 17 处，其余皆在 10 处以下，或则并无稍具规模之分行。而从各行分支机关合计数字看，也是江苏省农民银行居首位，高达 73 处；其次是河北省银行，为 53 处；浙江地方银行第三，为 46 处，以下依次是安徽地方银行、山西省银行、江苏银行等。

从各行员生人数分析，江苏省农民银行为第一，631 人；河北省银行为第二，611 人；浙江地方银行为第三，547 人；广西银行第四，484 人；以下依次为江苏银行，442 人；广东省银行，428 人；人员最少者为广东实业银行，19 人，另外，宁夏省银行及西康省银行仅 20 余人，其余各行，为 110 余人至 380 余人。

全面抗战前，由于县市银行基本上处于萌芽时期，中国的地方银行主要以省地方银行的发展为主。下面，笔者将处于萌芽状态下的县银行的情况作一简要的阐述。

晚清时期，各地并无县银行之设置，州县官款，多存放当地殷实典当票号，或作周转资金，遇有紧急需用，亦多向典当票号贷借，借渡难关。民国时期的县银行，其前身最早可追溯到北京政府时期的农工银行。早在民国四年（1915 年）10 月 8 日，即由北京政府财政总长周学熙呈准公布《农工银行条例》46 条，规定："农工银行，以通融资财，振兴农工业为宗旨"，"以一县境为一营业区域。在一营业区域内，以设立一行为限"。周学熙一面于财政部内设立全国农工银行筹备处，以王大贞、陈昌谷二人为主任，卓定谋等四人为筹议员，负责统筹各省农工银行的设立及推进事宜；一面在京兆区域内，择定昌平、通县两县，各设农工银行一所，以为全国的示范。[1]同时咨行各省长、官督和绅商，斟酌实际情形就地筹设。计 1918 年有杭州农工银行，1921 年有太仓银行的设立。[2]不幸的是，因为当时军阀醉心于混战，弄得民不聊生，连初具规模的全国农工银行筹备处也在 1921 年不得不宣布撤销筹备处，改为全国农工银行事务局，举凡农工银行之筹设经费，均由该局监督。1923 年，复撤销该局，并其事务于财政部泉币司。[3]此后，全国各地仿行而设立者颇多。如 1922 年设有江丰农工银行及吴县田业银行、1924 年有嵊县农工银行及瓯海实业银行的筹设等。[4]各地亦多有设立者，当时各县银行的营业虽注重农工放款，尤其特别注重对农工、不动产、农作物、渔业权等放款，但其实质却与

---

① 杨及玄：《由县银行法的公布说到四川各县的县银行》，《四川经济季刊》1944 年第 1 卷第 2 期，第 159 页。
② 方振经：《论县银行》，《银行季刊》1948 年第 1 卷第 3—4 期，第 42 页。
③ 张与九：《抗战以来四川之金融》，《四川经济季刊》1943 年第 1 卷第 1 期，第 68 页。
④ 方振经：《论县银行》，《银行季刊》1948 年第 1 卷第 3—4 期，第 42 页。

一般商业银行似乎没有多大的差别，并未真正具备县银行的职能。①至 1926 年，仍在 10 家以下。②但这些农工银行，因自身和外部环境的种种弊端，发展并不理想，几年后大都停业，在中国银行制度史上，并未发生重大影响。

南京国民政府建立后，农工银行的建立有所增加，1935 年 11 月 4 日，国民政府进行法币改革时，即决定成立县乡银行，以推行法币于中国广大之乡村，同时完成各项章则，成立筹备处积极推进，后因各方意见未能一致，乃暂行搁置。③据统计，全面抗战前，全国以县镇为营业区域之银行仅 26 家，其中属浙江者最多，达 13 家，占全数 1/2 以上。其次为四川 5 家，江苏 3 家，陕西、湖南、广东、福建与北平各 1 家。具体情况详见表 1-5。

表 1-5　截至 1937 年 6 月底全国县银行一览表

行名	设立日期	实收资本/万元	出资性质	董事长	经理	总行所在地	备考
江津农工银行	1935 年 1 月 6 日	10	民营	樊肇海	邓燮康	四川江津	1942 年春增资为 500 万元
北碚农村银行	1931 年 7 月 10 日	4	公营	卢作孚	伍玉璋	四川北碚	
棠香农村银行	1934 年 5 月 1 日	10	民营	胡汉循	李乐奇	四川荣昌	
垫江农村银行	1935 年 11 月 1 日	3	民营	沈其宇	闵陶笙	四川垫江	
金堂农民银行	1935 年 11 月 16 日	6	公营	曾少琪	颜如愚	四川金堂	
陕北地方实业银行	1930 年 12 月 1 日	6	公营		阎骏程	陕西榆林	
津市农工银行	1935 年	5	民营	伍葆元	胡彬生	湖南津市	
中山民众实业银行	1936 年	62	公营	郭泉	黄文坚	广东中山	沦陷
莆田实业银行	1930 年 5 月 1 日	5	民营	张治如	徐咏沧	福建莆田涵江	1938 年停业
义东浦地方农民银行	1934 年 6 月 23 日	5	公营	章松年	周剑佩	浙江义乌	1939 年清理
金武永地方农民银行	1934 年 5 月	5	公营	陈开泗	俞孝克	浙江金华	1939 年清理完竣
衢县地方农民银行	1929 年 5 月 30 日	6	官商合股	项槐	陈叔贤	浙江衢县	1939 年清理
嘉善地方农民银行	1933 年	6	公营		顾赓扬	浙江嘉善	1939 年在慈溪清理
海宁地方农民银行	1933 年 2 月 1 日	10	公营	黄曝寰	顾达一	浙江海宁	1937 年迁永康清理

---

① 王璧岑：《县银行与地方经济建设》，《财政经济》1945 年第 3 期，第 1 页。

② 徐学禹、丘汉平编著：《地方银行概论》，福州：福建省经济建设计划委员会，1941 年，第 38、51 页。

③ 郭荣生：《县乡银行与农业金融制度之建立》，《中央银行经济汇报》1941 年第 3 卷第 7 期，第 28 页。

续表

行名	设立日期	实收资本/万元	出资性质	董事长	经理	总行所在地	备考
崇德县农民银行	1933年4月1日	6	公营	徐世钰	姚乃嵒	浙江崇德	原地沦陷迁地整理
嘉兴县地方农民银行	1932年7月1日	11	公营			浙江嘉兴	原地沦陷迁地整理
余姚县农民银行	1932年10月	10	公营	林泽	黄泉如	浙江余姚	
绍兴县农民银行	1934年3月24日	5	公营	陈焕	朱仲华	浙江绍兴	
嵊县农工银行	1924年4月15日	10	民营	钱惟烈	汪正金	浙江嵊县	沦陷
瓯海实业银行	1924年	25	民营		张惠篿	浙江永嘉	
嵊新地方储蓄银行	1933年7月1日	8	民营	俞士燮	汪尚志	浙江嵊县	沦陷
平阳县农民银行	1934年7月1日	4	民营	徐用	庄士杰	浙江平阳	
太仓银行	1921年	25	民营	龚鸣璈	邵孟刚	江苏太仓	沦陷
江丰农工银行	1922年	20	民营	施肇曾	施士彬	江苏吴县	沦陷
吴县田业银行	1922年	25	民营	丁春芝	潘起起	江苏吴县	沦陷
北平农工银行	1935年9月2日	5	公营		武向臣	北平	沦陷

资料来源：郭荣生：《县银行之前瞻及其现状》，《中央银行经济汇报》1942年第6卷第7期，第41—43页。

就表1-5资本来源言，公营者13家，民营者12家，官民合资经管者1家。就实收资本数额多寡言，以广东中山民众实业银行62万元为最多，瓯海实业银行、吴县田业银行及太仓银行之各收25万元次之。其中实收5万—6万元者为数较多，共11家；最少者四川垫江农村银行，实收资本仅3万元。

在西部地区，四川最早设立农工银行，1931年7月10日，北碚农村银行正式开业，额定资本10万元，实收4万元。董事长卢作孚，经理伍玉璋，在重庆设办事处。该行于1928年10月发起组建，章程以服务农村社会，发展农村经济，提倡农村合作为宗旨。[1]其次是江津农工银行，早在1933年7月设在江津县，额定资本10万元，实际收足。董事长为樊肇海。但因江津农村合作事业不发达，开办初期工农放款都感困难，直到1934年12月19日，江津农工银行的设立登记才获得实业部批准，故于1935年1月6日正式宣告成立。此后，1934年5月1日，荣昌县棠香农村银行开幕。由棠香中学校长龙树芬发起筹组，资本由校款拨给10万元。校董任董事，校长等5人任监察人，

---

[1]　田茂德、吴瑞雨、王大敏整理：《辛亥革命至抗战前夕四川金融大事记（初稿）》（四），《四川金融研究》1984年第9期，第38页。

校董胡汉循为董事长，校事务主任李乐奇任经理。而金堂农民银行与垫江农村银行，均于 1935 年设立，前者在金堂县，额定资本 10 万元，后者在垫江县，额定资本 10 万元，二者资本均未收足。①据不完全统计，到 1935 年底，四川全省农村银行逐渐设立，有北碚农村银行、江津农工银行、棠香农村银行、綦江农村银行、梁山农村银行、垫江农村银行、璧山农村银行、纳溪农村银行、金堂农民银行、彭益银行、通江平民银行等多家。②1937 年 2 月 12 日，云阳国民经济建设支会，在云阳县政府召开第三次会议，由卢县长任主席，其中关于金融之决议案有：①筹办县银行；②基金定为 10 万元；③以 100 元为一股、计 1000 股；④由金融界约集全县绅商 20 人为发起人，每一发起人负责募集股本 5000 元。③

总之，全面抗战开始前的县银行处于萌芽时期，全国有县级银行 26 家。其中，属于浙江省者最多，共 13 家，占总数的 1/2。西部地区仅 6 家（四川 5 家，陕西 1 家），占总数的 23.08%。而抗战以前之县地方银行，因无中心组织，系统紊乱，名称互异，散处各地，行政不能统一，且多数县立或商办之县银行，为地方有权力者把持，以投机营业为目的，更以人才及技术关系，不能推广农村业务，而趋于商业往来与证券投资。因此，这一时期的县银行"大多资力薄弱，而且名不副实"④，而趋于商业投机，对于扶助生产，复兴农村贡献殊微。⑤从制度层面看，县银行的真正建立则是 1940 年，伴随着国民政府《县银行法》的颁布而开始的。

市立银行则以广州市立银行为嚆矢。1927 年 4 月，该市财政局长陆幼刚，委任筹备委员 3 人，以发展社会经济，辅翼政府建设为宗旨，组织该行，同年 11 月开幕，代理市金库事项，并经营其他银行业务。继而先后有南昌市立银行（1928 年 6 月）、南京市民银行（1928 年 12 月）、上海市银行（1930 年 2 月）、青岛市农工银行（1933 年 1 月）、北平银行（1936 年 3 月）、天津市民

---

①　张与九：《抗战以来四川之金融》，《四川经济季刊》1943 年第 1 卷第 1 期，第 68 页；田茂德、吴瑞雨、王大敏整理：《辛亥革命至抗战前夕四川金融大事记（初稿）》（四），《四川金融研究》1984 年第 9 期，第 40—41 页。

②　田茂德、吴瑞雨、王大敏整理：《辛亥革命至抗战前夕四川金融大事记（初稿）》（五），《四川金融研究》1984 年第 10 期，第 39 页。

③　《云阳筹设县银行》，《四川经济月刊》1937 年第 7 卷第 1—2 期合刊，第 20—21 页。

④　中国第二历史档案馆编：《中华民国史档案资料汇编》第五辑第一编：财政经济（七），南京：江苏古籍出版社，1994 年，第 357 页。

⑤　四川省档案馆藏四川省财政厅未刊档案，档号：民 059—1—0849。

银行（1936 年 4 月）等 6 家。①由于自 1927 年划市以后，行政独立之市区为
数尚少，同时已经独立之市区又未能遍设市立银行，故全国市立银行之数仅
前列 7 家。"七七事变"爆发后，上数各都市先后陷落，致使市立银行之营业
大部分中断。

第二节　全面抗战前西南各省地方银行的发展概貌

在西南地区，省级地方银行的发展并不是太晚，四川省是最早成立省级
地方银行的，其次是贵州省、广西省和云南省，成立最晚的则是西康省。下
面，笔者将依照成立时间的先后，将西南地区各省地方银行在全面抗战前的
建立、发展与演变情况做出简要介绍。

一、四川的省级地方银行

四川省是清末建立省级地方银行较早的省份之一，早在咸丰二年（1852
年）北京官银号的倡导下，京外各省中首有四川官钱局、湖南阜南官钱局与
吉林通济官钱局的成立。四川官钱局作为咸丰初年最早设立的三家地方官钱
局之一，于咸丰四年成立，为协助镇压太平天国，大力推行"户部官票"与
"大清宝钞"，后因币值低落，人民拒用，官钱局终于停闭。中日甲午战争后，
四川银紧钱荒，川督鹿传霖虽已奏准在川开铸银元和铜元，但因铸造银元与
铜元需要开铜矿、购机器，非旦夕所能收效，便于光绪二十三年（1897 年）
在成都匆忙办起蜀通官银钱局，借拨藩库银 5 万两，宝川局钱 5 万串，作为
成本，强力推行石印官票，仅成都一地，即发行 41 万余张，换钱 54 万多串。
蜀通官银钱局将成本及官票换取的现款一并存商生息，全省数月间榨取民财
3.6 万余两。1899 年 11 月，宣告停业。②此为四川省级地方银行的前身，而四
川省地方银行肇始于 1905 年创办的濬川源银行，建行的宗旨和目的是维持四
川财政。从 1912 年中华民国的成立到 1937 年全面抗战前，四川一直处于军
阀割据的混乱局面，地方银行的建立主要是为军阀政权服务的，在此期间，
四川省建立的主要地方性银行如表 1-6 所示。

---

① 徐学禹、丘汉平编著：《地方银行概论》，福州：福建省经济建设计划委员会，1941 年，第
38 页。
② 中国人民政治协商会议四川省成都市委员会文史资料研究委员会编：《成都文史资料选辑》
第 8 辑（内部发行），1985 年，第 11—12 页；姜宏业主编：《中国地方银行史》，长沙：湖南出版社，
1991 年，第 4 页。

表 1-6　1911—1937 年四川省地方银行建立情况一览表

银行名称	建立日期	总行地址	停业日期
四川银行	1911 年 12 月 8 日	成都	1913 年夏
濬川源银行	1912 年 11 月	成都	1927 年
中和银行	1921 年 6 月 1 日	重庆	1936 年
四川银行	1923 年 6 月	重庆	1923 年 10 月 16 日
四川官银号	1923 年 9 月	成都	1924 年 2 月
重庆官银号	1923 年 11 月	重庆	1924 年 12 月 14 日
人和银号	1926 年	宜宾	
裕通银行	1927 年	成都	1932 年 9 月
龙绵银行	1927 年	二十九军防区内	1928 年 3 月
长江银行	1928 年 2 月	万县	1929 年 1 月
四川西北地方银行	1928 年 4 月	绵阳	1930 年
二十一军总金库	1930 年 9 月	重庆	1935 年 8 月 10 日
四川西北银行	1932 年 9 月	三台	1935 年
二十八军总金库	1932 年	成都	1935 年 6 月
新川银行	1935 年 1 月 20 日	成都	1935 年 5 月
四川地方银行	1934 年 1 月 12 日	重庆	1936 年 11 月 1 日
四川省银行	1935 年 11 月 1 日	重庆、成都	1949 年

资料来源：姜宏业主编：《中国地方银行史》，长沙：湖南出版社，1991 年，第 157—159 页；田茂德、吴瑞雨、王大敏整理：《辛亥革命至抗战前夕四川金融大事记（初稿）》（一）（二）（三）（四），《四川金融研究》1984 年第 4、5、8、9 期。

由表 1-6 可知，在这一时期里，军阀混战在四川省最为严重，一省之内大小军阀十几个，把全省分作若干"防区"，拥兵称雄，各霸一方。其混战次数之多、时间之久、范围之广、危害之大，全国罕见。1926 年，四川军阀易帜为国民革命军后，战事更加频繁，每年军费上亿元。各军阀为了扩军混战，除了增税外，还利用货币金融工具把办银行视为"摇钱树"，随军滥发不兑现的纸币，榨取民脂民膏。此时的四川省境内建立如此多的地方性银行就是这一状况的反映，其中还有专门为军队所控制的二十一军总金库与二十八军总金库，各地方银行的中心任务是通过滥发纸币为各地军阀提供军政费用，充当各个军阀实行军阀割据政权的金融工具。1933 年之后，四川政局基本稳定，此时为统一币制、复兴经济而设立的四川省银行，又因"剿赤"军费浩繁，于 1934 年 9 月后，继续增发纸币，最高额达到 3723 万余元。超量发行造成币值低落，挤兑风潮时有发生。下面，笔者将对全面抗战前四川省境内地方

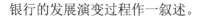

银行的发展演变过程作一叙述。

（一）濬川源银行与防区制下的军阀金融机构

晚清时期，四川的省级地方银行有濬川源银行与四川银行两处，而民国以后，四川银行归并于濬川源银行。

光绪三十一年（1905 年），在四川重庆创办的濬川源银行，虽不是中国成立最早的地方银行，但却是西部地区成立最早的省级地方银行。该年四月初六日，四川总督锡良向慈禧太后和光绪皇帝上《川省创办银行折》并附上《银行章程》36 条，指出，川省银行定名为濬川源银行，建行的宗旨和目的是维持四川财政，"濬川源"意即"开通川省利源"，该行资本"拟由司库筹拨银三十万两，另招商股二十万两，共合官商股本五十万两，先于成都、重庆两处开设银行，并以股款试行大小钞票，无论盐粮厘税，一切交纳公款，均准搭用。……俟根基稳固，再行分设京、津、沪、汉等处，以期展拓规模，扩充利益"。5 月 30 日奉到朱批："财政处、户部知道，单并发。钦此。"①于是濬川源银行就按照其所报章程，积极筹备，当年即在重庆成立，总行设在重庆，并在成都设置分行，以后又陆续增设上海、北京、宜昌、汉口、沙市、万县、涪陵等分行。②濬川源银行第一任总办，由四川总督锡良奏准熟悉票号业务的山西知府、重庆商务周克昌担任。③因周克昌熟悉票号业务，被认为是结实可靠之员。1905 年 10 月 6 日，周克昌由重庆抵达成都，向总督衙门以"总办四川官银行、川东商务、山西知府"的名义报到，但周克昌任总办仅 1 年，就被参辞职。原因是军机大臣通知四川总督说：光绪三十二年农历七月二十四日（1906 年 9 月 12 日）慈禧和光绪帝下令，有人奏周克昌假公营私，侵吞巨款，并将原奏折抄给总督锡良，要他确切查明，据实具报。虽经锡良调查，认为所参不实，呈请免其置议，但这时因周克昌已提出辞呈，清廷朱批：濬川源银行总办一职，由锡良举荐的本任开县知事邹宪章接办。④

根据濬川源银行的章程可知该行的基本组织与制度情况：采取股份有限公司形式，股本不论官商都是每股 1000 两，按年息 5 厘给息。股票有三联：存根存总行、备查在藩库、股票给股东。股票上要盖用藩司和银行印信。商

①《川省创办银行折》，中国科学院历史研究所第三所主编：《锡良遗稿·奏稿》第 1 册，北京：中华书局，1959 年，第 483—484 页。

②重庆金融编写组编：《重庆金融》（上），重庆：重庆出版社，1991 年，第 109 页。

③程霖：《中国近代银行制度建设思想研究（1859～1949）》，上海：上海财经大学出版社，1999年，第 48 页。

④姜宏业主编：《中国地方银行史》，长沙：湖南出版社，1991 年，第 190 页。

股"无论官商绅民均准入股，并劝令川省大小官员，酌量入股，以资提倡，庶商股可期踊跃"。由于该行股份以官方为主，因此，该行由藩司主政和督办另派总办经营，重大问题要报请藩司、总督处理。同时，对该行与户部银行及票号的关系，分别订有条款。对于户部银行，濬川源银行提出，如该行官股获利，或愿附股户部银行，而商股愿否则自便；对于票号，一是领兑公款，按银行三成、票号七成的比例分成摊派，如有票号退领的则归银行领兑。二是约各票号承认商股，如不欲与官家共事，再由银行自行招股。[①]

在濬川源银行的创建过程中，实际由四川省政府拨官股 37 万两，集商股 13 万两，共计官商资本 50 万两，最初为官商合办银行。后于光绪三十三年（1907年）撤退商股，拨官款 13 万两，以补其额，于是濬川源银行成为纯粹的地方官办银行。辛亥革命爆发，成都猝遭兵变，濬川源银行被劫一空，大约损失 20 万两，渝行虽未被劫，然为蜀军政府提用行款 53 万余两，遂致无法支付，因之歇业。民国元年（1912 年）11 月重行开设，由四川省政府添筹新资本 400 万元，改设总行于成都，并添设自流井、五通桥两分行。所有旧设之重庆、宜昌、沙市、汉口、北京、上海等分行，相继复业。[②]

辛亥革命爆发后，渝蓉分立，渝方蜀军政府设华川银行，蓉方蜀军政府设四川银行。当 1912 年底濬川源银行复业后，两行皆被并入，因华川银行情况记载残缺，不得其详。[③]四川银行的情况如下：成都宣布独立，成立大汉四川军政府，1911 年 12 月 8 日，设四川银行，以唐宗尧为经理；行址未建，资本未筹，专以大汉四川军政府名义发行四川军用银票，银票分一元、五元两种，规定一年内不得兑换现银。1912 年 1 月，四川银行发行军用银票 300 万元[④]，供应军政各费为急务，仅借居于省垣之濬川源银行，以 200 万元作为开办经费，勉强支持，万分困难，后开办存储贷付，借资进行，是年夏，四川银行库存现款被四川都督尹昌衡全部提去，作为入藏经费，铸坐狮图案二角银币，致银行库存空虚。唐宗尧辞经理职，由董庆伯继任。1912 年 10 月，川

① 《川省创办银行折》，中国科学院历史研究所第三所主编：《锡良遗稿·奏稿》第 1 册，北京：中华书局，1959 年，第 484—487 页。

② 周葆銮编纂：《中华银行史·第五编》，上海：商务印书馆，1919 年，第 47 页；郭荣生编：《中国省银行史略》，沈云龙主编：《近代中国史料丛刊续编》第十九辑，台北：文海出版社，1975 年，第 75 页。

③ 郭荣生编：《中国省银行史略》，沈云龙主编：《近代中国史料丛刊续编》第十九辑，台北：文海出版社，1975 年，第 75 页。

④ 田茂德、吴瑞雨、王大敏整理：《辛亥革命至抗战前夕四川金融大事记（初稿）》（一），《四川金融研究》1984 年第 4 期，第 19 页。

省长官始议拨款 50 万元为该行基金，旋以款项支绌，竟未拨付。①此外，四川银行在军用银票发行之初，为解决各地以军票调换钱文的困难，1912 年 4 月，在成都创设利用钱庄，专司其事。该庄附于四川银行内，隶属四川财政司，后由于经营不善，1913 年，经四川都督、民政常委令濬川源银行兼管，在省会内外，陆续设有分庄 30 多处。至 1914 年 3 月，该庄又奉令改组，由濬川源银行移交四川财政司直接管理。②

军用银票在名义上为四川银行所发行，其实银行乃一空名，仅负推行之任务。其时所发行者为一元、五元两种银票，民间调换不便，又由四川银行呈准设立利用钱庄，发行五百文、二百文、一百文三种铜元兑换券。军用票之发行额，最初议定为 300 万元，继而陆续增发，至 1912 年底，共发出一元票 1289.44 万元，五元票 210.57 万元，两者共 1500.01 万元。利用钱庄发行之铜元兑换券，共计发出 124 万 5900 钏。一年之中，军用票增发太多，加之政令不一，各属解款寥寥。同时筹备恢复濬川源银行，以四川银行未完事务，委诸濬川源兼管，而四川银行遂仅以一年而终止。③

1912 年 11 月，重建的濬川源银行虽由四川省官府添筹新资本 400 万元，然而，由于筹拨之新资本 400 万元，仅由华川银行拨入 45 万两，而迭次垫补之行政经费反过于此，就账面数目而言，资产负债相抵，尚余 406 万余两，但其中大半为官欠之款，致使贷付久停，存款亦鲜，唯以汇兑营业为事，难以为继。④

1913 年 1 月，濬川源银行存储、贷付两事复行停办，只清理存款，唯军票尚流通于市场，故该行不得不暂为存在，到 1915 年筹议收回军票，以濬川源银行券为兑换，其收回军票事宜，亦归濬川源银行办理。而四川银行遂与濬川源合并。合并以后的濬川源银行，增加官股，又集合商股，改为股份公司，资本定为 100 万元，集合官股四成，商股六成，拟具章程 26 条，呈请财政部核准。⑤1914 年，濬川源银行总理黄云鹏，鉴于官办之不能有成，行基每因政治变动而动摇，乃建议仿中国银行、交通银行两行办法，改为官商合办，

---

　　① 周葆銮编纂：《中华银行史·第五编》，上海：商务印书馆，1919 年，第 46 页；田茂德、吴瑞雨、王大敏整理：《辛亥革命至抗战前夕四川金融大事记（初稿）》（一），《四川金融研究》1984 年第 4 期，第 19 页。
　　② 姜宏业主编：《中国地方银行史》，长沙：湖南出版社，1991 年，第 193 页。
　　③ 郭荣生编：《中国省银行史略》，沈云龙主编：《近代中国史料丛刊续编》第十九辑，台北：文海出版社，1975 年，第 76 页。
　　④ 周葆銮编纂：《中华银行史·第五编》，上海：商务印书馆，1919 年，第 47—48 页。
　　⑤ 周葆銮编纂：《中华银行史·第五编》，上海：商务印书馆，1919 年，第 46—48 页。

由四川省财政厅呈请北洋政府财政部立案，定资本总额为 100 万元，官四商六，1915 年 5 月改组完毕。官股 40 万元由川省财政厅拨足，商股亦将收得半数，营业顿呈活跃。不久，新任巡按使陈宧莅任，以官商合办，政府不便支配，电请北京政府财政部撤销合办案，已收商股，分别退还，仍为完全官办。是年，因收回军票，发行濬川源兑换券 200 万元。1916 年，护国军兴，滇中起义讨伐袁世凯。军锋北指，四川首当其冲，旋以宜宾失手，行款再被提用，行券不能兑现。自此以后，总理一职，随军事为转移，有时隶属财政厅长，有时隶属督军。总分各行，事权不能统一，营业更属寥落，成渝两行，因业务清淡，无形停顿。北京、汉口、宜昌、沙市各分行，追收旧欠，并无营业，以其所收为办事经费，随收随用，终至收无可收。上海分行因经理人拐匿款项薄据，行员伙食，亦不能支付。[1]

四川的防区制萌发于 1916 年滇军罗佩金督川之时，形成于 1918 年熊克武主持川政期间。护法运动后，熊克武主持川政，但其力量尚不足以控制整个川局，当时滇、黔驻川部队达 3 万余人，占据川东、川南富庶之区 26 县，四川政府的军令政令无法行之于滇、黔军所辖区域内，滇、黔驻防区形同独立"王国"，而四川靖国军各军将领也不完全俯首听命。在此状况下，熊克武为保持川局的暂时稳定，只好承认军阀割据的既成事实，让川军和作为客军的滇、黔驻川各军暂住原地不动。1919 年 2 月，熊克武正式就任督军，为解决军费问题，遂决定主客军就防地划饷。[2]此例一开，各军便在自己的防区内变"就地划饷"为"就地筹饷"，逐渐形成防区制度。这样直到 1935 年川政趋于统一时止，为军阀防区制特盛时期。在此期间，各派军阀纷纷筹设金融机构，表面上是为了"地方事业""人民生计"，实际上是为了扩军备战。

1918 年 1 月 6 日，四川督军刘存厚、省长张澜以军饷需要向成都官商银行索借 50 万元，其中，濬川源银行认 5 万元。2 月 19 日夜，刘存厚、张澜从成都出走，濬川源银行存款被扫提一空。3 月，熊克武任命谢济安为濬川源银行总经理。5 月 29 日，四川省财政厅令发《濬川源银行代理四川金库出纳款项暂行条例》，因成都中国银行奉北京总行令收缩歇业，由濬川源银行自当年7 月 1 日起代理四川金库业务。然而，不到两个月，7 月 18 日，四川省财政厅又以濬川源银行兑换券发行过滥、价值低落，约集政务厅，省议会，川西道，

---

① 郭荣生编：《中国省银行史略》，沈云龙主编：《近代中国史料丛刊续编》第十九辑，台北：文海出版社，1975 年，第 76—77 页。

② 贾大泉主编：《四川通史》（卷七·民国），成都：四川人民出版社，2010 年，第 26—28 页。

警察厅，总商会，濬川源银行，成都、华阳两县人员在省印刷局将濬川源兑换券印券石版 12 块销毁。11 月 23 日，援陕第四路军总司令丁泽熙在中坝私造濬川源银行兑换券，熊克武下令逮捕，在绵阳枪决。1919 年 1 月 1 日，四川省政府颁布命令，各属税款一律按"银七券三"征收，中国银行、濬川源银行两行券概照五折，对濬川源券随收随销。1920 年 9 月，四川省财政厅令濬川源银行总分各行一律暂停营业，汉口、重庆、五通桥、自流井各派一人为督收员清收外欠。①1925 年，联军进驻省城，濬川源银行被接收，四川省金库改为独立办理。1926 年，四川省金库因濬川源银行再次改归四川省财政厅办理，又由该行代理。但不久由于政治变化，濬川源银行解体，金库随之停办。②

其间，1921 年 6 月 1 日，重庆中和银行开业，该行为刘湘驻渝时官商合办，主持人温友松、赵资生，股本 60 万余元，其中，军方占 20 万余元，商界占 30 万余元。该行代理刘湘第二军的经费收支。总行开业后，陆续在上海、汉口、成都、宜宾、泸州、万县等地设有分行。但其后由于军款收不敷支，总分行均不免为军方借贷所累，呆滞过巨，渐难支持。1923 年，成都分行遂告停撤。1926 年，黔军驻渝时不能维持，驱袁（祖铭）后复业，在上海印钞320 万元发行。③1930 年 5 月，二十一军的重庆中和银行因受重庆铜元局借垫巨款影响，市面又出现该行大量伪钞，发生挤兑风潮而歇业。尚在流通中的 70 万余元钞票真伪莫辨，一律按七折收回。④

1923 年 6 月，四川银行又在重庆新设，地点在朝天观街。联军总司令刘湘、黔军总司令袁祖铭等，因急需军饷，决定设行，临时在本城石印局赶印兑换券 100 万元，以军令发行，强迫行使。不久，省军攻入，联军退出，结束时有 60 万余元未收回。9 月，成都四川官银号成立，由川军总司令刘成勋、讨贼军总司令熊克武令设。⑤官银号成立，决定印发由省长刘成勋签署的官银票 200 万元，规定 6 个月后兑还现银，凡公私交易，完粮纳税一律通用。发行之初，深恐人民不肯收受，特饬令税收机关，凡缴纳官银票一元，作一元

---

① 田茂德、吴瑞雨、王大敏整理：《辛亥革命至抗战前夕四川金融大事记（初稿）》（二），《四川金融研究》1984 年第 5 期，第 28—29 页。

② 田茂德、吴瑞雨、王大敏整理：《辛亥革命至抗战前夕四川金融大事记（初稿）》（三），《四川金融研究》1984 年第 8 期，第 26—28 页。

③ 田茂德、吴瑞雨、王大敏整理：《辛亥革命至抗战前夕四川金融大事记（初稿）》（二），《四川金融研究》1984 年第 5 期，第 30 页；中国人民政治协商会议四川省成都市委员会文史资料研究委员会编：《成都文史资料选辑》第 8 辑（内部发行），1985 年，第 26 页。

④ 田茂德、吴瑞雨、王大敏整理：《辛亥革命至抗战前夕四川金融大事记（初稿）》（四），《四川金融研究》1984 年第 9 期，第 37 页。

⑤ 田茂德、吴瑞雨、王大敏整理：《辛亥革命至抗战前夕四川金融大事记（初稿）》（二），《四川金融研究》1984 年第 5 期，第 31 页。

零五分抵缴，借以提高币信。由于军费支出庞大，截至 1924 年 11 月，官银票已发行 295.5 万元，超发 95.5 万元。然而，当 1924 年初，刘成勋、熊克武军事失利退出成都时，官银票停止收兑，流散在民间的官银票有 269 万余元。[①]1923 年 11 月，重庆官银号成立，由川军总指挥赖心辉在四川银行原址设立，12 月，援川军入渝时撤销，发行兑换券条例定 100 万元。一说委梁正麟任总办，将在成都印刷的官银号钞票随军带到重庆发行 260 万元，令市面行使，四个月后撤退，损失归人民。[②]

1926 年，刘文辉在宜宾设立人和银号，其前身为义和银号，资本后增至 100 万元，彭载扬任经理。在成都、昆明、上海设有分号。1927 年初，刘文辉的裕通银行在成都开业。文和笙任总经理，邱德森任经理，刘文辉四哥刘文成任会办。经收刘文辉部队的税款，并拨付其军饷。1928 年，裕通银行在自流井成立，为二十四军财政机关，经理倪敬先。发行一元、五元钞两种，流通额约 15 万元。1932 年 9 月，二十四军败退雅安，该行结束。1933 年 1 月，重庆二十一军刘湘下令封闭二十四军刘文辉的裕通银行，将该行经理羁押在警备部，行中现金被没收。重庆小钱庄及洋杂商行受影响关门的有十多家。[③]

1927 年，田颂尧在二十九军防区内设立龙绵银行，令防区各县加征两年粮税充作银行基金。[④]1928 年 4 月，二十九军在防区设立川西北地方银行，资本 42 万元，征收龙（平武）、绵（阳）、昭、广、剑、德、安、绵（竹）、梓、罗等 10 县粮税一年充用。发钞 38 万元，只办军需转账，无业务可言，于 1930 年上期结束。1930 年 10 月，二十九军于结束川西北地方银行后，又在三台设立四川西北银行，资本 20 万元，以该军军款作抵。在防区阆中、南部等县设分行，安县等县有代办处。发行钞票 30 万—40 万元，贻害地方。红军入川后，随田军溃败收歇。1930 年，二十一军在重庆成立总金库，印制粮契税券共 1000 万元，其中一元、五元、十元三种计 500 万元，已发行流通市面，一百元、五百元、一千元三种，尚未发行。1934 年 12 月 19 日，二十八军组织新川银行，以原

---

① 中国人民政治协商会议四川省成都市委员会文史资料研究委员会编：《成都文史资料选辑》第 8 辑（内部发行），1985 年，第 20—21 页。
② 田茂德、吴瑞雨、王大敏整理：《辛亥革命至抗战前夕四川金融大事记（初稿）》（二），《四川金融研究》1984 年第 5 期，第 31 页。
③ 田茂德、吴瑞雨、王大敏整理：《辛亥革命至抗战前夕四川金融大事记（初稿）》（三）（四），《四川金融研究》1984 年第 8 期，第 27—28 页；9 期，第 36、40 页。
④ 田茂德、吴瑞雨、王大敏整理：《辛亥革命至抗战前夕四川金融大事记（初稿）》（三），《四川金融研究》1984 年第 8 期，第 29 页。

康泰祥银号为行址，发行银券 50 万元（一说 1935 年 1 月 20 日开幕）。[①]

在这些军阀的示范效应下，其手下的将领也纷纷与投机商人勾结，开银行、设钱庄，一时成都金融业兴起的行庄竟如雨后春笋。据调查，仅在 1927 年一年中，二十八军将领开设的银行或钱庄有邓国璋的天府储蓄银行、陈书农的元吉银号、李其相的鑫记银号、谢德戡的志成永银号等 9 家；二十四军将领开设的银行或钱庄有刘文成的成益银号，刘文彩的人和银号与利华银号，石肇武的肇记银号等 4 家；二十九军将领开设的银行或钱庄有孙德操的德顺长银号、董长安的德安银号、任昌鹏的崇实钱庄等 3 家。这一年，二十八、二十四、二十九三军头目共计开设 15 家行庄。[②]

总之，民国以后，一方面是四川境内川、滇、黔战乱不停；另一方面是川境内军阀割据一方，就地筹饷，各自形成防区。濬川源银行时而隶属督军，时而隶属财政厅，总分行的人事、机构和业务，都随军事进退而变动频繁，事权不能统一，苟延残喘。1927 年濬川源银行结束时，就只剩一块招牌了。初设的四川银行本是专为大汉四川军政府筹措资金，发行军用票，因此存续时间不长即并入了濬川源银行。此后，不论是再次设立的四川银行、四川官银号、重庆官银号还是裕通银行、龙绵银行、四川西北地方银行、四川西北银行，同样都是为军阀所掌控，毫无管制，恃政治军事关系滥发纸币，强收无利借款，借作投机营业，借款银券，亦不清偿收回，贻害社会。

（二）从四川地方银行到四川省银行

四川省银行之前身为四川地方银行。1933 年四川政局统一，四川省政府以当时农村经济濒于破产，社会金融异常枯竭，实有救济必要。9 月 16 日，四川善后督办刘湘为调剂全省金融，任命郭文钦（二十一军参谋长）、唐华（二十一军财务处长）、康宝志（二十一军财务处副处长）、康心如（四川美丰银行经理）、任望南（名师尚，聚兴诚银行经理）、吴受彤（川盐银行董事长）、卢作孚（民生公司总经理）、温少鹤（名嗣康，重庆市商会主席）、卢澜康（重庆钱业公会主席）等 9 人为地方银行理事，甘典夔（又名甘绩镛，二十一军政务处长）、赵资生（重庆工商界知名人士）、潘昌猷（重庆市金库主任）、周宜甫（中国银行重庆分行经理）、李鑫五（重庆工商界知名人士）等 5 人为监

---

① 田茂德、吴瑞雨、王大敏整理：《辛亥革命至抗战前夕四川金融大事记（初稿）》（四），《四川金融研究》1984 年第 9 期，第 35、37、44 页。

② 中国人民政治协商会议四川省成都市委员会文史资料研究委员会编：《成都文史资料选辑》第 8 辑（内部发行），1985 年，第 32 页。

事，并任命唐华为总理，康宝志为协理，积极筹备，额定资本 200 万元，从二十一军防区内的公债、田赋、军费中先拨足 125 万元，于 1934 年 1 月 12 日开幕，总行设在重庆市陕西街。其营业范围则定为存款、放款、押汇、贴现、汇兑、保管、信托等 7 项，以调剂内地金融，促进币制统一，复兴农村经济，辅助地方工商为宗旨。开业以后，发展甚速，1934 年上期资产负债总额为 7 000 852.43 元，下期即增为 15 118 772.07 元。①1934 年 3 月 13 日，四川地方银行成都分行开幕，何兆青任经理。3 月 14 日，四川督署通令各县公私缴款一律行使四川地方银行纸币。②此后，四川善后督办署为抑平各县汇水，维持市面金融，特饬由各区财政特派员就内江、乐山、宜宾、泸县、合川、涪陵等 6 处，成立四川地方银行代办处，即由地方银行发给相当汇兑资金，办理各地方与重庆间之汇兑事业，凡由各地交地方银行兑换券，在该代办处汇兑至渝，或由渝汇兑至各地方，均一律平汇，不取汇水。所有人选，即由各特派员就各区指定地方，保荐殷实商人，为代办处经理人员。③

四川地方银行成立后，以调剂金融，统一币制为职责。其内部组织，在总协理之下，共设五课一部：①总务课；②营业课；③会计课；④出纳课；⑤发行课；⑥经济调查部。此外，因发行兑换券事宜，于理监事会之外，另组织一"兑换券准备金检查委员会"。④该委员会由四川善后督办公署任命财政处处长、银钱业同业公会主席及常务委员、重庆市商会主席、绅商界中负有声誉者、有专门学识者而具有相当经验者，以及执行会计师业务者等 11—19 人组成，以财政处处长为当然主席，银钱业同业公会主席为当然副主席，以监督兑换发行事务，规定四川地方银行发行兑换券应有十足之准备金，现金准备不得少于 60%，保证金准备不得超过 40%。发行十元、五元、一元券三种，又发行二角、五角及在万县发行之流通券流通市面。⑤最初对发行较为慎重，现金准备充足。1934 年 8 月 1 日，由四川善后督办公署命令组织"四川地方银行兑换券准备库"，委托重庆信用卓著之中国银行、聚兴诚银行、平民银行、重庆银行、川盐银行、川康殖业银行、四川商业银行、四川美丰银行等 8 家

---

① 徐学禹、丘汉平编著：《地方银行概论》，福州：福建省经济建设计划委员会，1941 年，第 84—85 页；郭荣生编：《中国省银行史略》，沈云龙主编：《近代中国史料丛刊续编》第十九辑，台北：文海出版社，1975 年，第 81 页。
② 田茂德、吴瑞雨、王大敏整理：《辛亥革命至抗战前夕四川金融大事记（初稿）》（四），《四川金融研究》1984 年第 9 期，第 41 页。
③ 《内江等六县将成立四川地方银行代办处》，《四川月报》1934 年第 5 卷第 1 期，第 64—65 页。
④ 施复亮：《四川省银行的过去现在和将来》，《四川经济季刊》1944 年第 1 卷第 3 期，第 161 页。
⑤ 《四川地方银行兑换券准备金检查委员会条例》，《四川经济月刊》1934 年第 1 卷第 1 期，第 101 页。

银行与四川地方银行合组发行准备库，发行地行兑换券（称"地钞"），专司发行保管事宜。其权限与四川地方银行划分独立，不相统属，除保留成都券及辅币券两种仍由该行自办外，由四川地方银行将截至 1934 年 7 月 31 日止发行之一元、五元、十元等券钞共计 563 万元，连同六成现金准备，四成保证准备，一并移交该准备库接收。准备库接收后，因当时军需浩繁，需款急迫，于是发行额继续增加，且由二十一军提借应用。以致准备金缺短而限制兑现，"地钞"几成一种"命令纸币"，截至 1935 年 6 月 14 日，其流通额为32 003 263.4 元，其准备金仅 1 241 944.88 元，占发行额的 3.88%，遂致洋水上涨，申汇飞涨。1934 年 10 月 31 日之洋水，竟达 1620 元，同时申汇达 1640元。至 1935 年 1 月，申汇复涨至 1698 元。[①]

刘湘统一川政后，国民政府对四川财政极为重视，1935 年初，财政部部长孔祥熙电召四川财政厅厅长刘航琛到沪商谈整理川省财政问题，并调任中行秘书长谢霖代理川省财政特派员，来川调查及整理四川财政，谢霖于 4 月抵达重庆，即与财政厅厅长刘航琛等详加研讨，并深入四川地方银行进行调研，最后由谢霖与刘航琛就如何整理"地钞"问题会衔呈报财政部由部决定办法。[②]1935 年 6 月 10 日，国民政府为稳定四川金融，实施整理"地钞"。一面由财政部四川特派员公署会同中央银行重庆分行接收钞券及准备金，同时订定与中央银行之渝钞同价行使作汇等五项办法："地钞"实施整理从 1935 年 6 月15 日开始，即日起，"地钞"与中央银行重庆地名钞票同样行使，并由中央银行在川各行，同价汇往上海、汉口，其汇价由中央银行随时酌定挂牌。凡在四川省内一切公私交易以及完粮纳税，"地钞"与中央银行重庆地名钞票同样接收，不得歧视。"地钞"仍由地方银行照常兑现。中央银行所发上海地名钞票，均应按照国币行使，遇有交纳公私款项及完粮纳税，均应按照国币计算，一律收受，并由中央银行在川各行平价汇往上海、汉口。以上收兑基金，由四川省政府向中央银行重庆分行商借 2300 万元，由财政部指定以川省印花烟酒税全部及川省特税收入为担保，每月由上述两项税收拨付 55 万元，同时组织"四川地方银行兑换券兑换处"，逐日由中央银行拨给现金，收兑"地钞"，于是"地钞"信用逐渐恢复，洋水申汇费均亦逐渐低落。后因借款合同终未成立，"地钞"基金既属无着，兑换处之兑现亦加限制，于是市面洋水复涨，

---

① 郭荣生编：《中国省银行史略》，沈云龙主编：《近代中国史料丛刊续编》第十九辑，台北：文海出版社，1975 年，第 81—82 页。

② 《四川地方银行发钞状况》，《银行周报》1935 年第 19 卷第 17 期，第 2—3 页。

商人投机大作，致中央银行重庆分行之卖汇，供不应求，又以借款未成，中央银行损失颇重，于1935年7月底停汇"地钞"。①

国民政府为贯彻整理计划，于1935年8月1日，以川省统税、印花烟酒税为基金，发行"整理四川金融库券"3000万元，作为整理"地钞"之用。又以"剿匪"军事紧急，为安定川省人心，经蒋介石与财政部商定收销"地钞"办法六项，于1935年9月10日由蒋介石重庆行营公布，规定公私交易改用国币为单位，"地钞"按八折调换中央本钞，限三个月收兑完毕：①自1935年9月15日起，所有四川省内一切公私交易，均以代表国币之中央本钞为本位，"地钞"即停止行使。②凡持有"地钞"之军民人等，如以"地钞"10元调换中央本钞8元，无论面额大小，均照此推算。自9月20日起，随时向中央银行重庆分行、成都分行、万县办事处及中央银行所委托之银行钱庄，分别就地调换，限于11月20日调换完毕，逾期不换者作废。所有中央本钞换回之"地钞"，悉由中央渝行截角公开销毁。③在9月15日至20日以前，凡持有"地钞"而尚未能换得中央本钞以为交收者，准以"地钞"10元，申合中央本钞8元计算。④在11月20日以前，各县僻远地方，国省各税之征收，凡持有"地钞"而未能换得中央本钞以为缴纳者，准以"地钞"10元申合中央本钞8元计算，由税收机关向指定各处调换为中央本钞，再行解库。⑤依上述所定"地钞"申合中央本钞计算标准，如有低价抑勒者，一经查明，概依军法从严惩办。⑥四川市面所有之银币，其银色重量与银币本位条例规定相合者，得以1元兑换中央本钞1元行使，其余杂币，概照财政部所颁收兑杂色银料简则，各依其所含纯银实数，换给中央本钞。②

收销"地钞"开始后，虽然取得一定成效，到1935年10月，已收到"地钞"2000万余元，但仍有奸商乘间居奇，竟将钞价低抑钱抬贵，甚至一些偏远之地未尽了解，甚有贱售"地钞"，坐使奸民揽收渔利。于是，1935年10月，蒋介石行营再次颁布收销理由，强调：收销四川地方银行之钞票，改以中央银行之本钞为本位币，"实为增益川人财产价值，安定社会金融之唯一良策"。③同时，四川省政府主席刘湘又进一步公布了各县处置"地钞"办法七

---

① 郭荣生编：《中国省银行史略》，沈云龙主编：《近代中国史料丛刊续编》第十九辑，台北：文海出版社，1975年，第82—83页。

② 郭荣生编：《中国省银行史略》，沈云龙主编：《近代中国史料丛刊续编》第十九辑，台北：文海出版社，1975年，第83—85页。

③ 《行营再布收销理由》，《四川月报》1935年第7卷第4期，第59—60页。

项：①各县局截至 9 月 14 日，收存税款由视察员会同县局报据税票册簿算明结清，用杜弊混。②各县局暨各镇乡分柜报解税收，由视察员负责查明，计算程途，确系于 9 月 14 日及以前所收，并于 9 月 15 日晨起解者，准予十足核收，勿任乘机移挪蒙混。③自 9 月 15 日起至 11 月 20 日以前，如系僻区地方征收各种税款，凡持有"地钞"，尚未换得中钞者，准以"地钞"10 元折合中央本钞 8 元。④征收税，凡中央银行、中国银行、农民银行钞票，地方概收大洋不得收受杂币。⑤如县局所收 8 折计算之"地钞"，由视察员负责调换中钞缴解，但 9 月 15 日以前缴解"地钞"，应照数汇缴中央银行。⑥各县地方公款应截至 9 月 14 日止，算明收存"地钞"数目，照受款机关应领 9 月上半月以前各月经费，平均摊发。如有不敷，即将 9 月 15 日后经费，标以中钞发给。⑦收销"地钞"起止调换期间及折扣办法，悉遵行营规定办法，不准通融。①

以上办法宣布后，自 9 月 20 日开始收换，至 11 月 20 日限期届满时止，计收兑"地钞"3111 万余元。后展期一月，至 12 月 20 日止，收销总额共计为 37 162 430 元，于是扰攘多年之"地钞"问题，至此得以解决。②

四川地方银行经此折腾，已属千疮百孔，救济农村及振兴实业之计划未能实现，四川省政府有鉴于此，经省务会议通过，决定将四川地方银行更名为四川省银行，额定资本为 300 万元，拨足 200 万元，由四川省政府任命周焯、刘航琛、吴受彤、康宝志、周宜甫、唐华、张龄九等 7 人为理事，甘绩镛、康宝恕、潘昌猷等 3 人为监事，周焯为理事长，刘航琛为总经理。于 1935 年 10 月 30 日结束四川省地方银行，改组为四川省银行，11 月 1 日，总分行处一律正式开业。③1936 年，在总行内成立储蓄、仓库、信托各部；又先后添设南充、达县等办事处。10 月 28 日，省政会议议决，增加该行资本为 1000 万元，并呈准财政部发行辅币券 1000 万元；唯增资一项，迄未实行。④

四川地方银行时期的内部组织采取总行制，在总协理下，设五课一部，即总务课、出纳课、会计课、发行课、营业课与经济调查部。1935 年 11 月 1 日，改组为四川省银行，资产由 120 万元增加为 200 万元，内部组织略有变

① 《省府规定各县办法》，《四川月报》1935 年第 7 卷第 4 期，第 62—63 页。
② 郭荣生编：《中国省银行史略》，沈云龙主编：《近代中国史料丛刊续编》第十九辑，台北：文海出版社，1975 年，第 85 页。
③ 中国银行经济研究室编：《全国银行年鉴》（1937），上海：汉文正楷印书局，1937 年，第 C14 页。
④ 徐学禹、丘汉平编著：《地方银行概论》，福州：福建省经济建设计划委员会，1941 年，第 84—85 页。

更，于总协理之下，设五课一组一室一部，即总务课、出纳课、稽核课、会计课、营业课、金库组、经济调查室、储蓄部（因当时省行代理金库事务，金库组未正式成立）。以重庆为总行，成都、万县为分行，在上海、自流井、内江、泸县、涪陵、遂宁、乐山、达县、宜宾等地设办事处。总分行之系统采取总行制，分行处任命经理、襄理及主任一人。[①]1936 年增设信托部，拨资30 万元开业，会计完全独立，纯以服务社会为目的。同年又添设仓库部，以经营货品储押为主要任务。[②]到全面抗战前，四川省银行除总行设在重庆外，成都、万县设 2 个分行，在上海、遂宁、自流井、涪陵、泸县、南充、内江、绵阳、宜宾、达县、乐山、巴中等 12 地设办事处，设立富顺、太和镇、三台等 3 个汇兑所，全行员生总数为 198 人。[③]

到全面抗战前夕的 1937 年 6 月，四川省银行的业务得到较大发展，四川省主席刘湘认为："以该行现行制度为总行制，总行既须办理渝行事务，又须统筹各分行全局营业，在分行处所不多时，尚能应付裕如，今后调剂地方金融，行处之增设，尤有必然之事，亟有改良制度之必要。"于是，谕令该行仿中国银行之例组织总管理处，以资统筹，另设渝行，业务划分办理，与其他行处同辖于总处，又该行原有协理一人，因行务过繁，已增设协理一员，派何道仁（原任建设厅主任秘书）充任并兼四川省银行成都分行经理，至总处成立后，另设于行，经理一职即以原任蓉行经理兼第一区税务督察处长何兆青调充。[④]因此，四川省银行的组织制度即由总行制改为了总管理处制。

二、贵州省的省级地方银行

近代以来，贵州经济落后，金融的市场调节和资金融通作用主要由几家旧式的钱庄和商号承担。贵州省的地方金融机构肇始于光绪三十四年（1908年）3 月的贵州官钱局，辛亥革命后，大汉贵州军政府接管贵州官钱局，1912年滇军入黔，成立贵州都督府，将贵州官钱局改名为贵州银行。这是贵州历史上新式金融业之开端，到全面抗战前，在军阀的操纵与控制之下，贵州银行经历了数度的停业与重建，到 1935 年宣告结束。

---

① 《四川省银行工作报告》（1940 年 7 月至 1941 年 3 月），四川省档案馆藏四川省银行未刊档案，档号：民 072—02—2842。

② 郭荣生编：《中国省银行史略》，沈云龙主编：《近代中国史料丛刊续编》第十九辑，台北：文海出版社，1975 年，第 86—87 页。

③ 中国银行经济研究室编：《全国银行年鉴》（1937），上海：汉文正楷印书局，1937 年，第C14 页。

④ 《四川省银行改总管理制》，《四川经济月刊》1937 年第 8 卷第 1 期，第 19—20 页。

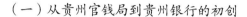

（一）从贵州官钱局到贵州银行的初创

晚清时期，贵州银行的前身为贵州官钱局，辛亥革命之后，1912 年贵州官钱局改组为贵州银行，直到 1920 年前后结束。

清光绪三十四年（1908 年）3 月 4 日，贵州官钱局创立，资本额库平银 102 700 两，由粮储道库存款拨提，开办之初，其意专在营业，先后于安顺、毕节、遵义、正安、镇远、铜仁、古州、三江、重庆、汉口等处设立分局，1911 年结束。①贵州官钱局发行以银两为单位的官钱票 554 055 两。②

辛亥革命后，贵州宣布起义，成立大汉贵州军政府，贵州官钱局由军政府财政部接管，以副部长华之鸿兼任官钱局总办。1912 年，滇军入黔，成立贵州都督府，贵州官钱局改名为贵州银行。贵州都督府任命华之鸿为政务处财政司司长兼贵州银行总理，文明钰（又名文式如）为该行协理，接管了贵州官钱局的全部财产，承担了该局的一切债权、债务，注册资本金总额为库平银 10 万两，行址设在省城贵阳市龙井巷街，该行沿袭贵州官钱局旧时的各项规章制度，在 1914 年 1 月 16 日启用新颁贵州银行公章前，对外行文仍用贵州官钱局旧有关防印章。③贵州银行成立后，贵州官钱局两票改为贵州银行银票。后因军费浩繁，增加发行而流通市面者，共计 2 187 600 元。至 1915 年底，银元票发行额为 233 万余元，银两票 10.7 万余两。制钱票为 2 万元。据 1916 年 12 月报告，该省所发新旧银元票合计有 2 565 538 元。新旧钱票 29 760 串。④

贵州银行的内部组织设账房、库房各 1 个，均由司事掌握。账房负责一切账务处理和登记，库房下又分设管票、管钱、管银司事，分别管理货币的发行、清点、保管以及生金银、铜钱准备金的熔铸、出纳等事项；管银部门还另设银匠、银房、银柜 3 个小组，各司专责。贵州银行采取总分行制，成立初期，除贵阳总行外，另在省内安顺、毕节、镇远、铜仁、遵义、榕江、正安、黎平等地设分行，并委托兴顺和票号代办驻汉（汉阳）、驻渝（重庆）分行业务。袁世凯统治时期，为加强对贵州银行的监管，由贵州国税厅筹备处处长张协陆（后改为行政公署财政厅厅长）兼任该行监理官，秉承财政总长

①　周葆銮编纂：《中华银行史·第五编》，上海：商务印书馆，1919 年，第 42 页；姜宏业主编：《中国地方银行史》，长沙：湖南出版社，1991 年，第 5 页。
②　张家骧：《中华币制史》，北京：民国大学出版部，1925 年，第 260 页。
③　贵州省地方志编纂委员会：《贵州省志·金融志》，北京：方志出版社，1998 年，第 129 页。
④　郭荣生编：《中国省银行史略》，沈云龙主编：《近代中国史料丛刊续编》第十九辑，台北：文海出版社，1975 年，第 151 页。

之命，监视该行一切事务，并随时检查该行纸币发行金额、种类、现金准备、金库库存和有关账务，甚至发放职工奖金，亦须先经监理官批准。[①]在人事方面，该行创立初期共有员工 70 余人，总行实有职员 22 人，勤什工 10 人。[②]

贵州银行成立以后，大力提倡废两改元，着力将贵州官钱局银两票改为贵州银行银票，成果卓著。1912 年，地方政府以贵州银行名义发行钞券，名为黔币[③]，实际是为筹措军费而发，并无发行准备。因军费浩繁，增加发行而流通市面者，共计 2187.6 万元。至 1915 年底，银元票发行额为 233 万余元，银两票 100.7 万余两，制钱票 2 万元。据 1916 年 12 月报告，该行所发行新旧银元票合计有 2 565 538 元，新旧钱票 20 760 串。[④]后来因政局动荡，价格跌落，不得不由贵州省财政厅同中国银行贵州分行订借现款，分期收回，并规定了抽签偿还的办法。1915 年 11 月，该行因垫支财政款项已达 268.5 万余元，约占全部资产 349 万余元的 76.93%，无法收回，资金周转极其困难。1916 年 5 月，向财政部申请撤销，延至 1918 年 5 月，官署欠款 2 794 792 元，占全部放款的 99.3%，为货币发行总额的 101.07%，其他业务仍无起色。始奉准裁撤，所有一切债权、债务的清理工作，统由贵州省财政厅负责办理，以该行名义发行的兑换券，亦归财政厅负责管理。[⑤]1920—1921 年，该项纸币颇受市场欢迎。票价高出现银约计 1%—2%，后因筹拨的款项无着，奉令停止收兑，当时收回之数约有 70 万—80 万元。[⑥]贵州省财政厅对贵州银行的勒索，实际上是军阀政府对贵州金融及经济的摧残，贵州银行此时因财政更替频繁，根本没有业务可言，实际上已处于歇业倒闭的状态。1918 年 5 月，贵州银行奉令裁撤，未尽事宜移交贵州省财政厅接办。

唐继尧主持黔政后，鉴于黔省市面流通货币价值长期低落，遂决定以贵州银行名义发行纸币。贵州银行似从此复业，其发行准备金，决定以各县验契费 70 万—80 万元为基金。其所用纸币，系前贵州银行所使用者。唯在纸币之右角，粘一印就币额之纸条，加盖该行、总商会及贵州军事善后督办等钤

① 钱存诰：《民国年代时兴时废的贵州银行》，贵州金融学会、贵州钱币学会、中国人民银行贵州省分行金融研究所编：《贵州金融货币史论丛》，贵州中国人民银行金融研究所《银行与经济》编辑部，1989 年，第 134 页。

② 贵州省地方志编纂委员会编：《贵州省志·金融志》，北京：方志出版社，1998 年，第 129 页。

③ 钱春琪：《贵州金融事业概述》，《贵州企业季刊》1944 年第 2 卷第 2 期，第 187 页。

④ 郭荣生：《中国省银行史略》，沈云龙主编：《近代中国史料丛刊续编》第十九辑，台北：文海出版社，1975 年，第 151 页。

⑤ 贵州省地方志编纂委员会编：《贵州省志·金融志》，北京：方志出版社，1998 年，第 129 页。

⑥ 郭荣生：《中国省银行史略》，沈云龙主编：《近代中国史料丛刊续编》第十九辑，台北：文海出版社，1975 年，第 151 页。

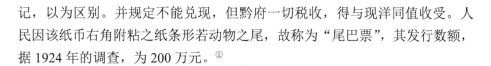

记，以为区别。并规定不能兑现，但黔府一切税收，得与现洋同值收受。人民因该纸币右角附粘之纸条形若动物之尾，故称为"尾巴票"，其发行数额，据 1924 年的调查，为 200 万元。[①]

（二）贵州银行的重组与结束

20 世纪 20 年代到 30 年代初期，统治贵州的"新""旧"军阀争斗激烈，贵州政局混乱，1922 年 3 月，袁祖铭在北洋军阀吴佩孚的支持下，以"定黔军"名义入黔，控制了贵州省政权。袁祖铭控制贵州省政后，任命陈幼苏担任财政厅厅长。为筹措军费，袁祖铭决定重组贵州银行，发行货币。1923 年 3 月 4 日，贵州省长公署布告：成立贵州银行，于本日开业，由财政厅厅长陈幼苏兼任贵州银行行长及经理。同月，贵州省长公署批准发行新"贵州银行兑换券"，总额 100 万元。与此同时，滇军唐继虞奉兄长唐继尧之命，赴贵州救援原贵州督军刘显世，组成联军驱逐黔军袁祖铭出贵州。受此影响，此项兑换券发行仅七天，俗称"七日票"，这次纸币的实发数只 20 来万元，在市面通行时间仅有七天，所谓"陈幼苏七日票，何绍孔一打兵"讽刺的就是这一时期动荡的政治、金融局面。[②]1922 年，贵州省政府决议重设"贵州银行"，筹备经年，1923 年春正式开业，但未及一月，即随军阀政府瓦解。

1923 年后，唐继虞入黔，就任贵州督办，刘显世任贵州省省长，二人共同操纵贵州省政。入黔滇军坐食贵州，需要给养，贵州银行再度复活，12 月 12 日，为筹设新的贵州银行，贵州省长公署公布《清理官产组织大纲》，令各县遵照设立"清理官产处"，变卖各地官产，充作银行基金。[③]此后，1926 年至 1929 年 4 月，为彭汉章、周西成兼任贵州省省长时期，周西成整顿贵州金融，设立总金库，操纵金融，着重于发行铸币。[④]贵州银行一定程度上失去了利用价值，没有组织银行实体。

1929 年 7 月，毛光翔在贵州军阀战争中获胜，接任国民革命军第二十五军军长兼贵州省主席，财政厅厅长马空凡为筹措经费，发展地方经济，向毛

<hr>

①　郭荣生编：《中国省银行史略》，沈云龙主编：《近代中国史料丛刊续编》第十九辑，台北：文海出版社，1975 年，第 152 页。

②　贵州军阀史研究会、贵州省社会科学院历史研究所：《贵州军阀史》，贵阳：贵州人民出版社，1987 年，第 320 页；钱春琪：《贵州金融事业概述》，《贵州企业季刊》1944 年第 2 卷第 2 期，第 187 页。

③　胡致祥：《贵州经济史探微》，贵州省史学学会近现代史研究会编：《贵州近现代史研究文集》（之二），1996 年，第 231—232 页。

④　贵州军阀史研究会、贵州省社会科学院历史研究所：《贵州军阀史》，贵阳：贵州人民出版社，1987 年，第 318 页。

光翔建言发展地方金融的重要性，"黔省至今，金融阻滞，商业衰落，国计民生两受其困，欲谋活动金融，发展社会经济，则必理银行，万不可缓也"①。同年12月，贵州省政务会议议决，征收"验契税"，作为贵州银行基金，并指定由杨德衡（曾任贵州省稽核总所所长）负责筹备，原定资本额100万元，由贵州省政府投入官股40万元，另招商股60万元，后因商股不愿参加，改由省政府凑足资金40万元作为该行实收资本，于1930年1月正式营业，由省政府任命杨德衡为总经理，刘聘卿为副经理，内部分设文书、司账（会计）、营业、出纳等4课，除办理银行业务外，还代理省金库收支，外县未设分支机构。②

1932年9月，王家烈控制了贵州省政，马空凡去职，郑先辛接任，发行一元券及辅币券，贵州银行不断遭受地方政府财政影响，币值惨跌以至于不可收拾③，此后，李锡祺（又名李维伯）接任总经理。而1933年，贵州省政府以地方军事动异之后，财政困难达于极点，向贵州银行借一元、十元之存款券100万元，代为发行，以贵州省1933年7月以后之全省税收为兑现准备。该票发行后，因贵州人民过去受纸币跌价之痛苦已深，并以其须待来年一月方可兑现，故使用碍手，难以维持券价，更以省政府向两湖特税局及豫鄂皖赣四省农民银行借款100万元之计划失败，券价更形下跌，开兑期届又未能兑现，券价竟跌至一折余。1934年将该项券币改为纳税流通券，仍难得人民之信赖，市价又惨跌至一折左右，该券价格波跌无常，人民受害实深，致该行亦无法维持，终于1934年结束。④

1934年3月，李锡祺认为贵州银行业务已无法继续，鉴于"税收减色，财政维艰，金库挪用银行资金，短期内又无力归还，本行基金缺乏，空有银行之名，而无营业之资……莫如金库兼理银行，庶几相维相系，不致互不相谋……"⑤，建议以金库兼理银行，请求辞职，省政府批准了其建议，任命贵州省总金库主任万载之兼任贵州银行总经理，其未到任之前，由刘景山代理视事，该行运作实际上也处于停滞状态。1935年，国民政府中央军借"追剿"红军之名入黔，控制了贵州省政权，建立了中央银行贵阳分行，贵州银行解散。

① 贵州省档案馆藏贵州省财政厅未刊档案，档案号：M60—1219。
② 贵州省地方志编纂委员会编：《贵州省志·金融志》，北京：方志出版社，1998年，第135页。
③ 钱春琪：《贵州金融事业概述》，《贵州企业季刊》1944年第2卷第2期，第187页。
④ 郭荣生：《中国省银行史略》，沈云龙主编：《近代中国史料丛刊续编》第十九辑，台北：文海出版社，1975年，第153页。
⑤ 贵州省档案馆藏贵州省财政厅未刊档案，档号：M60—16。

总之，贵州银行诞生后，其发展受时局影响很大，受各派军阀控制的省政府挟制，为军阀政府筹措战争费用，发行地方货币，弥补财政赤字，所收存款有限，主要功能是充当军阀政府的军费筹措机关。外省军队多次入侵，本省军队多次转战川、湘、粤等省，掌控省政的各军阀都力求通过发行纸币或者铸币作为扩大军力、维护统治的重要手段。在业务上，虽经历了整理贵州官钱局旧券、发行"黔币"（即贵州银行兑换券，俗称"花票"）等，但都以失败告终，其主要业务往来者是政府机关，省内商、民甚少涉足，"历年的资金缺口很大，除 1913 年曾向富商借入白银 27 万两周转外，完全依靠发行纸币弥补，可见这一时期该行的主要业务只是在财政的支配下印发纸币和承担财政的出纳工作"[①]。"辛亥革命后，即从 1911 年起到 1934 年，贵州唯一的金融机构为'贵州银行'。但在业务上，只不过变相的官钱管理机构而已。"[②]在机构上，"民国元年地方政府以'贵州银行'名义发行钞券，名为黔币。就其实际，仅有此钞券而已，并无银行之组织也"[③]。1935 年国民政府中央势力进入贵州以前，其实际上已经倒闭。

三、广西的省地方银行

广西的省级地方金融机构肇始于晚清时期建立的广西官银钱号，在此基础上，1910 年改组建立了广西银行。该行自清末建立到全面抗战前，主要为广西军阀政府所控制。到 1937 年 1 月，广西银行奉广西省政府令，将该行之农村经济部划出，改组另建了广西农民银行。本部分将对抗战前的广西省级地方银行的建立与发展演变作一阐释。

1903 年 11 月 1 日，广西由藩库拨出花银 55 万两，在桂林厘金总局内成立广西官银钱号，经理公款收付和汇兑业务，该号已经初具银行性质和规模。1908 年 1 月，广西巡抚张鸣岐巡视龙州边区，发现当地人民多将出售农产品所获的银两和制钱等货币挖地窖藏，因而指示龙州官银钱分号订定储蓄章程，开办储蓄业务。光绪三十四年（1908 年）五月初八日，张鸣岐曾奏称：桂省交通不便，商务疲茶，省埠行号资本偶难周转，倒闭时有所闻，非官立银行不足以活动金融，维持商市，省城原设官银钱总号，发行钞票，梧邕龙沪各

①　钱存浩：《民国年代时兴时废的贵州银行》，贵州金融学会、贵州钱币学会、中国人民银行贵州省分行金融研究所编：《贵州金融货币史论丛》，贵州中国人民银行金融研究所《银行与经济》编辑部，1989 年，第 139 页。

②　熊大宽主编：《贵州抗战时期经济史》，贵阳：贵州人民出版社，1996 年，第 140 页。

③　钱春琪：《贵州金融事业概述》，《贵州企业季刊》1944 年第 2 卷第 2 期，第 187 页。

设分号，只经理官款出入、汇兑等事，范围过狭，未能普便商民，"拟将各官银行号一律改办银行"，朱批"俞允在案"。经过两年的筹备，1910 年 3 月，广西官银钱号改组为广西银行，在广西省会桂林成立，资本额扩充为省平花银 100 万两。①

根据广西省政府拟订的《广西银行章程》可知，广西银行采取股份有限公司的组织形式，然而，实际主持业务的总经理一职，先后由桂林日升昌票号经理王靖夫和蔚长厚票号经理范元茂担任，总分各行经理处实际负责营业的主要办事人员均由总经理从山西票号的伙友中招聘而来。不过，由广西官银钱号改组成立的广西银行，虽然在银行的规章制度方面大多沿袭票号旧规，但已响亮地提出了"维持商市，提倡农工，奖励储蓄"的营业方针，并开始注意到扩大存款、放款和汇兑等业务，可见，其在业务经营的指导思想上，与旧式钱庄票号相较有着一定的进步意义。②广西银行总行设于桂林，分行在广西省境内的有梧州、南宁、龙州等处，在省外的有广州、汉口、上海、衡州等处。③

辛亥革命时，旧桂系陆荣廷以清朝提督军门就任民国广西都督，广西银行照常营业。1913 年 6 月，广西财政司署迁于南宁，并将库存花银概拨银行，以维市面，在广西未设中国银行之前，所有国税均由广西银行代理，由于国税厅设于南宁，而广西银行在桂林，诸多不便。广西银行的总行迁至南宁，并改桂林为分行。但广西银行历年放出款项，未收回 167 万余两，其中以桂林商号汇昌、寿丰两家为最多，因欠款停止利息，广西银行分年摊还，周转不灵，财源枯竭，兼之资本累经提用，至 1914 年，实银不及 3 万—4 万元。1915 年 10 月，因利率变动，出口汇水骤昂，行商畏存，纸币挤兑，梧州分行，风潮几酿。④

广西银行是桂系军阀陆荣廷实行军阀割据政权的金融工具。陆荣廷接任广西军政府后，决定发行不兑现的纸币，仅有资本银 100 万元的广西银行，于 1914 年一次发行 700 万元的纸币；1917—1919 年发行 890 万元的纸币；1920 年 12 月至 1921 年 4 月又发行纸币 600 万元。纸币滥发，币值下跌，最后成

① 郑家度：《论旧广西银行的产生、发展和消亡》，《广西农村金融研究》1985 年第 6 期，第 29 页；《广西巡抚张鸣岐奏广西官银钱号改办普通银行折》，《政治官报》1910 年第 935 期，第 9—10 页。

② 郑家度：《论旧广西银行的产生、发展和消亡》，《广西农村金融研究》1985 年第 6 期，第 29—30 页；程霖：《中国近代银行制度建设思想研究（1859～1949）》，上海：上海财经大学出版社，1999 年，第 48—50 页。

③ 周葆銮编纂：《中华银行史·第五编》，上海：商务印书馆，1919 年，第 33 页。

④ 周葆銮编纂：《中华银行史·第五编》，上海：商务印书馆，1919 年，第 33—34 页。

为一文不值的废纸。人们一提起"陆荣廷纸币",无不深恶痛绝。①

广西银行自开创之日到 1921 年,曾发行银行钞票十元、五元、一元、五角、一角五种,共计 2790 万元。当时桂钞流通区域较小,此项发行额确实太大。②到 1921 年 6 月,粤桂战起,陆荣廷败走,广西银行宣告倒闭,钞价崩落,一时南宁方面,食米每百斤③竟售桂钞 600 元之数。④

1924 年,新桂系李宗仁联合黄绍雄、白崇禧等部,成立"定桂讨贼联军",李宗仁任总指挥。1925 年 7 月,李宗仁完成统一广西的任务,成为新的国民党桂系军阀首脑,黄绍竑任职广西民政厅厅长,立即着手筹备成立省银行,首先派员赴上海调查并在上海物色相当人才,还聘请南洋大学徐佩琨教授为顾问规划组织,为此,徐佩琨曾赴桂实地调查经济状况,以资筹备该银行之参考。经过考察,徐佩琨认为:"广西省银行前途,未可限量,该省物产丰富,甲于天下,开矿筑路,亟不可缓。惟因金融周转不灵,迟迟未办,省银行开幕后,各项实业,均可次第举办。"⑤随后拟定办法,准备招募商股,完全商办,由于当时广西经济还未恢复,难以实现商民自行集资开办银行。于是,将开办的程序分为两种,从中进行选择:①暂时一面拨省款官办,一面拟定招募商股章程,刊登广告,招收商股,俟招收足商股,即改为商办。②暂时为官办,俟办理稍有成绩,经过一年或若干时间后,再订招股章程,招收商股。资本金预定为 500 万元,并未筹足此数,拟由全省各禁烟督察局收入项下拨付银行,以作资本,逐月拨付若干,银行即还以钞券若干,如此则政府方面收免既无短损,银行方面即可借此以得基金。⑥1926 年 5 月,李宗仁、黄绍雄将部属刘日福旅在百色缉获的烟土变价 70 万元作为资本,再次于南宁成立广西银行。银行筹备期间,派出副行长方乔松赴上海考察银行业务,向上海金融界学习,方乔松引进一整套资本主义银行管理的规章制度和方式方法,聘请一批金融专门人才前来主持银行各项具体工作,并与 13 个省近 100 个行处签订互相代理收解汇款的合约,扩大通汇点。⑦广西省政府再创的广西银行,以黄维为行长,开创伊始,对发钞尚较审慎。然而,广西省政府求治过切,

①　姜宏业主编:《中国地方银行史》,长沙:湖南出版社,1991 年,第 158 页。

②　郭荣生编:《中国省银行史略》,沈云龙主编:《近代中国史料丛刊续编》第十九辑,台北:文海出版社,1975 年,第 139 页。

③　注:1 斤=0.5 千克。

④　徐学禹、丘汉平编著:《地方银行概论》,福州:福建省经济建设计划委员会,1941 年,第 44 页。

⑤　《广西省银行将成立》,《银行月刊》1926 年第 6 卷第 4 期,第 2 页。

⑥　《广西筹设省银行》,《银行月刊》1926 年第 6 卷第 3 期,第 7—8 页。

⑦　郑家度:《论旧广西银行的产生、发展和消亡》,《广西农村金融研究》1985 年第 6 期,第 29 页。

极欲利用此项金融机构，以兴办省内各项事业，故自 1926—1928 年的 3 年内，放出之款，计建设厅透支 300 万元，财政厅透支 400 万元，投资于公路及其他公私企业约 400 万元，商业放款 500 万—600 万元，总数共 1500 万元以上，几悉赖发行钞票以为挹注，而现金准备却未见增加，大半以增发钞票充之。[①]因此，当 1929 年 3 月蒋桂战争爆发后，广西银行经不起挤兑风潮，只好宣告倒闭，钞票不能流通，余下 800 万—900 万元的废票，但仍有市价。其后二三年中，该行钞票售值约等于其面额的 1/5。[②]

相比较而言，1926—1929 年第二次建立的广西银行比清末民初的广西银行已经有了很大的进步。此间，虽然广西银行业大发钞票，但多半是由于兴办省立各项建设事业，与此前的纸币膨胀纯属军政费扩张之结果，还是不可同日而语的。

1931 年，新桂系东山再起重建统治后，开始重视建设，当时市面银根奇紧，又因广西全省以硬币交易，公私均感不便，广西省政府以财政手段发行省库券 200 万元，但为数不多，供不应求，故于 1932 年夏，筹设新银行，以确立币制，沟通汇兑，调节通货，扶助工商，以达到促进百业发展，增进社会繁荣之目的。[③]于是，广西省政府议决第三次设立广西银行，任命黄钟岳、曾其新、廖竞天、扈轸、梁鹏万为筹备委员。5 月 21 日，公布《广西省银行条例》，广西银行于 8 月 1 日成立，为官商合办股份两合公司，规定资本总额 1000 万元，其中，政府出资 510 万元，商股 490 万元，先由省政府拨出 340 万元为基金，开始营业。第一届董事会委员为黄蓟、黄钟岳、廖竞天、向志鹍、黄萌初、曾其新、林旭初，总经理由黄钟岳兼任，协理由廖竞天兼任，设总管理处于邕宁。1933 年 7 月 1 日起，开始招募商股。[④]广西银行的商股募集之法，除由人民自由认股外，又分为机关职员扣薪认股、地方社团认股、商人认股三种。机关职员扣薪认股之规定，凡月薪在 30 元以上者，认股如其薪额，分十个月缴足；地方社团认股则由租赋、契税、屠宰税等之附加，地方财团及绅富认股构成之；商人认股则按各商人资本额酌定分派。截至 1934 年底，计募获资本 199 万元，计机关职员扣薪认股 83 万余元，地方社团认股

---

① 陈文川：《广西银行的组织沿革》，《广西银行月报》1941 年第 2 卷第 1 期，第 16—17 页。
② 徐学禹、丘汉平编著：《地方银行概论》，福州：福建省经济建设计划委员会，1941 年，第 47 页。
③ 陈文川：《广西银行的组织沿革》，《广西银行月报》1941 年第 2 卷第 1 期，第 17 页。
④ 徐学禹、丘汉平编著：《地方银行概论》，福州：福建省经济建设计划委员会，1941 年，第 77 页。

103 万余元，商人认股 12 万余元。合前政府所拨资本及以后增拨之 16 万元，共为毫银 555 万元。1936 年底，实收资本统计已达毫银 616 万余元。到 1937 年秋，折合中央法币 521 万元。①

从表面上看，广西银行属于官商合办的银行，结合以上商股来源，进而根据广西银行董事会委员林旭初的报告，可以看出，广西银行向人民募集的商股，一为全省在职公务人员按月扣薪；二为全省田粮、税契、屠捐及铺租捐之附加，并地方殷富量力认股；三为全省各县市商会按其商业之大小、牌照之多寡以分担之，统以之拨作银行股份。②由此可知，深究其资本的来源，广西银行资本中政治作用是十分强大的，所说向人民分别募集各项，皆用政府的强制力量以摊派捐税式的手段行之，虽然名义上是官商合办，而事实上完全是官方控制的。

1932 年 8 月，广西银行第三次开业，吸收大批具有资本主义银行管理技能的知识分子，其中有留学生 13 人，大学毕业生 102 人，专门学校如广西大学银行专修班学生 214 人，以上共计 329 人，占全行职员总人数的 30% 左右，各项业务基本上采取资本主义经营方式。③

广西银行总结以往经验，特在条例章程中明确规定：①不代理省库，以划清财政与金融之界限，并限制政府透支，不得超过已拨资金的 30%。②放款期间，至长不过半年，使资金活泼。③规定发行部独立，并严格限制发行钞票。④特设董事会，负立法监督之责。此次立法较前完善，组织较前健全。④

1932 年建立的广西银行最初采取总管理处制，建立董事会；1936 年 7 月，改为总行制，建立理事会、监事会；1937 年，又恢复总管理处制。其变化的基本情况如下。

1932 年 8 月 1 日至 1936 年 2 月底，为广西银行的总管理处时代。1932 年 8 月 1 日，广西银行成立，新银行的组织，最高权力机关为股东会，下设董事会、总管理处及监察委员会，其下为各分行，再下为各地办事所。董事会负立法监督之责，由无限责任股东派董事 7—9 人组织之。最初，由省政府派黄蓟、黄钟岳、廖竞天、林旭初、黄萌初、曾其新、白志鹍等 7 人为董事会委员，到新行成立时，黄萌初、曾其新、白志鹍等 3 人调任各行经理，省政府乃任命廖乔松、覃懋材、张君度补董事会委员之缺，并以黄蓟为董事会

① 黄钟岳：《广西省财政概况》，《西南导报》1939 年第 2 卷第 5 期，第 22 页。
② 紫薇：《广西银行与广西经济》，《中国经济》1935 年第 3 卷第 6 期，第 1 页。
③ 郑家度：《论旧广西银行的产生、发展和消亡》，《广西农村金融研究》1985 年第 6 期，第 30 页。
④ 郭荣生：《抗战期中之广西银行》，《中央银行经济汇报》1943 年第 7 卷第 9 期，第 74 页。

主席。总管理处设总经理及协理，均由董事会委员兼任，新行成立时，由黄钟岳兼任总经理，廖竞天兼任协理。监察委员未予选出，故监察委员会未能同时成立。1933 年 3 月，黄钟岳改任财政厅厅长兼董事委员会主席，同时，黄蓟辞职，由白志鸥继任总经理，直到 10 月 11 日白志鸥逝世，总经理一职，由协理廖竞天兼代至 1935 年 5 月第二届董事会成立时止。1933 年 8 月，覃懋材辞职，改任黄绍枢接充。1933 年 11 月底，廖乔松出任梧州分行经理，1934 年 2 月辞去董事会委员职。1934 年 4 月，马维骐被任为董事会委员。[1]1935 年 2 月改组董事会，设正、副董事长，在开会期间代表董事会常驻川会办理日常事务，同时由股东会选 3 名监察人。第二届董事会于 1935 年 5 月 1 日成立，董事为黄蓟、廖竞天、黄钟岳、张君度、马维骐、吴尊仁、黄绍枢等 7 人，以黄蓟为董事长，廖竞天为副董事长。监察人为雷朝宣、张匡一、何雪生等 3 人。总经理为廖乔松，协理为黎庶、曾其新。第二届董事会成立不久，总经理廖乔松与若干董事认为，为适应桂省情势及应付金融环境起见，有改总管理处为总行，并将总行移设梧州之必要。于是改制之议于 1935 年 9 月 4 日董事会第二次常务会上通过，并决定将总行迁设梧州，裁撤梧州分行，梧行资产负债移归总行。[2]

1936 年 3 月 1 日至 6 月底，为广西银行的总行制时代。早在 1935 年 9 月 4 日，改制之议就经董事会第二次常务会通过，并决定将总行迁设梧州，裁撤梧州分行，梧州分行资产负债移归总行。总行制于 1936 年 3 月 1 日实行，同时，该月广西银行总管理处由南宁迁至梧州，与原梧州分行合并为广西银行总行。[3]

1936 年 7 月 1 日至 12 月底，是广西银行的官名时代。广西省政府有"将前广西银行之官商股本划分，官股划归省银行，专司扶助实业及调剂省内金融。商股则另设兴业银行，专营关于商业上之资金融通"。并于 1936 年 4 月 1 日任命黄蓟、陈雄、黄维、龙家骧、廖乔松、邓恭植、扈轸等 7 人为改组筹备委员会委员，将广西银行之商股退出，全部成为官股。依据新行章程，总行须设于省会所在地，于是总行于 7 月 1 日由梧州迁至邕宁，及 10 月，省会迁至桂林，总行又由邕宁迁至桂林。此次改组为广西银行，以省政府为最高权力机关，其下分设理事会、总行及监事会。理事会由省政府任命理事 7—9

---

① 陈文川：《广西银行的组织沿革》，《广西银行月报》1941 年第 2 卷第 1 期，第 17 页。
② 郭荣生编：《中国省银行史略》，沈云龙主编：《近代中国史料丛刊续编》第十九辑，台北：文海出版社，1975 年，第 141—142 页。
③ 郭荣生：《抗战期中之广西银行》，《中央银行经济汇报》1943 年第 7 卷第 9 期，第 74 页。

人组织之，财政厅厅长为当然理事，开会时并为主席。总行设行长 1 人，副行长 2 人，由省政府于理事中选派之。监事会由广西省政府任命监事 3—5 人组织之，以省政府审计机关长官为当然监事。本届理事会当然理事为黄钟岳、黄蓟、廖竞天、吴尊仁、张君度、马维骐、黄绍枢、陈雄、龙家骧、赵可任、桂京秋等 11 人。当然监事为贺世缙，监事为廖乔松、扈轸，行长为黄蓟，副行长为廖竞天、陈雄。本届理、监事会为期至短，至 1936 年底以改组关系结束。

1937 年 1 月 1 日，广西银行恢复官商合办时代。省行成立之后，原拟将划出之商股，另行筹设官商合办之兴业银行，以司商业资金之融通。旋以时异境迁，计划改变，兴业银行中止筹设。①商股亦未划出，于 1937 年 1 月 1 日起，仍恢复官商合办组织，仍称广西银行，总行设桂林。恢复官商合办后之董事会，亦于 1937 年 1 月成立。省政府分别委派黄钟岳、廖竞天、马维骐、张君度、兰希洵、谢赞英、王逊志、孙仁林等 8 人为该行董事会董事，并任命黄蓟为该行行长，廖竞天为副行长。②

广西农民银行系由广西银行奉广西省政府令，将该行之农村经济部划出，改组而成。当由广西省政府指定黄维、赵可任、龙家骧、扈寅、朱锡祚 5 人为筹备委员。1937 年 1 月，由广西省政府指派韦云淞、雷殷、黄维、龙家骧、吴尊仁任理事，陈一足、梁朝玑、扈轸为监事；任命黄维为行长，赵可任为副行长；广西农民银行于 1937 年 1 月 26 日开始办公，3 月 15 日正式开幕营业。资本总额暂定为毫币 300 万元，先由广西省政府拨给 150 万元。设总行于桂林，并于 4 月间先后成立平乐、鹿寨、柳州、南宁、桂平、贵县、郁林、庆元、戎墟、龙州、平马、靖西诸办事处。此外又设立农仓四处。③

四、云南的省地方银行

全面抗战前，云南没有一家国家银行和外省银行设立的分支机构，云南省的现代化金融机构以省立地方金融机构为主。云南的省级地方金融机构主要有 1912 年设立的云南富滇银行与 1932 年设立的云南富滇新银行。

① 郭荣生编：《中国省银行史略》，沈云龙主编：《近代中国史料丛刊续编》第十九辑，台北：文海出版社，1975 年，第 142—143 页。
② 《广西银行改组成立》，《金融周报》1937 年第 3 卷第 1—2 期合刊，第 66 页。
③ 徐学禹、丘汉平编著：《地方银行概论》，福州：福建省经济建设计划委员会，1941 年，第 79 页。

（一）富滇银行

1912 年 10 月，由云南财政司禀请都督府批准，以原设之富滇银行为之，资本额 200 万元，由云南官厅投足资本 100 万元，募集商股 100 万元，总行设于省城，次第设立分行于下关、腾越、丽江、永昌、个旧、河口、思茅、昭通等处，拟定章程，呈部核准，此云南银行第一次章程之规定。1914 年 7 月，巡按使唐继尧又拟扩张富滇银行办法，由财政厅会同铁路公司详定办法，1914 年 9 月修改章程，更定资本总额为 300 万元，以云南铁路局所有款项全数投入，不足之时，再添招商股，复有不足，由财政厅指拨地方公款，以投满 300 万元为止，此云南银行第二次章程之更定。1917 年 5 月，滇省财政支绌，所借以维持调剂者，唯富滇银行是赖，现已信用稳固，拟再扩充业务，更定资本总额为 500 万元，兼营储蓄事业，并设立汇兑机关，修改章程，呈部核准，此云南银行第三次章程之修改。①

富滇银行发行有五角、一元、五元、十元、五十元、一百元钞票六种。开办伊始，信用尚佳，纸币发行准备亦甚充足，颇得社会人士之信仰。后因滇省政局多故，财政支出浩繁，1916 年反袁世凯的护国战役、1917 年反张勋的靖国战役诸役，滇省所支出之军费为数颇巨，财政收支不得平衡，被迫滥发纸币，造成云南金融空前恐慌。1926 年 6 月，云南省政府为解决此金融问题，召集云南金融会议，经大会派员至富行检查钞票发行数额，截至 1926 年 6 月 19 日，发行额为 37 835 790 元。②1927 年后，因屡经政变，所用军费浩繁，遂滥发纸币，致纸币价值节节跌落，对沪汇款，竟达沪洋 100 元需滇纸票 980 余元，法国安南纸币 100 元可换滇纸票 1780 余元。统计云南富滇银行所发行纸币，截至 1931 年，共发行 9000 万元至 10 000 万元之巨，此项巨额纸币，既无现款可兑，又屡失信用于民，致使云南民生凋敝，达于极点。③

1921—1929 年，云南金融处于极度混乱状态，当时的省政府及社会人士认为，"金融若不解决，则军队不能维持，政治不能稳定，乃至工商百业莫不受其影响"。于是，省政府分别于 1926 年召集全省金融会议，1928 年设置整理财政金融委员会，1929 年春召集各县代表开咨询会。会议结果，复设置整理金融委员会及监察委员会，综合三次财政金融会议所定办法，均未能收获

① 周葆銮编纂：《中华银行史·第五编》，上海：商务印书馆，1919 年，第 44—45 页。
② 郭荣生编：《中国省银行史略》，沈云龙主编：《近代中国史料丛刊续编》第十九辑，台北：文海出版社，1975 年，第 147 页。
③ 《云南富滇银行改组，销毁纸币三千万》，《中行月刊》1933 年第 7 卷第 2 期，第 71 页。

效果。[1]1929 年 8 月 1 日，滇省新省政府成立，此时的富滇银行实际已经处于停顿状态。当年 10 月，云南富滇银行驻沪办事处奉总行电令，于 10 月底停止营业，要求在一个月之内结束。[2]11 月，云南省政府召集整理财政金融会议，搜集各方议案，成立审查委员会，并拟定整理财政金融办法十项。关于富滇银行问题，会议决定，富滇纸币仍照旧行使，由政府负责维持；筹还富滇银行借款，铸造重三钱六分、成色为五成之银质硬币，以银币 1 元折换富滇纸币 5 元。价值逐渐低落，后停止兑现，为救济市面，先后收回烧毁 5300 万余元。未收回仍流通市面者，10 元折合法币 1 元。[3]这样，富滇银行实际上已经名存实亡。

（二）富滇新银行

1930 年，云南省政府召开军政联席会议，决定金融、财政严格划分，政府不再向银行借款，使金融机构得以日趋稳定。7 月，成立整理金融委员会，专司计划收束旧富滇银行，同时筹备设立富滇新银行，以之为整理之中心机构。明白表示旧行纸币之价格以每 5 元抵滇铸银币或新行纸币 1 元，以后即由政府负责维持，以富滇新银行之纸币十足代表滇铸银币为本省之通货本位。筹备期间，共积半元银币 1600 万余元，省政府即指定该款为富滇新银行资本。1932 年 5 月 1 日，云南省政府任命李培炎为行长，陆崇仁、杨文清为监察人。公布章程与组织规程。7 月 1 日，正式开始筹组新银行，资本总额为本省银币 2000 万元，除筹获得 1600 万余元外，余数由政府继续筹集。[4]1932 年 7 月 16 日，云南富滇新银行组织成立，于 8 月 31 日举行开幕典礼，9 月 1 日开始营业。该行资本总额现收足滇省通用现金 2000 万元，发行兑换券 2000 万元，确系十足准备，除于省城设立总行，于个旧、昭通、下关等 3 处设立分行外，并拟于重要地方筹设分行或办事处，以期营业便利。至港、沪两行，亦在积极筹备中。[5]此后，先划资金 100 万元，于上海设立分行，已于 1933 年 7 月 24 日开始营业，该分行专营各种存款、放款，国内汇兑，贴现及押汇，生金银买卖，外国货币买卖，有价证券买卖，代理收交款项及一切商业银行业务，

①　云南省档案馆、云南省经济研究所合编：《云南近代金融档案史料选编（1908—1949 年）》第一辑（上）（内部资料），1992 年，第 84—85 页。

②　《富滇银行驻沪办事处结束》，《银行周报》1929 年第 13 卷第 43 号，第 39 页。

③　郭荣生：《中国省银行史略》，沈云龙主编：《近代中国史料丛刊续编》第十九辑，台北：文海出版社，1975 年，第 147—148 页。

④　云南省档案馆、云南省经济研究所合编：《云南近代金融档案史料选编（1908—1949 年）》第一辑（上）（内部资料），1992 年，第 86 页。

⑤　《云南富滇新银行已开幕》，《银行周报》1932 年第 16 卷第 39 号，第 2 页。

行址在北山东路 7 号。①

富滇新银行成立后，整理金融委员会即宣告结束，对旧行一切财产概由富滇新银行接受。旧行发行之纸币，即由新行陆续收兑、销毁。据统计，至1931 年止，富滇银行总发行额达 9000 万—10 000 万元之巨，既无现金可兑，民生又备受影响。1932 年 5 月，滇省政府将该行停业，改设富滇新银行，并设置富滇银行清理处，清理旧行账目，其法以新银行所发行纸币 1 元，抵旧银行纸币 5 元，同时发行以一抵五之铜元票，进行收换富滇银行滇印纸票，并对其实行销毁。当年 7 月 15 日焚毁之数量，面额达 3000 万元之谱。②直到1935 年 12 月，富滇银行的存款业已付清，欠款大部收回，只余少数不易催收部分。于是，清理机关已无设置之必要，省政府将此清理处明令裁撤，未完事件及未收款项，归财政厅接收办理，富滇银行至此宣告结束。

富滇新银行所发纸币称为新币或新滇币，以别于旧富滇银行之旧币或旧滇币。新滇币与法币比价，经财政部规定，新滇币二元折合法币一元。新滇币为美国钞票公司所印，计有一元、五元、十元、五十元、一百元等五种。此外又有滇省官印局所印十仙、二十仙、五十仙之铜元票，铜元票以纸张恶劣，多已破烂，市面已不多见。该行发行额，1932 年为新币 2 982 000 元，1933年为 13 036 000 元，1934 年为 15 575 000 元，1935 年为 17 815 000 元。③

根据《云南富滇新银行章程》可知，该行为云南省立银行，直隶于省政府，以调剂云南全省金融为宗旨。设理事会，由省政府委任理事 5 人组织之，任期为 3 年，理事会设常务理事 1 人。设 2 名监察人，由省政府委任之，任期 1 年。采取总分行制，设行长 1 人，由省政府委任制，任期 3 年，行长商承理事会，总理全行事务并负执行责任。总行设行长室，内设秘书 1 人，由行长遴选荐请委任，直隶于行长办事。分行各设经理 1 人、副理 1 人，由行长遴员函请理事会一绝，仍交由行长呈请政府核委之。④1934 年 2 月，李培炎辞职，行长一职改委缪云台充任，同时改组董监会，改委李培炎、杨文清为监察人。卢汉、陆崇仁、缪云台为董事，并以卢汉为董事长、缪云台为常务董事兼行长。直至 1941 年，董监及行长，仍由上述诸氏充任。⑤

① 《富滇新银行设立上海分行》，《中行月刊》1933 年第 7 卷第 2 期，第 66 页。
② 徐学禹、丘汉平编著：《地方银行概论》，福州：福建省经济建设计划委员会，1941 年，第 43 页。
③ 郭荣生编：《中国省银行史略》，沈云龙主编：《近代中国史料丛刊续编》第十九辑，台北：文海出版社，1975 年，第 149 页。
④ 《云南富滇新银行已开幕》，《银行周报》1932 年第 16 卷第 39 号，第 2—4 页。
⑤ 郭荣生编：《中国省银行史略》，沈云龙主编：《近代中国史料丛刊续编》第十九辑，台北：文海出版社，1975 年，第 148 页。

富滇新银行总行设于昆明，为调剂滇省金融，先在省内重要县市设立分支行 11 处，同时因为省外南宁、香港、上海等地与滇省汇兑关系密切，遂在上述几地设立分支机构以沟通云南省内外汇兑，主要业务为存款、放款、汇兑、押汇及发行纸币，此外由省政府赋予种种特权，业务甚为发达。截至 1935 年底，放款总额为 1600 万元，存款总额为 2400 万余元，公积金为 120 万余元，历年纯益在 300 万元左右。[①]此为云南富滇新银行在全面抗战前之主要情形。

第三节　全面抗战前西北各省地方银行的发展概貌

在西北地区，省级地方银行的前身亦是清末各省建立的官钱局，当时建有官钱局的有陕西官银号、甘肃省官钱局，而最早的省级地方银行是陕西的秦丰银行，以后陆续设立了西北银行、陕西省银行、甘肃省银行、宁夏省银行。

一、陕西的地方银行

（一）从陕西官银号到秦丰银行、富秦银行

陕西之省地方金融机构，以清末开办陕西官银钱号为嚆矢。晚清时期，陕西省先后建立了 3 个官银钱号。陕西官银号，于咸丰四年（1854 年）初陕西巡抚王庆云奏设，总号设于西安，这是陕西成立的第一家官银号。王庆云在奏折中提出满营八旗并各绿营官兵俸饷搭放钱票办法，由于陕西在奏设官银号的同时，鼓铸当 10、当 100、当 500、当 1000 大钱。大钱发行后，民不乐用，加之私铸盛行，大钱急剧贬值，流通阻滞，最后仅存当 10 钱勉强流通，且只能当 2 枚制钱使用。官票、宝钞滥肆发行，使官票几乎无人过问，宝钞不值原价的 1/10。当时银、钱、票、钞并行，钱又有制钱与大钱之分，种类复杂，波动频繁，换算困难，商民共愤，加之经办官员营私舞弊，兑换任凭刁难，官银号信誉扫地，难以维持，于咸丰十年（1860 年）被裁撤停业，历时仅 6 年。同治元年（1862 年），太平军进入陕西，华州、渭南、大荔等地回民起义爆发，关中、陕南到处硝烟弥漫。当时陕西抚臣瑛棨因军饷不支，奏明再开设官银号，即恒通字号官银号，总号设于西安，其任务与咸丰时官银号相同，对省城旗绿各营兵饷搭发钱票，借资周转。战乱期间，恒通字号官银号滥发钱票，币值剧跌，兵勇特强，不接受钱票，强行以银换钱，市场秩

① 刘天宏：《战时滇省货币金融概况》，《财政评论》1939 年第 1 卷第 5 期，第 136 页。

序混乱。1875 年，陕西地方政府为整顿纷乱的币制，准备停搭钱票，收放实银。不料，1876 年和 1877 年陕西干旱成灾，筹赈筹饷，出款愈急，不得不继续行用钱票，搭支月饷。旱灾过后，清政府催令收销旧票，停发新票，直至光绪十二年（1886 年）底，始将钱票收清，官银号裁撤停业。恒通字号官银号历时 24 年。设立官银号的办法，虽屡遭失败，但通过官银号发行钱票，舒缓财政困难，是最为便捷的办法。因此，后继者遇到困难，便重新恢复设立。光绪二十年（1894 年），巡抚鹿传霖奏设秦丰官银号，总号设于西安，1897年分设汉中、兴安分号，各给本银 1 万两，1899 年设延安府分号，给本银 4000两。以后各府县也陆续设立分支机构。[①]秦丰官银号发行有银元票 37.57 万元。宣统二年（1910 年），秦丰官银号改称秦丰官钱局，发行一千文与五百文辅币券两种，数额近 100 万元。辛亥革命后，秦丰官钱局停办，历时 18 年。[②]

1911 年 10 月，陕西都督府饬由财政司设立秦丰银行。民国元年（1912年）成立于长安，资本金 100 万两，由陕西秦陇复汉军政府发给 50 万两，余则招募商股，内部分为 5 课 13 处，外埠又设立分行 5 处，均照地方银行性质，一致进行，自两税划分，由该行代理金库，商业亦盛，且其营业之范围甚广，有棉花转运各公司为贩卖之贸易。[③]与此同时，陕西秦陇复汉军政府为了维持军政费用和地方金融，在清理大清银行陕西分行的基础上成立了富秦官钱局。富秦官钱局以发行辅币为职责，只办理发行和兑换，不营其他业务。而秦丰银行除经营一般银行存款、放款和汇兑业务外，还发行银元票和银两票。1913年 4 月，富秦官钱局划归秦丰银行管辖。随着政局的动荡，秦丰银行于 1917年改组为富秦银行。1918 年，富秦官钱局隶属富秦银行管辖。[④]秦丰银行发行有一两、二两、五两、十两、二十两、三十两之银两票六种，以维持军政费用。富秦官钱局发行有一千文与五百文制钱票两种。两行局发行数额，至 1917年 12 月止，秦丰银行为 653 542 两，富秦官钱局为 1 014 448 串。富秦银行发行有一两、二两、三两、五两、十两之银两票五种。1919 年一度停业，银票停兑，市面折价行使。1920 年复业后，改发 1 元、3 元、5 元、10 元之银元券，并将前发之银两票按 1 两折合 1 元收回，又于 1921 年停兑。此后数年间，苟延

① 姜宏业主编：《中国地方银行史》，长沙：湖南出版社，1991 年，第 20—23 页。
② 郭荣生：《中国省银行史略》，沈云龙主编：《近代中国史料丛刊续编》第十九辑，台北：文海出版社，1975 年，第 111 页。
③ 周葆銮编纂：《中华银行史·第五编》，上海：商务印书馆，1919 年，第 35 页。
④ 陕西省地方志编纂委员会编：《陕西省志·金融志》，西安：陕西人民出版社，1994 年，第23 页。

残喘，于 1926 年宣告结束。[①]1927 年，因西北银行入陕而停止营业。

（二）西北银行、陕北地方实业银行与陕西省银行

（1）西北银行。西北银行是山东、河南、陕西、甘肃共有之金融机关。1924 年底，冯玉祥将军应任西北边防督办后，即于 1925 年 4 月成立西北银行，设于归绥。在京兆、察哈尔、绥远、甘肃各地，遍设该行机构，并推行纸币政策。1925 年底，该行兑换券流通于市面者，计有北京、天津、张家口、热河、绥远、包头、丰镇及多伦等 8 处。1926 年，西北军与奉军冲突失败，退走西北边区，冯玉祥率西北军围攻西安。1927 年，冯玉祥主持陕政，设西北银行分行于西安，接办富秦银行。西北银行发行钞票代理省库，为当时陕省唯一之金融机关。所发 1 元、5 元、10 元钞票，初仅 200 万余元。1927 年，西北军于五原誓师，响应北伐，南下驻甘、陕、豫、鲁诸省，军需浩繁，钞券增发，后以无法兑现，1928 年春，通告清理该行兑换券。然而，清理未见实行，而增发之数且巨。1929 年夏初，发行额增至 8000 万元之谱，旋以冯军与中央冲突，主力北退陕境，西北银行于 5 月停业，所发纸币，未闻如何清理。[②]

1925 年 9 月，西北银行在甘肃设立分行，同年 12 月，又设兰州分行，由甘肃省财政厅厅长杨慕时兼任甘行监督。因系分行，资本无定额。1926 年 7 月，在甘肃增设秦州（今天水市）、平凉、肃州（今酒泉市），甘州（今张掖市）、凉州（今武威市）、西宁、宁夏诸办事处。兰州分行所辖的为平番（今永登县）、靖远、狄道（今临洮县）、红水（今景泰县）、山丹、河州（今临夏回族自治州）等分支机构，西北银行在甘肃所设的分支机构总计 13 处。[③]

（2）陕北地方实业银行。陕北，是一个历史性的地理概念。民国初年，陕北道统辖榆林、神木等 23 县，交通不便，经济落后。1929 年冯玉祥主陕，令西北银行在榆林城开设办事处，陕北地区始有现代金融业务开展。但随着 1930 年冬陕西省政府改组，西北银行停办，其所属榆林办事处也随之关闭，导致陕北地方市面上的筹码缺乏，事业停滞。时任国民革命军第二集团军暂十八师师长的陕北"土皇帝"井岳秀召集陕北 23 县的著名绅士、会商成立陕

①　郭荣生编：《中国省银行史略》，沈云龙主编：《近代中国史料丛刊续编》第十九辑，台北：文海出版社，1975 年，第 111 页。

②　徐学禹、丘汉平编著：《地方银行概论》，福州：福建省经济建设计划委员会，1941 年，第 46 页；郭荣生编：《中国省银行史略》，沈云龙主编：《近代中国史料丛刊续编》第十九辑，台北：文海出版社，1975 年，第 112 页。

③　中国人民政治协商会议甘肃省委员会文史资料研究委员会编：《甘肃文史资料选辑》第 8 辑，兰州：甘肃人民出版社，1980 年，第 135 页。

北地方实业银行。该行成立于 1930 年 12 月，总行设在榆林，资本总额原定为国币 50 万元，但仅收足 61 642.11 元，均系陕北各县筹拨。该行业务除办理存款、放款及汇兑外，并发行钞券，计银元券一元、五元两种，辅币有一角、二角、五角三种，铜元票有十枚、二十枚、五十枚三种。其营业状况，第一年即获纯益 6000 余元，第二年亦获纯益 4000 余元，第三年则营业更趋发达，资本总额达 1 617 936 元，并设立分支机构 18 处。①分设陕北各主要城镇。陕北地方实业银行实行董事会制，首任董事长为井岳秀，首任经理为米脂籍的留日学生马秉初。总行内设会计、营业、出纳、文档 4 个科室。该行除办理存款、放款、汇兑、贴现、储蓄及其他普通商业银行开展的一切业务外，并发放小宗工商贷款。陕北地方实业银行是陕北地区唯一发行过地区性货币的、具有官方性质的地方性商业银行。②

　　1937 年 6 月，因陕北地方实业银行办理不善，陕西省政府令归省行托管，由陕西省银行拟定《管理陕北地方银行纲要》及《派驻专员细则》着手调整。经过调查发现，该行总资产为 140 万余元，大部分均已借出，计八十六师欠款 77 万余元，各县政府及地方绅士欠款 28 万余元，工商放款 23 万余元，存款几无，仅赖发行钞票以资挹注，而该行前后已经四次印制钞券，总额计银元券 205.41 万元，铜元券 706 000 串，而实际之营运资金不过 50 万元，营运周转，颇感困难。针对这些问题，陕西省银行拟定调整原则 4 项：①就该行现有资力加以整理维持；②该行以后对军政方面不得再为透资；③暂印新票，换销旧票，以整理发行；④调整人事。后经财政部电请陕西省政府以该行并入陕西省银行，原有各分行处，即改为省行分支机构。然而省政府以该行积欠过多，历年亏蚀甚巨，乃采取折中办法，除督饬该行切实整理旧欠之外，更由财政厅将各县所借垫之军饷，先行拨还一部分，余下各县旧欠 48 万余元，编列预算，分期归偿外，并饬省行以贷款方式随时接济其营运资金，俟有相当盈余足以收回钞票弥补亏损时，再行归并。③

　　（3）陕西省银行。1930 年 10 月间，西北银行停顿，陕西省政府为调剂地方金融，发展实业，发起组织陕西省银行，于 1930 年 12 月 25 日开幕营业，暂用前西北银行未经发行之 5 元钞票 40 万元，一元钞票 3 万元，共计 43 万元，加盖陕西省银行真字横章，以资应用。④原定资本总额为 500 万元，嗣以

---

① 萧紫鹤：《陕西省银行概况》，《金融知识》1942 年第 1 卷第 6 期，第 116—117 页。
② 郭洲：《陕北地方实业银行及其发行的纸币》，《中国钱币》2006 年第 4 期，第 40 页。
③ 萧紫鹤：《陕西省银行概况》，《金融知识》1942 年第 1 卷第 6 期，第 117 页。
④ 《陕西省银行开幕》，《中央银行旬报》1930 年第 2 卷第 3 期，第 19—20 页。

陕西省连遭荒旱，民力告瘁，筹募不易，1932 年，乃由财政厅向各县招募民股 150 万元，每股 4 元。但由于地方元气未复，历时甚久，仅募得 95.3 万余元。1934 年改资本总额为 200 万元，每股 20 元，官股、民股各半，并由省政府授予省行代理省金库及发行权，直到 1938 年上半年，官股、民股才如数收足。[1]随即渐次分设汉中支行，凤翔、三元、同州、潼关等办事处，渭南、鏊屋、兴平、蒲城等兑换所，汉口、上海、天津、北平等汇兑所。1931 年"九一八事变"以后，陕西虽僻处西北，未受直接影响，然市面恐慌，银根奇紧，凡百事业，都感迟滞，12 月间，第七师奉令西进，肃清甘肃，临时因军队兑换，设立分行于兰州，设办事处于平凉、秦州。[2]

1932 年"一·二八事变"，沪市金融发生动摇，由于陕西省各行庄以沪埠为周转，金融业务大受影响，前欠旧款，均须归还，陕省出产，无地销售，日用必需品仍须向外购进，以故商人运现出境，有如江河日下，地方现款，顿感拮据。9 月，又有秦州之变，该行损失现金钞券及放款 50 万余元，致西安、兰州及各分支行处发生挤兑风潮，虽不久即告平息，而现金准备突然告罄，官府透支，不克立时收回，兼以商民运现之风仍炽，银根异常枯竭。省行现款分散汉中、安康、榆林等处，一时运调不及，无法应付。[3]乃于 9 月 19 日，奉令停兑一月，汉中、安康、榆林始终未停，所停者仅西安总行，一月届满，随即开兑。[4]受此影响，1932 年冬至 1933 年春，陕西省银行因市面萧条，营业不振，不得不采取极度紧缩政策，先后将设立之榆林、平凉、秦州、浦城、乾县、宝鸡、韩城、绥德、洛川、武功、长武等处所相继裁撤。[5]陕西省银行一面规定分区发行兑现办法，一面改省行为官督商办。三原商办银行首先成立，西安、汉中、安康、同州等处各设监理发行会，1933 年 5 月正式成立董事会，1934 年 7 月取消官商合办，厘定章程，始行奠定。[6]

陕西省银行组织初为总行制，经理为全行行政最高主体，经理以下设协

---

①　萧紫鹤：《陕西省银行概况》，《金融知识》1942 年第 1 卷第 6 期，第 111、116 页。

②　《陕西省银行之过去现在及将来》，《银行周报》1933 年第 17 卷第 21 号，第 27 页。

③　郭荣生编：《中国省银行史略》，沈云龙主编：《近代中国史料丛刊续编》第十九辑，台北：文海出版社，1975 年，第 113 页。

④　中国银行经济研究室编：《全国银行年鉴》（1937），上海：汉文正楷印书局，1937 年，第 C44 页。

⑤　徐学禹、丘汉平编著：《地方银行概论》，福州：福建省经济建设计划委员会，1941 年，第 71 页。

⑥　萧紫鹤：《陕西省银行概况》，《金融知识》1942 年第 1 卷第 6 期，第 111 页。

理 2 人，营业、会计、文书、出纳 4 科。[①]1933 年 5 月，陕西省政府遂依股款来源，产生第一届董事、监察人，分别代表官、民两方，计西安区张德枢、同州区张定九、凤翔区王谦梅、兴安区谢焜、榆林区谢子衡、延安区白少畬、商洛区杨北海、商界王怡然为民选董事；民政厅厅长王典章、财政厅厅长韩光琦、省政府委员李宜之为府派董事；西安区武念堂、景莘农，汉中区郑百愚、乾武区范紫东为民选监察人；高等法院院长孟昭侗为府派监察人。[②]该董监事会是仿照豫鄂皖赣四省农民银行先例成立的，由省政府指派民股董事 8 人，官股董事 3 人，民股监察人 4 人，官股监察人 1 人。[③]董监事会成立后，以董事长为全行行政最高主体，关于重要行务之应行商讨解决者，由董监事会召开行务会议决定施行。

1934 年 6 月 14 日，第 23 次董监联席会议，经董监事会提议，改定资本额为 200 万元，计官股、民股各 100 万元，除经营普通业务外，新添信托及储蓄两项，总计每年营业总额 3000 万余元。1936 年，裁撤凤县办事处，增设绥德、蒲城、石泉、武功等办事处。而对于办理农村贷款、投资省储仓库与合作事业，尤不遗余力。[④]同时，由于陕西省银行钞票散布全省，在 1935 年 11 月未实施通货管理统一货币以前，在省内添设代兑机构，各行处照常收钞兑现，为农村行使陕西省行钞票的便利，在各县较大乡镇，委托殷实商号，成立小宗代兑处，代兑小宗本钞。龙海路通车后，路局亦可照收，并在郑州委请金城银行代为收兑本钞，以便商民。[⑤]

陕西省银行建立起来的业务，除了对存款、放款、汇兑三项普通业务积极经营、稳健推进外，当陇海路快达西安时，陕西省尚无保险机关，而保险事业又为商业要务。陕西省银行为推广保障商本及农村建设，曾与泰山保险公司订合同，并指定所属重要各处，均予代办各种保险事业，当陇海路直达之后，保险机关渐次增加，而陕西省商业尚未充分发达，以致业务颇少。而当全面抗战开始后，由于各业停滞，陕西省的保险事业遂无形停顿。[⑥]

① 萧紫鹤：《陕西省银行概况》，《金融知识》1942 年第 1 卷第 6 期，第 111 页。
② 中国银行经济研究室编：《全国银行年鉴》（1937），上海：汉文正楷印书局，1937 年，第 C44 页。
③ 《陕西省银行七年来之总检讨（民国二十七年四月陕西省银行报告）》，《银行周报》1938 年第 22 卷第 36 期，第 3 页。
④ 徐学禹、丘汉平编著：《地方银行概论》，福州：福建省经济建设计划委员会，1941 年，第 71 页。
⑤ 《陕西省银行七年来之总检讨（民国二十七年四月陕西省银行报告）》，《银行周报》1938 年第 22 卷第 36 期，第 4 页。
⑥ 《陕西省银行七年来之总检讨（民国二十七年四月陕西省银行报告）》，《银行周报》1938 年第 22 卷第 36 期，第 5 页。

到全面抗战前，陕西省银行董事长为王怡然，总经理为李维城，常务董事为杨北海、张德枢，董事为张定一、谢燮一、冉寅谷、柏少畲、彭君颐、续式甫、谢文青、李仪祉、韩威西，常驻监察人为武念堂，监察人为孟昭侗、景心农、范紫东、郑百愚。总行设于西安，分行仅南郑一个，办事处有安康、渭南、同州、郃阳、朝邑、三原、兴平、盩厔、凤翔、陇县、宝鸡、蒲城、武功、武功农林专校、韩城、邠县、乾县、商县、咸阳、石泉、白河、绥德、西乡、南京、上海、天津、汉口、郑州等 28 处，全行员生为 145 人。[①]

二、甘肃的省地方银行

从晚清到全面抗战前，甘肃省的地方银行经历了从兰州官银钱局到甘肃官银号，再从甘肃省银行到甘肃农工银行、甘肃平市官钱局的发展历程。

（一）从兰州官银钱局到甘肃官银号

甘肃省的地方金融机关最早可以追溯到咸丰四年（1854 年）创设于兰州的甘肃官钱铺，该机构结束于何时虽不清楚，但存续时间并不长。[②]此后，到清光绪三十二年（1906 年）又创办了兰州官银钱局，其内部组织，系以藩司、臬司、兰州道为总办，资本共兰平银[③]10 万两，由藩库及统捐局库各认半数，并在沪订印银票 30 万两（分一两、二两两种，俗称龙票）、钱票 15 万串，流通市面。最初因为地方风气未开，人们对于上项银钱票不愿行使，其推行颇感困难，后以行使便利，信用大著，票价反大于现银。以现银易票，每 100 两须加现银 2 两，银票发行额因之由 30 万两增至 50 万余两。[④]兰州官银钱局在西宁、平凉、秦州、凉州、宁夏先添设分局五处。然而，好景不长，只存在 7—8 年时间，此后，虽还继续营业两年，但终究还是随着清王朝的垮台而消失。到 1913 年，张广建督甘。该省财政司拟将该局改为甘肃省银行，拟筹资本兰平银 60 万两并拟兼营养殖、储蓄两业，以期补助该省从事羊毛之业务，但终未实行。于是，1914 年改称甘肃官银号，总号设于兰州，原设之西宁、宁夏、平凉、秦州、凉州、甘州、酒泉、平番、安定、马营、陇西道等 11 分

---

①　中国银行经济研究室编：《全国银行年鉴》（1937），上海：汉文正楷印书局，1937 年，第 C44 页。

②　姜宏业主编：《中国地方银行史》，长沙：湖南出版社，1991 年，第 3 页。

③　兰平银是兰州地区通用的平砝标准。近代中国平砝很多，有库平、关平、漕平、市平等，兰平属于市平的一种。

④　甘肃省政府编：《甘肃省银行概况》，1942 年，第 1 页。

局，先后酌量归并，改于西宁、宁夏、天津 3 处，就官银钱局原有资本，各设汇兑分所，再由甘省巡按使筹足 40 万元之数，以为该号资本总额。①以甘肃省财政厅厅长雷多寿为监理官，郑虎臣为总办，郑德兴为坐办，赵治堂为经理，王兴周、王锦文为副经理，除原有业务外，发行纸币，并代理省库。发行新银票，收回旧龙票，计发行银票一两、二两、五两、十两等四种，共 400 万余两。②发行额较官银钱局发行额几增加十倍以上，并十足兑现，信用极佳。当时军政统一，全省税收全解省库，军政费之支出亦由官银号省库为之代理。后因发行量越来越大，现金准备不足，银票难以兑现，造成票值大跌。1920 年秋，税收短绌，支应浩繁，财政厅乃向官银号透支为挹注，达 300 万余两之巨，同时巨绅以私人名义借 20 万余两，且公私借款到期不能偿还，致准备空虚，基础动摇，无法兑现，票价因之大落，不得已遂于 1922 年结束。③

（二）从甘肃省银行到甘肃农工银行、甘肃平市官钱局

1922 年甘肃官银号结束时，即行筹设甘肃省银行。到 1923 年，新任甘肃督军陆洪涛召开财政会议，下令在 10 个月内将仍在市面上流通的银票全部兑换，并即行焚烧，从此银票绝迹。同时任命陈能怡任甘肃省财政厅厅长，将甘肃官银号进行清理，改组为甘肃省银行，规定资本 100 万元，但仅由财政厅拨足 14.2 万两。1923 年夏季，甘肃省银行成立，为甘肃省之唯一金融机关，有发行钞票、代理省金库特权，其在成立之初，营业尚称发达，为推广营业，便利汇兑，特派人赴天津筹设分行，该分行于 1924 年 3 月 1 日开幕，专营普通商业银行一切业务，行址设于宫北大街。④

甘肃省银行发行七钱二分银元票 70 万余两，计分一元、五元、十元等三种。1924 年，时任甘肃财政厅厅长的张维在"财政公开，会计独立"的旗号下，自兼经理，牛载坤、白应泰协理其事。1924 年、1925 年两年营业颇盛，发行额随之增至 90 万两。1925 年下半年，国民军入甘，刘郁芬任甘肃督办（后改主席），行内人事因受政局影响，履经变迁，甘肃省银行营业遂一蹶不振，杨慕时接任财政厅厅长，委白应泰为经理，白辞未就，改委韩锦章任经理，王遵先、白应泰为协理。1928 年冯玉祥令将甘肃省银行归西北银行督辖，派

---

① 周葆銮编纂：《中华银行史·第五编》，上海：商务印书馆，1919 年，第 40—41 页。
② 甘肃省银行经济研究室编：《甘肃省银行小史》，1945 年，第 2 页。
③ 甘肃省政府编：《甘肃省银行概况》，1942 年，第 1 页。
④ 《甘肃省银行推设天津分行》，《银行月刊》1924 年第 4 卷第 3 号，第 5 页。

兰州西北银行经理姬潆（莫川）兼任经理，营业亦逐渐式微。[①]

1929 年，甘肃省银行改组为甘肃农工银行，专发行铜元券，不久，姬潆辞职，又派林凤阁为行长，祁荫甲为副行长。为彻底整理计，曾将甘肃省银行所发银元票尽数收回，铜元票发行最高额达 230 万余串，合大洋 60 万元。1929 年秋，军用孔急，将已收回之银票复行发出，补助军费 20 万元。1930 年，甘肃省发生政变，陕军入甘，受政局影响，林凤阁辞职，由山东临清人贺笑尘任行长。因西北银行银元券 350 万元停兑，全省金融，紊乱异常，西北银行发生挤兑，农工银行之银元票受其影响而招致挤兑。为维持币信关系，商会也派人参加，由与商会有关的陕西人张宜伦代理行长。1930 年下半年，甘肃省政府乃改委派山西人马钟秀为行长，着手整顿，一面筹集现金，一面收回前发钞票。至 1931 年底，市面农工行钞票已少，正拟恢复兑现，又因驻军雷中田发动政变，扣押省主席马鸿宾而告终止。甘肃农工银行于 1932 年 2 月停止营业，其所发银元票由财政厅每元按一角五分收回。[②]此后，银元票历经收回，而铜元票则仍继续流通于市面，一时无法整理，由继起之甘肃平市官钱局接收清理。

1932 年 2 月，为维持市面银钱价格，调剂甘肃省金融，甘肃省财政厅重新设立甘肃平市官钱局，甘肃省政府委派张子麟为总办，刘杰之为经理。由于基金无着，钱票仍无法兑现，价格跌至 40 余串换现银 1 元。1932 年 6 月，谭克敦继任财政厅厅长，改委派马钟秀为经理，由财政厅拨付资本 10 万元，并另印新钱票发行，至 1935 年 4 月，始规定农工银行旧钱票以 40 串折换新钱票 4 串，另加贴水铜元 6 枚，兑现洋 1 元。旧钱票收回后，即加销毁。新钱票流通者，计有一百枚、五十枚、二十枚、十枚等四种，发行额 50 万余串。该局并于天水、平凉、酒泉、张掖、武威等处设有分局。终以资本过少，惨淡经营，进展极微。其间，1934 年，财政厅厅长朱镜宙拟将甘肃平市官钱局扩充改组为甘肃农民银行，定资本额为 50 万元，已由甘肃省政府咨请财政部核准设立，并经拨交资本 30 万元，准备发行纸币 270 万元，因中国农民银行来兰州设立分行，乃终止筹备，所印纸币全数呈缴焚毁。[③]

　　① 甘肃省政府编：《甘肃省银行概况》，1942 年，第 1—2 页；徐学禹、丘汉平编著：《地方银行概论》，福州：福建省经济建设计划委员会，1941 年，第 45 页；中国人民政治协商会议甘肃省委员会文史资料研究委员会编：《甘肃文史资料选辑》第 8 辑，兰州：甘肃人民出版社，1980 年，第 134 页。
　　② 甘肃省银行经济研究室编：《甘肃省银行小史》，1945 年，第 2 页；郭荣生：《抗战期中之甘肃省银行》，《中央银行经济汇报》1942 年第 5 卷第 9 期，第 60 页。
　　③ 甘肃省银行经济研究室编：《甘肃省银行小史》，1945 年，第 2—3 页。

1936 年，甘肃省政府重行核定《甘肃省平市官钱局组织规程》，规定：该局资本总额为法币 10 万元，由省政府拨充之。设总局于兰州，因营业之必要可在各县设立分局或兑换所。该局设经理 1 人，综理本局一切事务，副经理 1 人，襄助经理办理一切事务，经理因故不能执行职务时，由副经理代理之，经理、副经理均由省政府委任之。主要业务为：发行辅币券、存款、放款、汇兑、贴现，经省政府核准各项业务，其他奉省政府核准之各项业务。①虽然官钱局组织规程确定的资本为 10 万元，但因省库不裕，实际拨付者仅 2.7 万余元。经营年余，亏蚀达 2.6 万余元，不堪维持。②至此，甘肃平市官钱局已难承担发展地方金融之使命。

正是如此，到 1937 年初，甘肃省作为西北中心枢纽，管辖着 66 个县，而当时的金融机关除了中央银行与中国农民银行两行外，再也没有别的银行来设立分支机构，为了活动市面金融、推进甘肃省一切生产业及农村经济，新任甘肃省财政厅厅长陈端积极推进设立省银行，以完成省金融网，并将筹设理由及要点分别拟就，报经甘肃省政府转呈国民政府行政院财政部核准后，即将正式成立。该行性质拟采官商合办制度，俾赋省银行以独立之精神不受财政影响，成立以后，即请财政部特派监理官驻行监督，省行基金暂定为 500 万元，先收 250 万元，其筹集之法，拟向中央银行商借 150 万元，向中央银行兰州分行商借 100 万元，指定确实税收，分月摊还，并拟呈请财政部准予发行辅币券 300 万—500 万元，俾便分发各县流通，以济市面筹码之缺乏。③然而，直到全面抗战爆发后，甘肃省银行都没有正式建立起来。

此外，在青海，近代以来，青海不仅农牧业生产非常落后，工商业也很不发达，从而限制了其金融业的发展。金融机构初为民间经营的旧式当铺，继为官方经办的官银钱局、官银号，直到 1927 年才出现第一家近代银行。在全面抗战前，青海地区几乎没有建立自己独立的省地方银行，主要从属于甘肃金融业，1908 年，兰州官银钱局在西宁开设分局，中华民国成立后停办。1915 年甘肃官银号在西宁设立分号，至 1919 年撤销。1927 年，甘肃省银行成立西宁办事处，这是青海历史上出现的第一家近代银行。1929 年甘肃省银行改为甘肃农工银行，1929 年原设在西宁的分支机构也更名为甘肃农工银行西宁办事处，1932 年结束经营活动。1926 年冯玉祥在兰州设立西北银行兰州

---

① 《甘肃省平市官钱局组织规程》，甘肃省政府秘书处编译室编印：《甘肃省政府公报》1936 年第 1、2、5、6 期合刊，第 2—3 页。
② 甘肃省银行经济研究室编：《甘肃省银行小史》，1945 年，第 3 页。
③ 《甘省筹设省银行》，《四川经济月刊》1937 年第 7 卷第 1—2 期合刊，第 11 页。

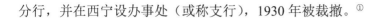

分行，并在西宁设办事处（或称支行），1930 年被裁撤。①

三、宁夏省银行

中华民国成立后的宁夏，长时间处于甘肃省的管辖之下。中华民国成立之初，宁夏府隶属甘肃省，1914 年夏，改宁夏道，下辖 8 县。1927 年，废道改设宁夏行政区。1928 年 10 月 19 日，南京政府正式以政府令行文公布设置宁夏省，自此以后，宁夏脱离甘肃省，单独建立省制。

近代以来，宁夏地区的经济十分落后，其新式金融机关的建立也是十分缓慢的，1924—1925 年，中国银行才设立宁夏寄庄，但设立不久即撤庄。1926年，西北银行在宁夏筹设分行，总行派熊绰甫经理到宁夏筹备，择定于西鼓楼东街前官银号旧址设立分行，经过修理房屋，装置器具等，大约三月内开业。②1926—1927 年，是西北银行宁夏分行的设立时期，1930 年西北军离去，该行即行停办。西北银行在宁夏发行钞票 100 万余元，西北军离开西北后，流散西北各省之西北银行钞票成为废纸，宁夏对此 100 万余元钞票，以政府与商家共同维持，仍能照常使用。由于此项纸币并无丝毫基金作准备，竟为奸商操纵，谣诼一兴，票价必生波动，金融动荡不安，情势殊为煎迫。③

1930 年，马鸿宾主政宁夏，积极筹设宁夏省银行，以便整理宁夏金融。经数月之筹备，宁夏省银行于 1931 年 1 月 1 日正式成立，以财政厅厅长为该行监理官，首任监理官为扈天魁，行长为张承动，资本总额定为 200 万元。1934 年底，实收资本为 1 510 017.69 元，未收资本为 489 982.31 元，后收足否未详。1933 年 3 月，马鸿逵奉令调主宁夏，为发展银行之营业及整理前任发出之钞票，改委梁敬錞为省银行监理官，孙德培、马继德为省银行正、副行长。3 个月后，行长孙德培被调他职，改委任李愚如接充，嗣后，监理官梁敬錞调任高等法院院长，该行之监理官改由杨鸿寿兼任。1933 年后，宁夏省银行的一切业务较前渐有发展，其成绩最佳，对商民最益者，为仓库部之扩大、各县办事处之设立、通汇地点之增加及低利之各项放款等。该行总行设于省会宁夏，1933 年 6 月，设中衡（卫）办事处，7 月，设宁朔办事处，8 月，设金积办事处，1934 年 5 月，设灵武办事处。于省外设归绥与天津两个办事

① 翟松天：《青海经济史（近代卷）》，西宁：青海人民出版社，1998 年，第 8 页。
② 《宁夏西北银行不日开幕》，《银行月刊》1926 年第 6 卷第 4 号，第 3 页。
③ 郭荣生编：《中国省银行史略》，沈云龙主编：《近代中国史料丛刊续编》第十九辑，台北：文海出版社，1975 年，第 162 页。

处，以经营宁夏省特产之输出。①这些对于社会既多协助，而银行每期之盈利，较 1933 年以前，亦增加数倍。

然而，宁夏省银行自 1931 年成立后，不断发行不兑现钞票 60 万元，致使宁夏金融情形更加严重。1932 年初，市面出现极多宁夏省银行伪钞，1932 年 5 月，宁夏省政府下令停止使用旧钞。②1933 年 3 月，马鸿逵主政宁夏后着手整理金融，首先是焚毁旧钞。1933 年 5 月 28 日上午，将各宗旧钞券票面 396 116.63 元，新钞券票面 200 000 元，共 596 116.63 元，集中在宁夏东教场焚毁，函请各机关、各学校及商会代表士绅等参加，同时宣布：此后尚余之钞票，需于 6 月 1 日至 30 日向省银行兑现，逾期一概作废。继之，财政厅厅长梁敬錞发表演说："6 月 1 号之兑现，尚须说明，因恐现金流出，故特发 30 万有基金之新钞以代之，此 30 万现洋，存省银行库中，请商会加封，以昭信实，故此 30 万新钞无异现洋。"与此同时，省政府还为发行新钞特发出布告加以说明。③由此可见，新的省政府对宁夏省银行的整顿是"换汤不换药"。旋以孙殿英进攻宁夏，税收停顿，军需浩繁，宁夏省银行亏累 100 万余元。宁夏省政府无法应付，续发新钞以济眉急。截至与孙殿英的战事平定之日，共发钞票 240 万元，连同旧发共计 305 万元。1935 年初，该行以农民平日需款，概乞恳于乡村富者，利息既重，限期又短，乃呈准马鸿逵主席，准由省行于农忙时酌定办法，投放无利之农村贷款，各县农民受惠不浅。至该行发行，依财政部电示，除陆续收回及封存者外，1936 年流行市面者，尚有 280 万元。1937 年，宁夏军政诸费无法缩减，各项税收受军事影响几全停顿，省政府亏累达 400 万余元。点金乏术之际，不得不依发行以资弥补。后省政府以发行过度，全省金融又陷于不安，决定于 1937 年 8 月 1 日一律收回。旋以种种困难，未能实现。④

四、新疆省银行

新疆省省地方银行的前身是新疆各地的官钱局。与各省官钱局相比较，

① 郭荣生编：《中国省银行史略》，沈云龙主编：《近代中国史料丛刊续编》第十九辑，台北：文海出版社，1975 年，第 162—163 页；徐学禹、丘汉平编著：《地方银行概论》，福州：福建省经济建设计划委员会，1941 年，第 72 页。

② 《宁夏省银行钞停止使用》，《中行月刊》1932 年第 4 卷第 5 期，第 66 页。

③ 《宁夏省银行发行新钞，焚毁旧钞》，《中行月刊》1933 年第 7 卷第 1 期，第 89—90 页。

④ 郭荣生编：《中国省银行史略》，沈云龙主编：《近代中国史料丛刊续编》第十九辑，台北：文海出版社，1975 年，第 163 页。

新疆的官钱局有两个特点：第一是成立最早，省城迪化（今乌鲁木齐市）官钱局成立于光绪十一年（1885年），而其他各省的官钱局则都较新疆省的为晚；第二是新疆省官钱局机构最多，其总局、大局、分局前后出现28处，这是全国其他省份所不能比的。[①]最早的迪化官钱局，清光绪年间，新疆市面，以元宝及各种银锞、银锭为主，单位以两为准。1884年新疆建省，次年，"巡抚刘锦棠发银一万两，饬于省城地方设立官钱局"。但初创之际，其业务还是推行新疆红钱[②]，以统一新疆钱法[③]。鉴于银两周转、携带颇不方便，有发行辅币之必要，乃于光绪十五年（1889年）十二月，拨银25 700百两以为准备（或谓拨银锭1万两）于迪化设立迪化官钱局（或曰新疆省城官钱局），发行钱票，每张面值红钱400文，合现银1两。迪化官钱局设立后，先后有天山北路之伊犁、天山南路之喀什噶尔及阿克苏等三地相继设立官钱局，鼓铸红钱应市。光绪三十三（1907年）年藩司王树楠由内地订印纸币100万两，并拨出资本120万两，改组迪化官钱局，成立新疆官钱总局，设立五大分局于迪化、伊犁、喀什噶尔、阿克苏、塔城，更设分局于各县，以官票60%、现银40%充作准备，发行油布票。后以迪化、伊犁、喀什间经济环境不同，形成省票、伊贴、喀什三种不统一之币值。彼时官钱局仿银行之制，亦经营汇兑放款业务，并曾鼓铸金币，计分一钱、二钱两种，每钱抵纹银3两，鼓铸不久，即行停办。辛亥革命后，协饷断绝，杨增新始以石印机印不兑现钞票，以为补救。所发纸币，毫无准备基金，仅借政府力量强制推行，纸币信用因之大坏，面价仅为其初值面值之半，后竟落至其最初面值的1/4，人民损失极为重大，其结果竟致人民信任俄人之钱票。杨增新之发行纸币，旨在弥补省政费用。民国四年（1915年）停印纸币，票价渐高，1两（杨氏所发纸币多为1两）可值400文。1918年，竟与现银无异。以后，边患迭起，军费大增。1919年，复由北京政府精印新币500万两及2钱、5分、1分之辅币，但仍不足以济穷。遂又开印石印纸币，于是票价又跌，竟至省票300余两换纹银100两，国币百元

---

① 董庆煊、穆渊：《新疆近二百年的货币与金融》，乌鲁木齐：新疆大学出版社，1999年，第258—259页。

② "新疆红钱"：清乾隆年间，清政府平定新疆后，为了加强统治、促进经济发展，乾隆二十四年（1759年），清政府批准定边将军乌雅·兆惠的建议，下令将天山南路原来流通的旧普尔铜币回收销熔，改铸圆形方孔"乾隆通宝"。铜铸方孔圆钱因钱呈红色，故称为"新疆红钱"。新疆红钱主要通行于南疆，北疆也有通行，从此时开始至清末，新疆红钱通行了150年。新疆红钱种类繁多、版别复杂。

③ 董庆煊、穆渊：《新疆近二百年的货币与金融》，乌鲁木齐：新疆大学出版社，1999年，第156页。

合省票 260 余两,此种价格沿行十余年之久。[1]新疆官钱局在民国时期虽然延续了一段时间,但并没有大的发展,到 1928 年全部停办。

新疆省银行创立于 1930 年 7 月 1 日。1928 年,金树仁主政新疆,新疆省政府为维持纸币价格,整理十分艰窘的财政状况,1930 年 7 月 1 日于迪化创设新疆省银行,资本暂定国币 500 万新两,由省财政厅陆续筹拨,该行为新疆省政府所创设,理事皆由省政府委任,以存放、汇兑、储蓄、代理省金库等为主要业务。除当然业务外,兼营储蓄,并开办口内汇兑。[2]最初,新疆省银行仅在迪化设有机构,内部设总办、协办、经理、协理等职。第一任总办为孙国华,财务科长(即会计长)通宝。1931 年以后,陆续在喀什、伊犁、塔城、阿山、库车、和田、焉耆、哈密、阿克苏等九处较大县城设立分行。[3]

1933 年,新疆发生"四月革命",金树仁去职,盛世才主持新疆省政,因新疆年来战乱之故,省银行一度停办。此后,盛世才开始新政,对于财政金融,力谋改进。对于新疆省银行亦力事整顿,首先做了行政组织上的调整,在管理上奉省政府令,改总管理处制为总行制,成立理事会,并改称经理为行长,协理为副行长。[4]先任用其东北同乡苏上达为新疆省银行行长,后苏上达被盛世才捕押而离职,由盛世才的留日同乡徐廉(即徐伯达)接任行长,徐廉于 1935 年调任喀什行政长,行长由新疆省财政厅副厅长张宏与兼任。同时还增设典当部与农业救济部,以救济平民免遭高利贷剥削之苦,并期复兴疲惫之农村。当时新疆省银行在内地的通汇地点很少,汇兑业务不发达,影响内地物资的输入。1936 年,经苏联从中斡旋,新疆省银行曾与上海、浙江兴业银行取得联系,订立互通汇兑契约,开展了内地的汇兑业务,一时上海、天津、北京各大城市的物资源源不断地输入新疆,新疆的金融物价情况曾一度好转。[5]但好景不长,1937 年全面抗战开始后,内地大片土地先后沦陷,交通阻塞,新疆省银行与浙江兴业银行的通汇业务也随即陷于停顿。

---

[1] 郭荣生编:《中国省银行史略》,沈云龙主编:《近代中国史料丛刊续编》第十九辑,台北:文海出版社,1975 年,第 167—169 页。

[2] 徐学禹、丘汉平编著:《地方银行概论》,福州:福建省经济建设计划委员会,1941 年,第 68—69 页。

[3] 董庆煊、穆渊:《新疆近二百年的货币与金融》,乌鲁木齐:新疆大学出版社,1999 年,第 287 页。

[4] 郭丽:《民国年间新疆省银行研究》,新疆大学硕士学位论文,2007 年 6 月,第 33 页。

[5] 董庆煊、穆渊:《新疆近二百年的货币与金融》,乌鲁木齐:新疆大学出版社,1999 年,第 287 页。

经过整顿后，新疆省银行的业务日见发展，存放汇兑数字大为增加。表1-7 将集中反映 1934—1938 年新疆省银行的基本业务状况。

表 1-7　1934—1938 年新疆省银行基本业务状况表　　单位：两

年度	存款	放款	汇兑	资金周转
1934 年	2 500 000	3 200 000	5 400 000	2 100 000
1935 年	54 600 000	68 900 000	58 300 000	181 800 000
1936 年	126 400 000	215 000 000	167 900 000	509 300 000
1937 年	395 600 000	389 600 000	389 600 000	1 174 800 000
1938 年	563 000 000	438 000 000	468 000 000	1 469 000 000
总计	1 142 100 000	1 114 700 000	1 089 200 000	3 337 000 000*

*原文此处为 3 346 000 000 两，实际相加为 3 337 000 000 两，故予以改正。

资料来源：彭吉元：《十年来新疆的财政与金融》，《新新疆》1943 年第 1 卷第 1 期，第 51 页。

由表 1-7 可见，新疆省银行经过整顿以后，从 1934 年到 1938 年，新疆省银行其存款、放款、汇兑业务呈现出逐年增加的趋势，资金周转也是在逐年扩大。一方面，银行的业务增加说明银行在新疆经济发展过程中发挥了更大的作用，在一定程度上也反映出社会经济的进步和繁荣。但是另一方面，限于资本额小，省银行业务规模不大，无法真正发挥出其在经济建设等方面应有的作用。

第二章　全面抗战时期大后方地方银行的制度建设

　　银行是近代以来依法成立的经营货币信贷业务的金融机构，是商品货币经济发展到一定阶段的产物，是社会资金活动的纽带。银行的各项基本制度既是其办理各项业务的准则，又是国家金融方针、政策、法规的具体体现，离开了制度的约束，银行的各项工作就无法开展，各项职能也无以发挥。

　　银行制度是一国金融制度的核心和主体部分，对社会经济的发展起着十分重要的作用。

　　银行制度是一个内涵十分丰富的范畴。根据程霖先生的研究，银行制度是指银行的体系结构与管理制度，包括银行的体系结构及构成这个体系结构的各类银行的组织形式、性质、地位、作用、营运机制、职能划分与相互关系，以及银行监管机构的设置、监管的内容与方法。概括而言，银行制度包含三个层次的内容：一是银行体系结构的构成方式；二是构成银行体系结构的各类银行的组织形式；三是以法制、规则为内核的银行的监管制度。[①]由于各省、县地方银行在银行管理体制和内部组织结构上均不一致，且都按照各自制定的银行章程执行，笔者将在论述抗战大后方各省、县银行的建设中进行阐述。因此，本章所涉及的地方银行的制度建设，主要是关于地方银行制度建设的理论探讨及其由此以法制、规则为内核的银行监管制度。

　　近代以来，地方银行发展历史并不短暂，省地方银行自清末已有开设，县银行的设立最早可以追溯到1915年，市银行之筹设则相对较晚，始于1927年。然而，对于地方银行的制度建设及其思想则比较迟缓，就政府对省地方

---

　　① 程霖：《中国近代银行制度建设思想研究（1859~1949）》，上海：上海财经大学出版社，1999年，第3页。

银行的制度规范而言，在国民政府北伐完成以前，政府对于省、市、县地方银行之设立与经营，并无特别法规之颁布。晚清时期，清政府对各省官银钱号及此后出现的省地方银行的管制，主要依据清光绪三十四年（1908 年）正月颁布的《银行通行则例》（15 条）。但是，省地方银行自清末产生之日起，就成为各省地方政府财政的附庸机关，其组织结构与管理模式也受传统金融机构的影响而存在着缺陷。进入北京政府时期，省地方银行不仅未臻完善，反而因为内乱频仍，省政不修，而多成为地方军阀筹措军费的工具，发行纸币，漫无限制，其制度也因各省自定章程而纷乱凌杂。

南京国民政府建立后，1928 年，举行全国经济会议，鉴于过去省市地方银行经营的失败，该会金融股曾提出请政府颁布"地方银行条例"案，希望通过颁布条例，达到禁止地方银行钞票之发行，并限制地方银行营业之范围。[①]不过，因实施存在诸多困难，未制颁"地方银行条例"。此后，国民政府在建立以"四行"为核心的国家垄断银行体制时，开始考虑将省地方银行作为国家垄断银行体制的重要组成部分，纳入中国银行制度的体系之中。在政府的推动下，省银行得到迅速的发展与壮大，这一时期，还颁布了一些有关省地方银行的法规，如 1935 年国民政府颁行《设立省银行或地方银行及领用或发行兑换券暂行办法》《省银行或地方银行印制辅币券暂行规则》等有关钞券发行兑换的特别法规，不过，直到全面抗战爆发前，尚无省地方银行法或类似法律颁布，以明确省地方银行的法律地位。至于县市银行的相关法规更是缺乏。

就地方银行制度建设的思想而言，在全面抗战前，由于县市银行发展缓慢，主要是针对省地方银行一类。晚清时期，就有了在中国创立省地方银行制度的思想和实践，而创立县地方银行的思想和时间虽然稍晚，但到 20 世纪初期也有了。不过，清末设立省地方银行的主张主要是由省地方政府提出来的。设立省地方银行也主要是为了维持地方财政，发展地方经济。省地方银行组织结构和管理制度的制定既受西方银行制度的影响，又吸收了传统金融机构票号的许多有益做法，其所用管理和办事人员也多系经营过票号的人。因此，省地方银行自清末产生之日起，就成为地方政府财政的附庸机关，其组织结构与管理模式也受传统金融机构的影响而存在着缺陷。进入北京政府统治时期，省地方银行不仅未臻完善，其制度也因各省自定章程而纷乱凌杂。国民政府建立后，这种状况依然存在，只是国民政府在建立以"四行二局"

---

① 张人价：《论金融系统之梳理与省银行之地位》，《湖南省银行月刊》1941 年第 1 卷第 3 期，第 4 页。

为核心的国家垄断银行体制时，已经将地方银行作为垄断银行体制中的重要组成部分，政府与理论界在探讨中国银行制度建设问题时，才将它们纳入中国银行制度的体系之中进行关注。

1937 年，全面抗战开始，为了适应战时金融体制的需要，设在后方的地方银行，肩负着本地区金融的调度和融通，以及开发大后方经济建设的任务。随着大后方省、县地方银行的不断建立和完善，国民政府也加强了对各地方银行的制度建设，将其纳入建立大后方西南、西北金融网的重要范围内，并加大了对地方银行的制度建设与管理。同时，对于省、县地方银行的制度建设思想，在全面抗战之后，真正得到政府和理论界的高度重视。退守西南、西北大后方的国民政府，为了推动地方经济的发展，以适应抗战的需要，国民政府与社会各界对改良省、县地方银行问题的关注程度不逊于对商业银行的关注程度，甚至过之，不仅发表了大量文章，而且还出版了一些学术专著。与此同时，国民政府也颁布了一系列改良省、县地方银行的条例和规定。本章将对战时国民政府加强对省、县地方银行的制度建设及其思想问题进行深入探讨。

第一节　全面抗战时期关于省地方银行制度建设的思想认识与论争

对省地方银行地位与作用之认识，曾在长时期里处于模糊状态。近代中国的省地方银行自清末开设以来，到全面抗战以前，无论是清政府、北京政府还是国民政府，对于省地方银行之设立与经营，均无专属法规之颁布。全面抗战后，在国民政府构建西南、西北金融网的推动下，从政府到理论界，对省地方银行的认识，开始有了明显的变化，积极探讨省地方银行制度的改革问题，形成关于改造省地方银行的思想热潮[①]，并随着战争进程，得到不断强化，这一热潮以 1942 年为分界线，明显地体现出在认识上的前后两个阶段。

---

① 战时有关省地方银行地位的认识与争论问题的讨论主要集中在当时财政经济、金融类的主流期刊中，如财政评论社主办的《财政评论》，财政知识社主办的《财政知识》，中央银行创办的《中央银行经济汇报》、《中央银行月报》和《金融周报》，邮政储金汇业局主办的《金融知识》，中国农民银行主办的《中农月刊》，当时各地方银行主办的刊物，如四川省银行主办的《四川经济月刊》和《四川经济季刊》，陕西省银行主办的《陕行汇刊》，湖南省银行主办的《湖南省银行经济季刊》，广东省银行主办的《广东省银行季刊》以及《农贷消息半月刊》、《经济学季刊》、《金融季刊》、《银会学报》、《西南实业通讯》等，在不少刊物纷纷推出"省地方银行"特辑、"省地方银行改制问题"等专刊，进行专题讨论与研究，足见当时的政府与学界对省地方银行的关注度非常得高，文中资料均来自当时的这些刊物中。

第一个阶段，省银行制度改革思想的大力建设与发展阶段。其间，国民政府先后推行了一系列健全地方银行制度的政策措施并专就省地方银行改造问题召开了两次地方金融会议，会上形成了多项改革省地方银行制度的议案。第二个阶段，因国民政府财政收支系统从三级制改为二级制，这一改变，将省财政归并中央统筹，所有省库投资及省有官产官业，均由国库接收，原属省政府投资的省银行资本，也一并随同改制移属国库，从而引发省银行存废问题的争论。最终通过1945年《省银行条例》的颁布，赋予了其法律上的应有地位。

一、抗战前期对省地方银行地位的认识

国民政府对省地方银行地位及业务规范的第一个制度文本是《改善地方金融机构办法纲要》。1938年春，国民党临时全国代表大会通过《抗战建国纲领》，议定抗战与建设同时并进的最高国策。其中有关经济政策共8条，确定全力发展农村经济、开发矿产、发展轻重工业、奖励海内外人投资、扩大战时生产等。财政部根据纲领中有关金融与生产各条，于1938年4月28日公布《改善地方金融机构办法纲要》（10条），通电各方施行，针对我国金融机构布局重沿江、沿海而轻内地，造成中国经济发展过度失衡的不合理性，提出了改善的办法。该办法主要目的就是适应抗战时期调剂内地金融、扶助农工各业、增加生产之需要，改变过去中国金融机关营业方针多注重商业而轻工矿的做法，鼓励金融机关向农工矿方面投资，以期发展生产。[1]规定：①各地方金融机构为增办农工矿各业放款的需要，得向中央银行、中国银行、交通银行、中国农民银行四行领用一元券及辅币券以资调剂。②一元券和辅币券的准备，除二成法币和三成公债外，其余一律可用上项农工矿业的投资充之，以适应地方生产事业的需要。③其所以规定只准领用一元券及辅币券，因此等小额币券，正合于农田水利矿产开发支付工资的用途，意在深入农村。[2]

《改善地方金融机构办法纲要》规定的地方金融机构，主要指省地方银行。国民政府对其在战时的定位是，省地方银行是在国民政府管制下，为"抗战建国"，增强地方金融，发展地方经济，特别是"农工矿各业"生产的金融机构，其地位与作用举足轻重。《改善地方金融机构办法纲要》公布后，国民政府财政部为使地方银行了解该办法的精神，进一步发挥省地方银行的作用，

---

① 重庆市档案馆藏重庆市银行业商业同业公会未刊档案，档号：0086—1—2。
② 罗敦伟：《中国战时财政金融政策》，重庆：财政评论社，1944年，第74页。

分别于 1938 年和 1939 年召开了两次地方金融会议。

（1）1938 年汉口第一次全国地方金融会议。1938 年 6 月 1—3 日，财政部召集中央银行、中国银行、交通银行、中国农民银行四行分行经理，各省地方银行经理及各地银行公会主席在汉口召开全国地方金融会议。各地银行、金融主管 70 余人到会，共同讨论如何改善地方金融机构之实施办法，以求充分发挥其效能，增强全国抗战实力，争取最后胜利。这次会议的内容，一是传达政府的政策方针；二是听取各地金融状况报告；三是讨论改进金融机构与业务的具体办法。[1]开幕之日，财政部部长兼中央银行总裁孔祥熙致辞，首先阐明召开这次会议的四个动机："第一，增加生产，政府这次改善金融机构的第一个动机，就是促进全国的增加生产运动。生产的部门可分为三方面：一曰农业，二曰工业，三曰矿业。……第二，节约消耗，增加生产，固是当前急务。……第三，提倡献金。中国地广人众，散存在民间的现金现银为数尚多，如果提倡得力，未始不是增加政府抗战力量的绝对好方法。……第四，奖励储蓄。中国人民向来缺乏储蓄的习惯，现在各银行虽然奖励储蓄，然较东西各国实瞠乎其后。"其中增加生产一项，尤为重视。他指出：增加农业生产，关系抗战前途；发展手工业生产，既可满足国内需要，又可向外输出；开发矿业，需要筹措资金，有赖金融界尽力协助。[2]

关于改进金融机构与业务的具体办法，决议原则八项：①奖助输出事业，并便利侨胞汇款归国；②继续努力收集金银；③增设内地金融机关，以完成金融网；④提倡节俭，奖励储蓄；⑤扶助内地必需品生产事业，并推广农村贷款；⑥继续推行贴放事宜，以供给各业所需资金；⑦限制沦陷区域汇兑，疏通内地相互间之汇兑；⑧训练金融机关人才。[3]这次会议旨在借金融力量，发展农工矿业生产，贯彻战时金融政策。不幸的是，这些决议尚未付诸实施，武汉即告失守，但对改善地方金融工作却起了一定的作用。

（2）1939 年重庆第二次全国地方金融会议。1938 年 10 月武汉失守，抗战转入相持阶段，为调整各地金融经济状况，使地方金融更加适应内地情势之变化，并谋抵制日伪对中国金融经济之破坏与侵略，增强抗战力量。财政

---

① 贵州金融学会、贵州钱币学会、中国人民银行贵州省分行金融研究所编：《贵州金融货币史论丛》，贵州中国人民银行金融研究所《银行与经济》编辑部，1989 年，第 22 页。

② 《廿七年六月一日第一次地方金融会议孔院长训词》，《广东省银行季刊》1942 年第 2 卷第 3 期，第 50 页。

③ 中央银行经济研究处印：《十年来中国金融史略》，重庆：新中国文化社，1943 年，第 149—151 页。

部召集各省地方银行及中央银行、中国银行、交通银行、中国农民银行四行首脑人员，于 1939 年 3 月 6—10 日，历时五天，在重庆召开了第二次全国地方金融会议，做出了一系列指示和决议，进一步提高了对省地方银行地位的认识。

此次会议与 1938 年在汉口所召开的地方金融会议性质虽然大致相同，但也呈现出很大的不同，就参加会议的单位而言，汉口金融会议参与的银行单位，包括中央特许银行、省地方银行、农工专业银行等在内的各类银行都有，而此次重庆地方金融会议参加的银行主体则是省地方银行，其所讨论的问题比汉口会议更加明确集中于地方银行与地方金融方面。

重庆地方金融会议，出席的各省地银行共有 15 个单位：广东省银行、福建省银行、江苏银行、江苏省农民银行、广西银行、富滇新银行、湖南省银行、湖北省银行、四川省银行、河南省农工银行、安徽地方银行、江西裕民银行、浙江地方银行、陕西省银行、甘肃平市官钱局。参加会议的还有中央银行、中国银行、交通银行、中国农民银行、财政部贸易委员会、发行准备管理委员会、经济部、农本局各代表和邹琳、徐堪两位财政次长及财政部代表多人，由行政院长孔祥熙做主席。3 月 6 日，召开第一次大会，孔院长致训词，徐次长报告开会宗旨及各地方银行依次报告业务状况，并决定分为两组审查会，分别审查各提案，第一组审查健全机构改善业务监督发行等事项，第二组审查收购物资促进生产便利运输等事项。7、8 两日分组举行审查会，9 日开第二次大会，通过第一组审查报告，10 日召开第三次大会，通过第二组审查报告，并由孔院长致闭幕词。此次金融会议中所议定之方案，可归纳为下列六项纲要：①关于如何发展经济力量案；②关于如何维护币制信用案；③关于如何增进业务案；④关于如何便利收购物资案；⑤关于如何平衡物价之涨落案；⑥关于如何接济食粮之需要案。①这六项议决案清楚地反映了此次会议的内容：①努力维持战区金融的营运和添设战区分支行；②扶助发展地方生产事业和抵制日伪经济侵略；③努力推行中央经济财政政策以收事半功倍之效；④政府银行和省地方银行及省地方银行间的合作。②

在这次金融会议中，还根据战事发展的情况，按照地域分布将省地方银行分为战区和复兴区两种。所谓战区，包含日军控制区域、作战区域及接近战地区域三种。属于战区之省银行或地方银行，确定为广东省银行、福建省

① 《第二次地方金融会议纪略》，台湾"国史馆"藏财政部未刊档案，档号：018—260—1488。
② 盛慕杰：《对于重庆金融会议之管窥》，《金融导报》1939 年第 1 卷第 2 期，第 18 页。

银行、浙江地方银行、江苏银行、江苏省农民银行、河南农工银行、湖北省银行、湖南省银行、江西裕民银行、安徽地方银行、陕西省银行等 11 家。而战区以外的则为复兴区，复兴区之省地方银行，确定为甘肃平市官钱局、四川省银行、云南富滇新银行、西康省银行、广西银行等 5 家。各区经济环境不同，所负任务自亦互异。①此后，随着战事发展与省地方银行的变化，战区与复兴区省地方银行的划分又有不同。

以上内容旨在强调，要加强经济活动，首先，要争取战区上的胜利，如抵制日伪钞券的行使，防止物资被敌利用等，即能控制战区经济中心，巩固战区经济壁垒，使日伪无从树立经济基础及统制金融，而其基本的前提应由省地方银行尽量吸收战区物资以供输出，人民需要充分供应。其次，在战区以外的地方，要努力集合坚毅的力量，使内地经济在短期内分工合作，迅速复兴，而这些都需要由省地方银行供给资金，促使农矿工商各业的繁荣，以达多难兴邦的结果。国家整个经济财政政策，并不是单靠政府银行去推动，而要靠省地方银行和政府银行及省地方银行间密切联系、精诚合作，才能促使经济财政政策的成功。

省地方银行在非常时期肩负着特殊的任务与使命。正如 1939 年 3 月 6 日孔祥熙在第二次地方金融会议演讲时所指出的："自战事发生，省地方银行，日形重要，其所负担之任务，已不专属于银行之性质，而系具有特殊之使命；换言之，为扶助地方生产事业及抵制日伪纸币的流通。这都包含着许多重要特殊问题，如何发展地方经济，如何扶助发展农工商业，如何推进农贷，如何收购重要物资原料，如何利便省钞发行深入游击区内行使，借以抵制日伪纸币的流通，如何侦查搜集日本人经济侵略情报，如何运用金融的力量扶助地方财政健全地发展，凡此种种，均应列为重要事项，斟酌情形，用审慎敏捷手段，逐一切实施行。"正因为如此，他强调，省地方银行与中央银行、中国银行、交通银行、中国农民银行四行在战时是属于密切合作互助的关系，"省与中央之间及省与省之间，构成全国整个的健全金融网机构，结为一体，呼吸相通，然后全国金融，可收整个调整之效"②。

总结起来，这次地方金融会议明确指出了省地方银行的地位与业务方针，从业务方针来看，强调要做到以下几点。③

---

① 邹宗伊：《中国战时金融管制》，重庆：财政评论社，1943 年，第 276 页。
② 孔祥熙：《第二次地方金融会议演词》，《财政评论》1939 年第 1 卷第 4 期，第 118 页。
③ 以下内容系根据郭荣生著作进行整理归纳而来，详见郭荣生编：《中国省地方银行概况》，重庆：五十年代出版社，1945 年，第 56—57 页。

（1）承担特殊任务。战时省地方银行所负特殊使命为扶助地方生产事业，抵制敌伪纸币流通。具体说，就是如何发展地方经济，推行农贷，扶助发展农工商业；如何收购物资原料；如何促使法币深入游击区内行使，借以抵制敌伪纸币流通；如何侦查搜集敌人经济侵略情报；如何运用金融力量，扶助地方财政健全发展。

（2）推行中央经济政策。过去省地方银行对协助推进法币政策、收购生金银、推行小额币券，均有良好成绩。今后应更加努力，代中央收购物资及农产品，开办建国储金，推行节约，使中央、地方共同努力，俾收良好功效。

（3）加强与中央银行合作。会议要求省与中央之间、省与省之间，应构成全国整体而健全的金融机构，呼应灵活，以收全体调整之效。

同时，这次会议特别强调了地方银行的作用，确认了地方银行的地位。认为省地方银行是国民政府直接管理下的金融机构，它必须推行中央经济政策，与中央银行加强合作，结为一体，所谓与中央银行"结为一体"，其实意味着已将省地方银行纳入国家银行体制内。因此，抗战时期的省地方银行已完全不同于战前，除了负有在平时经理各省地方金库、调剂各省地方财政金融的责任以外，在战时，更要担当抵制日寇经济侵略、增厚抗战物质基础的特殊使命。而且，省地方银行的作用因区域不同也有所区别，未成战区的省份，省地方银行要加强在省内的任务；已成战区的省份，商业储蓄银行多在事前撤退，此时战区金融的维持，全仗省地方银行担负；已成游击区的省份，尤仗省地方银行运用金融政策，收购重要物资原料以免为日伪利用，注意防止日伪纸币的流通。同时战事发生之后，各地金融无不呈紧缩状态，商业储蓄银行为求资金安全起见，都紧缩放款，政府此时不得不借省地方银行去救济金融。不仅如此，从战时财政政策的立场来看，收兑民间的金银以供战时对外购买力的使用，是战时财政中重要的手段，尤其在各省地方经济不太重要、亦缺乏国家行的分支行处的地方，只能借重于省地方银行去替代国家银行从事收兑。因此，政府战时财政金融政策虽由国家银行主动地去实施，然而又全在省地方银行去从旁协助，方能收事半功倍之效。

综观这次会议之结果，对省地方银行之认识与定位已与从前不可同日而语，省地方银行由一般性地方金融机构变成了负有推行国策的特殊使命的金融机构，由国家银行体制外纳入到了国家银行体制内。其地位的大幅提升，也大为有利于在国民政府领导、组织下，强化地方金融机构，以"四行二局"为轴心，以省地方银行为骨干，分途推行国策，动员各地金融经济力量，加紧金融界的联系与精诚合作，完成各地金融网，粉碎日本人经济封锁之梦想，繁荣内地产业，以实现"抗战建国"，并最终实现国民政府对金融资本及国民经济的高度垄断。

在提升省地方银行认识的同时，国民政府也加强了对省地方银行的规范和建设，不断颁布了一系列的相关法规。1940 年颁布《管理各省省银行或地方银行发行一元券及辅币券办法》，规定各省银行或地方银行钞券以在本省流通为限，其准备金，金银法币最低二成，货物栈单最高二成，保证准备六成中，适用公债及四行之存单。[1]政府在战时赋予省地方银行发行一元券之权，是对敌经济斗争之必要，是一种临时的措施。为辅助小工商业之发展，又颁布《地方金融机关办理小工商业贷款通则》（19 条），由省地方银行贷给资金，规定借款人有确定住址，经营正当小本工商业（1943 年 1 月小商业贷款停止办理，将《地方金融机关办理小工商业贷款通则》改称为《修正地方金融机关办理小工业贷款通则》）。[2]1939 年 5 月，更颁布《省地方银行监理员章程》，派员监督省地方银行之业务，并检查发行及领用一元券辅币券是否照章运用等事。其后，1939 年 8 月公布、1941 年 12 月修正公布之《非常时期管理银行办法》中各种监管之规定，对于省地方银行也同样适用，国民政府并规定外省地方银行在渝设立办事处，不能经营存放款业务、防止利用存款经营囤积投机等不法业务。[3]而对于省地方银行的地位与作用，国民政府也是十分肯定的。1941 年 6 月，第三次全国财政会议举行，国民政府财政部对省地方银行之期望甚为殷切，财政部部长孔祥熙提出"省地方银行应遵奉中央金融政策切实推行以利抗战建国案"的提议，经大会一致通过。[4]该案集中体现出国民政府对省地方银行地位及作用的肯定。

二、抗战后期对省地方银行地位的论争

省地方银行在中国银行制度中究竟应处于怎样的地位？对这个问题，在 1942 年以前，理论界的看法并不存在根本的分歧，一般都认为，省地方银行是构成中国银行制度的重要组成部分，省地方银行为中国四大类银行（即国家银行、省地方银行、县乡银行及商业银行）之一。就其机构广布全国各省，

---

① 陈寿琦：《论地方银行之将来》，《四川经济季刊》1943 年第 1 卷第 1 期，第 278 页。
② 沈长泰编著，胡次威主编：《省县银行》，上海：大东书局，1948 年，第 12 页。
③ 陈寿琦：《论地方银行之将来》，《四川经济季刊》1943 年第 1 卷第 1 期，第 278 页。
④ 郭荣生编：《中国省银行史略》，沈云龙主编：《近代中国史料丛刊续编》第十九辑，台北：文海出版社，1975 年，第 11 页。

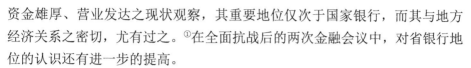

资金雄厚、营业发达之现状观察，其重要地位仅次于国家银行，而其与地方经济关系之密切，尤有过之。①在全面抗战后的两次金融会议中，对省银行地位的认识还有进一步的提高。

不过，省地方银行在战时发展并非一帆风顺，其曾经历一段曲折的时期。从1942年开始，政府与理论界的看法开始出现分歧，形成了两种对立的观点。一种观点仍坚持上述看法，但另一种观点则主张，省地方银行是一种多余的金融机构，没有存在的必要，所以应予取消。那么产生这一变化的原因是什么呢？

第一，国民政府的财政收支系统发生改变。1941年6月16—24日，国民政府财政部在重庆召开了第三次全国财政会议，出席会议的有各省市财政厅局长、财政机关主管人员、各专家等270余人。在财政部长孔祥熙主持下，会议讨论国民党五届八中全会所议决的各省田赋暂时划归中央接管，以及彻底改进财政收支系统等项重要议案之实施办法。其中通过了各省财政划归中央统筹整理分配后，改由国库统一处理案。②鉴于全国财政已分为国家与自治县两大财政系统，并将省预算一切收支纳入国家预算范围以内，则各省现有金融机构也应彻底改革，以期与国家财政制度相配合。省财政既不存在，省地方银行之代理省库的特质，自亦失去，其省政府出资，当然要移归中央国库，省地方银行似无存在之必要。会议曾通过由中央银行接收省地方银行的决议："限令中央银行自民国三十一年（1942年）起，将各省省银行一律接收整理，使成为中央银行之各省分行，并以每省设立一分行，每县市设一支行为原则，完成中央银行之金融网。"③

第二，国民政府实行国家银行专业化。国民政府宣布：从1942年7月1日起，中央银行、中国银行、交通银行、中国农民银行四行实行专业化，中央银行指定为银行之银行，握全国独有之发钞特权，负调剂全国金融之重责；中国银行为国际汇兑银行，司国际贸易收支汇兑业务；交通银行为发展全国实业银行，司全国发展实业之投资与经营；中国农民银行为发展全国农业之银行，以促进我国农业之现代化。④中央银行、中国银行、交通银行、中国农民银行四大国家银行专业化后，使省地方银行主要业务之农村贷款，逐渐由中国农民银行接收，广东、福建两省行经办之华侨汇款，则于太平洋战争后

① 杨寿标：《省地方银行业务之回顾与前瞻》，《财政评论》1944年第11卷第4期，第35页。
② 辛元：《第三次全国财政会议》，《新建设》1941年第2卷第6—7期合刊，第16页。
③ 陈寿琦：《论地方银行之将来》，《四川经济季刊》1943年第1卷第1期，第279页。
④ 傅兆荣：《国家银行专业化后之省地方银行》，《财政知识》1942年第2卷第1期，第29页。

濒于断绝，其未受战争影响之南美洲、北美洲、澳洲等地华侨汇款则由中国银行承办。至于各省地方银行大宗经营之工矿事业放款，因关系交通银行专营业务，将来能否保持不变，而未可意料。又加之《县银行法》颁布后，全国各县普遍设立县银行，发展一县地方经济，并赋予县银行向国家银行融通资金之特权，这样，省地方银行处于国家银行与县银行并行发展竞争之下，其营业更倍感困难，业务范围愈见缩小。[①]

第三，抗战形势发生变化。1941年12月太平洋战争爆发后，中央银行、中国银行、交通银行、中国农民银行四行完全撤出沦陷区，国民政府利用省地方银行进行与敌伪的货币战暂时告一段落，省地方银行的重要性受到动摇。

基于上述三方面的变化，1942年后遂引发了学术界关于省银行存废问题的广泛而持久的论争，这场论争的实质就是关于省地方银行地位与作用认识的分歧。归纳起来主要有以下五种观点。

①省地方银行由中央银行接收整理，使之成为中央银行之各省分行。自1942年1月起，以每省设一分行，每县市设一支行为原则，以一年之内，完成中央银行金融网。②省银行由交通银行改组接管。省行脱离省政府之管辖，设立省地方银行总管理处于重庆，指挥监督各行之行政业务。各省行之官股，由财政部拨作中央加入之官股，或作为国家加入交通银行之官股（以省行之宗旨及业务与交通银行颇多接近）。商股有愿退股者，由交通银行承购，资力较弱者，由交通银行拨款增资。旧日由省行投资经营或省款官营之工矿各厂，由交通银行及省地方银行总管理处经营。以后的所有业务在省地方银行总管理处管制之下，由交通银行辅助发展。③设立中国地方银行总行或总管理处，以各省之地方银行为分行。着重地方实际需要，便利各省建设投资，资本分开，组织统一，已有省行各地分支机构办事处不必增设县银行，避免重复，减少人力、物力浪费之嫌。④主张在此战时非常时期，暂时维持省地方银行现状，但应加强中央银行、中国银行、交通银行、中国农民银行四行对省地方银行的控制。为建立完整金融系统，省地方银行在将来或有归并之必要，但在此非常时期，中央各种政策之推行，地方各种事业之兴办，须借助于省地方银行，仍有维持省地方银行存在之价值。采取的措施是，适当调整，使省地方银行与中央银行、中国银行、交通银行、中国农民银行四行之联系更加密切，其理事会中应由中央银行、中国银行、交通银行、中国农民银行四

---

① 杨寿标：《省地方银行业务之回顾与前瞻》，《财政评论》1944年第11卷第4期，第41页。

行之代表为当然理事，其理事长及总经理应由财政部直接委派，在中央银行、中国银行、交通银行、中国农民银行四行尚无分支机构之处，则由四行委派省地方银行，依照四行规定办理业务，盈亏由四行负担，仅按放款额微收手续费。⑤保持省地方银行的独立性不变。主张充实省级金融系统，不能改隶任何国家银行，县级银行应隶属省级银行，不能独立。在中央设立省地方银行总管理处。如一时不便设立，可在中央银行内设省地方银行业务督导处代负其责。总经理改由财政部委派，加入中央官股，借以加入中央委派之负责人员。规定各省行应就近加入各地四联总处分支处，借使逐步加强与中央之关系，而对于地方银行之任务，亦不致与国家政策相冲突。①

以上观点可分为两类，一类是主张取消省地方银行，其中又分为三种意见，一是根据第三次全国财政会议决议案，主张省地方银行由中央银行接管；二是考虑省行之宗旨及业务与交通银行颇多接近，主张省地方银行归交通银行接收；三是成立中国地方银行总行或总管理处，将省地方银行纳入其中。第二类是主张保存省地方银行，但必须进一步加强与中央的联系。

与此同时，各省地方银行也积极参与这场谈论之中，其间多次召开各省银行座谈会，其中，1943年5月20—22日，各省银行第三次座谈会在湖南耒阳湖南省银行忠爱社召开，出席本次会议的主要有甘肃省银行、陕西省银行、广东省银行、广西银行、福建省银行、江西裕民银行、浙江地方银行、湖南省银行等8家。主要讨论的问题：联请财政部参照目前经济情形提高利率；联呈财政部改善审核放款手续案；各省地方银行应如何联合通汇及互兑钞券以宏业务案；拟请增加省地方银行领券数额，并不以一元券为限案；银行对于投资之事业是否可以参加利润之分配，拟联请财政部解释案；省地方银行之地位应有明确之规定，经上次座谈会决议联请财政部制定地方银行法及组织通则案；拟请修正非常时期管理银行暂行办法第六条案；拟请按省地方银行之职责另订适当之管理办法案；联合组织西北经济考察团实地考察以利开发案；省地方银行拟请援照国家银行例，免除缴纳存款准备金案。第四次座谈会举行时间地点及召集人由广西银行召集，时间定为1943年11月中旬。②

随着讨论的深入，人们进一步认识到："省地方银行的存废问题，理论上的成分多，事实上的可能少。"从理论上说，国家银行机构能在各省各县增设，县银行普遍成立后，省银行或为金融机构中之累赘，可无须存在，但现实生

---

① 杨恺龄：《省地方银行改革刍议》，《财政评论》1944年第11卷第4期，第45—46页。
② 贵州省档案馆藏贵州银行未刊档案，档号：M56—1—806。

活中，当时的国家银行是否已普遍增设？县银行又是否都能健全成立？如果没有一种机构能代替省银行的功能，则省银行自有其存在的价值和需要。①

这次讨论持续了四年之久，最终继续保存省地方银行的意见占了上风，其结果既未削弱省地方银行的地位，也未影响国民政府对省地方银行的管制，而是根据形势需要，省地方银行在变革中有了新的发展，同时国民政府还推出新的管制措施和办法。为配合抗战需要，1942 年 4 月，财政部颁布《省地方银行推设游击区办事处办法》，并通令战区各省地方银行办理抢购物资，直到抗战胜利后省地方银行推设游击区办事处办法及抢购业务，才分别停废。②为防止银行机构借机囤积货物，1942 年 4 月 4 日，财政部通令战区及接近战区各省地方银行："为拟办理物资购销业务，应事前拟具计划，专案呈财政部核准，方得办理，其购销物资范围：①接收财政机关之委托代理物资之收购；②遵奉省政府令饬抢购沦陷区及接近沦陷区之日用重要物品及有关军用之物资，以免资敌，其日用重要物品，并应随时销售，不得存积。"1942 年 8 月 14 日，财政部对河北、广西、广东、湖南等地的省地方银行，颁发"令战区及接近战区各省地方银行重申抢购物资业务要旨仰遵照文"，强调"收购物资及其处理，应遵照管制法令办理"，不得借抢购供应之名，行囤积居奇之实，规定按月将"购运""销售""存货"月报表三式呈报财政部。③

1944 年上半年，在总结各方意见并斟酌实际情形的基础上，财政部为健全省银行机构，改进其业务，以完成省银行制度化，筹议调整各省银行业务组织，拟将名称一律改为某某省银行，采取总经理制，以发展本省特种生产事业为宗旨，资本由国库拨给为原则，其特准参加商股者，商股以不得超过资本总额之半数为限，所有董事、监察人等均由本部令派，但许省政府推荐1/2。④对此，财政部归纳拟具"调整省银行办法"呈经行政院核定转送立法院完成立法程序，定名《省银行条例》，于 1945 年 7 月 3 日由国民政府公布施行。《省银行条例》规定：①省银行以调剂本省金融，扶助经济建设，开发本省生产事业为宗旨；②名称一律定为某某省银行，并以一省一行为限；③资本以由国库拨给为原则，并得由县市银行及自治团体参加公股；④董事、监

---

① 傅兆棻：《国家银行专业化后之省地方银行》，《财政知识》1942 年第 2 卷第 1 期，第 28 页。
② 沈长泰编著，胡次威主编：《省县银行》，上海：大东书局，1948 年，第 13 页。
③ 郭荣生：《八年来政府对省地方银行之管制》，《财政评论》1946 年第 15 卷第 6 期，第 302 页。
④ 台湾"国史馆"藏国民政府未刊档案，档号：001—080001—0002。

察人均由财政部令派，董事由省政府保荐 1/2，监察人由省参议会推选 1/2。①
《省银行条例》公布后，即经财政部拟具实施办法，分行各省遵照办理，规定：
各省银行章程应于本办法公布三个月内依照《省银行条例》修正，连同省政
府保荐之董事，省参议会推选之监察人，一并报部分别核派备案。至一省已
设有二省银行者，应由各省政府先行拟具裁并办法，参有商股之省银行，其
商股应由省银行拟具分期退还办法，均报部核定办理，各省省银行除少数因
有特殊原因外，均已先后依照改组。②至此，围绕着省地方银行存废问题的论
争，才算尘埃落定。

　　综上所述，省地方银行虽自清朝末年即已设立，然社会上对其的认识一
直比较模糊，省地方银行不仅名称、资本、组织以及业务范围并无统一之标
准，更缺乏明确的法律地位，究其原因，与省地方银行在经营、管理方面混
乱，特别是与沦为军阀或地方割据势力的筹款工具有直接的关系。对省地方
银行认识的转变，始自全面抗战的开始。正是由于战时环境的严酷与"抗战
建国"的急迫需要，为省地方银行发挥其独特作用与寻求其应有地位提供了
难得的契机。于是，在国民政府构建西南、西北金融网的推动下，社会上积
极探讨省地方银行制度的改革问题，形成关于改造省地方银行的思想热潮，
这一热潮以 1942 年为分界线，分为前后两个阶段，第一个阶段，是省银行制
度改革的大力建设与发展阶段。其间，国民政府先后推行了一系列健全地方
银行制度的政策措施，并专就省地方银行改造问题召开了两次地方金融会议，
会上形成了多项改革省地方银行制度的议案。第二个阶段，因国民政府财政
收支系统从国家、省、县三级制改为国家、县二级制，原属省政府投资的省
银行资本，也一并随同改制移属国库，从而引发了省银行存废问题的争论。
但由于省地方银行在实际中所起到的不可替代的重要作用，省地方银行不
仅没有被废除，而且随着业务的蓬勃发展，其地位还得到了进一步的提升
和巩固。因此，到抗战结束之际，国民政府最后是以通过颁布《省银行条
例》结束了省地方银行存废问题的论争。此条例的颁布，一方面使省地方
银行的存在已正式有了法律根据，其地位也得到了法律保障；另一方面，
也使省银行被正式纳入了国家银行体系，从而为实现国家对省银行的完全
掌控和严密监控奠定了基础。

---

　　① 中国第二历史档案馆编：《中华民国史档案资料汇编》第五辑第二编：财政经济（三），南京：
江苏古籍出版社，1997 年，第 38—41 页。
　　② 沈长泰编著，胡次威主编：《省县银行》，上海：大东书局，1948 年，第 14 页。

第二节　20 世纪 40 年代县银行发展的困境及其存废之争

在地方银行中，相对于省地方银行来说，县银行的设立与制度建设思想的产生要晚得多。北京政府时期，虽有《农工银行条例》的颁布，但在我国的银行制度上，并未发生重大影响。南京国民政府建立后，随后一些农民银行的创办，并未经中央核定便普遍推行。20 世纪 30 年代初期，中国农村经济日趋衰败，而各大都市则游资充斥，投机作祟，资金壅积无法消纳。此种畸形发展，国内学者专家莫不同声指责，相继以复兴农村为号召。于是，资金应流归农村以开发农业生产的主张得到了国人的认可，也引起了国民政府及学界的重视。1934 年 7 月，全国经济委员会拟于全国各县普设县立国民银行作为调剂农村金融的一个重要举措，具体方案是，县立国民银行的资本由各县公款及地方人士中有资财者担任，由县长监督，以家资殷实、素负声望者为理事，基金定 10 万—20 万元，视各县地方财力而定，并于乡区设立办事处，以期与农工发生直接关系。如合作信用卓著者，需互相联合共图发展。此方案还明确规定，此项银行以贷款农工为标准，不准吸收存款。[1]法币改革实施后，日本人曾大放厥词：法币职能推行于都市，不能流通于内地广大的农村。国民政府财政部即欲趁此机会，于各县区普设县乡银行，以期法币早日推广于中国广大之乡村，全国币制早日统一。[2]然而，对此县乡银行的建立，同样存在着不少的顾虑与争议，"因为县乡银行是要在各地普遍分设的，政府的资力有限，在银行的资本上，恐怕不得不借助于当地的豪绅和地主。这一来，他们在银行中就很容易占到重要的地位，将实际的管理权直接或间接操纵起来，流弊所至，不但农民得不到实惠，而且地方豪绅地主也许会利用这类金融机构，来加紧对于农民的剥削，这是违反设立县乡银行的本旨的"[3]。在不断的争议中，建立县乡银行这一美好的愿望终因各方意见未能达成一致而落空，直到 1937 年全面抗战开始也没有得以实施。

全面抗战开始后，随着国民政府的内迁，由于广大西部地区县级地方组织的不健全，基层金融机构之缺乏，农村经济达到崩溃的程度，严重影响了"抗战建国"的迫切需要。于是，国民政府不断采取措施，拯救农村经济，其中，1939 年 9 月颁布的《县各级组织纲要》及 1940 年 1 月颁布的《县银行法》，

---

① 《全国经委会拟普设县立国民银行》，《时事月报》1934 年第 11 卷第 3 期，第 96 页。
② 杨及玄：《由县银行法的公布说到四川各县的县银行》，《四川经济季刊》1944 年第 1 卷第 2 期，第 161 页。
③ 《设立县乡银行的过虑》，《农村合作月报》1936 年第 1 卷第 12 期，第 43 页。

就是最重要的体现。此后，县银行即在西南、西北大后方及其他国民政府统治区域逐渐建立起来，在县银行建设发展的实践过程中，也显露出来不少问题，既难取得良好的经济效益，也难承担起调剂县区金融，以及扶助县区经济建设等责任，并引发了关于县银行是否应该存在的激烈而持续的论争。[①]其实，围绕县银行存废问题的论争，所反映的就是其在制度建设与发展中的种种不足或缺陷，这些既有县银行建设中内在的因素，也有外在的因素。在国民政府的竭力维持下，县银行仍然在激烈的论争中被保留下来，但最终还是免不了走向历史的"死胡同"。

一、县银行发展中的内在困境

县银行从一开始就存在着先天不足，主要是资本短绌、人才匮乏、体制缺陷，这些成为困扰县银行发展的内在因素。

（1）资本短绌。《县银行法》规定，县银行资本总额至少须达 5 万元，俟股款收足 1/2 以上时，即可申请营业。然而"方今物价高昂，两万五千元之购买力，若以实物计之，在若干县份，仅能收购食米一百石至三百石，略等于中等地主一年间之收获；以此微末之资金，使负调剂一县金融之重任，似属难能"[②]。到 1941 年 5 月，全国登记领照之县银行 28 家，未领照而开业者 51 家，筹备中者 80 家，总计 159 家。这 159 家县银行，资本总额与实收资本两项齐全者仅 57 家，实收资本共计 10 640 360 元，平均每县银行实收资本为 186 673 元。其中以陕西省长安县银行实收资本 100 万元为最高，最少者为四川省蓬溪县银行，实收 42 500 元。此 57 家中，以实收资本 5 万—20 万元者为最多，计共 40 家；21 万—100 万元者较少，计共 9 家。[③]到 1944 年止，虽亦有陆续增资至 100 万—200 万元以上者，但属少数。[④]试问此区区一二百万元，甚至数十万元或数万元之资本，在抗战中期之后通货不断膨胀的情形下，将何以开展其业务？故抗战时期各县县银行资本之短绌，实为一大缺点。而资本短绌之由来，一方面由于《县银行法》规定资本数额过低，另一方面亦由于各县本身筹集资本之困难。资本短绌造成县银行不仅业务难以开展，而且自身

① 有关这场论争的详细内容，参见程霖：《中国近代银行制度建设思想研究（1859～1949）》，上海：上海财经大学出版社，1999 年，第 213—214 页。
② 徐学禹、丘汉平编著：《地方银行概论》，福州：福建省经济建设计划委员会，1941 年，第 170 页。
③ 郭荣生：《县银行之前瞻及其现状》，《中央银行经济汇报》1942 年第 6 卷第 7 期，第 59 页。
④ 袁宗葆：《改进县银行刍议》，《金融知识》1944 年第 3 卷第 3 期，第 131—132 页。

还需靠抵押借贷度日。1943 年 11 月，四川省的綦江县银行由于"县银行活动范围较小，资金周转困难"，"存款数字，未曾增加，而收入反为减少"，只得向财政部呈文，要求以美金公债券、法币公债券、救国公债券、中央储蓄会节约建储券各种重要证券向驻綦江县的中央银行、交通银行两行抵押借贷，维持生存。①

（2）人才匮乏。一般而言，人才多集中于大城市和中心城市，而县银行地处县乡，无论是地区经济文化教育水平还是自身的地位、实力、待遇，县银行都难以吸引专业人才的加入。时人曾对县银行人才的重要性发出这样的感慨："推行县银行，于资本问题之外，当推人才问题，因为银行业究竟是一种专门的业务，不是一般仅有商业经验的人所能胜任的，尤其不是连普通商业经验也没有的一般地方士绅所能胜任的，就连普通大学经济系或商业学校毕业学生，也绝不会胜任愉快，又何况县银行又有其与一般银行特异之任务，而一般大学经济系毕业生，又大都不愿自划其前途步入县地方从事工作，因之，我认为推行县银行的人才问题，也许比县银行的资本问题还要重要而不易解决。"②从经理层面论，对银行会计或银行实务有所研究的究竟有多少？甚至有对银行账簿也不知如何记载或阅看者。于是，县银行之主持人员大多由地方士绅霸占，而且每多不明政府法令，视县银行如私人库藏，或则硬作担保，介绍借款，或则凭一纸条文，久借不还，银行负责人员，大都仰人鼻息，不敢违拗，反而迁就事实，借以结好，即有少数贤明者，设或奉行法令，未予便利，于是动辄得咎，非议蜂起，枝节横生，难安于位矣。③种种弊端致使人浮于事，效率低下，既不利于拓展业务，更难以与业内同行竞争，甚至徇私枉法，触犯刑律，造成银行利益的重大损失。

（3）体制缺陷。首先，县银行体制乃一孤立的封闭体制。它为一县一行，与省地方银行比较，纵向看，县银行上无上级机关，下无基层银行，因为它自己就已是最基层的；横向看，县银行以各县乡镇为营业区，各县银行之间孤立分散，没有联系的渠道。曾有县银行自发建立横向组织却被否定，即便是到了抗战胜利后，这种联系也被认为是不合法的，如 1947 年 7 月，由湖北省汉阳、广济、云梦、武昌、孝感、黄安各县县银行负责人高敏之、杨天衢等发起组织成立全省县银行联合会，并成立筹备处，然而，湖北省政府却认

---

① 台湾"国史馆"藏财政部未刊档案，档号：018—257—791。
② 王璧岑：《县银行与地方经济建设》，《财政经济》1945 年第 3 期，第 3 页。
③ 袁宗蔚：《改进各县县银行业务拟议》，《财政评论》1944 年第 12 卷第 6 期，第 40 页。

为"该项组织无法令依据"，财政部亦认为"县银行依现行法令系采独立制，不得在县银行之上另有组织，高敏之等呈拟设立全省银行联合会一节，未便照准"。[1]其次，县银行缺乏合理有效的监督机制。县银行业务之监督与辅导，虽由全国县乡银行业务督导处办理，但各县行遍布各处，人力上、时间上均不经济；自财政部设立各区银行监理官办公处后，虽可派员检查各地县银行，然由于监理官乃一般银行监理机构，本来就人少事繁，故难以对县银行加以特别关注和监管，因而各县银行之上缺乏一直接的管理督导机构。[2]抗战胜利前夕，财政部授权各省财政厅监理县银行业务，并同时撤销县乡银行业务督导处和监理官办公处，但因县银行众多而分散，各省财政厅的监管同样鞭长莫及。结果，县银行只是一盘散沙，而且缺乏有效监督，这已背离了现代金融机构宜集中、不宜分散的银行体制的精髓，此种体制"自然不能把全国各县银行联系起来，成为一体，以收指臂之效"[3]。

二、县银行发展中的外在困境

制约县银行发展的诸多因素中，不仅在于其先天的不足，还在于其外部成长环境的恶劣，如竞争激烈、县域经济落后、经营受限等，这些都成为困扰县银行发展的外部因素。

（1）竞争激烈。在国民政府的银行体系中，国家银行即中央银行、中国银行、交通银行、中国农民银行四行处于这个体系的最高层级，居于顶级地位，把持全国的金融资源和垄断权力；次一级的是各省地方银行，属于省政府掌握，地处一省之省会城市，操控全省之经济金融命脉，又有人才汇聚、交通便利、省政府支持之优势，其实力和地位在国民政府银行体系中，仅次于国家银行；而县银行则居于这个体系的最底层，地处县乡，经济贫瘠、资金匮乏、文化落后、人才稀缺、居住分散、交通不便，虽然也可得到县政府的支持，但在激烈的竞争中，自然无法与前两类银行抗衡。尽管依照国民政府规定，各类银行分工有所不同，但相互间业务不可避免有所交叉，《县银行法》所定之营业范围，又无一不为各省银行分支处所从事经营并力谋发展之业务。于是县银行在这种激烈竞争中只有甘拜下风了。[4]如

---

[1]　台湾"国史馆"藏财政部未刊档案，档号：018—273—2344。
[2]　袁宗蔚：《改进各县县银行业务议》，《财政评论》1944 年第 12 卷第 6 期，第 40、41 页。
[3]　杨及玄：《由县银行法的公布说到四川各县的县银行》，《四川经济季刊》1944 年第 1 卷第 2 期，第 172 页。
[4]　徐学禹、丘汉平编著：《地方银行概论》，福州：福建省经济建设计划委员会，1941 年，第 169 页。

四川地方性的金融机构，除各县的县银行外，尚有四川省银行及合作金库。四川省银行的分支行处，散在全川各地，计有 89 个单位。县银行的所在地，有 2/3 以上已设立了省行的分支行处。四川各县的合作金库由中国农民银行辅设，已成立 117 库，比县银行的设立还要普遍。"此种叠床架屋的局面，流弊所及，不是业务上明争暗斗，即有助长投机囤积的嫌疑。"①

（2）县域经济落后。20 世纪 40 年代的中国农村，经济凋敝，民生贫弱，加之长期的战乱和通货膨胀，更使本就极为落后的县域经济雪上加霜。可是，银行业发展的基础是繁荣发达的经济，基础脆弱不堪，怎可能支撑起银行业的发展呢？按《县银行法》规定，资本总额至少 5 万元，商股不得少于 1/2。资本数额之低，较《银行法》所规定一般银行者犹少 20 万元，从立法本意看，在于使集资较为容易，设立较为普遍，殊不知多少省份连这区区 5 万元的资本额，仍不易募集。②即或是县银行建设中的典范四川省亦不例外，《县银行法》颁布后，四川省财政厅随即拟定了《四川省各县筹备县银行注意事项》7 条，规定县银行的成立最迟不得超过 1941 年底。③然而到 1941 年，四川正式成立的县银行却仅有 1 家，其余计划成立的 50 余家都因条件欠缺尚在筹备中。到 1943 年 4 月，在财政部登记颁照正式成立之县银行 68 家，然而确已成立营业者仅 5 家。④而陕、豫、云、贵、两湖、两广及川、康十省，县区有 922 单位。截至 1943 年 12 月底，在这十省内，县银行已成立 180 家，尚有 4/5 以上的县区，不是仍在筹备中，即是全未着手筹备。⑤为确保筹资，虽有人提议应提高县银行资本中官股的比例，但是由于各县财政的窘迫而无法落实。还有提出请省银行或国家银行借款项予以县银行，可"省银行的分支机构甚多，自顾不暇……至于向国家银行请求贷款，綦江等行虽曾对主管当局，多方呼吁，亦未见效"⑥。

（3）业务受限。对于县银行，国民政府将其定位于隶属政府的官办银行，主要承担政府所赋予的使命，尽管其中也有商股。按《县银行法》规定，它

---

① 杨及玄：《由县银行法的公布说到四川各县的县银行》，《四川经济季刊》1944 年第 1 卷第 2 期，第 169 页。

② 郭荣生：《县银行之前瞻及其现状》，《中央银行经济汇报》1942 年第 6 卷第 7 期，第 61 页。

③ 四川省地方志编纂委员会编纂：《四川省志·金融志》，成都：四川辞书出版社，1996 年，第 35 页。

④ 沈雷春主编：《中国金融年鉴》（1947），上海：黎明书局，1947 年，第 A94—A95 页。

⑤ 杨及玄：《由县银行法的公布说到四川各县的县银行》，《四川经济季刊》1944 年第 1 卷第 2 期，第 167 页。

⑥ 杨及玄：《由县银行法的公布说到四川各县的县银行》，《四川经济季刊》1944 年第 1 卷第 2 期，第 169 页。

以调剂地方金融、扶助经济建设、发展合作事业为宗旨，于是这便带来了业务上的许多限制与困境。以放款而言，规定县银行的放款范围，以地方仓储、农林工矿和交通事业生产用途及兴办水利、地方建设事业等之放款为主。而以现实物价而论，任何生产建设事业之举办，动辄需款在千万元以上，以县银行之资力何能胜任。[①]1943年底，四川省有92家县银行，总额资本共计4052.4万元，平均每县仅44万元，"资本力量如此的脆弱"，"尚不能与重庆市资本最低的钱庄相比"，又如何能够完成它们应有的使命呢？即或是开展一些放贷业务，也多为小额活期放款，其中80%以上为商业放款。如资本位居川省内县银行首位的泸县县银行，其业务发达的原因正是在于它以商业放款为主。[②]陕西省各县县银行之主要业务，亦属如此。[③]以存款而言，银行利息与商业利润相差巨大，导致一般银行都难以吸收社会游资，而县银行揽储则更是不易。西南各县银行的存款中，从存款来源看，最主要为县库存款和县区乡机关团体存款，约占总额的80%以上，私款不足20%；从存款性质看，最主要为活期存款，接近存款总额的100%。[④]可见，县银行几乎就是县政府的出纳机构，而且民众对县银行缺乏信任，根本不愿把资金交给县银行存放。以汇兑而言，县银行营业范围仅限于本县域内，区域狭小，外埠又无联行设置，即与外埠同业订立汇兑契约，究属少数，汇兑业务，亦难发展。上述情形下，若县银行经营人员拘泥于法规行事，则业务必一筹莫展，陷入停滞。若手段圆滑，不拘泥于法规约束，另辟蹊径，四处拉拢，八面应付，则极易超越法律之轨道，致县银行于违法受罚之困境。[⑤]

三、围绕县银行的存废之争及其评价

正因为上述种种问题，不仅使得县银行发展陷入困境，而且引发了不少人对县银行的质疑和论争，这种论争早在1940年《县银行法》公布前就有，1938年，财政部在金融讨论中，提出县银行案，据当时审查人的意见，对于县银行的设立，即表示异议。其所持理由从制度、资力、业务、组织、筹设、放款、管制等七个方面展开。1939年，国民参政会开会时，亦以为县银行的

---

①　许廷星：《战后县银行存废问题》，《四川经济季刊》1945年第2卷第3期，第231页。
②　杨及玄：《由县银行法的公布说到四川各县的县银行》，《四川经济季刊》1944年第1卷第2期，第167—169页。
③　许廷星：《战后县银行存废问题》，《四川经济季刊》1945年第2卷第3期，第230页。
④　中国人民政治协商会议西南地区文史资料协作会议编：《抗战时期西南的金融》，重庆：西南师范大学出版社，1994年，第322页。
⑤　袁宗蔚：《改进各县县银行业务拟议》，《财政评论》1944年第12卷第6期，第40页。

设立，似无必要。如果普遍推行，流弊所及，徒只紊乱农业金融，障碍省地方银行的发展而已，并且县银行既无上层机构，要想对金融的调节广泛顾及，绝不可能。[①]自此，论争一直持续到了战后，各派主张泾渭分明，大体分以下三种。[②]

（1）反对设立县银行。代表者有徐学禹、丘汉平、洪铭声等，他们认为：①设置分散，背离日益趋于集中制度的世界潮流；②与其他各类银行机构重叠设立，实属多余；③实力不足，难当发展地方经济建设之使命；④筹措资金不易，业务受困；⑤人才缺乏，前景堪忧。[③]当县银行建设进行了四年之后的 1944 年底，洪铭声认为县银行自身存在根本的缺陷，"故其对于国家整个经济的发展，不免害多利少"。相反，"省地方银行俨然已成事实上的地方金融枢纽。其效率，其作用，在地方金融的需要上，都远过于县银行"。通过对县、省银行的比较得出来的结果是："省地方银行的条件优于县银行，且又兼有其长而无其短"，因此，"从当前合理与可行的两个条件来看，惟有使县银行合流于省银行，并改进现有各省地方银行的内容与组织，才是地方金融建设的归趋"。[④]此外，还有人提出，可以把县银行一律归并入中国农民银行，改为中国农民银行的分支处。[⑤]这种反对的声音一直持续到抗战结束后。1947年，再一次迎来县银行设立的高潮时，还有人斩钉截铁地反对县银行的设立："县银行'先天不足'便已注定了它的命运，强使普遍设立，决无良好的结果。欲把县银行当作金融的基层机构，不过是坐在象牙塔里的先生们的梦想！"[⑥]

（2）应当设立县银行。代表者有郭荣生、瞿仲捷、方振经等，他们认为：①无论是发展内地经济，抑或配合新县制，都需要县银行；②尺短寸长，各有分工，虽有其他各种银行之分支行处，县银行仍不失存在之价值；③尽管资金有限，但亦可通过县银行间的联合解决困难；④人才不足的问题，可以由加强训练改善。[⑦]这些学者对于建立县银行大加赞赏，正如瞿仲捷在《对于县乡银行之认识》一文中总结强调的："吾国今日为抗战，为建国，为民生，

①　杨及玄：《由县银行法的公布说到四川各县的县银行》，《四川经济季刊》1944 年第 1 卷第 2 期，第 172 页。
②　有关论争的概况，参见程霖：《中国近代银行制度建设思想研究（1859～1949）》，上海：上海财经大学出版社，1999 年，第 212—214 页。
③　沈长泰编著，胡次威主编：《省县银行》，上海：大东书局，1948 年，第 66 页。
④　洪铭声：《论县省银行的利弊及其合流之必要》，《财政评论》1944 年第 12 卷第 6 期，第 29—37 页。
⑤　杨及玄：《由县银行法的公布说到四川各县的县银行》，《四川经济季刊》1944 年第 1 卷第 2 期，第 172 页。
⑥　刘善初：《论省银行与县银行》，《银行周报》1947 年第 31 卷第 47 期，第 6 页。
⑦　沈长泰编著，胡次威主编：《省县银行》，上海：大东书局，1948 年，第 66—67 页。

均须建立县本金融制度，而县（乡）银行，实为此种制度之中心。"①即便是到抗战结束后的 1948 年初，还有学者力挺县银行的设立与发展。"总之，县银行是有它的光明的前途的。尽管曾经有些人以为现代世界各国银行的演进是由分散而趋于集中，由多数的小银行合并为少数的大银行；可是，版图如此广大的我国，中央银行对于县乡的金融管理，无论如何是无力顾及的。何况实行地方自治的将来，县银行对于自治更能恪尽其重大的特殊的任务呢？"②

（3）应当在改进中发展县银行。这种观点与第二种观点的前提是一致的，均主张应当设立县银行，只是这种观点从县银行既已存在的事实出发，更为关注的是如何改良县银行。代表者有沈长泰、袁宗蔚、杨及玄等，他们认为：①发展县银行乃既定国策，不容否定；②进一步加强监管，提高效能，以补救县银行独立制之缺点；③增强援助，尤其应要求中央银行及省银行对县银行酌量投资，并为其训练储备所需之人才；④尽量向乡镇推设分支机构，深入农村，以达成其所负之任务；⑤修改规定，达到公股多于商股，而提高政府对于县银行之控制③；⑥在上述主张基础上，财政部于 1941 年 2 月 5 日公布《县乡银行总行章程》20 条，希望通过县乡银行总行来统领各县银行，最后因为县乡银行总行与各县银行的关系迥异于一般银行的总分机构，名实不符而决定裁撤。1942 年 2 月，财政部乃将县乡银行总行筹备处改为全国县乡银行业务督导处。这一改进失败后，杨及玄提出进一步的办法就是省县银行合并，不过，与完全取消县银行不同的是，合并后的县银行定名为"某省各县联立银行"。除总行外，省内每一县设一分支行处，县内重要乡镇，并须设一办事分处或代理处，从而形成纵横相连之金融网。④

总之，面对县银行发展的困境，三种意见实质上可归结为两种，即废除还是保留县银行，这两种意见应该说都从不同方面反映了县银行的实际情况，也各有支持自身观点的有力依据，而且针锋相对，十分尖锐，所以关于县银行存废的论争一直伴随着县银行在 20 世纪 40 年代的发展历程。尽管论争中认为没有必要设立县银行观点的人居多，但结果并没有导致县银行的废除，而是继续保留了下来，并在战后有进一步的发展，个中决定性因素就在于国民政府支持县银行的存在，究其根由，主要有以下两个方面的原因。

① 瞿仲捷：《对于县乡银行之认识》，《中央银行经济汇报》1941 年第 3 卷第 9 期，第 47 页。
② 方振经：《论县银行》，《银行季刊》1948 年第 1 卷第 3—4 期，第 51 页。
③ 沈长泰编著，胡次威主编：《省县银行》，上海：大东书局，1948 年，第 68—69 页。
④ 杨及玄：《由县银行法的公布说到四川各县的县银行》，《四川经济季刊》1944 年第 1 卷第 2 期，第 172—173 页。

一是为了配合完成西南、西北金融网的建设。为了加强地方金融网的建立，国民政府认为地方县市银行的普遍设立是关键。对大后方金融网的建设，国民政府原来的思路是以国家银行为主，加之省银行的配合来进行，要求每县至少设立一个银行。然而实际上，国家银行和各省银行分支机构却无法达到在每一个县都设立的规定。据统计，西南、西北十省一市各银行之总分支行处，全面抗战前为 285 处，战争期间增设 912 处，裁并 59 处，总数达 1138 处，较全面抗战前约增加 4 倍。尽管如此，在银行地域分布上，仍存在严重不均衡的问题，当时西南、西北共辖 739 县市，而这 1000 多处总分支机构仅分布在 374 县市，其余尚付阙如的 365 县市，占了西南、西北县市总数的近一半。再就各省比例而言，四川一省之分支行数，占西南、西北分支行总数的 1/3 强，若连同重庆市之 119 处，则为 533 处，几占西南、西北分支行总数之半；而青海仅 3 处，宁夏仅 15 处，西康仅 39 处，与四川相较，相差颇为悬殊。[①]可见，要想完成西南、西北金融网的敷设任务，仅依赖于国家银行和省银行是完全不够的，这就不得不考虑借助其他的金融机构来配合前述四行和省行来完成金融网的建设任务。那么，究竟什么样的金融机构才最为合适呢？针对这一问题，一些人认为，建立"以县为本位、以调剂县域金融为宗旨"的县银行乃是最佳之选。县银行若能在每县都得到设立，那么将能在很大程度上弥补国家银行和省银行的不足，无疑会对完成西南、西北金融网的建设计划大有裨益。

二是为了配合新县制的推行。随着抗战相持阶段的到来，国民政府提出了"抗战建国同时并进"的口号。为了适应这一需要，政府决定对县级基层组织机构加以彻底的调整和改进。一方面是便于政府各项战时财政经济政策的推行，筹粮筹款以应抗战之需；另一方面亦欲趁机强化中央对地方的控制。1939 年 9 月 19 日，国民政府颁布了《县各级组织纲要》，规定从 1940 年起，实施新县制。新县制即是一种以"县"为基本单位的地方自治制度，新县制内容庞杂，学界亦有相当研究[②]（因篇幅所限，本书对此不作专门探讨），其中实行县自治财政是一项重要举措，故新县制之推行迫切需要发展相应的金融机构。因为要建立县自治财政，势必设立县公库，而县公库亦必须有一机

---

① 中国通商银行编：《五十年来之中国经济》，上海：上海六联印刷股份有限公司，1947 年，第 46 页。

② 主要的代表性论文有：张益民：《国民党新县制实施简论》，《史学月刊》1986 年第 5 期，第 76—80 页；忻平：《论新县制》，《抗日战争研究》1991 年第 2 期，第 182—211 页等。此外，近年来还涌现了大量关于 20 世纪 40 年代各地新县制建设的论文。

构为之代理，此为其一；新县制建设之资金完全由县财政开支，自属不易，必须有金融机构为之相当之接济，此为其二；县财政既已独立，则各县财源的丰裕与否就与县域经济的发展与否息息相关，而在百废待兴、农村经济凋敝的情况下，发展经济肯定需要有金融机构进行协助，此为其三。因此，各县迫切需要有一健全的金融组织来"肩负新县制实施过程中各项自治设施之金融使命"①。就县银行对县财政而言，具有促进县财政预算之适合、调剂县财政之需用、配合乡镇造产及清理公款之进行、加强县财政之开源等四个方面的作用。而县财政对县银行而言，具有活泼县银行资金之运用、加强县银行之基础、增厚县银行之信用等三个方面的作用。②由此可见，县银行设立的另一个目的是它的财政性，即县银行的建立具有调建县财政的盈虚及代理县财政收支的作用。

有鉴于此，国民政府财政部最终决定在全国推设县银行，不顾反对方的意见，颁布了《县银行法》及相关章程制度，并强力推行县银行。这也集中体现在国民政府行政院、财政部发表《县银行法》颁布的理由和经过所做的阐释："我国幅员广大，交通又多不便，以往金融机构，多偏在沿江、沿海区域，内地金融颇感滞塞，虽间有旧式钱庄或兑换店之组织，但以墨守旧习，故步自封，不足负现代金融业之使命，本部（财政部）以我国县乡地方为自治之基础，以地方财力加以合理之组织，奠立县乡金融机构，使足以'发展经济，培养民生'、完成自治之设施。"③而对于县银行地位的认识，长期以来也是模糊不清的，直到抗战胜利后第二次县银行设立高潮出现时，国民政府财政部还在发文解释县银行地位："县银行为股份公司组织，属私法人性质，非县府隶属机关。其业务进行，依县银行法及公司法规定，仅受主管官署（财政部及财政厅）及董事会之监督，如有违法或不当事情，利害关系人，亦仅可向主管官署提请纠正或处分。至县参议会为民意机关，其职权在监督县自治事务。……县银行既为公司组织，就法律观点言，县银行可毋庸派员出席县参议会报告及受其查账。"④

围绕着县银行存废问题而产生的论争说明，从客观上看，县银行产生的条件并不成熟，基础十分脆弱，但是县银行的推设又是复杂历史环境的产物，

① 史继刚：《论抗战时期国民政府大力推广县（市）银行的原因》，《江西财经大学学报》2003年第3期。

② 韦宇宙：《论县财政与县银行》，《财政知识》1943年第2卷第3期，第28—29页。

③ 蓝尧衢：《成都市银行的实务和法理》，成都：新华印刷所，1946年，第1页。

④ 《财政部解释县银行地位》，《金融周报》1947年第17卷第12期，第3页。

其中既有振兴农村经济的强烈呼声，又有"抗战建国"的需要，还有国民政府为强化政权组织建设推行新县制的要求，所以县银行的发展尽管很不尽如人意，废除县银行的主张此起彼伏，但权衡再三，国民政府还是力排异议，坚决保留了县银行。

第三节　全面抗战时期国民政府对大后方省地方银行的监管

银行监管指政府对银行的监督与管理，即政府或权力机构为保证银行遵守各项规章，避免不谨慎的经营行为而通过法律和行政措施对银行进行的监督与指导。在此所涉及之银行监管主要是指国民政府在全面抗战前和全面抗战时对其控制地区的省地方银行之监管。

省地方银行渊源于清末的地方官银号，但其监管在长时期里呈现出分散、无序的混乱状态。省地方银行或成为地方政府财政的附庸机关，或沦为地方军阀筹措军费的工具，其管理制度不仅因各省自定章程而纷乱凌杂，甚至由于为地方军阀政府所操控而无章可循。这既不利于政治、经济和社会秩序的稳定，也不利于地方银行自身的发展。因此，加强对省地方银行的监管，建立有序完备的管理制度，就成了自清末以来历任政府一个亟待解决的重大问题。可是，由于当时中国社会的四分五裂和动荡不安，对省地方银行有序的监管制度始终难以建立。1927年南京国民政府成立后，开始对省地方银行实施一些监管，主要表现在从限制发行进行初步的监管。不过，总体看这一时期的监管，无论在范围上还是制度上都很有限，既不全面，也缺乏应有的力度。

全面抗战开始，为真正解决对省地方银行的监管提供了难得的历史机遇。全面抗战开始之后，省地方银行发生了很大的变化，在沦陷区的省地方银行停业了，而邻近战区且未遭沦陷的国民政府统治区域的省地方银行，继续在艰难的环境中坚持经营，大后方的省地方银行则得到了快速发展。于是，战时的西南、西北及全国其他国统区的各省地方银行就逐渐成为国民政府支撑西部及其他国统区经济发展的一个重要支柱，成为抗战金融中的重要组成部分。全面抗战也使整个中国进入战时体制，民族危亡使社会各方面力量高度凝聚和统一于抗战的旗帜之下，国民政府也借此千载难逢之机，大力推行在经济、金融领域的统制政策。对省地方银行的监管就是在这一时期得到了空前的强化，并从制度层面明确了省地方银行的法律地位，建立起了一整套政府对省地方银行的比较完备的监管制度和规范。因此，抗战时期是省地方银行在业务上和监管制度上迅速发展和完善的时期，对省地方银行加以监管，一是为整顿经济金融秩序，以确立战时经济体制；二是借此加强国家资本对金融业的控制。可见，战时对省地方银行的监管，也产生了有利于抗战事业和强化国家垄断资本的复杂作用与影响，值得我们进行深入的研究和探讨。

战时国民政府对省地方银行的监管，总的趋势是从战前着重对省地方银行的发行管理，扩大到全方位的监管，之所以产生这样的变化，无疑是与战时特殊的环境紧密相连的。因为全面抗战的开始，必然要求对金融机构强化监管，并将其纳入政府控制下的战时经济体制，而随着战时经济体制的建立，对省地方银行的监管，就由局部扩大为全方位。主要体现在：继续加强对省地方银行发行的监管、对省地方银行业务的全面监管、专门派驻省地方银行监理员等三个方面。①

一、对战时各省地方银行发行的监管

滥发纸币是省地方银行在军阀统治时期最突出的问题，而国民政府成立之初，政府对省地方银行则从限制发行开始进行监管。1935 年法币改革后，国民政府更是加强了对省地方银行发行的监管。11 月 18 日，发行准备管理委员会成立，随即指定中央银行办理河南农工银行、湖南省银行、陕西省银行等发行接收事宜，中国银行办理浙江地方银行发行接收事宜，交通银行办理湖北省银行发行接收事宜。②1936 年 2 月 10 日，财政部以中国农民银行之分支行处，在多数省市均已设立，为便利起见，公布了《中国农民银行接收各省省银行发行部分办法》（4 条），规定：中国农民银行接收上述以外各省之省地方银行之发行部分，尚未设有中国农民银行分行省份，应即陆续筹备设立。中国农民银行接收一行毕，应即将接收情形，报告财政部及发行准备管理委员会查核。其后财政部为限制省地方银行印发辅币券，1936 年 10 月 16 日，又公布《省银行或地方银行印制辅币券暂行规则》（6 条），规定：省地方银行辅币券之印制，应呈请财政部核准，由财政部代印，印成后交存该省地方银行总行所在地之中央银行保管，于需要时缴足准备金分批请领。如有违反规

① 郭荣生：《八年来政府对省地方银行之管制》，《财政评论》1946 年第 15 卷第 6 期，第 140 页。
② 郭荣生：《八年来政府对省地方银行之管制》，《财政评论》1946 年第 15 卷第 6 期，第 136—137 页。

定者，除将辅币券扣留销毁外，并得撤销其发行权。①这样，经国民政府整饬后，省地方银行钞票之发行由过去擅自发行变为必须经中央政府审批并代印，实际上将省钞发行权收归了中央。至全面抗战前，地方银行纸币基本上已无多大市场，有效地防止了各省地方银行滥发纸币的情况。

全面抗战开始后，则根据形势的变化，基于不同的情况和需要，采取了有关省钞发行的不同政策和管理办法。首先，国民政府为了积极利用省钞抵制日伪钞，在沦陷区及战区有限放开省钞的发行。日伪在沦陷区域企图破坏法币，推行伪币，实行货币侵略之种种阴谋毒计，无所不用其极。在沦陷区及战区各地因有日伪套取法币之顾虑，中央银行、中国银行、交通银行、中国农民银行四行未便充裕发行。国民政府必须一面保持沦陷区域及战区中方货币之流通地盘，一面又要抵制日伪货币势力之扩展。于是，亦不得不利用省地方银行钞票代替一部分法币行使（因省地方银行钞票只能在本省境内流通，不能直接购买外汇），从而达到抵制日伪破坏法币的目的。

其次，为发展农村经济及抢购战区物资，战区的各省地方银行纷纷呈请财政部增发一元券及辅币券，以资应用。对此，国民政府认为，出于上述需要，确实有必要在沦陷区域推行省钞，以代法币之行使。1939年3月，第二次地方金融会议时议定：战区省地方银行有发行一元券或辅币券之必要者，得拟具运用计划暨发行数目，呈请财政部核准发行，以应战地需要，其行使范围仅限于战区，不得在后方行用，印刷则委托中央信托局统一办理。②抗战期间，绥远、河北、河南、山东、湖北、湖南、安徽、江苏、浙江、福建、广东等战区省份均发行了省钞。③

与此同时，在原本法币势力薄弱的西南、西北大后方，国民政府对地方纸币采取了不同政策。积极在大后方筹设金融网，整理大后方省地方银行纸币，加强管理，将其纳入法币的阵营中，以使后方货币和金融机构一样，形成以国家银行、法币为核心，以各省地方银行、县银行及地方纸币为外围的战时金融体系。自此以后，大后方省地方银行纸币的发行，大大异于战前滥发无度的状况，这实际是法币政策在战时大后方的继续推进。随着国民政府中央势力在西南、西北的深入，这些地区的货币状况明显好转，地方货币与

① 中国第二历史档案馆、中国人民银行江苏省分行、江苏省金融志编委会合编：《中华民国金融法规档案资料选编》，北京：档案出版社，1989年，第419—420页。
② 郭荣生：《政府对省地方银行之管制》，《四川经济季刊》1945年第2卷第1期，第302页。
③ 戴建兵：《金钱与战争——抗战时期的货币》，桂林：广西师范大学出版社，1995年，第129页。

全面抗战前相比，势力有所下降，法币地位上升，并逐渐成为本位币。[①]

战时，国民政府对省钞的发行监管与战前的监管保持了政策的连续性，根据形势的要求，国民政府财政部制定了《管理各省省银行或地方银行发行一元券及辅币券办法》（15 条），于 1940 年 5 月 11 日公布施行。规定：各省省银行或地方银行发行或增发钞券，应先拟具运用计划及拟印券种类、数额，呈请财政部核定之，其发行钞券及准备金之缴存保管事宜，由发行准备管理委员会监督之。各省省银行或地方银行钞券，以在本省流通为限，呈经核准印制之钞券，应由财政部交由中央信托局代印（如必须就地印制者，应呈准财政部，另由中央信托局派员监印）。[②]显然，对于省地方银行发行的监管，国民政府在继承战前的基本管理办法的基础上更加强化了，即抓住三个关键环节：一是发行计划须经财政部核准；二是省钞须由专门机构代印，战前是财政部，战时是中央信托局；三是保管和使用也必须由专门机关监督，战前是中央银行，战时是发行准备管理委员会。

总体而言，抗战时期参与发行纸币的地方银行有浙江地方银行、江西裕民银行、广东省银行、广西银行、湖北省银行、福建省银行、甘肃平市官钱局、西康省银行、安徽地方银行、四川省银行、湖南省银行、陕西省银行、河南农工银行、绥远省平市官钱局、河北省银行等 15 家。[③]虽然参与发行的省地方银行既有大后方的，也有战区及沦陷区的，但从实际情况看，大后方省地方银行的纸币发行目的和战区及沦陷区省地方银行的纸币发行目的是各不相同的，前者是为巩固大后方金融，加强经济建设，弥补内地法币特别是辅币发行量的不足，故而国民政府对其管理极严；而战区省钞的发行重点在于对敌进行货币战，拱卫法币，使敌伪难以套汇，并积极抢购物资。

随着太平洋战争的爆发，国民政府对省钞发行的政策与监管又发生了重大转折。1941 年 12 月，太平洋战事发生后，日军进驻租界，中央银行、中国银行、交通银行、中国农民银行四行撤出上海，上海外汇市场停顿，汪伪政权认为无再借重法币之必要，宣布自 1942 年 3 月 31 日起废止伪券与法币等值流通之规定，并限制法币在华中沦陷区的流通；而华北地区（除租界外）早已禁止法币流通，在太平洋战争爆发后，更是全面禁止；广州则限制将法币

① 戴建兵：《金钱与战争——抗战时期的货币》，桂林：广西师范大学出版社，1995 年，第 140—141 页。
② 中国第二历史档案馆、中国人民银行江苏省分行、江苏省金融志编委会合编：《中华民国金融法规档案资料选编》，北京：档案出版社，1989 年，第 441—443 页。
③ 戴建兵：《中国近代纸币》，北京：中国金融出版社，1993 年，第 25 页。

带入市区，广东省沦陷区内也禁止法币流通，法币在沦陷区遭到全面禁止。[①]于是，此前借助省钞抵制日伪、利用法币套购外汇的客观条件已经发生了变化，省钞的发行已显得多余。而国民政府在筹得大量借款，特别是日伪已经不能套取中国外汇的情况下，进一步调整了对省地方银行发行的监管政策，国内券料供应由财政部统筹办理，前财政部核准增发之省钞，尚未印刷完毕者，俱奉令停止，钞纸则由财政部收购，各省省钞之增印，予以中止。1942年夏，中央银行、中国银行、交通银行、中国农民银行四行调整业务，法币发行归中央银行，国民政府颁布《统一发行办法》，对中央银行接收中国银行、交通银行、中国农民银行三行钞票方法，详予规定。《统一发行办法》既经公布施行，所有以前由发行准备管理委员会分别指定中国银行办理之浙江地方银行、安徽地方银行、西康省银行等三行钞票及准备金保管事项，交通银行办理之江苏省农民银行、湖北省银行、四川省银行等三行钞票及准备保管事项，中国农民银行办理之江西裕民银行、河北省银行、宁夏银行等三行钞票及准备金保管事项，自应一律改由中央银行接收办理。[②]同时，财政部鉴于当时流通之省钞，俱系小额币券，调剂市面，仍属需要。为兼顾起见，1942年7月14日，特规定《中央银行接收省钞办法》四项：①各省省银行或地方银行，应将截至1942年6月30日所有钞票数目，分别券类，列表呈报财政部，并分报中央银行查核；②各省省银行或地方银行发行钞券之准备金及前已缴存之钞券，自1942年7月1日起，集中于中央银行保管，其无中央银行分行地方，可由中央银行委托当地中国银行、交通银行、中国农民银行三行之一行代为保管，其在印制中之新券，于印成后照交保管；③前项送交保管之钞券，如因供应需要，可由各该省地方银行拟具运用计划及数目，呈经财政部核准照缴准备，向中央银行领回发行；④各省省银行或地方银行在1942年7月1日以前呈准发行钞券数额，尚未照额领发者，准予照录呈准原案，径向中央银行领取发行，并分别报告财政部查核。[③]

鉴于新疆省为西北重镇、国际交通孔道，关系国际与经济至为重要，财政部特制定《新省流通货币办法》四项，新疆省政府于1942年11月1日起施

---

① 中国第二历史档案馆编：《四联总处处会议录》（十五），桂林：广西师范大学出版社，2003年，第116—128页。

② 郭荣生编：《中国省银行史略》，沈云龙主编：《近代中国史料丛刊续编》第十九辑，台北：文海出版社，1975年，第202—203页。

③ 中国第二历史档案馆编：《中华民国史档案资料汇编》第五辑第二编：财政经济（三），南京：江苏古籍出版社，1997年，第325页。

行。该办法如下：①中央银行即将在新疆省设行，发行关金券，与新疆省省币同时流通，并暂定关金券二十五分折合新疆省省币一元。凡腹地各省与新疆省之汇兑及新疆省境内公私收付，以及一切贸易，以关金券收付者，均照上项比率办理。②新疆省如需要外汇，可以关金券申请中央银行供给。③由财政部所属机关供给新疆省茶糖等日用品。④过渡时期，省币仍照常流通，必要时得按统一发行办法办理。财政部即派监理员驻省银行监理。[①]

上述可见，在对省地方银行发行的监管方面，国民政府吸取历史的教训，将货币的发行大权严格掌控在中央的手里，即或是在战时的特殊环境中，由于形势所迫，一些地方需要发行省钞，但国民政府仍对发行和使用省钞规定了严格的程序，并要求按规定实施。应该说，这些方案和措施是得当的，既维护了中央对货币的发行权，又兼顾了抗战的需要，同时保持了战时基本正常的金融秩序。

二、对战时省地方银行业务的全面监管

战时国民政府对省地方银行的监管不仅是发行，而且进一步扩大到省地方银行的整个业务领域。从关于省地方银行业务范围的规定，到工农业贷款、物资收购，再到分支机构的业务活动等，国民政府都建立了相应的监管制度和规范。

（一）关于省地方银行业务范围的规定

全面抗战前，一般省地方银行之业务，可分为普通银行业务、代理公库及发行三大类，普通银行之业务中，又可分存款、放款、汇兑、有价证券之买卖及其他商业银行之业务，但对于投资业务、企业之直接经营、不动产之抵押放款及不动产之购入或承受、公司股票之抵押或购入等，均于各省银行组织规程中加以禁止。1938 年，国民政府有感于大后方生产事业之重要，但鉴于过去一般地方银行多采取商业银行之做法，对于农工矿之实业投资，未能积极进行，同时对于地方建设事业之扶助，亦未尽最大之努力，特于是年颁发《改善地方金融机构办法纲要》，规定各地方金融机构如照本纲要第三条领用一元券及辅币券者，除旧有业务外，应增加下列各项业务：①农业仓库之经营；②农产品之押储；③种子、肥料、耕牛、农具之贷款；④农田水利

---

① 郭荣生编：《中国省银行史略》，沈云龙主编《近代中国史料丛刊续编》第十九辑，台北：文海出版社，1975 年，第 172—173 页。

事业之贷款；⑤农业票据之承受或贴现；⑥完成合法手续及有继续受益土地及房屋抵押；⑦工厂厂房之抵押；⑧工业原料及制成品之抵押；⑨商业票据之承受或贴现；⑩公司债之经历发行或抵押；⑪照章发息之公司股票之抵押；⑫农、林、渔业、矿业出品及日用国货品之抵押。此种规定之意义，除加强省银行原有普通业务外，并增加省银行之农、工、矿业之投资，以及不动产农、林、工、矿产品之抵押等业务，以期达到发展实业，提高生产之目的。①

省地方银行的业务因战时环境也带来了战区与复兴区的不同。在1939年召开的第二次地方金融会议上，将省地方银行分属于战区与复兴区。②战区银行与复兴区银行业务上最重要之区别有二：①战区银行发行一元券或辅币券，其准备金仍应依照四六成分交存就近中央银行保管。但此项钞券，应悉数用于日军控制区域及作战区域，不得在后方发行。如因特殊情形流往邻近战区或后方复兴区域时，除由中央银行、中国银行、交通银行、中国农民银行四行就所缴现金准备数目随时收兑，通知原发行备款取回外，应由原发行委托其他金融机构兑换，仍运往日军控制区域及作战区域发行流通，以达抵制日伪钞券、节省法币之旨。复兴区之银行，如需资金流通，应依照《改善地方金融机构办法纲要》领用一元券或辅币券，不能发行任何钞券。②无论战区或复兴区之银行，固均就某区内之自足自给。凡军民所需之工、农、矿生产，应以融通资金方式促其平均发展。但在战区银行，应注意某项物资如为日本人所需要而无法运出者，为避免侵夺利用起见，应绝对停止其投放。其余各项任务，大体相同。除此之外，无论战区或复兴区银行，均应切实办理的共同业务：①应尽量接受财政部贸易委员会及中央其他机关之委托，收购物资；②省内汇兑，应力谋畅通，以少收汇费为原则；③办理节约建国储金；④推行小额币券；⑤代理收兑金银；⑥防止伪钞之蔓延；⑦积极推动代理金库业务等。③

其后，鉴于《非常时期管理银行办法》（1939年8月公布，1941年12月修正公布）对各项业务规定与省地方银行的业务经营有诸多相互抵触之处。1942

---

① 张人价：《论金融系统之梳理与省银行之地位》，《湖南省银行月刊》1941年第1卷第3期，第4页。

② 所谓战区，包含日军控制区域、作战区域及接近战地区域三种。当时列为战区省地方银行的有广东省银行、福建省银行、浙江地方银行、江苏银行、江苏省农民银行、河南农工银行、湖北省分行、湖南省银行、江西裕民银行、安徽地方银行、陕西省银行等11家；列为复兴区省地方银行的有甘肃平市官钱局、四川省银行、云南省滇新银行、西康省银行、广西银行等5家。此后，随着战事发展与省地方银行的变化，战区与复兴区省地方银行的划分又有不同。

③ 邹宗伊：《中国战时金融管制》，重庆：财政评论社，1943年，第276—277页。

年 3 月，财政部稽核室成立后，对于暂行办法与管理省地方银行业务之关系，重新加以检讨，特另定《加强管制省地方银行原则》（4 条），规定：①省地方银行运用资金应恪遵《非常时期管理银行暂行办法》第四条之规定办理其投放，区域以各省境为限；②接近游击区之省地方银行，依照第二次地方金融会议议决，设置信托部办理抢购游击区内之物资，但须拟具计划呈请财政部核准行之；③省地方银行应缴未缴之发行准备金及存款准备金，统限于本年（即 1942 年）4 月以前分别缴足；④省地方银行违反金融政令，除由财政部依照管理银行法法令予以处办外，并视其情节之轻重由部径行撤换或惩处其负责人员。[①]可见，上述管理办法均依据战时的特殊环境而制定，并随着形势的发展变化而变化，从而使省地方银行业务的范围规定更加符合客观需要，也使监管更加有章可循。

（二）关于工农生产贷款之管理

首先是工贷。各省银行以辅助本省经济建设为宗旨，资助本省工商业之发展，为各省银行应行从事之业务。国民政府为督促各省银行加强此项业务，1940 年 5 月 23 日，公布《地方金融机关办理小工商业贷款通则》（19 条），明确规定："小工商业贷款以辅助小工商业之发展增加日用必需品之供给为宗旨，由地方金融机关（省市银行总分行处）按照本通则，斟酌当地情形办理之。"借贷数额，小商业最高以 3000 元为度，小工业最高以 20 000 元为度。借款期限，小商业最长不得逾 1 年，小工业最长不得逾 2 年，有特殊情形，经贷款机构认可者，需酌量延长之。[②]使贷予正当小本工商业者以营运资金，辅助各业之发展，增加日用品之供给。1940 年秋季，物价飞涨，各地商人业务多有越轨之处，财政部恐小商业者依前颁通则贷款后，或从事囤积之可能，为防杜流弊，对小商业之贷款暂停进行，以移增工业资金。1942 年 12 月，将上项通则改为《修正地方金融机关办理小工业贷款通则》（18 条），公布施行。《修正地方金融机关办理小工业贷款通则》旨在辅助小工业之发展，以增加日用必需品之供给。贷款数额，规定最高以 5 万元为度；借款人，以有确定住址、经营正当小工业、需要营运资金并加入各业同业公会者为限（公会尚未成立者不在此限）；该项小工业，以制品能供给军用或运销国外，或属于经济部依日用必需品平价购销办法第二条指定之日用必需品为限；贷款期限，最

---

① 《加强管制省地方银行原则》，台湾"国史馆"藏国民政府未刊档案，档号：001—084002—0003。
② 中国第二历史档案馆整理：《经济部公报》（6），南京：南京出版社，1994 年，第 181—183 页。

长不得逾 2 年；借款人所借款项，不得用于囤积居奇及其他不正当之用途，或转贷他人从中渔利，否则一经察觉，需随时追还其借款之全部。地方金融机关依《修正地方金融机关办理小工业贷款通则》所定契约格式及按月办理贷款情形，应呈由省政府转报财政、经济两部备查。[①]显然，国民政府此举在于加强对省地方金融机关的严格监管，既要使金融尽力发挥扶植地方生产的作用，又要努力防止有限的资金被用于投机活动，从而维持正常的经济金融秩序。

其次是农贷。全面抗战时期，为了发展农业，增加生产，裨益"抗战建国"，国民政府对于复兴农村与推广农贷事业，尽力提倡。鉴于全面抗战前省银行已有从事农贷事业者，全面抗战过程中，国民政府积极支持省地方银行扩大农贷业务，以达到活泼农村金融，改善农民生活，增加抗战力量的目的。1938 年 6 月，第一次地方金融会议后，财政部通令各官商银行，即日成立农贷部，普遍推进农贷业务。1938 年 8 月 24 日，政府又颁布《扩大农村贷款范围办法》（6 条），饬令依《改善地方金融机构办法纲要》领用一元券及辅币券之省地方金融机构，或旧日办理农贷之地方金融机关，比照历年贷出金额，在各区内，扩大其放款数额。政府恐各机关玩忽政令，规定各行须将拨付农贷部分资金及其对合作社或农民组织贷款之收付情形，按月分别列表呈送财政、经济两部查核，并责令各省合作主管机关积极推进，务期逐渐普及。各省银行遵照中央指示，俱成立农贷部，划拨巨额资金，在省境普遍贷放，先后办理农业生产、农业供销、农产品押储、农田水利、农村副业、农村运输、佃农购置耕地、农业特产、农仓、工具、冬耕、耕牛、增产等贷款，凡十数种。[②]应该说，此类规定对于解决农业生产严重缺乏资金的状况，虽然起不了根本性的作用，但也具有政策导向的积极影响和督促的作用。

（三）关于收购物资的管理

抢购物资是战时政府赋予省地方银行的非一般银行所能承担的一项特殊业务。第二次地方金融会议议决，各省地方银行不论战区与复兴区，俱一律设立信托机构，办理采购储运。同时又议决，各省地方银行应尽量接收财政部贸易委员会或其他中央机关之委托收购物资，当收购各种物资资金不足时，

---

① 中国第二历史档案馆编：《中华民国史档案资料汇编》第五辑第二编：财政经济（四），南京：江苏古籍出版社，1997 年，第 667—669 页。

② 郭荣生编：《中国省银行史略》，沈云龙主编：《近代中国史料丛刊续编》第十九辑，台北：文海出版社，1975 年，第 214—215 页。

除由原委托机关接济外，关于自购部分并向中央银行、中国银行、交通银行、中国农民银行四行转贴现、转抵押。收购方式可分三种：①由委托机关商同省银行或地方银行同意后双方订立合约，由省银行或地方银行负责交货，其盈亏由省银行或地方银行负责之。②由委托机关委托省银行代办，其价格之涨跌由双方随时商订，并由委托机关酌给佣金。③由省银行或地方银行自行收集后售与财政部贸易委员会及农本局，其价格随时商订之。^①1940 年 4 月，财政部鉴于民生日用必需物品价格飞涨，为防止囤积，通令各银钱业同业公会转知银钱行号，撤销代理部、贸易部，除受中央收购物资机关之委托外，自行经营或代客买卖货物，一律停止。各省地方银行之收购物资，因此大受限制。1941 年 12 月，国民政府将《非常时期管理银行办法》修正公布，规定"银行不得经营商业或囤积货物，并不得设置代理部、贸易部等机构，或以信托部名义，或另设其他商号，自行经营或代客买卖货物"^②。不过在此项规定的执行中，国民政府对省地方银行的物资采购业务似乎只是做出了一些限制而并未完全取消，1942 年 4 月 4 日，财政部通令战区及接近战区各省地方银行："为拟办理物资购销业务，应事前拟具计划，专案呈财政部核准，方得办理，其购销物资范围：①接收财政机关之委托代理物资之收购；②遵奉省政府令饬抢购沦陷区及接近沦陷区之日用重要物品及有关军用之物资，以免资敌，其日用重要物品，并应随时销售，不得存积。"令文发出不久，4 月 18 日财政部又颁布《省地方银行推设游击区办事处办法》（7 条），令战区及邻近战区各省地方银行，在各省游击区推设办事处，另以商店庄号名义，受总行之指挥，经营物资之收购及转运。1942 年 8 月 14 日，对河北、广西、广东、湖南等省地方银行，颁发"令战区及接近战区各省地方银行重申抢购物资业务要旨仰遵照文"，强调"收购物资及其处理，应遵照管制法令办理"，不得借抢购供应之名，行囤积居奇之实，规定按月将"购运""销售""存货"月报表三式呈报财政部。^③战时，先后呈准办理抢购物资业务者，有江苏省农民银行、浙江地方银行、河北省银行、安徽地方银行、河南农工银行、湖北省银行、湖南省银行、福建省银行、广东省银行、广西银行等 10 家。^④由此可见，

---

① 《第二次地方金融会议纪略》，台湾"国史馆"藏国民政府财政部档案，档号：018—260—1488。
② 《修正非常时期管理银行暂行办法》，重庆市档案馆藏重庆市银行业商业同业公会档案，档号：0086—1—91。
③ 郭荣生：《政府对省地方银行之管制》，《四川经济季刊》1945 年第 2 卷第 1 期，第 302 页。
④ 《财政部三十三年度上半期管理银行工作报告》，台湾"国史馆"藏国民政府未刊档案，档号：001—080001—0002。

对于省地方银行参与抢购物资的政策，显然是国民政府为适应战时所需而采取的突破常规的特殊办法，但在大胆突破常规的同时，国民政府的监管也是严谨而富有针对性的。

（四）关于分支机构业务的管理

此项监管主要涉及以下三个方面。

（1）省外设置分支机关的问题。1940 年 12 月 14 日，财政部发出"通令各省地方银行如在省外设置分支机关应于事前专案呈部核准并设立办事处为限"，"查省地方银行，以调剂本省金融，扶助农矿工商各业，增加生产，发展经济为职责，其分支行处之设立，应以本省境内为限，业于本部核定之各省地方银行章程内，明白规定。如省境以外，确有设立机关之必要，应专案呈部核准办理，并经指示在案，兹特重申令：凡省地方银行设立分支行处，除本省境内各县，仍应遵照本部迭令，积极筹设外，如事实上确有在省境以外设置机关之必要，应于事前专案呈部，俟核准后，方特筹设，并以设置办事处为限，其未经本部核准设立有案者，应即克日撤销，业经呈准设立之省外办事处，而擅自称为分支行者，应即日改正，仍称办事处，以明职责，而清界限"。[①] 可见依据规定，省地方银行在省境外只能设置办事处，且应于事前专案呈请财政部核准后，方得筹设，原在省外的分支行应撤销，改称办事处。

（2）省外分支机构不得经营存放款业务。1941 年 12 月 26 日，财政部通令各省地方银行驻渝办事处除汇兑业务外不得经营存放款业务。1943 年 8 月 31 日，财政部又发出训令"限制各省地方银行省外办事处业务"，将上项令文应用范围扩大，明确规定："各省地方银行所设之省外办事处，除得办理汇兑外，以前所营存款、放款及投资等项业务，应自即日起办理结束，限于三个月内结束完竣，不得违延。"[②] 在执行过程中，也有一些变通处理，如由于江苏、河北两省省境完全沦陷，国民政府规定江苏与河北两省银行准维现状，其余各行均一体遵行。此后，对于省地方银行在省外的分支行处经营业务的情况进行了清理。1944 年上半年，国民政府财政部对于浙江地方银行请在湖南长沙、福建南平设立通讯处，福建省银行请恢复温州办事处，陕西省银行请在甘肃兰州、平凉天水、四川广元设立办事处，江西裕民银行请在广东梅

---

① 郭荣生：《我国省地方银行之特质及其任务》，《中央银行经济汇报》1944 年第 10 卷第 4 期，第 9 页。

② 中国第二历史档案馆、中国人民银行江苏省分行、江苏省金融志编委会合编：《中华民国金融法规档案资料选编》，北京：档案出版社，1989 年，第 678 页。

县、浙江衡县设立办事处等案均经分别批驳，对于广东省银行私在福建长汀设立通讯处也令饬撤销，各省银行原已呈准设立之省外办事处，除河北省银行、江苏银行、江苏省农民银行因省境沦陷情形特殊，暂准维持现状外，其余均限令依期结束存放款及集资业务，仅许办理汇兑以流通省际金融，其有故违者，即予以撤销设立，并从严议处。[①]1945 年 3 月 16 日，广东省银行重庆办事处呈财政部电，"粤省兹一月下旬战事逆转，韶关撤守，全省经济金融骤失重心，本行业务大受打击，若省外各办事处复于此时停办存放款，则已放出之款既因战事关系未克依期收回，一面又须将存款退还存户，头寸立见竭蹶，调度益感困难，不独此后一切业务陷于停顿，且于安定战时金融策应军政要需备受牵动，为顾全本省金融基础，适应时势需要起见，省外各办事处存放款业务实有维持现状必要"。也希望能援引江苏、河北之例继续维持省外分支行处的业务。[②]但国民政府财政部则认为"粤省地方在我方控制者尚多，情形与苏冀不同，自未便授以为例"，未得到批准。[③]此后，广东省银行通过广东省政府以及国民政府行政院的多方沟通，陈明困难，获得"展期半年"的宽限，然而到 1945 年 8 月，展期已届，而省外行处存放款业务实仍未能依期结束。[④]陕西省银行则遵照呈财政部指令，在 1945 年春裁撤了早未营做存放款业务的重庆、成都两省外办事处。[⑤]

（3）推设游击区办事处。太平洋战事爆发后，内地与沦陷区之汇兑及经济关系停顿断绝，政府为改变此种情势，于 1942 年 4 月 18 日颁行《省地方银行推设游击区办事处办法》（7 条），使战区或邻近战区各省地方银行，在各省游击区内金融经济关系重要地方推设办事处，另立商店庄号名义，受总行或附近管辖行之指挥，经营物资之收购及运转、汇兑、收换破券、吸收存款、农工商小额放款及其他由总行指定之业务等项，游击区办事处之设置及业务状况，由总行按月呈报财政部查核。[⑥]显然，关于省地方银行的省外机构设置

①《财政部三十三年度上半期管理银行工作报告》，台湾"国史馆"藏国民政府未刊档案，档号：001—080001—0002。

②《广东省银行重庆办事处呈财政部电》（1945 年 3 月 16 日），台湾"国史馆"藏国民政府财政部未刊档案，档号：018—257—0793。

③《财政部电广东省银行》（1945 年 3 月 22 日），台湾"国史馆"藏国民政府财政部未刊档案，档号：018—257—0793。

④《广东省政府咨财政部》（1945 年 8 月 9 日），台湾"国史馆"藏国民政府财政部未刊档案，档号：018—257—0793。

⑤《陕西省银行呈财政部》（1945 年 3 月 20 日），台湾"国史馆"藏国民政府财政部未刊档案，档号：018—257—0793。

⑥ 郭荣生：《八年来政府对省地方银行之管制》，《财政评论》1946 年第 15 卷第 6 期，第 141 页。

问题，国民政府在战时同样实行了严格的监管，对于不符合规定而欲设立机构者予以批驳。对于违规经营存放款和集资业务的机构，国民政府也依规通令取缔。而对于游击区的省地方银行办事处，国民政府却根据实际需要，制定了不同于一般省地方银行的业务规定。

三、战时省地方银行监理员的设立

为落实政府对省地方银行的监管制度，从北京政府开始，专门设立代表政府对各省官银钱行号实施监管的岗位——监理官。1913 年 11 月 5 日，北京政府财政部拟定《各省官银钱行号监理官章程》（13 条），11 月 7 日经大总统批准，12 月 19 日财政部公布施行。当时设置各省官银钱行号监理官，主要是鉴于"各省官银钱行号，比年以来发行钞票毫无限制，以至价值日落，国计民生交受其困，若不亟为严加监督，则不特与改革币制多有妨碍，且恐财政基础永无巩固之日"。因此，监理官的职责是，随时检查或检阅各官银钱行号的各种簿记及金库、钞票发行数目及准备状况、各种票据及一切文件。各行号欲换发新旧钞票，须由监理官转呈财政总长核准，各行号尚未发行之钞票暨印票、印版、戳记均须交由监理官会同封存保管，非奉财政部令，不得开封行用。监理官需随时质问各省官银钱行号事务，必要时需请银行编制各种表册及营业概略。[1]此后，国民政府在很长时期未设立监理官。1936 年 5 月27 日，国民政府财政部钱币司曾拟定《省银行监理官章程草案》致函参事厅："惟查现在各省省银行组织，与从前官银钱行号性质相似，其兑换券发行准备，自实施法币后，虽经迭令依法交出，但因各地市面之需要，仍有发行角票或铜元票情事。可否依照江苏银行监理官成例，对于发行角票及铜元票之省银行，由部遴派妥员实地监理，俾资整饬。"[2]此后虽经往来函电反复讨论，但直到全面抗战前监理官章程并没有付诸实施。

抗战时期，国民政府财政部为加强管理省地方银行之发行及业务，依照第二次地方金融会议决议，于 1939 年专门设立了省地方银行监理员。1939 年5 月颁布《省地方银行监理员章程》（12 条），派员监督省地方银行之业务，并检查发行及领用一元券、辅币券是否照章运用等事。随章程之公布，派定

① 中国第二历史档案馆、中国人民银行江苏省分行、江苏省金融志编委会合编：《中华民国金融法规档案资料选编》，北京：档案出版社，1989 年，第 164—166 页。
② 财政部财政科学研究所、中国第二历史档案馆编：《国民政府财政金融税收档案史料（1927—1937 年）》，北京：中国财政经济出版社，1997 年，第 631—632 页。

湖南、安徽、福建、陕西、浙江等省银行监理员，常川驻行监督。[①]依照章程规定，监理员之职掌如下：①关于银行业务之监督事项；②关于银行资负状况之检查事项；③关于发行或领用一元券、辅币券数目之审核事项；④关于发行或领用一元券、辅币券准备金之检查事项；⑤关于一元券、辅币券以新换旧各事件之审核事项；⑥关于已印未发之一元券、辅币券暨印版、戳记之封存及保管事项；⑦关于领用一元券、辅币券是否照章运用之监督事项；⑧关于财政部命令办理事项。[②]此项监理员之派置，证明战时国民政府对管理省地方银行业务之态度较前更为积极。

随后，财政部为实施金融政策，加强监管全国银钱行庄业务，将对省地方银行的监管制度推广到对所有的银行进行监管，于是废除《省地方银行监理员章程》，于 1942 年 7 月 24 日公布《财政部银行监理官办公处组织规程》（9 条）及《财政部银行监理官办公处办事细则》（15 条），规定，"于重庆以外各重要都市设置银行监理官，由财政部部长派充之。监理官办公处定名为财政部某某区银行监理官办公处，其设界地点及管辖区域，由财政部以命令定之"。银行监理官的职责是：事前审核管辖区内银钱行庄放款业务；事后抽查管辖区内银钱行庄放款用途；审核管辖区内银钱行庄日计表及存放、汇兑等表；督促管辖区内银钱行庄提缴普通存款准备金及储蓄存款保证准备；检查管辖区内银钱行庄账目并会同主管官署检查向银钱行庄借款厂商之账目；报告管辖区内银钱行庄业务状况；调查、报告管辖区内金融、经济状况；向部建议金融应兴革事项等。同时公布《财政部派驻银行监理员规则》（19 条），规定："除于各重要都市设置银行监理官办公处外，特于省地方银行及重要商业银行设置派驻银行监理员（以下简称驻行监理员）。"驻行监理员的任务为审核驻在行之放款业务、放款用途、日计表及存款汇兑等表报，督促提缴普通存款准备金及储蓄存款保证准备，检查账册簿籍、仓库库存及其他有关文件物件，报告业务状况并陈述改进意见，向财政部建议金融应兴革事项等。而驻省地方银行监理员，除负上述任务外，并负有下列任务：审核发行或领用一元券及辅币券数目、检查发行准备金、审核币券以新换旧各事宜、封存及保管已印未发之币券暨印版戳记、监督领用币券是否照章运用、监督信托部受政府办理之业务等项。此外，驻行监理员按月向财政部编送表报，对业

①　郭荣生编：《中国省银行史略》，沈云龙主编：《近代中国史料丛刊续编》第十九辑，台北：文海出版社，1975 年，第 211 页。

②　中国第二历史档案馆编：《中华民国史档案资料汇编》第五辑第二编：财政经济（四），南京：江苏古籍出版社，1997 年，第 640—641 页。

务及发行方面违令情事之向部密报等皆与《省地方银行监理员章程》所规定者大致相同。[①]到1943年，国民政府财政部先后派驻银行监理员者，计四川、湖北、陕西、湖南、福建、广东、江西裕民、浙江地方、安徽地方等九省省地方银行，执行驻在行之监理工作。[②]

1945年4月2日公布《财政部授权中央银行检查金融机构业务办法》，同时鉴于形势的变化，撤销各地监理官办公处，废止《财政部银行监理官办公处组织规程》及《财政部派驻银行监理员规程》。但为加强对各省地方银行及重要商业银行的管制，财政部又于1945年7月27日颁布《财政部派驻银行监理员规程》，此次新公布之规程与上次废止之规程，其名称完全一致，内容也大体相似。不同之处在于，1942年所公布之规程为19条，1945年所公布之规程为17条，由于已经实施了统一发行，无须省地方银行再发行辅币，因此新规程将1942年公布之规程略加修改，删除了审核发行数目、检查发行准备金、保管封存已印未发币券暨印版戳记、币券准备、币券以新换旧诸有关发行事项之规定。[③]

总之，抗战期间形势的变化对银行业务提出了空前的挑战，承担着调剂地方金融，扶助地方生产的省地方银行更是面临新的考验，即如何适应抗战需要，做出相应的业务变革。对此，国民政府充分发挥监管功能，对省地方银行业务范围与规范做出了重大调整，其调整措施可谓异乎寻常的突破，所涉及的银行业务变化之巨，赋予省地方银行的任务之复杂乃史无前例。如要求战区省地方银行发行省钞，抵制日寇的金融战，但同时又不得在后方发行，以保持后方金融秩序的稳定；要求省地方银行大力放贷扶持地方工农业生产，厚植抗战基础，又要求审慎对待放贷对象，不能造成囤积居奇；要求省地方银行积极参与物资抢购与组织生产，又要求省地方银行不能因此而从事投机活动，扰乱生产、金融秩序；要求省地方银行积极扩大分支机构，但又要严格控制分支机构的业务范围，以免喧宾夺主，造成恶性竞争。

综上所述，抗战时期省地方银行的发展，是特殊时代背景下的产物。从直接原因看，它是出于国民政府"抗战建国"和构建大后方金融网的迫切需要；从深层原因看，也是出于国民政府为完善国家银行体制，实现金融垄断

---

① 中国第二历史档案馆、中国人民银行江苏省分行、江苏省金融志编委会合编：《中华民国金融法规档案资料选编》，北京：档案出版社，1989年，第663—669页。

② 《财政部三十二年度管理银行工作之检讨暨三十三年度加强管理办法》，台湾"国史馆"藏国民政府未刊档案，档号：001—080001—0002。

③ 郭荣生：《八年来政府对省地方银行之管制》，《财政评论》1946年第15卷第6期，第140页。

的需要。而强化对省地方银行的监管，既有以此来维护正常的金融经济秩序，以利于坚持抗战的现实要求，又有借此加强对金融领域的控制，以建立起政府垄断下的国民经济体制的长远考虑。事实表明，加强对省地方银行的发行监管，目的在于整顿曾经混乱不堪的货币发行，建立和维护稳定的金融秩序，消除曾经屡屡引发金融动荡的祸根；对省地方银行业务的全面监管，在于"抗战建国"的需要，增强金融实力，振兴实业，增厚抗战物质基础，并且为省地方银行业务树立正确导向；而派驻省地方银行监理员，则是从根本上使省地方银行纳入国民政府监管的体制中，为实现对省地方银行的监管提供了组织保障。三个方面环环相扣，互相配合，最终实现了国民政府对省地方银行的有效管制，既适应了抗战的需要，又有利于战时经济秩序的基本平稳，同时也推动了省地方银行在抗战时期的快速发展。而省地方银行的发展，也确实为增强金融实力、振兴实业、增厚抗战物质基础，起到了重要的积极作用。也正是因为此，虽然1942年后曾发生过省银行存废问题的论争，但由于省地方银行在实际中所起到的不可替代的重要作用，省地方银行不仅没有被废除，而且随着业务的蓬勃发展，其地位还得到了进一步的提升和巩固，以《省银行条例》的颁布为标志，省地方银行的地位有了正式的法律根据。而国民政府对省地方银行监管的不断强化和改进，在有利于促进省地方银行发展的现代化和稳定金融秩序的同时，也最终确立了国民政府对银行乃至整个国民经济的垄断。必须指出的是，在抗战时期，因为国民政府处于领导抗战的中心地位，这种对国民经济垄断地位的确立，有其历史的内在逻辑和客观必要性，也对汇聚抗战力量发挥了一定的积极作用。但众所周知，从全局和长远看，也正是这种凭借政权力量建立起来的对经济的高度垄断，造成了国家资本的畸形膨胀以及对民间资本发展的严重阻遏。

第四节　20世纪40年代县银行的制度建设

县银行是由县政府以县乡镇之公款与民间资本合办，以各县境乡镇为营业区域，以调剂地方金融，扶助经济建设，发展合作事业为宗旨的地方银行。[1]从其创设到清理停罢，以1940年1月国民政府公布的《县银行法》为界线，之前为县银行的初创期，之后为其进一步的发展期，至1949年停业，断断续续

---

[1]　沈长泰编著，胡次威主编：《省县银行》，上海：大东书局，1948年，第73页。

存在了 30 多年。

县银行真正发展起来是在全面抗战后，有其特殊的时代背景与因素。为整顿金融秩序，坚持抗战，国民政府提出了要尽快建立大后方金融网。要想完成西南、西北金融网的敷设任务，光靠国家银行和省银行是不行的，因此，大力推设县银行以弥补国家银行和省银行的不足，被提上了议事日程。与此同时，从 1940 年起，国民政府为强化中央对地方的控制，决定以县为单位，实施新县制，以强化抗战所需的社会基础。新县制是一种以"县"为基本单位的地方自治制度，内容庞杂，其中实行县自治财政便是重要举措之一，这就迫切需要建立相应的金融设施。因为"新县制虽已推行，若无金融机构以沟通公私资金，计划社会经济则无米为炊，地方自治事业何能推行尽利，故欲谋地方自治之健全发展，必先有健全之金融机构为之辅助"[1]。

20 世纪 40 年代不仅县银行机构较前有了大幅增长，更能体现县银行发展的是其制度建设进入了一个新时期。就县银行的制度建设而言，最早应该追溯到 1915 年 10 月 8 日北京政府发布的《农工银行条例》。该条例规定，农工银行，每县以设一行为原则，并以县境为营业区域；业务以辅助县地方农工事业为主旨。故时人普遍认为，农工银行"具有今日县银行之意义"，因而把农工银行视为县银行的前身。虽然当时政府有意提倡，但县银行的发展十分缓慢，"各省未能及时推动，普遍筹设"[2]。可以说，北京政府时期，虽有《农工银行条例》的颁布，但在我国银行制度上，并未发生重大影响。南京国民政府成立后，农民银行虽在浙江等省开办，但中央并未予以核准和普遍推广。应该说，国民政府对县银行真正意义上的制度建设，是自《县银行法》的公布施行起，"从此，在我国银行制度上，县银行法的产生，开了一个新纪元"[3]。颁布《县银行法》的目的在于通过规范化、法律化的制度体系，保障县银行的顺利发展。本书所论县银行的制度建设是专指国民政府对县银行的宏观制度建设，体现在国民政府对县银行从推设到管理监督的全过程，主要围绕以下方面展开：颁布相关法律、成立管理机构；募集资本（人才）、创立经营组织；设定成立条件、规范营业范围；加强审核监督、纠举查处违规。

---

① 《调整金融机构充实县银行资金扩大党务以利新县制推行》（1940 年 8 月），中国国民党"党史馆"国防档案，档号：防 003/65400。

② 王沿津编：《中国县银行年鉴》，上海：文海出版社，1948 年，第 13 页。

③ 杨及玄：《由县银行法的公布说到四川各县的县银行》，《四川经济季刊》1944 年第 1 卷第 2 期，第 161—162 页。

一、颁布相关法律、成立管理机构

制度建设的当务之急是确立法律规范。1940 年 1 月，国民政府颁布《县银行法》（26 条），为县银行制度的建设确定了最基本的法律规范，之后于同年 12 月颁定《县银行章程准则》（46 条），作为各县银行拟订章程之准绳，具体规定了设立县银行的各项事宜，分为总则、资本、业务、组织、股东会、决算及盈余分配、附则等共 7 章。值得注意的是，《县银行法》中虽规定："县银行由县政府以县乡镇之公款，与人民合资，依本法设立之。"其实，各县的县银行，董事长与常务董事，多由县长及财务科长或财务委员会主任委员充任，"实际上等于官营"。这与北京政府时期的《农工银行条例》相较有显著不同，"《农工银行条例》没有明白规定，但从该条例第三第六两条看来，农工银行完全以民营为主，官股虽可参加，仅处于次要的地位"①。随后又先后制定了《分区管理办法》《中央银行加入县银行提倡股办法》《县市银行代理县市库暂行办法》等管理规章。②上述法律法规，规定了县银行的宗旨、性质、资本来源、组织结构、成立流程、营业区域、营业范围、收益分配、代理县库、分区管理，以及中央银行援助县银行等诸多方面的内容和管理办法。显然，由《县银行法》的颁布开始，逐渐形成了一个远较北京政府时期的《农工银行条例》更丰富的法律体系。

为加速推设县银行，迫切需要成立相应的管理机构。为此，李宗黄、赵允义等 13 人，在 1940 年 8 月国民党五届七中全会上提出"拟调整金融机构充实县银行资金并扩大其业务，以利新县制之推行案"，建议在《县银行法》颁布后，要普遍设立县银行，并代理县公库，具体推进方案：中央筹款 1 亿—2 亿元，斟酌地方情形，以贷款方式辅助成立县银行，并应指定县银行督导其业务，按其贫瘠及地方募集之多寡而核定贷金之数量，尤须减低其利率；省地方银行为使各县地方经济畅通起见，亦须酌量筹款 500 万—1000 万元，按县之等级及贫瘠与募集之多寡尽量辅助成立县银行；省银行分支行除在重要县市为调剂金融及便利省库收支外，不得设立，其业务须与县银行合并或由其代理，务须密切联系，以免力量分散；中央省县系统以外之银行，如业务复杂之农本局合作金库等应立予归并，由中央省县银行兼理其业务，备可资金

---

① 杨及玄：《由县银行法的公布说到四川各县的县银行》，《四川经济季刊》1944 年第 1 卷第 2 期，第 162 页。

② 沈长泰编著，胡次威主编：《省县银行》，上海：大东书局，1948 年，第 63 页。

集中，灵活运用，促进工商业之发展。①

正是在各方的关注下，1941 年，决定由财政部负责筹设全国县乡银行总行，并对各省县银行有监督指挥之权。国民政府行政院第 497 次会议通过《县乡银行总行章程》（20 条），决定由财政部派员筹设全国县乡银行总行，总行设在战时首都重庆，各省省会设立办事处，以为指导监督各个县银行业务之中枢，辅导该省各县乡成立县乡银行或县银行，利用当地原有地方金融组织、充实、健全、改组为县乡银行或县银行，必要时加入提倡股，其数额不得超过各银行资本总额之半数。资本 1000 万元，分为 10 万股，每股 100 元，由财政部认购 5 万股（500 万元），其余 5 万股由全国公私金融机关暨各县公私团体及人民认购，其业务范围：①县乡银行或县银行为转抵、押转、贴现或保证信用放款；②县乡银行或县银行之汇兑联系事项；③收受存款；④代理收解款项；⑤代理经募公债或公司债；⑥保管贵重物品及有价证券；⑦储蓄业务。同时，对县乡银行总行的组织机构做了详细规定：设董事 11 人组织董事会，在未成立股份有限公司以前，由财政部派充之，任期 3 年，连派得连任。县乡银行总行设监察人 5 人，在未成立股份有限公司以前由财政部派充之，任期 1 年，连派得连任。县乡银行总行设常务董事 5 人，由董事中互选之，并由财政部于常务董事中指派一人为董事长，设总经理 1 人，协理 2 人，由董事长于常务董事中商经董事会同意遴选聘任之，并呈请财政部核准备案，总经理因事故不能执行职务时，由董事长指定协理 1 人代理之。县乡银行总行在未召开股东会以前其股东会之职权由财政部行之。②

据此可知，县乡银行总行设于中央所在地——重庆，于各省省会设立办事处，辅导该省各县乡成立县乡银行或县银行，或利用当地原有地方金融组织，充实、健全县乡银行之组织，系采取三级制，在中央有总行，在省有办事处，在县则有县乡银行。以此达到省与省之间、县与县之间的密切联系。

然而，这一机构最终并未建立起来，因为国防最高委员会认为全国县乡银行总行之设立，既与已有的中央银行、中国银行、交通银行、中国农民银行四行相冲突，又与省银行业务相重叠，而且《县银行法》并无设置总行之规定。因此，县乡银行总行无成立之必要，可由财政部下设全国县银行推进委员会，而财政部却建议在中央银行设置县乡银行业务督导处，以专门负督

① 《拟调整金融机构充实县银行资金并扩大其业务，以利新县制之推行案（提案第 32 号）》，台湾"国史馆"藏国民政府未刊档案，档号：001—110000—0022。
② 四川省档案馆藏四川省政府财政厅未刊档案，档号：民 059—2—2156。

导业务，理由是推进委员会与钱币司之职权相混同。①督导处主要负责：关于县乡银行各项业务之监督指导事项；关于县乡银行之汇兑联系事项；关于县乡银行为转抵、转贴现及保证信用放款事项；关于县乡银行资金之领用调拨及借贷事项等。可见督导处实具有财政部及中央银行之二重使命，前者重在监督指导之管理方面，后者注重在资金借贷调协之控制与协助方面。②因此，财政部和中央银行是县银行的最高管理机构。这一做法应该说是在北京政府时期关于县银行监管办法基础上的进一步强化。1915 年 12 月，财政部内便设立全国农工银行筹备处，负责县银行的筹设和监管。1921 年 2 月，将全国农工银行筹备处改设全国农工银行事务局，仍负责对农工银行进行监督管理。1923 年，政府为节省国家开支，又将该局裁撤，业务并归财政部钱币司办理。③

二、募集资本（人才）、创立经营组织

北京政府时期，"农工银行以民营为原则，所谓官办，不过在开创之初借以倡导而已"。此点从《县银行法》公布前四川曾开设的县农工（村）银行的资本结构可以得到有力证明，在调查的 11 家县农工（村）银行的资本中，有 2 家资本来源不详，剩余 9 家中，6 家为民股，1 家为官民合股但以民股为主，仅 2 家为官股。④《县银行法》颁布后，县银行虽然也采取了股份制形式，但性质是官办，许多具体事宜都由政府亲力亲为。按规定，县银行依法由县政府发起组织，邀请地方热心经济建设人士、公正士绅参加，组织县银行筹备会，商讨县银行成立等事项。⑤

县银行之资本，依照《县银行法》规定，以县乡镇之公款与人民合资设立，资本总额不少于 5 万元，商股不得少于总额的 1/2。官股多由县政府直接拨给，商股则先向本县境内有住所者招募，如有不足，可在营业区外继续招募。地方法人团体及合作社，均为商股股东。至于资本总额，最低虽定为 5 万元，但无最高额之限制。募集资本有困难的县银行，中央政府设法予以援助，即可向中央银行申请提倡股辅助成立。⑥值得指出的是，与《农工银行条例》比较，《县银行法》更强调政府在筹资和推设机构中的主导作用。前者并

---

① 沈长泰编著，胡次威主编：《省县银行》，上海：大东书局，1948 年，第 42—43 页。
② 许廷星：《战后县银行存废问题》，《四川经济季刊》1945 年第 2 卷第 3 期，第 232 页。
③ 王沿津编：《中国县银行年鉴》，上海：文海出版社，1948 年，第 13 页。
④ 杨及玄：《由县银行法的公布说到四川各县的县银行》，《四川经济季刊》1944 年第 1 卷第 2 期，第 159—160 页。
⑤ 沈长泰编著，胡次威主编：《省县银行》，上海：大东书局，1948 年，第 45 页。
⑥ 沈长泰编著，胡次威主编：《省县银行》，上海：大东书局，1948 年，第 50 页。

未对官股做出明确规定，只是称农工银行之股东，可在该行营业区内先行招募，如有不敷可在营业区域以外招募。[①]后者则如上述明确规定了官股、商股的大致比例，以及向中央银行申请资本援助的办法。

各县县银行之资本数额，大小极为悬殊，有少至 10 万余者，有多至 2 亿—3 亿者，在 1944 年以前成立者，但资本额均在 100 万元下，后因经济环境变迁，渐见提高，1947 年成立者，资本额多在千万元以上。[②]1948 年 8 月 19 日金圆券改革后，国民政府财政部公布了《国家行局库及省县市银行调整资本办法草案》，将县银行分为二等，分别规定资本数额，（甲）无锡、吴兴、镇江、武进、常熟、江都、鄞县、绍兴、永嘉、萧山、余姚、蚌埠、芜湖、林森、高要、台山、长沙、衡阳、武昌、宜昌、内江、宜宾、万县、泸县、乐山、郑州、宝鸡等 27 县，各为 10 万金圆券；（乙）全国其余各县，各为 5 万金圆券。[③]

为鼓励县银行的发展，《县银行法》规定的县银行最低资本金为 5 万元，这仅相当于 1931 年订定的《银行法》中对银行规定的最低资本额 20 万元的 1/4，且可不必一次性筹齐，当股款收足 1/2 以上时即可申请开业，不足部分可在开业后凑齐。这虽有利于县银行的推设，但也造成县银行从一开始就存在资本薄弱的先天不足，即或如此，县政府在筹划资本和组织机构时往往也费尽心思。如万县县银行是县长杨用斌会同商会筹划组建的，历经两年筹资 18 万元，1942 年 3 月才开业，董事长是商会会长牟品三。宜宾县银行是 1940 年 9 月由宜宾县政府邀约县临时参议会、县商会等人士协商筹组的，临时参议会议长吕鹿鸣任董事长。[④]成都县银行是由成都县长陈诗涛亲自邀集政界、商界代表人物共同谋划而筹建的，并选出省政府秘书廖仲和任董事长。[⑤]

在公股方面，其款项来源可谓形形色色，据战时的调查，如河南省的公股来源主要是：奉令存储之县地方款并未指定用途者；各县代征历年民欠县地方附加余额；各县县长历任交代递传公款。陕西省公股则主要来源于各县省行未记名之民股及历年应得股息红利。[⑥]这说明，由于县财政的枯窘，县银

---

① 中国第二历史档案馆编：《中华民国史档案资料汇编》第三辑：金融（一），南京：江苏古籍出版社，1991 年，第 62 页。

② 沈长泰编著，胡次威主编：《省县银行》，上海：大东书局，1948 年，第 51 页。

③ 台湾"国史馆"藏财政部未刊档案，档号：018—273—2342。

④ 中国人民政治协商会议西南地区文史资料协作会议编：《抗战时期西南的金融》，重庆：西南师范大学出版社，1994 年，第 101、346 页。

⑤ 四川省档案馆藏四川省政府财政厅未刊档案，档号：民 059—2—2663。

⑥ 郭荣生：《县银行之前瞻及其现状》，《中央银行经济汇报》1942 年第 6 卷第 7 期，第 62 页。

行资本金并无专项款下拨，只好绞尽脑汁，东拼西凑。尽管如此，但各地仍难以按原定计划如期完成组织推设任务，即或是已经成立的县银行，在恶劣的县域经济和飞速的通货膨胀下，也难以顺利发展。《县银行法》规定："县银行得不用抵押品，以分期摊还法向省市银行或其他银行借入资金。"显然，这也是预先设计的解决县银行资本来源困难的对策。1947 年，国民党六届三中全会决议通过的经济改革方案中甚至要求中央银行要酌量投资拯救县银行，具体是"县银行初办时其资本，县占四成，中央六成，待县自治工作次第完成时，中央资本逐渐减少，将来达到地方七成，中央三成之比例"①。然而，中央银行此时已自顾不暇，故此类规定在实际中很难得到贯彻落实。由于公股资本的窘迫，商股大多在公私股的份额占据优势，如四川省 1943 年县银行的商股就达公私股比重的 72.9%，这使得县银行往往为豪强所把持。②

县银行之经营组织，根据国民政府制定的《县银行章程准则》规定，分为股东会、董事会、监察人、经理四个层级。股东会为县银行之最高权力机关，由全体出资之股东组织之股东大会。主要议决事项为：分派盈余，对董事监察人的选任及解任、控诉，发行公司债，变更章程，增减资本，解散或合并等。董事会是股东会的业务执行机关，负责公司业务经营活动的指挥与管理，公股董事由县政府派充，商股董事由股东会从股东中选举，并从董事中选举常务董事若干人及董事长 1 人。监察人履行监察职责，监察人直接对股东会负责，对于董事所造送于股东会之各种表册，应核对簿据，调查实况，报告意见给股东会。公股监察人由县政府派充，商股监察人由股东会从股东中选举。通常董事为 11 人或 13 人，监察人为 5 人或 7 人，常务董事为 3 人或 5 人，唯董事依《公司法》之规定，不得少于 3 人。经理 1 人，副经理 1 人，由董事会选任，并依据董事会决定负责日常行务。③可见，县银行的组织结构主要为采行分权制度。关于经营组织的上述规定显然比北京政府时期更加清晰和完备，因为《农工银行条例》并未对农工银行之经营组织作明确规定，也未就此颁布更具体的实施细则或章程。

人才是县银行经营组织的灵魂，更是决定其生存发展的关键。面对人才的匮乏，各地方政府纷纷想方设法延揽人才。陕西省编订了《陕西省县银行服务人员手册》，对县银行经营人员设班专门培训，学员采取保送和招考两种，

① 中国第二历史档案馆编：《中华民国史档案资料汇编》第五辑第三编：财政经济（一），南京：江苏古籍出版社，2000 年，第 53 页。

② 许廷星：《战后县银行存废问题》，《四川经济季刊》1945 年第 2 卷第 3 期，第 229 页。

③ 沈长泰编著，胡次威主编：《省县银行》，上海：大东书局，1948 年，第 80—82 页。

其中保送以每县银行 1 人为原则，资本在 10 万—20 万元者可保送 2—3 人，其余皆为招考。安徽省除各县保送 3—5 人外，采取以下几种途径延揽人员：请考试院从考训合格的财政金融人员中选派；由财政厅负责考选；经协商，从本省地方银行及中国农民银行行员中调用。①然而，这些措施仍很难满足县银行对人才的渴求，一则数量上离需求有很大差距，二则质量上难以保证，三则现有的人才队伍稳定不住。

三、设定成立条件、规范营业范围

（1）关于成立条件。为防止滥设县银行机构，造成无序和混乱，《县银行法》规定，"县银行为股份有限公司组织，以调剂地方金融，扶助经济建设，发展合作事业为宗旨"，非达到规定的最低资本金额并呈经该管地方官署转请财政部核准登记，不得设立；其营业区以各县乡镇为限，在特别情形下，可由两县以上或由一县连同附近之邻县乡镇，合并为一营业区。这些从性质、宗旨、最低资本额、审核程序、营业区域等方面对县银行的设立作了条件限定。其中关于地方"特别情形"的规定，据财政部解释，系指某县之幅员人口及经济状况等，不足以单独成立县银行，或甲县与毗连之乙县若干乡镇，其位置交通及经济关系等，特为接近及便利等情形而言。可见《县银行法》关于成立条件强调的是，任何县银行非经该管官厅并财政部的审核不得成立，此点与《农工银行条例》中的相关规定一致，即"农工银行非招足资本定额并缴足半额以上，经该管官厅审查核办……转请财政部核准，不得开业"②。

（2）关于营业范围。《县银行法》规定如下：经营存款、放款、汇兑、票据承兑或贴现、代理收解各种款项、经理或代募公司债或农业债券等。县银行放款对象限于：地方仓储、农林工矿及交通事业、兴办水利、卫生设备事业、地方建设事业、典当小押。为使县银行避免发生资金之呆滞，还规定县银行不得经营以下业务：收买本银行之股票，或以本行股票为担保之放款；买卖不动产，但业务上必需之不动产除外；买卖有价证券。财政部或主管地方官署认为，必要时可对县银行之放款或其他营业予以限制。为防止县银行机构的盲目扩张，还规定其分支机构之推设限于本县境内，不得在县区以外

---

① 郭荣生：《县银行之前瞻及其现状》，《中央银行经济汇报》1942 年第 6 卷第 7 期，第 63 页。
② 中国第二历史档案馆编：《中华民国史档案资料汇编》第三辑：金融（一），南京：江苏古籍出版社，1991 年，第 62 页。

扩张业务。[①]与《农工银行条例》相较,《县银行法》在营业范围的规定上既有相同又有发展。相同的是,两者都特别强调服务于农业,《农工银行条例》第九条所确定的放款对象共九项,完全是有关农业生产的活动。而《县银行法》规定的六项放款对象中的前三项也是农业生产活动。有所发展的是,《县银行法》规定的放款对象不仅是农业生产,还包括地方建设的诸多事项,以担当"抗战建国"事业,尽管实际上县银行很难承担起这样的使命。

四、加强审核监督、纠举查处违规

此处所论的监督,专指外部监督,即政府及其有关机构对县银行的监督。县银行业务之监督与辅导,全国县乡银行业务督导处先后订立了《分区管理办法》《中央银行加入县银行提倡股办法》《县市银行代理县市库暂行办法》《中央银行与各县市银行通汇联系办法》,并划分 84 个督导区,以利进行。至于业务检查工作,则由财政部设立之各区银行监理官办公处办理。[②]为加强监督管理,1945 年 4 月 18 日公布《财政部授权各省财政厅监理县银行业务办法》,规定对于各县银行,财政厅每年至少检查两次。1945 年银行监理官办公处和中央银行县乡银行业务督导处先后被裁撤,对县银行的监督职责仍由省财政厅负责,这有利于消除多头监管之虞,使监管力量更加集中。

省财政厅监理县银行之事项主要是:审核各县银行业务计划及决算,各县银行放款业务,各县银行日计表及存款、放款、汇兑等报表,各县银行账目;督促各县银行提缴存款准备金;纠举县银行违法事件等。省辖市银行业务之监督管理,亦适用前项规定。[③]监理方每次检查后,需做出必要之指示及处理,并按季度编制监督管理之情况报告,由财政部审核。[④]对此,四川省财政厅积极响应,在奉令接办管理各县市银行后,于财政厅第二科内业拟设专股办理;外业部分,全省分为 8 个稽核区,以二行政区为一稽核区,每区设稽核 1 人,雇员 1 人,并带公役 1 名,共设稽核 8 人,办理该区各县市银行业务之监督、指导暨检查事项。[⑤]

在监管中,也的确发现了许多违规经营行为,比如违规将资金大多贷放

---

①　徐学禹、丘汉平编著:《地方银行概论》,福州:福建省经济建设计划委员会,1941 年,第185—187 页。

②　沈长泰编著,胡次威主编:《省县银行》,上海:大东书局,1948 年,第 63 页。

③　《财政部授权各省财政厅监理县银行业务办法》,《中农月刊》1945 年第 6 卷第 5 期,第 79 页。

④　沈长泰编著,胡次威主编:《省县银行》,上海:大东书局,1948 年,第 63 页。

⑤　四川省档案馆藏四川省财政厅未刊档案,档号:民 059—1—1364。

于商业贸易，而非农工生产事业，甚至滥用职权，中饱私囊。新都县银行经理吴肇康，擅权谋私，挪用公款囤积居奇，1942 年秋，被处以死刑。次年，武胜县银行经理，因同样行为导致库存现金损失 200 万元而遭法办。同年，江北县银行经理封绳武收 20 000 余元的私人囤货，存放于该行的仓库及文件柜内，被传讯等。①而向财政厅的错报、漏报现象，更是司空见惯。在实际中，面对众多、分散且缺乏联系渠道的县银行，各省财政厅颇感人手不够，工作浩繁，费用巨大，于是有的省财政厅又往往将自己所负责的日常监管工作委托给省银行。比如，湖北财政厅便委托省银行办理监管县银行业务，但结果并不理想，而且财政部也认为省财政厅委托省银行履行监督责任的做法，虽可理解，但于法无据，不可接受。然而，也许是现实比人强，1948 年，国民政府被迫认可了上述做法，提出由财政部于各省设立县银行设置计划委员会，由民政厅、财政厅、建设厅三厅厅长，中央银行经理，省银行和财政部指定两人，以财政厅厅长为召集人，对县银行进行规划和管理。②这样，县银行的监管就又成了多头管理，过于分散的事权显然不利于提高监管的效率。

不过总体来看，这一时期的监管比北京政府时期要更细致和常态化。《农工银行管理条例》中规定："农工银行受财政部及该管官厅之监督，并得由该省地方长官察看情形，委任地方官或其他机关监理农工银行。""农工银行监理认为必要时，得命农工银行报告营业情形及各项账目……密详该管官厅转陈财政部。"③由此可见，当时对农工银行的监管权其实掌握在该管地方官厅的手中，而且应否监管、何时监管都很随意，从而使得农工银行要么依附于官府，"成为地方筹款的机关"，以致"旋起旋倒者有之，营业亏折归于停顿者有之"④；要么脱离监管，"其营业区域，多不以县境为限，业务对象，亦较广泛，银行上虽冠以县名，实属于商业银行之范畴矣"⑤。

上述可见，20 世纪 40 年代国民政府对县银行的制度建设，无论从立法，还是从操作层面都较以前县银行初创时期有了很大进步，并形成了较全面的

---

① 中国人民政治协商会议西南地区文史资料协作会议编：《抗战时期西南的金融》，重庆：西南师范大学出版社，1994 年，第 328 页。

② 中国第二历史档案馆编：《中华民国史档案资料汇编》第五辑第三编：财政经济（二），南京：江苏古籍出版社，2000 年，第 129 页。

③ 中国第二历史档案馆编：《中华民国史档案资料汇编》第三辑：金融（一），南京：江苏古籍出版社，1991 年，第 66 页。

④ 杨及玄：《由县银行法的公布说到四川各县的县银行》，《四川经济季刊》1944 年第 1 卷第 2 期，第 160 页。

⑤ 王沿津编：《中国县银行年鉴》，上海：文海出版社，1948 年，第 13 页。

体系，也体现了金融近代化的发展方向。然而，国民政府对县银行的制度建设却存在着致命的缺陷，即理论与实际的脱节。国民政府想通过大力推设发展县银行，使之承担起"抗战建国"事业和扶助地方金融、经济及合作事业发展的特殊使命，但先天不足的县银行又很难承担这样的使命；国民政府想通过系统的行政立法为县银行保驾护航，但生不逢时的县银行却无法经受住市场风浪的冲击颠簸；国民政府想方设法为县银行的发展"输血打气"，但连自身都难保的国民政府又怎能解脱得了县银行的困境；国民政府想通过中央的一己之力来监管县银行，但面对众多、分散而又缺乏与中央相衔接环节的县银行，自然是心有余而力不足。所以，国民政府对县银行的制度建设，虽然不少构想的确总结借鉴了县银行发展初期的一些经验教训，可是由于与现实条件的脱节，最终只能使种种设想与愿望化为泡影。

20 世纪 40 年代，县银行的推设无疑属于强制性制度变迁。强制性制度变迁是与诱致性制度变迁相对而言的，诱致性制度变迁指的是现行制度安排的变更或替代，是由一个人或一群（个）人在响应由制度不均衡引致的获利机会时所进行的自发性变革。与此相反，强制性制度变迁是由政府主导并通过法令引起的变迁。[1]从国民政府发布《县银行法》到陆续颁布的一系列有关法律，从国民政府不断以行政手段大力推设县银行到顶住质疑坚持维护县银行，都清楚地体现出县银行制度建设中的强制性制度变迁的特征。

制度建设必须配套，强制性制度变迁也不能例外。县银行制度建设采取的尽管是强制性制度变迁的路径，但这并不意味着政府的法律和行政手段就可以包打天下，因为法律和行政手段不是万能的，而且各项制度之间是有关联性的，其普遍规律是由某项制度安排的变迁开始，引起某一类制度发生改变，再引发相关类的制度改变，最终导致整个制度的改变。而且越是强制性的制度变迁，就越需要制度的配套，因为在强制性制度变迁下，政府作为制度的推进源，使得制度的变迁取决于政治的需要，而非自然的演进，所以就更需要配套的改革和稳定的社会、经济基础。否则，仅是"某一类制度发生改变，而相关制度不发生改变，那就必然会形成制度扭曲"[2]。因此，县银行制度建设，其制度安排只有配套，才可尽量减少矛盾和冲突，从而朝着既定的目标比较顺利地推行，相反就可能阻力重重、冲突不断，使变革要么半途而废，要么虽强力维持也"半死不活"，徒有虚名，导致县银行制度建设与发

---

① 杜恂诚：《金融制度变迁史的中外比较》，上海：上海社会科学院出版社，2004 年，第 6、106 页。
② 杜恂诚：《金融制度变迁史的中外比较》，上海：上海社会科学院出版社，2004 年，第 118 页。

展最终陷入无法挣脱的困境。事实上，县银行所面临的资金短缺、人才匮乏、县域经济贫弱、银行体系（制）的不协调、监管机制的无力、战乱的频仍等，这些都构成县银行制度建设和发展的巨大障碍，也无法满足县银行制度建设的配套要求。其间虽有一些针对性的改进措施和规章不断提出来，但这些措施规章大多难以操作而沦为空谈，此中症结，正如时人所指出的："吾人若能彻底予以分析，并非由于主办人员如何故意的违更法令，而在乎县银行的本质尚有研讨的余地。"①可见，20 世纪 40 年代，由于政府的强力推动，县银行虽然在机构设置和制度建设方面曾较前有显著发展，但由于制度的不配套及条件的不成熟而始终无法摆脱进一步发展的困境，最终只能事与愿违，挣扎着走向衰亡。

---

① 杨及玄：《由县银行法的公布说到四川各县的县银行》，《四川经济季刊》1944 年第 1 卷第 2 期，第 169 页。

第三章 全面抗战时期省地方银行的变迁

全面抗战后，因受战事影响，省银行发生种种变迁。在各省地方银行中遭受战事影响最剧之各行，首先是河北省银行。其次为江苏银行、山西省银行、山东省民生银行，分支机构全部陷于停业状态。[1]随着战事发展，沦陷区银行大量西迁，国民政府财政部又多次召开地方金融会议，明确了省地方银行的地位与作用，指出省地方银行是推动地方金融的枢纽。由此，省地方银行开始在大后方地区产生了较之战前截然不同的变化。

省地方银行的经营范围，本来主要限定在省境以内。全面抗战前，省地方银行的形态为商业银行方式，经营普通商业银行的业务，虽或有以农工、农民、民生、实业、建设命名者，但其业务内容仍不脱商业银行范围，业务与生产事业游离，地方色彩太重，忽略省际关系与整个中央金融政策。[2]全面抗战后，省地方银行的业务发生了较大的变化，已不同于一般普通银行性质，而具有特殊使命。1940年12月14日，国民政府财政部通令："查省地方银行，以调剂本省金融，扶助农矿工商各业，增加生产，发展经济为职责，其分支行处之设立，应以本省境内为限，业于核定之各省地方银行章程内，明白规定。如省境以外，确有设立机关之必要，应专案呈部核准办理。并经指示在案，兹特重申前令：凡省地方银行设立分支行处，除本省境内各县，仍应遵照本部迭令，积极筹设外，如事实上确有在省境以外设置机关之必要，应于事前专案呈部，俟核准后，方得筹设，并以设置办事处为限。其未经本部核准设立有案者，应即克日撤销，业经呈准设立之省外办事处，而擅自称为分

---

① 徐学禹、丘汉平编著：《地方银行概论》，福州：福建省经济建设计划委员会，1941年，第53页。

② 傅兆荣：《抗战以来之我国省地方银行》，《财政知识》1943年第2卷第3—4期合刊，第73页。

行者，应即日改正，仍称办事处，以明职责而消界限。"①可见，抗战时期的各省地方银行，其业务之地区范围主要以本省省境为重，同时，对省行设立省外分支机构，虽有限制之意，但并不十分严格，只是规定在省外设置分支机构，"应于事前专案呈部核准，并以设立办事处为限"。这样，战时大后方各省地方银行的机构发展与变迁主要集中于各省境内，同时，省外主要是办事处。因此，本章对各省地方银行在本省的发展与变迁情况进行考察，重点放在各省境内而不是境外。

第一节　全面抗战时期东中部省地方银行的演变

1937 年，全国省地方银行共计 23 家，分支行处约为 540 处。②全面抗战之后，东部省地方银行中最早遭受打击的是河北省银行，战前，河北省银行总行设在天津，各分支行在外县，1937 年 10 月，河北省战事失利，全省陷于紊乱状态，河北省银行主持人已无力抗拒伪命，将该行移交伪组织，由汉奸劫持利用。11 月，晋绥军退出绥远之大部，绥远平市官钱局包头以东各局，于 11 月 13 日为敌伪没收，并入伪察南银行（察南银行于 1940 年 9 月 21 日改组为伪蒙疆银行）。③

随着战事的发展，战区内的各省地方银行纷纷陷于停滞状态。总行设在上海的江苏银行，在战事发生后，其抗战前设在江苏省境内的分支机构 34 处（分行 6 处、支行 8 处、办事处 20 处），俱为所在地的敌伪所掠夺，该行所经营之农业仓库及其在押货物，遭受炮毁与抢劫，损失特重。关于战区以内分支行及办事处之支付，不得已暂时停止，同时呈请中央政府予以救济，待中央款项拨到后，即 1938 年 10 月 20 日起，于上海法租界霞飞路 1302 号登记战区分支机关存户，恢复支付。④江苏省农民银行亦遭受严重损失，该行于苏州、无锡、南京等地设分行 16 处，宜兴等地设支行 6 处，金山等地设办事处 44 处，俱于 1937 年后半年及 1938 年暂行停业，而于香港设置保管处，将账册集中整理。同时镇江之总行，于撤退以后，除将账册运港整理外，对外暂

①　郭荣生编：《中国省银行史略》，沈云龙主编：《近代中国史料丛刊续编》第十九辑，台北：文海出版社，1975 年，第 4 页。
②　傅兆荣：《抗战以来之我国省地方银行》，《财政知识》1943 年第 2 卷第 3—4 期合刊，第 70 页。
③　郭荣生编：《中国省银行史略》，沈云龙主编：《近代中国史料丛刊续编》第十九辑，台北：文海出版社，1975 年，第 26 页。
④　徐学禹、丘汉平编著：《地方银行概论》，福州：福建省经济建设计划委员会，1941 年，第 55 页。

不营业，对内则以总经理办公室名义，暂在驻渝办事处内办公。①该行损失各种放款，共计 1800 万余元，均无法收回。该行为了稳定整个社会金融，对于各种存款，仍勉力支付，到 1939 年下半年，已经付出存款 2800 万余元，还有未付款额 840 万余元，而该行活动资金只剩 50 万—60 万元，不敷甚巨。②

山东省民生银行因受战事影响，于 1937 年 11 月将总行及办事处 8 所同时停业，随军撤退。山西省银行在 1929 年时，省内外分支行处达 40 处，全体行员近 500 人。至 1935 年底，该行省内外分支行及办事处共 29 处（总行未计入），全体员生 343 人。1937 年 10 月 8 日太原失陷后，山西省银行总行迁移至晋南的运城、临汾两地。1938 年春晋南吃紧，总行迁移至西安，山西省内各分支机构一律停业。③

据当时不完全的资料统计，全面抗战后，中国的省地方银行发生了很大的变化，东中部地区的省地方银行遭受战争的破坏，被迫迁移，其分支机构业已发生了变动，详见表 3-1。

表 3-1 1936 年底至 1942 年底东中部地区省地方银行变化概况表　单位：处

行名	设立年月	设立的总行所在地	战时总行撤移地	1936 年底分支行数	受战事影响停业撤退数	抗战期中添设数
江苏银行	1912 年 1 月	上海	重庆	34	不详	1
山西省银行	1919 年 1 月	阳曲	兴集	35	不详	不详
浙江地方银行	1923 年 3 月	杭州	丽水	63	不详	170
江西裕民银行	1928 年 1 月	南昌	赣县	31	13	49
河南农工银行	1928 年 3 月	开封	泠阳	29	7	8
江苏省农民银行	1928 年 7 月	镇江	重庆	73	38	1
湖北省银行	1928 年 11 月	汉口	恩施	14	9	17
湖南省银行	1929 年 11 月	长沙	耒阳	11	4	44
河北省银行	1929 年 3 月	北平	洛阳	51	不详	2
江西建设银行	1930 年 3 月	南昌	赣县	8	不详	不详
广东省银行	1932 年 1 月	广州	曲江	12	16	81
山东省民生银行	1932 年 7 月	济南	重庆	8	8	不详

① 徐学禹、丘汉平编著：《地方银行概论》，福州：福建省经济建设计划委员会，1941 年，第 63 页。
② 中国第二历史档案馆编：《四联总处会议录》（一），桂林：广西师范大学出版社，2003 年，第 189—190 页。
③ 郭荣生编：《中国省银行史略》，沈云龙主编：《近代中国史料丛刊续编》第十九辑，台北：文海出版社，1975 年，第 30—32、104 页。

续表

行名	设立年月	设立的总行所在地	战时总行撤移地	1936 年底分支行数	受战事影响停业撤退数	抗战期中添设数
福建省银行	1935 年 10 月	福州	永安	20	1	13
广东实业银行	1938 年 2 月并入广东省银行	广州		1	不详	不详
安徽地方银行	1936 年 1 月	芜湖	立煌、屯溪	37	不详	14
总计				427	96	400

资料来源：傅兆棻：《抗战以来之我国省地方银行》，《财政知识》1943 年第 2 卷第 3—4 期合刊，第 68—70 页。

由表 3-1 可见，全面抗战前，在东中部地区的省地方银行共计 15 家，约占全部省地方银行 23 家的 65.22%，其分支机构约为 427 行处，约占全国省地方银行 540 家分支机构的 79.07%。全面抗战后，东中部 15 家省地方银行中，1938 年 2 月，广东实业银行并入广东省银行，剩下的 14 家银行，在战争环境下，其总行所在地全都进行了迁移，其中，江苏银行、江苏省农民银行及山东省民生银行等将总行直接迁移到大后方的中心重庆，其余的则在本省内进行迁移。到 1942 年底，除情形不明者外，受战争影响停业或撤退者 96 行处，其中，受战事影响最巨者，为山东省民生银行，全行除总行撤驻重庆外，分支机构 8 处全数停业；其余停业或撤退分支机构最多者为江苏省农民银行，计 38 处；广东省银行次之，计 16 处；江西裕民银行又次之，计 13 处；江苏、河北、山西三省全部沦为战区，浙江、江西、安徽等三省部分沦为战区，由于资料的缺乏，这些省份停业或撤退行处数不详，但决不在少数。同时，这些东中部的省地方银行在迁移到相对安全的地方之后，为了业务发展而又增设了 400 个分支行处，其中，浙江地方银行虽增设机构 170 处，数量最多，但其有范围甚小之分理处 124 处，分行、支行、办事处实际仅只有 46 处。而分支行增加最多的为广东省银行，计 81 处；江西裕民银行次之，计 49 处，可见，东中部地区省地方银行在战争中求生存是何等的不容易。

当东部各省沦陷后，沦陷区各省地方银行虽蒙受相当损失，然均能在政府督导之下，增强力量，发展业务并随时注意敌伪经济侵略，以适当之抵制方法，粉碎其阴谋。[1]尤其是配合国民政府的金融政策，致力于同敌伪展开金融战，甚至把总分行迁入大后方，支持大后方的经济建设。从表 3-2 中，可以看到沦陷区各省地方银行在西南、西北设立行处的基本情况。

---

[1]　财政部直接税处编：《十年来之金融》，重庆：中央信托局印制处，1943 年，第 11 页。

表 3-2　截至 1942 年底沦陷区各省地方银行在西南、西北设立行处统计表

单位：处

行别＼省别	四川	重庆	西康	贵州	云南	广西	陕西	甘肃	宁夏	青海	新疆	总计
湖北省银行	2	1										3
江苏省银行		2										2
江苏省农民银行		3										3
广东省银行		1		1	1	3						6
河北省银行		1					1					2
安徽地方银行		1										1
福建省银行		1										1
河南农工银行		1										2
湖南省银行						4						6
绥远省银行								1	1			2
总计	2	12	0	2	1	7	2	1	1	0	0	28

资料来源：郭荣生：《战时西南西北金融网建设》，《财政学报》1943 年第 1 卷第 3 期，第 60—65 页。

由表 3-2 可知，随着日军的步步进逼，中国的东中部地区不断沦陷，各省地方银行也纷纷随着国民政府而西迁，到 1942 年底，迁到西南、西北各省的沦陷区省地方银行一共有 10 家，其分支行处共计 28 处，其中主要集中在重庆，共计 12 处，其次是广西有 7 处，在西部十省一市中，除了西康、青海和新疆没有建立分支机构外，其余省份都有，虽然总体机构不多，但分布还是十分广泛的。

当然，沦陷地区的省地方银行，除了内迁西部建立分支机构外，主要还是迁往本省未沦陷的地方，继续坚持战斗。1940 年春，国民政府为加强货币战争，保护法币，使不为敌伪收集套购外汇，颁布《管理各省省银行或地方银行发行一元券及辅币券办法》，准各省银行发行地方券，以节省法币外流，东部各省即成了货币战之前哨。

鉴于东部原有地方金融机构已遭到毁坏，于是国民政府财政部试图恢复战区各省银行以加强斗争。首先，财政部与河北省政府筹设河北省银行，以抵制日伪侵略。1939 年 8 月，河北省政府奉财政部令，筹设河北省银行（第二），核定资本总额 100 万元，先拨半数，计 50 万元，首先成立重庆分行，派武绍望负责，经多月筹备，于 1940 年 4 月 11 日开幕，采用总管理处制，总处业务由重庆分行代理。1940 年 4—5 月筹设洛阳、西安两办事处，7 月 1 日开幕。旋由河北省政府议决增拨资本 30 万。1942 年 4 月，总管理处移设洛阳，组织陆续扩大，设有总务、会计、出纳、稽核四课及金库组。1942 年冬奉财政部核准，设物资购销部。该行以事务简单，未设营业课与经济调查室。重庆分行亦奉财政部令改为办事处。1942 年底该行资本 100 万元中，由省库拨下 50 万元，其余 50 万元，决定由省库于半年内陆续拨足。该行为执行对敌伪货币战任务，发行有五角辅币券一种，1942 年 8 月发行额为 300 000 元，流通额为 240 000 元，库存券为 600 000 元。现金准备与保证准备依财政部规定全数缴足。1945 年抗战胜利，该行移设河北。至 1946 年 12 月底，资本总额为 100 万元，完全是官股。①需要指出的是，1944 年中原会战，该行总管理处在洛阳遭受重大损失，于是迁至西安。②

绥远平市官钱局包头以东各局被敌伪攫取后，仅剩五原与临河两分局在万难中艰苦支撑，1939 年绥远省政府转进河西，复奉令于陕坝成立总局，恢复办公，几经整顿，始具规模。由于原组织缺陷甚多，且为适合"抗战建国"需要，于 1940 年 7 月令改组为绥远省银行，于是拟具章程，呈绥远省政府委员会第 141 次会议修正通过，咨部核准备案。1941 年 1 月 1 日正式成立于绥远陕坝，设办事处于兰州、宁夏。该行资本总额 100 万元，实收 50 万元，由省政府出资。至 1942 年 6 月，已发行有辅币券 50 万元，流通绥西各县。该行于 1940 年筹备期间，奉准发行一元券及辅币券共 500 万元，已经印妥 2 308 600 元，考虑到该行创设伊始，资力薄弱，为维护信誉起见，未敢大规模发行，但为配合军事发展，在接近沦陷区域，增发省钞以广流通，借以抵制敌伪钞券。③

1940 年 7 月，江苏银行为谋恢复营业，与国民政府财政部筹商复业计划，决定由财政部与江苏省政府各筹集资金 300 万元，以为复业之用，两方资金先后拨足。然而由于江苏省战事关系，业务无法开展。1941 年 11 月 1 日设重庆办事处后，原在渝聚兴村设立之总行办事处即予取消，12 月 7 日太平洋战事发生后，即以重庆为总行，其总分支机构在 1941 年 12 月底仅重庆与上海两办事处。后上海公共租界被敌侵入，沪行环境恶劣，应付困难，业务即无形停顿。江苏省农民银行镇江总行对外停止营业后，对内主要在重庆黄桷垭

① 郭荣生编：《中国省银行史略》，沈云龙主编：《近代中国史料丛刊续编》第十九辑，台北：文海出版社，1975 年，第 96 页。

② 《河北省银行致财政部电》（1945 年 7 月 20 日），台湾"国史馆"藏财政部未刊档案，档号：018—273—2301。

③ 郭荣生编：《中国省银行史略》，沈云龙主编：《近代中国史料丛刊续编》第十九辑，台北：文海出版社，1975 年，第 29 页。

设总经理办公室，指挥行务。1942 年 2 月，开业之办事处已达 9 处，计为驻渝办事处、驻歙办事处、驻饶办事处（江西上饶，1940 年 6 月设）、驻金办事处（浙江金华，1941 年 4 月 15 日设）、驻屯办事处（安徽屯溪，1942 年 2 月设）、驻江南办事处、溧阳收购丝茧办事处、金华合作社农产运销处及苏北分行筹备处（淮安泾口镇，1942 年 1 月 2 日设），筹备中还有江南分行一处。可见，该行虽在困难情形下，其业务仍在努力推动。该行全面抗战前发行额为585 万元，战后在战区收购物资，又发行 1025 万元，共计为 1610 万元。山东民生银行在 1938 年冬，总行及各办事处账册撤退，集于重庆，加以整理，设山东民生银行整理委员会，拟予复业，以便协助战区金融。山西省银行，1938年春晋南吃紧后，即将省内各办事处一律停业，将总行迁至西安，与山西铁路银号合组办事处，并设分处于成都，后成都办事处被裁撤，在陕西宜川设总行，在西安设办事处，对外停止营业，主要任务是维持该行所发钞券之补找流通及破烂钞票之收毁。1942 年将总行移至山西吉县克难坡，重新规划，以图扩大营业。1943 年山西省政府决议，将铁路银号与山西省旧设绥西垦业银号并入，总行移设西安，恢复营业，并在晋西各县大宁、石楼、方山、孝义、离石、吉县及陕北之宜川等地设立办事处恢复营业。[①]

1938 年 11 月，福建省银行总行为避免敌军威胁，由福州迁至南平，旋又移至永安。次年改总行制为总管理处制，总管理处专负管理责任，并不直接营业。抗战以来，该行一些分支机构因战事影响而先后撤退，1938 年 6 月，金门金库迁移至南安，10 月厦门分行撤退至漳州，1939 年南日岛金库撤退至涵江。一些机构则照常营业，同时还新近增设了一些机构，至 1940 年 12 月底，有永安、福州、长汀、泉州、梅县 5 处分行，南平及建瓯支行，漳州、仙游、长乐、赛岐、福清、浦城、龙岩、涵江、沙县、上杭、香港、重庆、永春、赣州、温州 15 处办事处，宁德等分理处及分理处筹备处共 56 处，营业所 13 处，通讯处 1 个，共计 92 个单位。总分机构员生 800 余人。该行以福建省人民侨居南洋者居多，故自 1938 年起，即推行侨汇业务。1940 年 11月，又复成立侨务部，扩展对华侨之营业，特别置重于华侨汇款及投资方面。1941 年 1 月 19 日，筹设节约建国储金部。该行自成立后，即呈准发行辅币券，至 1939 年底，发行额达 2095 万余元；1940 年 4 月，又发行一元券，至 1941

---

① 郭荣生编：《中国省银行史略》，沈云龙主编：《近代中国史料丛刊续编》第十九辑，台北：文海出版社，1975 年，第 30—32、105 页。

年底，发行额为950万余元。[①]

全面抗战后，东中部诸沦陷区之省地方银行，除了将一部分机构留在战区继续开展业务外，同时又先后纷纷内迁，在陪都和大后方设立办事处，以加强与后方之金融联系。其中，在重庆设行处者，有江苏省农民银行、江苏银行、安徽地方银行、湖南省银行、湖北省银行、河北省银行、河南农工银行、陕西省银行、甘肃省银行、广东省银行、广西银行、福建省银行、云南省银行、西康省银行等14家。[②]另外，云南有广东省银行来滇设分支机构；贵州有湖南省银行、广东省银行在黔设分支机构[③]；陕西有山西银行、湖北省银行、河北省银行、河南农工银行、甘肃省银行、绥远省银行来陕设立分支机构[④]；甘肃、宁夏有绥远省银行设立分支机构[⑤]。

总之，全面抗战后，东中部地区的省地方银行虽然遭受到巨大损失，但随着战事的发展而不断搬迁，东中部的省地方银行仍然顽强坚持，在逆境中求生存、求发展。

第二节　全面抗战时期大后方省地方银行地位的提升

众所周知，全面抗战前，整个西南、西北的区域，现代银行业远远落后于东部地区。而战时，随着诸沦陷省份之省地方银行纷纷内迁至西南、西北地区，以及该地区本土省地方银行的发展，极大地增强了以这一地区为主体的大后方的现代银行业力量，改变了东西部现代银行分布的格局，因而极大地提升了战时大后方省地方银行的地位。

大后方省地方银行地位的提升，是伴随着战时国内金融中心发生的转移而实现的。自近代以来，上海一直是中国的金融中心，但这一地位在全面抗战开始后，则产生了巨大的变化。随着各类金融机构的大量内迁，尤其是以中央金融机构迁重庆为标志，上海失去了中国金融中心的显赫地位，重庆作为抗战的金融中心地位迅速形成，并不断增强。"政府鼓励于前，国家银行倡导于后，一般商业银行亦纷纷至内地设行，新成立者亦不少，致

① 徐学禹、丘汉平编著：《地方银行概论》，福州：福建省经济建设计划委员会，1941年，第83—84页。

② 张与九：《抗战以来四川之金融》，《四川经济季刊》1943年第1卷第1期，第68页。

③ 中国人民政治协商会议西南地区文史资料协作会议编：《抗战时期西南的金融》，重庆：西南师范大学出版社，1994年，第17—18、37—38页。

④ 陕西省政府统计室编：《陕西省统计资料汇刊》，1942年，第93页。

⑤ 重庆市档案馆编：《抗战时期大后方经济开发文献资料选编》（内部资料），2005年，第349页。

金融网遍布西南西北诸省，从前荒漠之地，今日新式金融机构到处可见。尤以四川境内设置最多，分布极广，大多数银行，皆将总行移于渝埠，重庆今日蔚为全国金融之中心。"[1] 表 3-3 中可见重庆在抗战中作为金融中心的显赫地位。

表 3-3 1945 年四川、重庆、上海银行分布比较表   单位：处

类别 地名	总计			中央及特许银行			省县地方银行			商业银行		
	共计	总行	分支行处	共计	总行	分支行处	共计	总行	分支行处	共计	总行	分支行处
四川（除重庆）	851	201	650	136	—	136	311	106	205	404	95	309
重庆	157	67	90	32	4	28	17	2	15	108	61	47
上海	43	9	34	4	—	4	13	2	11	26	7	19

资料来源：根据重庆市档案馆、重庆市人民银行金融研究所合编：《四联总处史料》（下），北京：档案出版社，1993 年，第 492 页笔者整理而成。

由表 3-3 可见，上海在 1945 年银行总分支行处数为 43 处，而重庆达 157 处，是上海的 3 倍多，尤其是战时国民政府"四行二局"的总行以及四联总处均移设于重庆，重庆俨然成了中国抗战金融的决策中心、政策中心、信息中心、资本中心、物流中心、监控中心，上海金融中心的地位无疑被重庆所取代。在此过程中，省地方银行汇集于新的金融中心——重庆为代表的大后方区域，其所能产生的作用与联系，自然就不单纯是金融与工商业之间的经济关系，或者是金融与地方政府财政之间的职能关系，而是事关"抗战建国"和民族兴衰存亡的国家命运，这种地位的陡然提升，显然是战前时期的省地方银行无可比拟的。

国内金融中心由上海向重庆的转移，也引起了全国金融重心由东部地区向西部地区的转移，扭转了自近代以来，西部地区的现代金融业远落后于东部地区的格局，从而也使得处于大后方区域内的省地方银行之地位的显著提升（表 3-4）。

表 3-4 1945 年 8 月大后方十省及整个后方的金融机构分布表   单位：处

类别 省份	总计			银行			银号和钱庄		
	共计	总机构	分支机构	共计	总行	分支	共计	总部	分支
四川省	1244	297	947	1136	215	921	108	82	26
西康省	57	8	49	56	7	49	1	1	—
广西省	74	2	72	74	2	72	—	—	—

---

① 张与九：《抗战以来四川之金融》，《四川经济季刊》1943 年第 1 卷 1 期，第 65 页。

续表

类别 省份	总计			银行			银号和钱庄		
	共计	总机构	分支机构	共计	总行	分支	共计	总部	分支
云南省	188	23	165	188	23	165	—	—	—
贵州省	123	10	113	121	8	113	2	2	—
小计	1686	340	1346	1575	255	1320	111	85	26
陕西省	281	122	159	217	59	158	64	63	1
甘肃省	151	9	142	145	3	142	6	6	—
青海省	4	—	4	4	—	4	—	—	—
宁夏省	18	1	17	18	1	17	—	—	—
新疆省	46	1	45	46	1	45	—	—	—
小计	500	133	367	430	64	366	70	69	1
合计	2186	473	1713	2005	319	1686	181	154	27
其他省	1039	148	890	1041	63	934	43	41	2
总计	3225	621	2603	3046	382	2620	224	195	29

资料来源：邓翰良：《十年来之商业》，谭熙鸿主编：《十年来之中国经济》（中），上海：中华书局，1948 年，第 L47 页。原资料的统计有一些错误，本表依据原资料的具体数据重新统计。表中的四川包含重庆。

表 3-4 显示，到 1945 年 8 月，四川、云南、广西、贵州、西康、陕西、甘肃、青海、宁夏、新疆、浙江、安徽、江西、湖北、湖南、福建、广东、河南、绥远等 19 省的银行和银号、钱庄等金融机构总机构达 621 家、分支机构 2603 处；而西南、西北十省（含重庆）的银行和银号、钱庄等金融机构总机构达 473 家，分支机构 1713 处，分别占总数的 76% 和 66%。其中，西南地区总机构和分支机构分别为 340 家、1346 处；西北地区总机构和分支机构分别为 133 家、367 处。

在全面抗战开始后，不仅外省地方银行大量内迁，而且大后方地区本土省地方银行也获得了长足的发展，从而使得大后方地区金融现代化的进程大为加速，这也极大地提升了大后方省地方银行的地位。具体情况如表 3-5、表 3-6 所示。

表 3-5　西南各省地方银行全面抗战前后分支行处表（截至 1945 年） 单位：处

省别 行名	四川省 （含重庆）		云南省		贵州省		广西省		西康省		总计	
	前	后	前	后	前	后	前	后	前	后	前	后
四川省银行	18	92									18	92
富滇新银行			11	31							11	31

续表

省别 \ 行别	四川省（含重庆）		云南省		贵州省		广西省		西康省		总计	
	前	后	前	后	前	后	前	后	前	后	前	后
贵州银行		1			13	1						15
广西银行							25	44			25	44
西康省银行		2		1						9		12
总计	18	95	11	32	13	25		45		9	54	194

资料来源：本表根据徐学禹、丘汉平编著：《地方银行概论》，福州：福建省经济建设设计划委员会，1941年，第78—80、87页；郭荣生编：《中国省地方银行概况》，重庆：五十年代出版社，1945年，第101—104、123页；沈雷春主编：《中国金融年鉴》（1947），上海：黎明书局，1947年，第A113—A114页整理而成。

注：表中未剔除已裁撤的银行。

表3-6　西北各省地方银行全面抗战前后分支行处表（截至1945年）　单位：处

省别 \ 行名	陕西省		甘肃省		宁夏省		新疆省		青海省		四川省（含重庆）		总计	
	前	后	前	后	前	后	前	后	前	后	前	后	前	后
陕北地方实业银行		7												7
陕西省银行	30	58										2	30	60
宁夏银行					6	5							6	5
甘肃省银行		1		72								1		74
新疆省银行							8	20					8	20
青海省银行										4				4
总计	30	66		72	6	5	8	20		4		3	44	170

资料来源：重庆市档案馆编：《抗战时期大后方经济开发文献资料选编》（内部资料），2005年，第347页；中国银行经济研究室编：《全国银行年鉴》（1937），上海：汉文正楷印书局，1937年，第A13页；沈雷春主编：《中国金融年鉴》（1947），上海：黎明书局，1947年，第A113—A114页。

注：表中未剔除已裁撤的银行。

　　由表3-5和表3-6可见，西南地区本土省地方银行，总行在全面抗战前仅3家，战时新增了西康省银行（1937年8月成立）和贵州银行（曾于1934年停业，1941年重新设立），达到5家，分支行处则由全面抗战前的54处，发展到全面抗战后的194处，战后为战前的约3.6倍。西北地区本土省地方银行，总行在战前仅为4处，战时新增了甘肃省银行（曾于1929年停业，1939年重新设立）和青海省银行，发展为6家，到抗战胜利前夕，分支行处全面抗战前为44处，战后发展为170处，战后为战前的约3.9倍。整个西南、西北地区本土省地方银行，总行从7家发展为11家，分支行处由98处发展到364

处，西南、西北两地区总行与分支行处总数，战后分别是战前的约 1.7 倍和 3.7 倍。西南、西北地区本土的省地方银行在各自地域范围内，基本上都开始形成了自己的金融网络，并作为现代金融机构发挥着传统金融机构无法企及的作用。

战时大后方省地方银行，因为融入大后方金融网的构建之中，地位显得愈发重要。为了充分发挥金融对经济的支撑作用，坚持大后方抗战，国民政府提出了构建大后方金融网的任务。1938 年 6 月在汉口召开了第一次地方金融会议，提出"增设内地金融机关，以完成金融网"。1939 年于重庆召开了第二次地方金融会议，确定"将中央所定财政金融方案，借地方金融机构广为传导"的方案。①可见，在大后方金融网的构建中，从一开始，如果说国家银行居于领导和骨干地位，那么省地方银行便被确定为大后方金融网体系中的基层银行的地位。它们首先要承担政府和国家银行所赋予的社会职责与义务，接受国家银行的领导、规范，贯彻战时政府的意志；同时又要从事一般银行的业务，为工商企业和个人需求提供资金支持。总之，"省地方银行之地位，实为推动地方金融之枢纽，所负责任至为重大……中央银行、中国银行、交通银行、中国农民银行四行，与省地方银行，应密切合作互助"②。全面抗战后，各省地方银行在克服巨大困难，积极组织内迁的同时，响应国民政府的号召，努力在大后方地区开设分支机构，投入政府主导下的大后方金融网的构建中，不仅实现了建立战时金融网络的任务，也有力地支持了抗战，为夺取抗战胜利做出了贡献。

表 3-7　省地方银行在西南、西北各省市设立数目表（截至 1942 年）

单位：处

省（市）别 行名	陕西省	甘肃省	青海省	宁夏省	西康省	贵州省	云南省	广西省	重庆市	四川省	总计
河南农工银行	1								1		2
山西铁路银行	1										1
陕西省银行	48	1								1	50
陕北地方实业银行	7										7
甘肃省银行		34									34
宁夏银行				5						2	7
四川省银行					3		1		3	88	95
重庆银行					3	1			4	17	26
西康省银行					12		1		1	1	15

① 沈雷春主编：《中国金融年鉴》（1947），上海：黎明书局，1947 年，第 A53 页。
② 孔祥熙：《第二次地方金融会议演词》，《财政评论》1939 年第 1 卷第 4 期，第 117—118 页。

续表

省（市）别 / 行名	陕西省	甘肃省	青海省	宁夏省	西康省	贵州省	云南省	广西省	重庆市	四川省	总计
湖南省银行						1		1	1		3
广东省银行						1	1	3	1		6
富滇新银行							18				18
广东银行							1				1
广西银行								60			60
四川建设银行										3	3
山西裕华银行										1	1
河北省银行										1	1
安徽地方银行										1	1
湖北省银行									1	2	3
福建省银行										1	1
江苏省农民银行										2	2
总计	57	35	0	5	18	3	23	64	21	111	337

资料来源：根据罗敦伟：《中国战时财政金融政策》，重庆：财政评论社，1944 年，第 78—82 页整理而成。

由表 3-7 可见，截至 1942 年，上述 21 家省地方银行中，在大后方地区设立机构总计 337 处，其中最多的为四川省银行，达 95 处；其次为广西银行，达 60 处；再次为陕西省银行，达 50 处。设立机构最少者有山西铁路银行、广东银行、山西裕华银行、河北省银行、安徽地方银行、福建省银行，都是 1 处。从分布地域来看，四川省拥有行处机构最多，达 111 处（不含重庆，重庆为 21 处）；其次为广西省，达 64 处；再次为陕西省，达 57 处；最少是青海省，为 0 处。

1942 年以后，随着西南、西北金融网的初步建立，以及经历国家银行专业化和全国财税系统改革之后，省地方银行的发展虽然受到一些影响，其快速发展的脚步开始放缓，但仍没有停止，到 1945 年抗战胜利前夕，西南、西北大后方的省地方银行的发展情况，如表 3-8 所示。

表 3-8　省地方银行在西南、西北设立数目表（截至 1945 年抗战胜利前夕）

单位：处

省（市）别 / 行名	共计	四川省	重庆市	西康省	贵州省	云南省	广西省	陕西省	甘肃省	宁夏省	青海省	新疆省
四川省银行	92	87	5									
甘肃省银行	74		1	0	0	0	0	1	72	0	0	

续表

省（市）别 行名	共计	四川省	重庆市	西康省	贵州省	云南省	广西省	陕西省	甘肃省	宁夏省	青海省	新疆省
安徽地方银行	1		1									
江西裕民银行	1		1									
江苏银行	2		2									
江苏省农民银行	3		3									
西康省银行	12	1	1	9			1					
河北省银行	2	1						1				
河南农工银行	4	1	1					2				
青海省银行	4										4	
浙江地方银行	1		1									
陕西省银行	60	1	1					58				
贵州银行	15		1		13		1					
湖北省银行	3	2	1									
湖南省银行	6					1	4					
富滇新银行	31					31						
宁夏银行	5									5		
绥远省银行	4								1	1	2	
新疆商业银行	20											20
福建省银行	1						1					
广西银行	44						44					
广东省银行	6		1			1	1	3				
总计	391	93	22	9	15	33	53	63	73	7	4	20

资料来源：沈雷春主编：《中国金融年鉴》（1947），上海：黎明书局，1947年，第A113—A114页。

注：表中并未剔除已裁撤之分支行处；总行不计在内。

由表3-8可知，到1945年抗战胜利前夕，有22家省地方银行在西南、西北设立分支行，共391处，比1942年的337处有显著增长，其中仍以四川省银行最多，计92处；其次为甘肃省银行，计74处；再次为陕西省银行，计60处。以分布之地域言，仍是四川省最多，计93处（不含重庆，重庆为22处）；其次为甘肃省，计73处；再次为陕西省，计63处；最少为青海省，仅4处而已。抗战时期，在四川的省银行行数之所以始终稳居首位，是因为其是国民政府确定的抗战大后方的中心区域。1935年10月，国民政府就决定将战时国家的最后根据地定在以四川为中心的西南地区，之后就开始了对该地区的开发和建设，全面抗战开始，一切人力、物力资源更是纷纷汇聚于西南地区。1938 年，经济部在其拟定的《西南和西北工业建设计划》中，就明确指出战时工业建设的区域"以四川、云南、贵州、湘西为主，以西康、青海、甘肃、广西、陕西为补"①。

国民政府将抗战大后方定在以四川为中心的西南、西北地区的战略，极大地扭转了自近代以来西部地区现代银行业远落后于东部地区的格局，不仅使西部地区现代银行业有了突飞猛进的发展，而且也提高了该地区省银行的地位，使其成为构成大后方金融网的重要组成部分。就大后方十省一市（即川、滇、黔、桂、康、陕、甘、宁、青、新省和重庆市）来看，其银行之总分支行总数，在战前为 285 处；截至 1943 年，战前已设立者裁并 59 处，仅存 226 处，战后增设 912 处，总数为 1138 处，统属于 162 家银行，较战前约增加 3 倍。其中由中央银行、中国银行、交通银行、中国农民银行四行设立者有 340 处，约占行处总数的 30%；各省省地方银行设立 360 处，约占行处总数的 32%；此外，商业银行与十省以外之其他省地方银行及县银行设立者共 438 所，约占总数的 38%。②

大后方地区省地方银行的发展，不仅表现在机构上、数量上的快速增加，而且在资本实力上也有较大扩充。全面抗战后，特别是 1938 年与 1939 年汉、渝两次地方金融会议后，明确规定：以抢购物资抵制敌伪经济侵略；投资农工生产，扶助地方经济建设；完成各县市金融网活泼地方金融等项，为省银行之重要任务。随着这些新兴业务的增多，各省地方银行已不专属于一般普通银行性质，而具有了扶助地方经济建设及配合中央财政经济政举的特殊使命，为抗战的最后胜利做出了贡献。

第三节　全面抗战时期大后方省地方银行发展演变的特点分析

与全面抗战前相比，全面抗战时大后方的省地方银行是处于大规模战争的特殊背景下而发展演变的，因此必然带有与此背景相联系的鲜明的时代特点，总结起来，主要表现在以下几方面。

---

① 重庆市档案馆编：《抗战时期大后方经济开发文献资料选编》（内部资料），2005 年，第 10 页。
② 中国通商银行编：《五十年来之中国经济》，上海：上海六联印刷股份有限公司，1947 年，第46 页。

一、时代需要，应运而兴

全面抗战开始后，各省地方银行都被迫陷入了残酷的大规模战争之中，战争带来的冲击与影响是巨大而深远的。战区各省地方银行因此而遭到战争的摧残，或人、财物被战火吞噬，或市场不复存在，或经营难以为继。即或是战区以外的省地方银行，战争初期也由此而陷入困境，战争所造成的局势动荡、人心惶恐、秩序混乱，也使得战区以外的各省地方银行饱受困扰而濒临绝境。生死攸关之际，幸赖国共合作达成，不屈的中国人民在国共两党的共同领导下，奋起抵抗，开始了波澜壮阔的全民族抗战。中国人民一面在日寇进攻下拼死抵抗，一面在中国广袤的西南、西北地区，建立起以重庆为首都、以四川为中心的抗战大后方（主要区域是十省一市）。

正是因为有了全民族抗战局面的形成，特别是抗战大后方的建立，才有了战时省地方银行的快速发展。全面抗战前西部地区银行是极其落后的，就抗战大后方的川、康、滇、黔、陕、甘、宁、青、桂等省以及重庆市，这九省一市而论，在战前所拥有银行总分支行，不过254处，仅占全国总数的14.8%，除四川省外，其余九省市银行分布较少，但仅仅到全面抗战开始后的第四个年头，即1941年8月止，这九省一市中陆续新设的银行总分支行计有543处，除旧有的裁并33处外，新旧合计共有764处，为战前规模之三倍。①

据调查，全面抗战前夕，全国共有银行164家，其中省地方银行共23家，约占全国银行总数的14%；全国银行分支行共1627处，省地方银行分支行共487处，约占全国总数的30%。资本方面，1937年全国银行业实收资本约43 000万元，省地方银行实收资本合计约7500万元，约占全国银行资本总额的17.4%。②

战时省地方银行的快速发展，不只是东部地区省地方银行大量内迁之故，更深层的原因还在于大后方地区抗战经济发展的需要。以工业而论，前述的九省和未曾列入大后方范围的湖南省，这十省在战前所有的新式工厂，仅占全国总数的8%，发电度数仅及全国总数的2%，而工业用电则为全国总数的0.45%，均微不足道。但政府西迁后，后方的经济发展有一日千里之势，至1944年，工厂总数已较战前增加15倍，资本总额增加72倍，动力设备增加5倍，技术人数增加7倍，工业发展的速度是很明显的。再以商业而论，在国际通路畅通之时，后方各县的进出口贸易都较战前大为增加，国内贸易则后方各

---

① 寿进文：《战时中国的银行业》，出版社不详，1944年，第60—61页。
② 傅兆荣：《国家银行专业化后之省地方银行》，《财政知识》1942年第2卷第1期，第27页。

地市场上无论工业品、农产品、手工业品，其交易数量之巨大均非战前所能企及，后方各大都市商业的繁盛且远在工业之上，至于后方各省的交通较前便利，人口较前增加，则更是有目共睹的。所以，战时后方各省地方银行业的发达是有它的根据的，大后方之一跃而为金融网密布的区域，自然是因为大后方在战时成为抗战的支点和经济重心之故。[①]因此，全面抗战时期是省地方银行的飞跃发展时期[②]，而这种发展与演变，主要是抗战大背景下时代的需要，是中国人民坚持抗战到底，争取民族解放斗争的产物。尽管这一时期省地方银行的繁荣也与通货膨胀和不正常的商业景气有一定的关系[③]，但毕竟不是主要的。

二、政策支持，政府主导

全面抗战以前，国民政府就已开始对经济进行一些规划，总的政策方向就是以建立统制经济为目标。1935 年 12 月 4 日，国民党五届一中全会通过的《确定国民经济建设实施计划大纲案》指出：“农业衰落，商市凋零，旧有手工业，即已日就崩溃，新兴民族资本，亦复遭摧毁，国民经济之生机，已濒灭绝……设战事一旦爆发，海洋交通隔绝，外货来源阻断，举凡吾人平日衣食住行之所需，将立成极度之恐慌……本党政府，处此险恶环境之下，秉艰苦之警声，为生存而奋斗应速具勇往果断之决心，采取最进步最有效之方式，迅作适当之准备，调整原有生产组织，统制社会经济行动……虽暴力压境，而吾国民经济有恒久持续之能力，社会组织无土崩瓦解之危机，此实为目前救亡图存之根本大计。”[④]由此可见，国民政府全面抗战前就开始制定以抗战为中心的经济规划，目标是在战时建立起“统制社会经济”的体制，以区别于以往以恢复国民经济、振兴实业为目的之方案。1937 年 2 月 16 日，国民党第五届中央执行委员会第三次全体会议通过《中国经济建设方案》。该方案目标是在 5 年以内完成各种必要经济建设。为国计民生树立健全、坚实的基础，使全国能够集中力量，一致努力方向，充实国防需要，提高民众生活。政策中心围绕建立计划经济，即政府根据需要，将国家经济如生产、交易、分配、消费等方面制定精密计划，作为一切经济建设的方针，在政策指导下，通过

① 寿进文：《战时中国的银行业》，出版社不详，1944 年，第 61 页。
② 陈寿琦：《论地方银行之将来》，《四川经济季刊》1943 年第 1 卷第 1 期，第 275 页。
③ 陈寿琦：《论地方银行之将来》，《四川经济季刊》1943 年第 1 卷第 1 期，第 276 页。
④ 《确定国民经济建设实施计划大纲案》，周开庆主编：《经济问题资料汇编》，台北：华文书局，1967 年，第 42 页。

国家分配，提高生产效率。

《中国经济建设方案》中，在金融方面，是通过划分银行功能，建立金融的统制体制。中央银行为全国金融中枢，代理国库职责，统一钞权，集中准备，不经营普通商业银行业务；中国银行以调剂国外贸易为职责；交通银行以发展国内交通与实业为职责；中国农民银行以调剂农业金融为职责；农村合作银行为农村合作社之总金库机关；各省市银行主要是省市收支金库，其次为发展地方实业；其他商业银行，概由民营，唯政府有监督之权，期望各级银行分工合作，调剂全国金融。①可见，建立金融统制体制是战时金融政策的核心，而省地方银行是这一体制中的重要一环，并且"主要是省市收支金库，其次为发展地方实业"，这也就为战时省地方银行的发展方向与地位定下了基调。

全面抗战伊始，国民政府就正式确定了金融统制政策。1938 年 4 月 1 日，国民政府召开临时全国代表大会。通过《抗战建国纲领》，经济上主张以军事为中心，同时改善人民生活水平，实行计划经济，奖励海内外人民投资。全力发展农村经济，树立重工业基础，鼓励轻工业经营，并发展各地手工业。推行战时税制，改革财务行政，统制银行业务，调整工商业活动。巩固法币，统制外汇，管理进出口货物，安定金融等。②这里所提出的"实行计划经济""统制银行业务"表明了金融统制政策的正式确立。

如何实现金融统制？除了前述明确划分各类银行之功能外，在战时的一个重大措施便是建立大后方金融网。如前所述，自 1938 年 6 月汉口召开的第一次地方金融会议提出"增设内地金融机关，以完成金融网"的任务后，次年于重庆召开第二次地方金融会议，便确定"将中央所定财政金融方案，借地方金融机构广为传导"的思路。构建大后方金融网成为实现战时统制经济的重要支撑，省地方银行在其中则被赋予了"传导中央所定财政金融方案"的使命。

基于迅速建立大后方金融网的目标和部署，在国民政府的主导、推动下，大力发展省地方银行便作为金融网建设计划的重要一环而实施开来。1938 年 8 月，国民政府拟订《筹设西南、西北及邻近战区金融网二年计划》，1940 年 3 月增订《第二第三期筹设西南西北金融网计划》提出，凡与军事、政治、交

---

① 《中国经济建设方案》，周开庆主编：《经济问题资料汇编》，台北：华文书局，1967 年，第 52 页。
② 《抗战建国纲领议案》，浙江省中共党史学会编印：《中国国民党历次会议宣言决议案汇编》，出版时间不详，第 339 页。

通及货物集散有关，以及人口众多之地，中央银行、中国银行、交通银行、中国农民银行四行至少应筹设一行，以应需要。至于偏僻之地，四行在短期内或不能顾及，则由各省银行设立分支处，以一地至少一行为原则。[①]以使省与中央之间，省与省之间，构成全国整个健全的金融网机构，结为一体，"呼吸相通"。[②]

三、构成体系，形成网络

推动省地方银行的发展，是国民政府战时金融统制体系的重要组成部分，是构建大后方金融网的重要一环。因此，与全面抗战前明显不同的是，大后方省地方银行的布局，并非地方省政府自身的主观意志，而是纳入了上述金融统制体系和网络构建的框架，由国民政府统一计划和推动实施的，并且形成了大体贯彻其意志的金融统制体系与网络。

从战时金融统制体系来看，省地方银行是这个体系中的基础。早在战前，国民政府就开始了建立金融垄断体系的努力，并建立起以"四行二局"为中心的金融体系，金融垄断体系由此初具规模，但在国民政府看来，无论是其垄断的程度，还是其体系的完备程度，都还远远不够。于是"八一三事变"后，财政部函令中央银行、中国银行、交通银行、中国农民银行四行成立四行联合办事总处。1939 年 9 月 8 日，又颁布《战时健全中央金融机构办法》，并依此改组了四行联合办事总处，1939 年 10 月 1 日，改组后的四行联合办事总处宣告正式成立。总处设理事会，理事会设主席，由中国农民银行理事长蒋介石兼任。[③]"财政部授权联合总处理事会主席，在非常时期内，对中央银行、中国银行、交通银行、中国农民银行四银行可为便宜之措施，并代行其职权。"[④]四联总处的成立，标志着所有国内金融资本臣服于国家垄断金融资本脚下的时代从此开始了。

至此，国民政府利用全面抗战之机，以实施战时统制经济的需要为名，毫不犹豫地全力推进了金融垄断体系的步伐，彻底建立起了战时金融统制体系。其中，国家银行居于领导和骨干地位，其他机构都处于不同的从属地位，国家银行凭借其法定地位和政权力量，树立了在金融业中的统治地位，并发

---

① 沈雷春主编：《中国金融年鉴》（1947），上海：黎明书局，1947 年，第 A111 页。
② 孔祥熙：《第二次地方金融会议演词》，《财政评论》1939 年第 1 卷第 4 期，第 118 页。
③ 沈雷春主编：《中国金融年鉴》（1947），上海：黎明书局，1947 年，第 A48 页。
④ 中国第二历史档案馆编：《中华民国史档案资料汇编》第五辑第二编：财政经济（四），南京：江苏古籍出版社，1997 年，第 470 页。

挥着主导作用；各级地方银行是金融垄断体系的基础，它们接受国家银行的领导、规范，既从事一般银行业务，又承担政府和国家银行所赋予的社会职责与义务，与国家银行一道贯彻着战时政府的意图，"省地方银行之地位，实为推动地方金融之枢纽，所负责任至为重大……中央银行、中国银行、交通银行、中国农民银行四行，与省地方银行，应密切合作互助"[①]；商业银行、票号、钱庄等金融机构是这个体系中的重要补充，战时经济的扩充和对资金的需求，促进了商业银行的繁荣，不过，商业银行仍是国家资本的配角，并且国家资本也利用战时金融统制，大大强化了对商业银行、钱庄的控制。

从大后方金融网络来看，省地方银行是这个网络中的一个重要层级和节点。大后方地区囊括十省一市，虽区域广大，但差异显著，因各地区不同的地位与作用，构成了大后方金融网络中相应的层级，而处在不同层级上的金融机构就随之体现出在作用上与影响上的差别。各层级的作用和影响的大小，取决于该层级位置的高低及辐射半径的长短，各金融机构之间的地位和关系，既取决于行政隶属关系，亦受制于所处层级的高低。

从大后方金融网络的区域层级而论，可分为四级。首先，重庆是整个大后方金融网络的核心，举凡金融网络中方针政策的制定，制度的确立，信息的发布，资本的汇聚、分配，经营活动的监督等重大事项，均由此产生。因此，它是整个网络的决策中心、政策中心、信息中心、资本中心、物流中心、监控中心。重庆的这一地位，使得不仅四联总处和"四行二局"的总行处设于此地，而且战时内迁来大后方的省地方银行也均把总行处设于重庆，即或是总行处本不设于重庆者，也纷纷在渝设分支行处，因此，重庆成为战时大后方省地方银行机构设置最多的城市。其次，各省会城市是仅次于重庆的大后方金融网络中的二级节点，也是其的次级核心，并形成了连通本省和周边区域的金融圈，主导金融圈内的金融活动，沟通与圈外的联系；省会城市的这一地位，使得省地方银行，在只要省会没有陷于敌手或面临重大危险的情况下，均是将总行处设于省会，同时，省会也往往成为"四行二局"或其他省外的地方银行所设立分支行处或办事处的首选地。再次，各县级城市是大后方金融网络中的三级节点，以此构成该区域内的小金融圈，也是整个大后方金融网络的基本支撑点；县级城市由于其地位与影响力所限，除本县的县银行外，则一般很难吸引"四行二局"

---

① 孔祥熙：《第二次地方金融会议演词》，《财政评论》1939 年第 1 卷第 4 期，第 117—118 页。

设立分支机构，至多在一些较大的或重要的县级城市会有省地方银行的分支机构银行。而县以下的乡镇，则构成大后方金融网络的四级节点，它是整个大后方金融网络的"毛细血管"，是其赖以存在的"土壤"；此处的银行机构也只能是县银行的分支机构了。总之，抗战中大后方的各级、各类金融机构和各地区金融事业都获得了前所未有的普遍的发展，并建立起了以重庆为核心的体系完整、层级分明、纵横连通、覆盖广泛的大后方金融网络。其中，省地方银行则是构成此金融网络的金融机构中的一类，它是构成大后方金融网络不可或缺的一个重要部分，它一方面自成系统，与国家银行、县银行、商业银行、保险公司，以及钱庄等金融机构相对独立；另一方面又存在着与其他各类金融机构的各种千丝万缕的联系，共同构成大后方金融网络。

由于大后方各省的历史条件不同，社会经济发展水平也存在着差异。因此，不同地区、不同层级的金融机构的发展呈现出很大的不平衡性。从地区差异来看，截至 1943 年，大后方各省市共辖 739 县市，彼时设有银行之总分行处 1138 处，分布于 374 县市，此 374 县市，平均一地有 3 家银行，而未设立银行者，尚有 365 县，占西南、西北县市总数之半。其中一地仅 1 家银行者，共 201 县市，约占总地区（374 县市）的 54%，此 54%地区内之分支行，仅占行处总数（1138 处）的 18%。其余 173 县市，平均一地有银行 4—5 家，此 173 县市占县市总数的 46%，而所有分支行处竟占总数的 82%。再就各省比例言，四川一省之分支行处，占总数的 1/3，若连同重庆市之 119 处计入，则为 533 处，几占行处总数之半；而青海省仅 3 处，宁夏省仅 15 处，西康省仅 39 处，与四川省相较，相差颇为悬殊。[①]如果以银行机构来代表金融网络节点的话，其分布态势，总体是明显偏重于政治重心地区及都市，此类地区的节点分布自然较密；反之，则较为稀疏。当然，因为处于战争年代，金融节点的分布还与工商业相对发达的程度及军事战略地位等因素有关系，并且居于中心地位的金融节点往往控制或垄断着处于次级中心地位的金融节点。战时省地方银行基于上述因素而呈现出的分布基本态势可详见表 3-7 与表 3-8。

就省地方银行总行的分布区域而言，截至 1942 年，除江苏省有 2 家外，其余每省为 1 家，分布于 22 个省区，尚称普遍。此时大后方各省区中，青海

---

① 中国通商银行编：《五十年来之中国经济》，上海：上海六联印刷股份有限公司，1947 年，第 46 页。

省、西藏省尚无省银行。然而，从省地方银行机构分布的省份来看，四川省拥有行处机构最多，达 111 处（不含重庆，重庆为 21 处）；其次为广西省，达 64 处；再次为陕西省，达 57 处，以下依次为甘肃省 35 处，云南省23 处，重庆市 21 处，西康省 18 处，宁夏省 5 处，贵州省 3 处。从拥有省地方银行总行数量的地区来看，重庆市最多，达 13 家；其次为四川省和云南省，均为 6 家；再次为陕西省，拥有 4 家，以下为西康省、广西省、贵州省均为 3 家，甘肃省为 2 家，宁夏省为 1 家。此种分布情况，清楚地体现了大后方金融网络中，由于地区的差异，形成了如前所述的金融网络层级和节点的不同。[①]

四、同行联系增强，政府监管更严[②]

战时金融统制和大后方金融网络的建立，进一步增强了省地方银行间的联系与业务合作。近代中国各省银行，在相当长的时间里主要都是各自为政，省银行间之发生相互联系，则为时较晚，最初仅限于通汇。1936 年 11 月间，浙江地方银行总经理徐恩培、江西裕民银行副经理钱成新、安徽地方银行行长程振基等，有发动集团组织，构成省际金融网之计划。此计划的第一步为各省银行或地方银行普遍互通汇兑。第二步为各省银行或地方银行互兑辅币券，使各省经济金融得以沟通。浙江地方银行与江西裕民银行，首先订立两省银行互通汇兑及互兑辅币券合约，于 1937 年 1 月实行。此后东南各省地方银行，莫不与其邻省之地方银行互相订立通汇合约。1937 年 3 月，苏、浙、皖、赣四省地方银行在镇江举行四省金融会议。9 月间之庐山金融会议，豫、鄂、闽三省亦相继参加，曾议决设立七省联合物产运销处，因国民党军队西撤，未能实现。[③]

1938 年 6 月及 1939 年 3 月财政部召开的两次地方金融会议，加强了省银行间之相互联系，特别是第二次地方金融会议，关于省立银行之机构，决定各行应在省内每县设立分支行一处；各行应一律设置信托机构。关于互相联系，议决各行对汇兑、代兑、生产投资等，应订约合作。于是，抗战时期，各省银行继续营业之分支机构不断扩大，从表 3-9 即可以窥其大略。

---

① 罗敦伟：《中国战时财政金融政策》，重庆：财政评论社，1944 年，第 78—82 页。
② 有关政府对省地方银行的监管部分，详见第二章的相关内容，为避免重复，在此不作详细阐述。
③ 徐学禹、丘汉平编著：《地方银行概论》，福州：福建省经济建设计划委员会，1941 年，第144 页。

表3-9　抗战时期各省地方银行分支行处调查统计表　　　单位：处

行名	分行	支行	办事处	分理处或相似机关	总计	调查之日期
浙江地方银行	11	1	59	4	75	1939年11月
江西裕民银行	4		65		69	1940年1月10日
河南农工银行	4		9	9	22	1939年12月24日
江苏省农民银行	1	1	3	1	6	1940年1月
湖北省银行		4	14	2	20	1940年1月20日
湖南省银行	3		13	34	50	1940年1月31日
陕西省银行	分行办事处共30余处					1940年1月15日
广东省银行	2	15	53	14	84	1940年3月9日
广西银行	6		26		32	1940年1月15日
富滇新银行	13		30余			1939年4月10日
四川省银行	3		85		88	1940年3月20日
福建省银行	5	1	15	69	90	1940年10月15日
安徽地方银行	1		16		17	1939年3月25日
广西农民银行	3		12		15	1939年11月14日
西康省银行			9		9	1940年1月23日
甘肃省银行	7		21	3	31	1939年12月30日

资料来源：徐学禹、丘汉平编著：《地方银行概论》，福州：福建省经济建设计划委员会，1941年，第101—102页。

相邻省地方银行，如何处置省钞之间相互流用，一直是有待解决的问题，随着战时省地方银行间联系的加强，促进了此问题的解决。陕甘两省，疆域毗连，商业经济关系十分密切，双方发行之省钞，不免相互流用。甘肃省银行即依据第二次地方金融会议议决案"关于各省银行或地方银行发行之元券辅币券，流入他省，应由原发行省行酌拨基金，委托他省行代为收兑。按月结算一次，彼此抵清"之规定原则，拟定《陕西、甘肃省银行（以下简称甲方、乙方）委托互兑省券办法》五项，并附本行发行流通券之样本数份，函请陕西省银行核办。旋得该行同意，附来样本券30份，遂于1939年10月正式立约，分饬各行处遵照办理，以资协助。[①]

省地方银行纳入战时金融统制体系后，与国民政府关系更加密切，因而受到中央和地方政府更强有力的监管，与此同时，也得到中央政府和地方政府在一些方面更有力的支持。

---

① 甘肃省银行编：《一年来之甘肃省银行》，兰州：俊华印书馆，1939年，第13—14页。

（1）政府加强了人事控制。通常情况下，各省地方银行的建立都是在省政府的直接领导和控制下建立起来的，其机构建立与人员的任命都直接受省政府的控制。在全面抗战前的各省地方银行建设中就普遍存在。例如，1931年王澂莹在出任浙江地方银行的董事长时，还代理着浙江省财政厅厅长（厅长周骏彦未到任）。总经理徐恩培曾出任中央银行杭州分行副经理。当1935年1月王澂莹调任时，国民政府又另派朱孔阳担任该行董事长，并增加中央银行副总裁陈行、中央信托局局长叶琢堂等为董事。1941年出任浙江地方银行董事长的徐桴，曾出任过国民政府财政部全国卷烟统税局局长、福建省政府委员兼财政厅厅长、上海特别市财政局局长兼土地局局长。全面抗战后，为贯彻政府的意志，其对省地方银行人事权的控制更是有增无减，甚至有的银行董事会成员全是政府官员，从甘肃省银行1939年6月改组建立时的人员情况即可见一斑：董事长梁敬锌，为甘肃省财政厅厅长；常务董事2人，水梓曾任甘肃省教育厅厅长，当时任甘肃省政府顾问，谢元方任财政部贸易委员会西北办事处主任；董事4人，张维任甘肃省临时参政会议长，贾继英任中央银行兰州分行经理，顾祖德任中国农民银行兰州分行经理，郑恩卿任中国银行兰州分行经理；监察人3人，施奎龄任甘肃省民政厅厅长，李世军任甘肃省建设厅厅长，裴建準任甘肃省政府顾问。[①]从上述甘肃省银行董、监事人员的构成中可以清楚地看到，除了董事中有三位银行经理外，作为该行董事长和常务董事、董事、监察人，主要由省级政府官员兼任，而这三位银行经理还都是中央银行、中国农民银行及中国银行三大国家银行在兰州所设分行的经理，也可以算是中央政府的代表。由此可见，政府基本掌控了战时大后方建立的省级地方银行。

强化政府对省银行的控制权在抗战即将结束的时候还得到了法律的进一步肯定。1944年9月，由国民政府行政院院会通过的《省银行规则》规定，由于省银行已随财政收支系统之改变成为国有之事业，其董事、监察人等自应由财政部令派，并分别指定董事长、常驻监察人及总经理，以利业务之进行。但为顾全事实，并使省银行与省政府联系起见，仍准由省政府就董监名额保荐1/2，唯董监人数均为单数，故规定省银行设董事7—13人，由财政部遴选4—7人，省政府保荐3—6人；监察人3—7人，由财政部遴选2—4人，省政府保荐1—2人，均由部令派，如参有商股者，则商股部分依照特种股份

---

① 甘肃省银行编：《一年来之甘肃省银行》，兰州：俊华印书馆，1939年，第13—14页。

有限公司条例之规定，按照比例由商股自行推选。①这一规定，在抗战结束后所颁布的《省银行条例》中得到了进一步的肯定。

（2）加强对省地方银行业务活动的监管。政府通过制定各种规章制度、颁布条例命令等，规范和领导省地方银行的业务活动。省地方银行既是从事一般商业银行业务的普通银行，又是承担、维护政府所赋予的社会职责和公共利益的特种银行。因此，政府对省地方银行既要通过规定和颁行对所有银行而言都适用的法律、法规等来实施管理，又要通过制定、颁行只适用于省地方银行的法律、法规、章程、命令等来进行管理。全面抗战前，中国各届政府一直没能制定出一部有关省地方银行的专门法，而只是依据一些普通银行的法则来管理省地方银行。如1924年北京政府财政部制定颁布的《银行通行法》、1929年南京国民政府颁布的《财政部呈送银行注册章程》等、1935年3月国民政府颁布了《设立省银行或地方银行及领用或发行兑换券暂行办法》，该办法算是针对省地方银行的一部法律，但主要是涉及注册和发行领域的法规。抗战时期，国民政府颁布了《财政部非常时期管理银行暂行办法》《国民政府公布之修正非常时期管理银行暂行办法》《改善地方金融机构办法纲要》《省银行或地方银行印制辅币券暂行规则》《中央银行接收省钞办法》《省银行规则》等，为国民政府监管省地方银行提供了法律依据。直到1948年，国民政府制定公布了《省银行条例》，至此，省地方银行才有了第一部综合性的专门法。战时，国民政府对省地方银行的监管显然较战前得到了进一步的加强，其重大的监管领域主要表现在以下几方面。

第一，对战时省钞发行的管理。长期以来，省地方银行滥发钞票，祸国殃民，而历届政府均难以对其进行有效的监管。1935年3月，国民政府颁布《设立省银行或地方银行及领用或发行兑换券暂行办法》，此为管理省地方银行之第一个法规。其要点：①设立银行应呈请财政部注册；②中央银行印发一元及一元以上之省市暗记兑换券，标明某省字样，以备各省银行或地方银行领用；③省银行或地方银行领用中央银行暗记兑换券，除原有发行权系经中央核准仍得继续发行外，其已发行之兑换券限于六个月内全数收回撤销；④省银行或地方银行为调剂农村金融起见，暂准发行辅币券，发行应呈财政部核定。可见，此时省地方银行发行钞票权并未完全取消，不过，自1935年11月实施法币改革，发行权集中于中央银行、中国银行、交通银行、中国农

---

① 沈长泰：《调整省银行之意义及其实施办法》，《金融季刊》1944年第1卷第1期，第51页。

民银行四行后，各省银行已不能发行一元以上之兑换券。①然而抗战军兴，国民政府为抵制敌伪经济侵略，防止其利用敌伪钞券，吸收法币，套我外汇，亦拟在沦陷区域推行省钞，以代法币之行使。1938 年 4 月 29 日，由财政部公布施行《改善地方金融机构办法纲要》，其中规定，各地方金融机关增办农工矿各项贴放业务，需要资金时，得向中央银行、中国银行、交通银行、中国农民银行四行领用一元券及辅币券。②1939 年 1 月 28 日，国民党五届五中全会通过《调剂地方金融办法案》，在战区省份，金融办法里即明确规定："凡属战区省份之省银行或地方银行原发有钞券或辅币券者，照原版酌为增印，仍交由四行中之一行保管，如无四行地方，由当地政府及商会银钱业公会共同组织委员会保管，由原发行照交准备领用，如四行在该省有需用时，亦得照交准备借领发行，以维持市面之流通。仍由财部切实监查，以杜滥发，而保信用。"③1939 年 3 月，第三次地方金融会议时又进一步议定：战区省地方银行有发行一元券或辅币券之必要者，需拟具运用计划暨发行数目，呈请财政部核准发行，以应战地需要，其行使范围仅限于战区，不得在后方行用。印刷则由中央信托局统一办理。嗣为加强该项省钞信用，进而筹拟统一管理办法，以利实施。④之后，财政部酌察实际情形，并会同有关机关商讨后，制定《管理各省省银行或地方银行发行一元券及辅币券办法》（15 条），于 1940 年 5 月 11 日公布施行。该办法规定，各省省银行或地方银行钞券，以在本省流通为限，呈经核准印制之钞券，应由财政部交由中央信托局代印（如必须就地印制者，应呈准财政部，另由中央信托局派员监印）。1940 年 9 月，财政部内部规定办法，为供给各省军政需要暨收购物资起见，将五元、十元省钞委托中央信托局统筹印制，并拟定各省区印制数目为 16 亿元，按五元、十元三七搭配。由于西北法币存底稀薄，为供应该区军需，1941 年 3 月间，中央信托局将陕西省银行拟印数目先行印制 5000 万元，以便代替法币行使。由于在川军政费用以及收购粮食需款甚巨，为节省法币发行，将原案未列入之四川省银行加印五元、十元钞券两亿元仍按三七搭配增列。在印制方面规定：①原表所列陕西 3 亿元、甘肃 1 亿元、河南 1.5 亿元，共计 5.5 亿元，由中央

---

① 陈寿琦：《论地方银行之将来》，《四川经济季刊》1943 年第 1 卷第 1 期，第 277 页。
② 邹宗伊：《中国战时金融管制》，重庆：财政评论社，1943 年，第 85 页。
③ 重庆市档案馆、重庆师范大学合编：《中华民国战时首都档案文献·战时金融》，重庆：重庆出版社，2008 年，第 9 页。
④ 郭荣生编：《中国省银行史略》，沈云龙主编：《近代中国史料丛刊续编》第十九辑，台北：文海出版社，1975 年，第 198 页。

信托局印制处印制。②原表所列浙江 1 亿元、福建 1 亿元、江西 1.5 亿元、湖南 1.5 亿元、广东 1.5 亿元、安徽 1 亿元、广西 1.5 亿元、湖北 1.5 亿元，连同新增四川 2 亿元，共计 12.5 亿元，交由中华书局、商务印书馆、大东书局分任印制。③中央信托局印制处承印部分应自本案核定之日即日开印，中华书局承印部分由财政部会同中央信托局克日与各局馆订约办理。④全部印价由财政部担任。关于发行准备，财政部规定：①五元、十元省钞，十足准备，内分现金准备六成、保证准备四成，现金准备以金银外汇法币及具有确实保证之短期票据充之，保证准备以中央公债充之。②五元、十元省钞及其准备之保管事宜，由发行准备管理委员会指定中央银行、中国银行、交通银行、中国农民银行四行任之。①

1942 年夏，中央银行、中国银行、交通银行、中国农民银行四行调整业务，法币发行由中央银行集中办理，政府颁布《统一发行办法》，对中央银行接收中国银行、交通银行、中国农民银行三行钞票方法，详予规定。统一发行办法既经公布施行，所有以前由发行准备管理委员会分别指定中国银行办理之浙江地方银行、安徽地方银行、西康省银行等三行钞票及准备金保管事项，交通银行办理之江苏省农民银行、湖北省银行、四川省银行等三行钞票及准备保管事项，中国农民银行办理之江西裕民银行、河北省银行、宁夏银行等三行钞票及准备金保管事项，自应一律改由中央银行接收办理。同时财政部鉴于当时流通之省钞，俱系小额币券，调剂市面，仍属需要。为兼顾起见，特规定《中央银行接收省钞办法》四项：①各省省银行或地方银行，应将截至 1942 年 6 月 30 日所有钞票数目，分别券类，列表呈报财政部并分报中央银行查核；②各省省银行或地方银行发行钞券之准备金及前已缴存之钞券，自 1942 年 7 月 1 日起，集中由中央银行保管，其无中央银行分行地方，需由中央银行委托当地中国银行、交通银行、中国农民银行三行之一行，代为保管，其在印制中之新券，于印成后照交保管；③前项送交保管之钞券，如因供应需要，需由各省地方银行拟具运用计划及数目，呈经财政部核准，照缴准备，向中央银行领回发行；④各省省银行或地方银行在 1942 年 7 月 1 日以前，呈准发行钞券数额，尚未照额领发者，准予照录呈准原案，备具准备，径向中央银行领取发行，并分别报告财政部查核。②自此，中央银行负统

---

① 《省钞印制发行办法及整顿各省银行办法》（1941 年 8 月 1 日），台湾"国史馆"藏国民政府未刊档案，档号：001—080006—0002。

② 郭荣生编：《中国省银行史略》，沈云龙主编：《近代中国史料丛刊续编》第十九辑，台北：文海出版社，1975 年，第 202—203 页。

一发行之责,将各省省钞完全接收,此可谓中国币制史上划时代之举措。[①]

由上述可见,对于省地方银行省钞发行的问题,国民政府的确实施了逐步强化的监管,总的方向是统一货币发行权于中央,并以法律的形式将其制度化。当然,在监管和统一发行权问题上,国民政府也尽量考虑到了形势与条件的变化,因势利导,顺势而为。特别是在战时,国民政府所颁布的法律和采取的措施,既考虑了统一货币发行权的总方向,又顾及了战时抵制敌伪经济掠夺的要求,应该说这些都是合理而有实效的。

第二,对战时省地方银行业务经营的监管。全面抗战前,大多数省地方银行沦为地方政权或军阀的"钱袋子",对地方经济建设和民生都很少支持。全面抗战后,国民政府向省地方银行明确提出了调剂地方金融、发展地方生产的使命。1938年4月29日,由财政部公布施行《改善地方金融机构办法纲要》,要求地方银行除办理旧有银行业务外,应增加以下业务:①农业仓库之经营;②农产品之押储;③种子、肥料、耕牛、农具之贷款;④农田水利事业之贷款;⑤农业票据之承受或贴现;⑥完成合法手续及有继续收益土地房产之抵押;⑦工厂厂产之抵押;⑧工业原料及制造品之抵押;⑨商业票据之承受或贴现;⑩公司债之经理发行或抵押;⑪照章发息之公司股票之抵押;⑫农业、林业、渔业和矿业出品及日用国货品之抵押。这些业务,除几项有关商业金融者外,大都属于农业金融、工业金融及不动产金融的范畴。政府规定,省地方银行经营此等业务目的当然在于发展工农生产,加强抗战力量。[②]1939年3月6—8日,召集各省省银行或地方银行在重庆举行第二次地方金融会议,会上进一步明确了非常时期的省地方银行所负担之任务已不同于一般普通银行,而是兼具特殊之使命,即为扶助发展地方生产事业及抵制敌伪经济侵略。

第三,设置省地方银行监理员。全面抗战前,国民政府就曾颁布过一些对省地方银行设置监理员的法律和命令。1913年12月23日,公布《各省官银钱行号监理官章程》及《各省官银钱行号监理官办公规则》。全面抗战开始后,财政部为督促省地方银行切实遵行《改善地方金融机构办法纲要》,1939年5月颁布《省地方银行监理员章程》(12条),由财政部派员监督省地方银行之业务,监理员之职权为:省地方银行业务之监督、资产负债状况之检查、发行或领用一元券及辅币券数目之审核与准备金之检查、新票换旧票之审核、已印未发元辅券暨印版戳记之封存保管、领用元辅券是否照章运用之监督与

---

① 郭荣生编:《中国省地方银行概况》,重庆:五十年代出版社,1945年,第33—38页。
② 陈寿琦:《论地方银行之将来》,《四川经济季刊》1943年第1卷第1期,第278页。

财政部命令之办理事项等。监理员为执行上文所述各项职权，需随时向银行主管人员查询一切情形，检查一切簿据文件。如认为所监理之银行违背法令及章程，或其行为有害公益时，应从速密呈财政部核办。监理员平时应将银行业务情形、资产负债及领券是否照章运用等事，按旬或按月报告财政部查核。①

纵观政府对于省地方银行之管理，全面抗战前侧重于整理，消除地方割据色彩，其意义多是消极的；战时则侧重发展，以增加农工生产，广布内地金融网，其意义是积极的。战时省地方银行突飞猛进之发展，实不能不归功于政府措施之适当。②时人的此番评论，有溢美之辞，但也基本反映了当时政府从积极意义的角度出发，而进行的监管是符合形势发展要求，并达到了一定预期成效的。

在强化对省地方银行控制的同时，国民政府也予以了较前更有力的支持。全面抗战后，为了维持地方金融机构的正常发展，四联总处对大后方的地方银行竭力维持，如四川省行以建债股票等抵借 200 万元③，1940 年 5 月，四川省银行申请资本额由 200 万元增资为 1000 万元，由省政府、私人及中央三方面按四四二之比例，共同出资。④结果财政部所认之官股 200 万元，于 1940 年 9 月 25 日以统一丁种公债票面额 200 万元拨充，省政府所认增加之官股 200 万元及商股均未落实。⑤至 1942 年底改组董事会、监事会的同时，额定资本为 4000 万元，全系官股，财政部认 1000 万元，四川省政府认 3000 万元，均一次拨足。⑥

五、与地方联系加深，对经济扶持加大

清末民初的省地方银行，业务大多仅限于为地方军政机关服务，与社会经济活动很少有关系，尤其在军阀混战时期，省地方银行往往沦为当权军阀筹饷的工具，滥发钞票，信用扫地。一直到全面抗战前，省银行又被省牵制，仍不能积极经营业务的也不在少数。⑦其原因在于：①对省政府之军政贷款负担过重，无力顾及地方经济；②地方不安，投资农业、工业、矿业资本与利

---

① 郭荣生编：《中国省地方银行概况》，重庆：五十年代出版社，1945 年，第 27、42 页。
② 陈寿琦：《论地方银行之将来》，《四川经济季刊》1943 年第 1 卷第 1 期，第 278 页。
③ 重庆市档案馆、重庆市人民银行金融研究所合编：《四联总处史料》（中），北京：档案出版社，1993 年，第 449 页。
④ 胡铁：《省地方银行之回顾与前瞻》，《金融知识》1942 年第 1 卷第 6 期，第 17 页。
⑤ 郭荣生编：《中国省银行史略》，沈云龙主编：《近代中国史料丛刊续编》第十九辑，台北：文海出版社，1975 年，第 88—89 页。
⑥ 张与九：《抗战以来四川之金融》，《四川经济季刊》1943 年第 1 卷第 1 期，第 67 页。
⑦ 陈寿琦：《论地方银行之将来》，《四川经济季刊》1943 年第 1 卷第 1 期，第 275、280 页。

润均无保障；③各省地方银行资力薄弱，且中央政府监督力度有限。[①]当然，这之中也有例外，如浙江地方银行自南京国民政府成立后，就开始积极地投入到地方建设中，算得上是省地方银行中比较重视与地方经济联系的代表。

全面抗战开始后，为适应抗战形势的紧迫需要，国民政府颁布《改善地方金融机构办法纲要》等，向金融机构，特别是肩负支持地方经济建设责任的省地方银行提出了刻不容缓的任务。要求省地方银行迅速扭转经营方向，密切加强与地方的联系，扶植地方经济，支持抗战事业，这也成为战时省地方银行无可回避的使命。《改善地方金融机构办法纲要》对省地方银行提出了特别重要的工作内容，即应增加以下业务：①农业仓库之经营；②农产品之押储；③种子、肥料、耕牛、农具之贷款；④农田水利事业之贷款；⑤农业票据之承受或贴现；⑥完成合法手续及有继续收益土地房产之抵押；⑦工厂厂产之抵押；⑧工业原料及制造品之抵押；⑨商业票据之承受或贴现；⑩公司债之经理发行或抵押；⑪照章发息之公司股票之抵押；⑫农业、林业、渔业和矿业出品及日用国货品之抵押。以上的12款中，第1、第2、第3、第4、第5、第6款属于农贷事业，第7、第8款属于手工业放款，第9、第10、第11款属于商业放款，第12款包括矿业、农业及商业三种放款。而且，财政部诱导各省地方银行投资农工商矿各业，唯恐缺乏资金，特规定向中央银行、中国银行、交通银行、中国农民银行四行领券，予以融通资金之便利。同时又规定，除法币及公债外，农产品，土地房屋，工厂产品，农业票据，工业原料及其制成品，农业、林业、渔业、矿业出品及日用百货商品，商业票据，公司股票及公司债也可以为领券准备。随后又于1938年6月和1939年3月，分别于武汉、重庆召开两次金融会议，落实地方金融机关发展生产、促进地方经济建设的责任。政府如此苦心，意欲使省地方银行达到活泼地方金融，发展经济建设，增加生产之目的。[②]

在国民政府号召下，大后方省地方银行积极行动起来，加强了与地方经济建设的联系。地方经济建设头绪多端，省地方银行所辅助者种类亦繁，其中农贷事业，工矿商业，本省特产，收购物资运销土产，交通、水利事业等为其重大业务。现将具体情况概述如下。[③]

（1）关于农贷事业。中国以农业立国，政府尽力提倡复兴农村、推广农贷。

---

① 郭荣生：《吾国战时地方经济建设与地方银行》，《中央银行经济汇报》1942年第5卷第4期，第49页。

② 郭荣生：《吾国战时地方经济建设与地方银行》，《中央银行经济汇报》1942年第5卷第4期，第50页。

③ 郭荣生：《吾国战时地方经济建设与地方银行》，《中央银行经济汇报》1942年第5卷第4期，第51—54页。

大后方各省地方银行，遵照中央指示，先后办理农业生产，农业供销、农产品押储、农田水利、农村副业、垦殖、农村运输、工具、佃农购置耕地、农食及农业特产、冬耕、春耕、耕牛、增产等贷款，凡十数种。其中，四川省银行 1940 年度农贷放款总额为 22 609 964.28 元，陕西省银行至 1940 年 10 月底农贷结束转交五行局（即中央银行、中国银行、交通银行、中国农民银行、中央信托局）时放款总额为 1 536 489.38 元，甘肃省银行 1940 年度农贷放款总额为 2 616 000 元，广西农民银行至 1939 年 10 月底农贷放款余额为 7 849 000 余元，云南省富滇新银行至 1941 年 5 月放款余额为新币 20 000 000 余元（新币 2 元折合法币 1 元）。各银行农贷数额虽有多寡，但皆能遵照中央旨意，积极推行。

（2）关于扶植本省特产。各省特产，不仅为一地人民生计之中心，且为输出国外，换取外汇之出口物品，其兴衰可直接影响国家之财政金融。如羊毛、皮张、药材为甘肃省之特产，1939 年，甘肃省银行调查，该省羊毛产量 317 万千克，总值 190 万元，押放款额 60 万元；皮张产量 45 万张，总值 90 万元，押放款额 28 万元；药材产量 800 万余斤，总值 280 万余元，押放数额 88 万余元；水菸 330 万余斤，总值 58 万余元，押放款额 19 万元。以上押放款额，共计 190 万余元。

（3）关于收购物资运销土产。收购各省土产运输外销，内以富裕农工，复兴国民经济；外以结取外汇，增加抗战力量。宁夏省之土产为羊毛、驼毛、皮件、枸杞、甘草、羊肠、猪鬃、发菜等，全面抗战前运销平津各地，抗战后恐奸商败类偷运资敌，宁夏银行于 1938 年、1939 年，派员赴各县收买，交由财政部贸易委员会转运出口，为数颇巨。四川省银行信托部于 1939 年曾自购卡车办理运输，输销土产，前后开行昆渝、成渝、渝宝等线数十次，载运货物百余吨，后以政府装运桐油出口，又开至畹町。陕西省银行接受军需局及工业合作发展委员会之委托，代收有关"抗战建国"之物资，每年来收购棉花、面纱、羊毛、牛皮、猪鬃、药材、桐油、土纱等，共值法币约 500 万元。甘肃省银行于 1939 年 9—12 月，为财政部贸易委员会采购甘肃省境内外销土产，收购之羊毛、板皮、羔皮、哈尔皮、山羊绒、老羊皮等，共值法币 146 454 元。至 1940 年底，该行贷借财政部贸易委员会收购物资金约 2000 万元。

（4）关于资助工矿业。中国工矿业素不发达，全面抗战前仅交通便利的地方及沿海一带稍有轻工业之雏形，内地则仅有规模较小之手工业而已；抗战以后，沿海工业尽被摧毁，于是辅助内地工矿业，以求自力更生，乃成当务之急。陕西省银行除该行信托部直接经营之西京机器厂（陕西省银行拨给资本 9 万元，透支二三十万元）与启新印书馆（陕西省银行拨给资本 8 万元，透支二三十万元）外，三年（自 1938 年至 1941 年 6 月底）来贷给生产建设机关之款，为数达 1100 万余元。贷款机关有渭南西北打包厂、宝鸡西华动力酒精厂、西北化学制药厂、同官煤矿管理委员会、大华纱厂、陕西省企业公司、集成三酸厂、中南火柴厂、西京电厂、陕西建华洋灰厂、渭南象峰粉厂、咸阳裕农植物油公司、裕民造纸厂等 30 余家。甘肃省银行因该省所产纸张不适宜印刷之用，特从西南各省采购工具，低价放予纸坊以求改良纸张适用于印刷，计先后投资约 30 万元。四川省银行 1940 年贷出工业放款 722 463 元，小工商业贷款 4 464 767 元，该行 1940 年特从事农村手工业之推进，派员赴江津、仁沱场等地指导组织夏布手工业生产协会，农民纷纷请求指导。甘肃土布需要殷切，甘肃省行采购纺织便利、轻巧之纺织机，借给织户，并规定可分期还款。甘肃省银陶瓷业本不发达，省行亦助以资金，使其扩充产量。以上土布及陶瓷业放款共 40 万元。甘肃省银行还借给中国工业合作协会西北办事处 50 万元，以发展甘肃省手工业。1940 年，该行又贷出小工商业放款 555 000 元。甘肃省银行还积极承办省政府发行的地方公债，支持地方经济建设。甘肃省政府因发展地方水利、农矿事业，需要大量资金，呈国民政府发行水利农矿公债 1500 万元，于 1941 年 9 月 1 日奉令核准，印制预约券，先后向省银行抵押借款 1070 万元，拟即分别拨付本省矿业公司、水泥公司、水利农林牧公司、酒精厂、兰州机器厂、兰州电厂等营业机关作为资金，以资兴办或扩充业务，现第一批款 300 万元，已经提取转拨；第二批押款 770 万元，正在陆续提取拨付中。[①]

（5）关于交通、水利建设。交通运输为地方经济建设之动脉，其畅通与否与战时军需之运送、日用品之舒畅及土产之外销关系至为密切。各省地方银行洞悉此意，故遇有融通资金、需要协助之处，无不尽力襄赞。1939 年，陕西省为便利黄河沿岸之军运，兴筑韩（城）宜（川）公路，一时需款孔急，陕西省银行以该路与巩固河防、保障西北有重大关系，慨然拨借工程费 15 万元，俾便早日完成。水利建设亦关乎开垦荒地，增加粮产，保障民生之要。陕西省于全面抗战前即提倡修汉惠渠，其位于棉产、麦产中心，灌溉田亩，面积颇大，陕西省银行遂贷给工程经费 350 万元，以助工程建设。

---

① 甘肃省档案馆藏甘肃省参议会未刊档案，档号：14—1—30。

以上业务，其数额与各行放款总额相较，虽不居主要，然此项新兴业务，为之前所未从事，人才经验均甚匮乏，能有如此成绩，已属不易，不仅表现了银行与地方经济联系的加强，也表现了大后方省地方银行随抗战形势变化而顺应时代要求的自觉性，有力地支援了抗战事业。大后方地区省地方银行的发展，不仅表现在机构上、数量上的快速增加，而且在资本实力上也有较大扩充。

六、资产结构日益官股化，存款增量迅猛

省银行之资本除少数省份参有商股，或由地方公股凑集，或由国库直接拨给外，均系省政府之投资。1942 年，随着财政收支系统由三级制改为二级制，省财政归并中央统筹，所有省库投资及省有官产、官业，均由国库接收，原属省政府投资之省银行资本，亦一并随同改制移属国库，此时省银行之出资主体，遂由省库而转为国库。1945 年 7 月颁布《省银行条例》，规定："省银行之资本由国库拨给并由县市银行及自治团体参加公股"，并于《省银行条例》实施办法中规定，"省银行由县市银行及自治团体参加之公股以不超过资本总额二分之一为原则"，"所称自治团体系指尚未成立县市银行之县市政府"，凡参有商股之省银行，其商股应由各省银行拟具分期退还办法，呈请财政部核准办理。1946 年 7 月，财政收支系统又恢复三级制，各省以省级财政既已恢复，纷纷要求收回原有省银行资本之股权，乃由财政部就此问题呈请行政院指示，旋经转奉国民政府核准，自 1946 年 7 月起财政收支系统恢复三级制，所有各省市原有股权，应并予恢复，仍归属于各省市政府，至部（财政部）省投资事业所得官息红利，即按中央与省市资本数额比例分摊。至此，省银行资本股权之争议，终告解决。①

可见，省地方银行的资本，有的是省独资，有的是省商共同出资，有的是中央、省、商共同出资，但在资本构成上，仍以省独资为主。全面抗战开始后，资本结构更趋官股化。以四川省银行为例，1934 年成立四川地方银行时，由省政府拨付国币 120 万元，1935 年 11 月改称四川省银行，省政府又拨付 80 万元，资本总额达 200 万元。1940 年 6 月，省政府计划除官股外，再招募商股，使资本达 1000 万元，9 月除财政部拨交丁种统一公债 200 万元外，其他官股、商股均未落实，该行总资本为 400 万元。②1943 年省政府计划增资，

---

① 沈长泰编著，胡次威主编：《省县银行》，上海：大东书局，1948 年，第 22—23 页。
② 陈寿琦：《论地方银行之将来》，《四川经济季刊》1943 年第 1 卷第 1 期，第 276 页。

资本总额为 4000 万元，全系官股，财政部认 1000 万元，四川省政府认 3000 万元，均一次拨足，仍以辅助农村复兴，促成经济建设，调集全川金融，发展社会经济为营业标的。①河南省银行成立于 1928 年 3 月，原名河南农工银行，官商合办，旋将商股发还改为省营，资本总额为国币 300 万元，实收 150 万元，其未收资本续于 1939 年和 1942 年两次收足。江西省银行原名江西裕民银行，官商合办，成立于 1928 年 1 月，资本总额为国币 100 万元，官商各半，1936 年江西省政府增拨官股 100 万元，合原有资本实收 200 万元，1940 年冬江西省政府将原有商股 50 万元全部发还，改为省营，1941 呈准增资为 500 万元，全数收足。贵州银行，由贵州省政府发起创设，为官商合办，成立于 1941 年 6 月，资本总额为法币 600 万元，实收 300 万元，1942 年呈请续拨第二期官股 2 016 000 元，经核准照拨，1944 年 3 月呈准增资为 1000 万元，官商各半，1945 年 3 月又呈准增资为 2000 万元，1947 年商股退出，现资本总额为 1000 万元（表 3-10）。②

表 3-10　抗战期间全国省银行一览表（1943 年 11 月底）

行名	成立日期	注册日期	资本总额	实收资本	出资性质	董事长	总经理	总行地址
江苏银行	1912 年 1 月	1936 年 7 月	600 万元	600 万元	部省合资	李达	许葆英	重庆
江苏省农民银行	1928 年 7 月 11 日	1931 年 10 月	400 万元	400 万元	省政府出资	—	李寿雍	重庆黄桷垭
安徽地方银行	1936 年 1 月 18 日	1942 年 5 月	500 万法币	500 万法币	省政府出资	桂竞秋	关棠	安徽立煌屯溪
河北省银行	1940 年 4 月 18 日	1940 年 3 月	100 万法币	50 万法币	部省合资	王德乾	王德乾	河南洛阳
西康省银行	1937 年 8 月	1941 年 9 月	350 万法币	350 万法币	省政府出资	丁次鹤	李先春	西康康定
福建省银行	1935 年 10 月 15 日	1940 年 10 月	500 万元	500 万元	省政府出资	严家淦	丘汉平	福建永安
江西裕民银行	1928 年 1 月	1935 年 9 月	500 万元	500 万元	省政府出资	李德钊	史世珍	赣县泰和
甘肃省银行	1939 年 6 月 1 日	1940 年 10 月	500 万法币	350 万法币	省政府出资	王漱芳	郑大勇	甘肃皋兰
河南农工银行	1928 年 3 月	1936 年 12 月	300 万元	300 万元	省政府出资	彭若刚	李汉珍	河南鲁山
广西银行	1932 年 8 月	1939 年 9 月	1500 万元	1500 万元	官商合资	黄钟岳	廖竞天	广西桂林
广东省银行	1932 年 1 月 1 日	1937 年 10 月	1000 万元	1000 万元	部省合资	—	云照坤	广东曲江

---

① 张与九：《抗战以来四川之金融》，《四川经济季刊》1943 年第 1 卷第 1 期，第 67 页。
② 沈长泰编著，胡次威主编：《省县银行》，上海：大东书局，1948 年，第 24—26 页。

续表

行名	成立日期	注册日期	资本总额	实收资本	出资性质	董事长	总经理	总行地址
湖北省银行	1928 年 11 月	1940 年 7 月	1000 万元	1000 万元	省政府出资	赵志垚	周苍柏	湖北恩施
浙江地方银行	1923 年 3 月	1937 年 6 月	300 万元	300 万元	省政府出资	徐桴	唐观源	浙江龙泉
绥远银行	1941 年 1 月 6 日	1942 年 3 月	100 万元	50 万元	省政府出资	李居义	张德	绥远陕坝
贵州银行	1941 年 8 月 15 日	1941 年 12 月	600 万元	300 万元	官商合资	周诒春	钱春祺	贵州贵阳
四川省银行	1935 年 11 月 11 日		4000 万元	400 万元	省政部合资	潘昌猷	杨晓波	四川重庆
湖南省银行	1929 年 1 月	办理注册手续	500 万元	360 万元	省政府出资	胡迈	丘国维	湖南耒阳
陕西省银行	1931 年 2 月	办理注册手续	500 万元	500 万元	官商合资	周介春	贾玉璋	陕西西安
云南富滇新银行	1932 年 9 月 1 日	尚未注册	2000 万滇币	1600 滇币	省政府出资	缪云台	杨春锦	云南昆明
山西省银行	1919 年 1 月 1 日	尚未注册	2000 万元	2000 万元	省政府出资	—	傅瑶	陕西西安
宁夏银行	1938 年 6 月	尚未注册	400 万元	400 万元	官商合资	马鸿逵	李云祥	宁夏宁夏
山东省民生银行	1932 年 7 月 1 日	尚未注册	600 万元	320 万元	官商合资	—	宋福祺	重庆
新疆商业银行	1930 年 7 月 1 日	尚未注册	500 万新币	500 万新币	官商合资	—	—	新疆迪化

资料来源：郭荣生编著：《中国省银行史略》，沈云龙主编：《近代中国史料丛刊续编》第十九辑，台北：文海出版社，1975 年，第 35—38 页，有改动。

表 3-10 中的 23 家省地方银行，究其资本来源，截至 1943 年 11 月底，由省政府出资经营者 13 家，官商合资者 6 家，部省合资者 3 家。总之，省银行由省政府出资经营，已成普遍趋势，虽有部省合资与官商合资者，实际营业政策由省方决定，与省政府出资经营无甚区别。部省合资者，部派董事人数有限，不堪与省方董事相抗衡。官商合资者，省资常多于商资，商董力量薄弱，不能与官董对垒。省银行由省政府出资经营，其业务方针受省政府指挥，可与省政府密切合作，扶助地方经济建设。此固其优点之所在，而弊端亦随之而生，有时省地方行政长官视省行工作人员为其部属，随意发号施令，省行工作人员亦作如此思想，尽量阿谀，以博长官欢心，以致每使业务进行，未能尽合银行常规。

与此同时，战时资本也有显著增加。抗战以前 22 家（新疆省银行未计入）

省地方银行之资本总额为 7415.7 万元，平均每家资本为 337 万余元。[①]而战时随着资本的增加，省地方银行资本平均额有大幅提高，兹将抗战时期省银行截至 1943 年 11 月增资情况概括如下（表 3-11）。

表 3-11　抗战时期省银行增资情况一览表（截至 1943 年 11 月）　单位：万元

行名	全国抗战前实收资本总额	增资日期	增收额	现时合计额
江西裕民银行	200	1941 年 1 月	300	500
河南农工银行	150	1938 年	50	200
湖北省银行	300	1939 年 10 月	200	500
湖南省银行	150	1938 年 1 月	210	360
陕西省银行	200	1939 年春	300	500
广西银行	208	1942 年春	1192	1400
四川省银行	200	1940 年 9 月	200	400
福建省银行	250	1939 年 11 月	50	300
安徽地方银行	100	1939 年	100	200
西康省银行	25	1940 年	325	350
甘肃省银行	2.7	1938 年	97.2	99.9

资料来源：郭荣生编：《中国省银行史略》，沈云龙主编：《近代中国史料丛刊续编》第十九辑，台北：文海出版社，1975 年，第 35 页。

由表 3-11 统计可知，到 1943 年 11 月，11 家省地方银行资本平均额由全面抗战前的 162.3 万余元，发展到 437.2 万余元，总额由 1785.7 万元发展到 4809.9 万元，资本约是战前的 269.4%。省银行为国家银行之外围，战时，国家金融政策之推行，省地方银行负有重大责任。随着新兴业务增多，资金需要较前迫切，在政府的支持下，许多省银行纷纷增资，资本实收数额大幅增加。省地方银行的大幅增资，显然有利于增强银行的实力，以更好地发挥其重要作用。

总之，全面抗战后，省地方银行的状况随着战事的推进，发生了重大的变化。尤其是大片国土沦丧，使得东部和中部的省地方银行遭受到了强大的冲击，或被敌伪接收，或停业清理，或迁移本省非战区继续艰难经营，或随政府西迁大后方。其后，随着大后方地区在中国抗战中地位的日益提高，以及西部经济开发对于坚持抗战并赢得胜利的重要性日趋增大，大后方省地方银行的地位与经营活动也发生了巨大的变化。战时大后方的省地方银行是处

---

① 郭荣生编：《中国省地方银行概况》，重庆：五十年代出版社，1945 年，第 15 页。

于大规模战争的特殊背景下而发展演变的，因此必然带有与此背景相联系的鲜明的时代特点。其中，战时大后方省地方银行积极响应政府的号召，加强了与地方的联系，投入到支持地方经济建设事业中，承担起了作为地方银行义不容辞的调剂地方金融、发展地方经济的使命。这一特点应该说是与战前省地方银行最大的不同，也是最鲜明的特点。全面抗战后，特别是 1938 年与 1939 年汉、渝两次地方金融会议后明确规定：以抢购物资，抵制敌伪经济侵略；投资农工生产，扶助地方经济建设；完成各县市金融网，活泼地方金融等项为省地方银行之重要任务。随着这些新兴业务的增多，各省地方银行已不专属于一般普通银行性质，而具有特殊使命，在发展地方经济；扶助农工商业；推进农贷；协助中央收购物资；平抑物价；接济军粮民食；运用金融力量，扶助地方财政健全发展；奖励储蓄，吸收存款等方面，省地方银行均以战斗姿态，出现在金融战线之上，为抗战的最后胜利做出了贡献。实际上能否为地方经济建设服务，本来既是地方银行存在的价值所在，也是关乎地方银行兴衰存亡的关键。战时省地方银行对地方经济建设的大力扶助，不仅极大地支持了抗战事业，也空前地推动了省地方银行自身的大发展。

第四章　全面抗战时期西南地区省地方银行组织机构和业务的发展

全面抗战时期，西南地区的各省几乎都建立了省级地方银行，主要包括四川省银行、贵州银行、富滇新银行、广西银行及西康省银行等，上述银行在全面抗战期间，无论在组织机构方面，还是在业务经营方面都有较大发展。从组织机构方面来看，主要表现在内部管理机构的变化和分支行处机构的扩充。从业务经营方面来看，省地方银行所开展的业务范围主要有两类，一是普通业务或相同于一般商业银行的业务，如存款、贷款、汇兑、货物押汇、买卖有价证券及债票、票据之贴现或买卖、信托等；二是省政府或财政部委托业务（此种业务非一般商业银行所拥有，而是按照政府的意图，由政府所委托地方银行经营，故笔者将其称作"政府委托业务"），属于地方政府赋予地方银行的调剂地方金融、扶持地方建设的职责，诸如代理公库、发行省市县公债和库券及其付息还本事项、保管机关团体之财产及基金、代理收解款项、收买生金银及各种货币、依法发行辅币券、代为经理公营事业，其他关于辅助经济建设事业、对于救济农村低利放款。[①]考虑到本书将在第七章以"地方银行业与抗战大后方经济"为题专门探讨地方银行的一般商业银行类的业务，故而，本章所论之银行业务的发展，只是指省地方银行所进行的政府委托业务。

第一节　全面抗战时期的四川省银行

四川省银行成立于川政统一之际（其前身是 1934 年 1 月成立的四川地方

---

① 郭荣生：《吾国战时地方经济建设与地方银行》，《中央银行经济汇报》1942 年第 5 卷第 4 期，第 49 页。

银行，1935 年 11 月改组为四川省银行），发展于国民政府迁都重庆之后。截至 1937 年"七七事变"发生，仅有总行 1 处，分行 2 处，办事处 13 处，汇兑所 3 处。[①]全面抗战开始后，国民政府西迁，重庆成为战时首都，四川省境内百废俱兴、欣欣向荣，四川省政府为使四川省银行"克尽厥职"，特别加强其组织，几年内数度修改章程，几次改组，使其组织机构与业务都有不同程度的发展。

一、组织机构的演变

（一）内部管理机构的演变

四川省政府为发挥其省行之职能，战时对其董事会、监事会和经理层进行了多次改组。1938 年一年内改组两次：第一次为 1938 年 5 月，四川省政府改任周焯、潘昌猷、刘航琛、张龄九、唐华、甘绩镛、郭松年、杨粲三等 8 人为董事，仍以周焯为董事长。改任康宝恕、周宜甫、李根固等 3 人为监事，并任命潘昌猷为总经理，郭松年、洪戒虚为协理。第二次为 1938 年 11 月，四川省政府改任郭松年、潘昌猷、洪戒虚、熊觉梦、甘绩镛、唐华、王成章、杨粲三、李星枢等 9 人为董事，周宜甫、康宝恕、李根固等 3 人为监察人。又于董事中任命郭松年为董事长，潘昌猷为总经理，洪戒虚、熊觉梦为协理。1939 年 4 月，四川省政府认为原有的组织已不能适应业务快速发展的需要，经四川省政府颁发《修正四川省银行组织章程》，由董事长代表董事会执行省行日常重要业务，随即增派谭仲辉、刘绍禹为常务董事，何说岩、王国源为监察人。继又扩大内部组织，在董事长、总经理之下，分设业务部、稽核处、发行部、经济调查室、储蓄部、信托部。1939 年 10 月，四川省政府以省行组织扩大，增派杨俊卿、陈启銮、萧寿眉、蔡军识等 4 人为董事。10 月 21 日，行务会议议决，改经济调查室为经济研究室。1940 年 6 月，四川省政府委派潘昌猷、郭松年、梁颖文、甘绩镛、嵇祖佑、邓华民、李心怡、康心如、胡仲宝、向传义、石体元、刘光烈、张树猷、王锡祺、戴经尘等 15 人为董事，潘昌猷为董事长，郭松年、梁颖文、甘绩镛、嵇祖佑、邓华民、李心怡 6 人为常务董事。又委派熊觉梦、黄季陆、李翰丞、杨培英、罗伟章、刁培然、傅常、丁少鹤等 8 人为监察人，并指定熊觉梦为常驻监察人，委派杨晓波为总经理。各新任董事、监察人及总经理于 1940 年 6 月 25 日在蓉开会，商讨改组事宜，并于 7 月 1 日就职，接管行务。不久，财政部加派王国源为监察

---

① 张与九：《抗战以来四川之金融》，《四川经济季刊》1943 年第 1 卷第 1 期，第 67 页。

人，省政府加派杨俊卿为董事，陈法驾为监察人。1943 年，董监事会又改组，新任董事潘昌猷、甘绩镛、梁颖文、李心如、石体元、胡光杰、刘光烈、康心如、邵从恩、李宜甫、向传义、邓华民、胡子昂、傅友周、谭光，监察人张澜、黄李陆、王国源、刁培然、傅常、胡性诚、熊觉梦，董事长潘昌猷，总经理杨晓波。[①]

1934 年，四川地方银行成立时，最初内部组织在总协理下设五课一部，即总务课、出纳课、会计课、发行课、营业课及经济调查部。1935 年，改为四川省银行，内部组织略有变动，于总协理之下，设五课一组一室一部，即总务课、出纳课、稽核课、会计课、营业课、金库组、经济调查室、储蓄部。以重庆为总行，成都、万县为分行，在上海、自井、内江、泸县、涪陵、遂宁、乐山、达县、宜宾等地设办事处。总分行之系统，采总行制，分行处任命经理、襄理及主任一人。1936 年，增设信托部，拨资本 20 万元开业，会计独立，同时又设金库，经营货品押汇。1937 年，抗战军兴，业务日渐繁剧，原有组织不足以适应需要，遂扩大内部组织，除增加董监外，又于董事长总协理之下，分设两处四部一室，即总务处、稽核处、业务部、储蓄部、信托部、发行部、经济调查室。总务处任正副处长各一人，下置事务、人事两课；稽核处任正副稽核长各一人，下置审计、计算两课；业务部任经理一人，副经理一人，襄理二人，下设会计、营业、省库、金库、出纳、农贷各课，课设课长一人，课之下为组，设组长一人，办事员若干人。此外，各部室则分设主任各一人，或副主任一人至二人，主任下设若干组，每组设组长一人，办事员若干人，是时职员人数已增 680 余矣。1937 年 10 月 21 日经行务会议决定，将经济调查室改组为经济研究室。[②]

随着业务的发展，组织机构虽多次改组，但仍难以满足需求。故 1940 年四川省银行内部又有多次更张。第一，省库部之成立。省政府为健全财务行政，增加税收起见，曾于 1938 年成立四川省金库，令饬省行代理。最初亦仅设一省库课，直隶于业务部，代理办理营业税收而已。继后，政府明令实行公库法，各省金库一律改为公库，并决定四川省金库须于 1940 年 7 月起开始实施，遂由财政与省行另订代理四川省库合约，省行乃将省库课扩大为省库部，以司其事。以省行总行为省库总库，由省库部掌管之，部设经理、副经理、襄理，下设收支、会计、保管三课，以成都、内江、万县三分行为分库，

---

① 施复亮：《四川省银行的过去现在和将来》，《四川经济季刊》1944 年第 1 卷第 3 期，第 162—163 页。
② 《四川省银行工作报告》（1940—1941 年），四川省档案馆藏四川省银行未刊档案，档号：民 072—02—2842。

其余各办事处为支库，于是省行与省库遂合二为一，金融网与金库网乃得以互相为用。第二，总务处与信托、储蓄两部之扩充改组。以往总务处原有文书、信电及电台等组，归事务课指挥，近因事物日繁，对文书不能兼顾，遂增设一文书课，以专责成。又信托、储蓄两部之组织，原仅设正副主任以主其事，现为适应业务发展起见，乃扩大组织，设经理、副经理、襄理，于经理、副经理、襄理下增科设组，计信托部分置营业、会计、仓库三课（即将原有业务部之仓库课拨归信托部管理），储蓄部分置营业、会计两课。第三，拟将总业务处改为秘书处，而以人事科独立为人事室，刻正指定专人积极筹划，一矣上峰将组织章程核准，即予正式改组成立。第四，总会计制度之确立。省行过去之会计制度与稽核制度，多含混不清，现为使会计完全独立，俾能发挥稽核处之权力起见，特于稽核处内设置一会计课，而以稽核处副处长兼任该课课长，代行总会计之职权。第五，增设办事处。查省行、分行办事处截至 1939 年底计 92 处，全体工作人员约 1100 人，其他未设办事处之各县，亦准备于必要时次第成立，以期完成全川金融之组织。①

（二）分支行处机构的演变

1934 年四川地方银行成立时，于重庆设立总行，成都开设分行，又先后于万县、内江、达县、泸县、宣汉、自流井、五通桥等地设立办事处，于上海、合川、乐山、宜宾、涪陵五地设代办处（后改为办事处），后万县办事处改为分行，宣汉、五通桥办事处因故被裁撤。1935 年四川地方银行改组为四川省银行后，总行仍设在重庆，于成都、万县设分行，于上海、自流井、内江、泸县、涪陵、遂宁、乐山、达县、宜宾等地设办事处。②总分支行处，计 12 处。

四川省银行在战后分支行处的增设十分迅速，尤以 1938 年及 1939 年增设数量最多。1939 年底有总行 1 处，分行 3 处，办事处 88 处（其中剑阁、夹江办事处正在筹备中），合计 92 处，员工 1100 余人，其他未设办事处之各县，亦准备于必要时次第成立，以期完成全川金融之组织。之前在香港、昆明两地所设置之办事处，因时局变迁，对于本行不感重要，已分别结束。现将四川省银行各分支行处成立情况表附列如下（表 4-1）。

① 《四川省银行工作报告》（1940—1941 年），四川省档案馆藏四川省银行未刊档案，档号：民072—02—2842。
② 施复亮：《四川省银行的过去现在和将来》，《四川经济季刊》1944 年第 1 卷第 3 期，第163 页。

表 4-1　截至 1941 年 2 月四川省银行分支行处统计表

行别	行址	设立日期	经理人	
			职别	姓名
总行	重庆	1933 年 9 月 16 日至 1935 年 10 月底为地方银行，是年 11 月起改为省银行	董事长	潘昌猷
			总经理	杨晓波
成都分行	成都	1933 年 9 月 16 日至 1935 年 10 月底为地方银行，是年 11 月起改为四川省银行	经理	周瓒川
万县分行	万县	地行时代即由办事处改为分行，至 1935 年 11 月起	经理	蒲口
内江分行	内江	地行时代为办事处，至 1935 年 11 月起改隶省行，至 1938 年 4 月由办事处改为分行	经理	斯干如
宜宾办事处	宜宾	地行时代由代办处改扩为办事处，至 1935 年 11 月起改隶省行	主任	邓策动
自流井办事处	自流井	地行时代设立，至 1935 年 11 月起改隶省行	主任	陈凤翘
泸县办事处	泸县	1934 年设立时属地行，至 1935 年 11 月起隶省行	主任	李干芬
涪陵办事处	涪陵	地行时代由代办处扩为办事处，至 1935 年 11 月起改隶省行	主任	张勉如
遂宁办事处	遂宁	1935 年	主任	邓器也
乐山办事处	乐山	地行时代由代办处扩为办事处，至 1935 年 11 月起改隶省行	主任	杨希璋
达县办事处	达县	地行时代设立，至 1936 年 3 月 20 日起正式通汇	主任	戴煦明
南充办事处	南充	1936 年	主任	杨思霖
绵阳办事处	绵阳	1936 年	主任	瞿煜肇
富顺办事处	富顺	1936 年设立时为汇兑所，至 1938 年始改为办事处	主任	邓大楷
巴中办事处	巴中	1937 年	主任	谭长钧
合川办事处	合川	1937 年	主任	邓口净
太和办事处	太和	1937 年设立时为汇兑所，至 1938 年始改为办事处	主任	王灼生
三台办事处	三台	1938 年	主任	邓式会
雅安办事处	雅安	1938 年	主任	洪翊庭
西昌办事处	西昌	1938 年	主任	尹绍援
广元办事处	广元	1938 年	主任	黄涣成
叙永办事处	叙永	1938 年	主任	李道鸣
隆昌办事处	隆昌	1938 年	主任	陈善安
綦江办事处	綦江	1938 年	主任	瞿瓒渊
云阳办事处	云阳	1938 年	主任	张蕴光
石桥办事处	石桥	1938 年	主任	畬九口

续表

行别	行址	设立日期	经理人	
			职别	姓名
奉节办事处	奉节	1938 年	主任	杨宜胜
广安办事处	广安	1939 年	主任	陈鹤舫
新津办事处	新津	1939 年	主任	王锦祺
江安办事处	江安	1939 年	主任	蒋代延
眉山办事处	眉山	1939 年	主任	赵颜心
中灞办事处	中灞	1939 年	主任	尹祖训
合江办事处	合江	1939 年	主任	周尊楼
西充办事处	西充	1939 年	主任	邱勉之
阆中办事处	阆中	1939 年	主任	江培基
灌县办事处	灌县	1939 年	主任	李伯勤
江津办事处	江津	1939 年	主任	张锦柏
峨眉办事处	峨眉	1939 年	主任	温小松
邛崃办事处	邛崃	1939 年	主任	杨肇甫
荣昌办事处	荣昌	1939 年	主任	甘绩寿
资中办事处	资中	1939 年	主任	屈平
南川办事处	南川	1939 年	主任	胥兴中
璧山办事处	璧山	1939 年	主任	方口生
洪雅办事处	洪雅	1939 年	主任	孙寿祺
茂县办事处	茂县	1939 年	主任	邓福海
永川办事处	永川	1939 年	主任	刘永炽
丰都办事处	丰都	1939 年	主任	王向善
德阳办事处	德阳	1939 年	主任	戴文汉
崇庆办事处	崇庆	1939 年	主任	赵莲舫
酉阳办事处	酉阳	1939 年	主任	樊雪亭
大竹办事处	大竹	1939 年	主任	曾石青
赵家渡办事处	赵家渡	1939 年	主任	何平
梁山办事处	梁山	1939 年	主任	李世贤
中江办事处	中江	1939 年	主任	沈德源
绵阳办事处	绵阳	1939 年 10 月 27 日	主任	刘同昆
渠县办事处	渠县	1939 年 10 月 27 日	主任	杨鸿炘
忠县办事处	忠县	1939 年 10 月 27 日	主任	雷少涵
广汉办事处	广汉	1939 年	主任	袁文安
安岳办事处	安岳	1939 年	主任	张汝恒

续表

行别	行址	设立日期	经理人	
			职别	姓名
什邡办事处	什邡	1939 年	主任	王艺圃
南部办事处	南部	1939 年	主任	李挹清
开县办事处	开县	1939 年	主任	傅文西
仁寿办事处	仁寿	1939 年	主任	李公望
资阳办事处	资阳	1940 年 3 月 19 日	主任	胥叔涵
潼南办事处	潼南	1940 年 3 月 19 日	主任	雷开璠
彭县办事处	彭县	1939 年 10 月 27 日	主任	王桓
威远办事处	威远	1939 年 10 月 27 日	主任	陈奇光
荣县办事处	荣县	1939 年 10 月 27 日	主任	罗少杰
铜梁办事处	铜梁	1939 年 10 月 27 日	主任	刘星拱
岳池办事处	岳池	1939 年 10 月 27 日	主任	刘文伟
长寿办事处	长寿	1939 年 10 月 27 日	主任	卢克华
犍为办事处	犍为	1939 年 10 月 27 日	主任	张光钦
南溪办事处	南溪	1940 年 3 月 19 日	主任	黄子肃
邻水办事处	邻水	1940 年 3 月 19 日	主任	吴涛
大足办事处	大足	1940 年 3 月 19 日	主任	陈世昌
安县办事处	安县	1940 年 3 月 19 日	主任	刘表文
垫江办事处	垫江	1940 年 3 月 19 日	主任	谢斌
乐至办事处	乐至	1940 年 3 月 19 日	主任	丁象国
彭山办事处	彭山	1940 年 3 月 19 日	主任	郑涛
武胜办事处	武胜	1940 年 3 月 19 日	主任	赵德昌
大邑办事处	大邑	1940 年 3 月 19 日	主任	张培爵
黄桷垭办事处	黄桷垭	1941 年 2 月	主任	虞永年
新桥办事处	新桥	1940 年 9 月	主任	懂德周
松潘办事处	松潘	1940 年 8 月	主任	巢维轩
茶店办事处	茶店	1940 年 7 月	主任	李南熹
温江办事处	温江	1940 年 7 月	主任	刘元慧
新都办事处	新都	1940 年 3 月 19 日	主任	谢荣成
郫县办事处	郫县	1940 年 3 月 19 日	主任	李其灏
宣汉办事处	宣汉	1940 年 3 月 19 日	主任	陈天申
蒲江办事处	蒲江	1940 年 3 月 19 日	主任	曾仲骞
剑阁办事处	剑阁	在筹备中	主任	戴世桢
夹江办事处	夹江	在筹备中	主任	谢纯甫

资料来源：《四川省银行工作报告》（1940—1941 年），四川省档案馆藏四川省银行未刊档案，档号：民 072—02—2842。

由表 4-1 可见，到 1941 年 2 月，四川省银行有总行 1 处，分行 3 处，办事处 88 处（其中有 2 办事处正在筹备中），合计 92 处。其中，在已经设立的 86 个办事处中，于 1939 年成立的达 43 个，占了一半，1940 年成立的 19 个，这两年是成立办事处最多、最集中的时期。

1938 年 6 月 9 日，政府公布《公库法》，通令各省先后遵照，四川省政府经两年准备，自 1940 年 7 月起实施，委托四川省银行代理公库，令四川省银行添设四川全省金融网，务期每县市至少须设一分支行处。省行为奉令以应代理省库之实际需要，于 1938 年内，除将内江办事处改为分行，富顺、太和镇、三台 3 汇兑所改为办事处外，复添设香港、昆明、雅安、西昌、广元等办事处 10 余处。1939 年为四川省银行建设省内金融网最努力之一年，计添设办事处 43 处之多，1940 年增设办事处 19 处。其后因形势变化而有机构的调整，到 1943 年底有总行 1 处，设于重庆；分行 3 处，设于成都、内江、万县；支行 6 处，设于合川、遂宁、南充、达县、泸县、自流井；办事处 79 处，分布于全川各县镇，总共有分支行处 88 处，连同总行共 89 处。详见表 4-2 之统计。

表 4-2　1935—1943 年四川省银行添设分支行处进度表　　单位：处

年度 分支行	1935 年	1936 年	1937 年	1938 年	1939 年	1940 年	1941 年	1942 年	1943 年	总 计
分行	2			1						3
支行							2	4		6
办事处	8	4	2	11	42	19	2	1	2	91
汇兑所		1	2							3
合计	10	5	4	12	42	19	4	5	2	103

资料来源：张与九：《抗战以来四川之金融》，《四川经济季刊》1943 年第 1 卷第 1 期，第 67 页。

表 4-2 所列总数 103 处，与实数 90 处不相符，因为汇兑所 3 处，已于 1938 年改为办事处，应算入办事处数目内。6 支行系由各地办事处升改，应由办事处数目内扣除。自全面抗战开始，沪港缅越先后陷敌，上海、香港、昆明 3 办事处已相继被撤销，自 1941 年省财政拨归中央，省银行已未代理省库，安县、武胜、剑阁等 3 办事处已被裁撤。按已统计情况，总共应减去 15 处，余 88 处，再加入总行 1 处，得 89 处，即四川省银行总分支行处实数。

1944 年共撤销办事处 3 处，新添设办事处 4 处，由原有总分支机构之 89

处，至本年底增加为 90 处。①

省银行之任务在于协助省地方财政发展省地方经济，调剂省地方金融。故其分布范围宜遍布全省。据表 4-2，四川全省共辖 135 县市，四川省银行在省境内所设总分支行处共达 89 处，分布于 85 县市，设行数目约相当全省县市数的 2/3，其努力建设本省金融网，在西南、西北各省地方银行中，首屈一指，所设分支行处数目亦为西南、西北各省之冠，自然于开发富源而利"抗战建国"有重要意义。

二、资本的扩充

省地方银行就资本来源说，一般分为三种，即由省政府单独出资，由政府与私人共同出资，省政府、私人与中央三方面共同出资。成立四川地方银行时拟定资本为 200 万元，省政府实拨 120 万元，1935 年改称四川省银行，省政府又拨 80 万元，凑足资本 200 万元，后增至 400 万元。1939 年 3 月，第二次地方金融会议通过了省地方银行资本欠充实时，财政部可以加入股本的决议。1940 年 5 月，四川省银行即援此议增资 1000 万元，由省政府、私人及中央三方面按四四二之比例，共同出资。这种办法，一方面可以增加省地方银行的资历，另一方面也可以加强中央对省地方银行的影响。②结果财政部所认之官股 200 万元，于 1940 年 9 月 25 日以统一丁种公债票面额 200 万元拨充，省政府所认增加之官股 200 万元，迄未照拨，商股亦未落实。故四川省银行之资本额，连同财政部拨付之统一丁种公债面额不过 400 万元。③至 1942 年底，改组董事会、监事会的同时，额定资本为 4000 万元，全系官股，财政部认 1000 万元，四川省政府认 3000 万元，均一次拨足，仍以辅助农村复兴，促成经济建设，调集全川金融，发展社会经济为营业标的。④此后，直到抗战胜利，四川省银行未再增资。

（1）代理省库。这是政府赋予几乎所有省地方银行的一项特殊业务，也是省地方银行的重要职责之一，四川省银行也不例外。1937 年在业务部下设省库课，代收营业税，以作为推行金库制度的第一步。从 1938 年 11 月开始，

---

① 《四川省银行工作报告》（1944 年），四川省档案馆藏四川省银行未刊档案，档号：民 072—02—284。

② 胡铁：《省地方银行之回顾与前瞻》，《金融知识》1942 年第 1 卷第 6 期，第 17 页。

③ 郭荣生编：《中国省银行史略》，沈云龙主编《近代中国史料丛刊续编》第十九辑，台北：文海出版社，1975 年，第 88—89 页。

④ 张与九：《抗战以来四川之金融》，《四川经济季刊》1943 年第 1 卷第 1 期，第 67 页。

四川省银行就正式代理了四川省库,并成立四川省金库,总库设于省行所在地重庆,同时成立重庆、成都、万县、内江四分库,在省行各办事处所在地设立支库。省行与财政厅所订代理省金库合约之规定,主要事项有:①省金库由本行代理,其一切费用悉由本行负担;②省金库总分支库各级职员悉由本行调派,受金库之指挥;③所有库款收支账目完全划开,由省金库单独对财政厅负责;④一切现款悉数存放本行,作为往来存款,不计存息;⑤库款调汇本行,不取汇费、邮电费。[①]

1940 年 7 月起开始实施《公库法》后,各省金库一律改为公库,四川省银行乃将省库课扩大为省库部,以司其事。财政厅与省行另订委托代理省库合约之规定,其要点如下:①四川总预算范围内之收入及预算外之收入,均由厅方委托行方代理经营;②行方对代理省库所收之现金及到期票据、证券等项,应用存款方式存管,除特种基金存款依设定基金法令之规定因计存利息外,凡厅方之收入总存款及其他基金存款,与各普通经费存款,概不计息;③行方办理省库所需一切费用,由行方自行负担,另由厅方每月给予手续费一万元,以为补偿;④总分之库间库款之收支,由行方负责调拨;⑤厅方存款不足支付时,得向行方透支,暂以 200 万元为限,利率按月息八厘计算;⑥行方对于代理省库之收支及保管,应分立账册,并应逐日分别汇报厅方收入与支用机关等。至省库部与银行部分内部账务之划分,除以信托基金存款、普通经费存款及暂时收税款,悉存就地行处添列科目处理外,凡属普通基金及特种基金存款之收支,均分别以库字收款或付款报单,依法划拨总库入账,以资统驭。1940 年代理省库收纳税款已逾 6500 万余元,支拨各款,除财厅主管周转金超支 330 万余元外,已逾 7100 万余元,连同 1939年底结存款 1100 万余元,迄至 1940 年底,收支相抵,结存库款约达 500万余元。[②]

1941 年,四川省银行代理省支库继续增加,本行除原有成都、万县、内江、乐山、绵阳等 80 分支库外,当年上期增设温江、松潘,下期增设夹江、剑阁等 4 处支库,截至 1941 年底,其余分库 3 处,支库 83 处,依照省政府原定计划,尚应添办井研、梓潼、监亭、丹棱等 20 余库,后因中央新厘定全国财政为中央、地方两大系统,将省级收支并入中央,故未续设。于是

① 《四川省银行二十九年度工作报告/省库部工作报告书》(1940—1945),四川省档案馆藏四川省银行未刊档案,档号:民 072—02—2843。

② 《四川省银行工作报告》(1940—1941 年),四川省档案馆藏四川省银行未刊档案,档号:民072—02—2842。

四川省内国库支库和中央银行国库局，从 1942 年 1 月起，亦择要交由本行处代理。而璧山、广元等未成立县银行之县份，则有委托本行代理县库之议。①

（2）代理国库。自 1942 年起，中央将财政收支系统明令变更，只有国家财政及自治财政两大系统，省设财政收支划入国家财政范围之内，省库自应结束。各省省银行及地方银行依照第三次全国财政会议之决议，有代理国库支库之义务，故财政部与中央银行均要求四川省银行定期代理国库。省行为仰赞政令推行及促进国库收支之统一起见，遂遵令积极筹备，并于 1941 年 12 月与中央银行签订委托代理国库支库合约，分期开办。第一期于 1942 年 1 月开办，有彭县、中江、浦江、犍为、绵竹、西充、武胜、什邡、阆中、郫县、新都、新津、夹江、达县等 14 处；第二期于 3 月成立，有广安、邻水、温江、乐至、德阳、丰都、璧山、峨眉、洪雅、邛崃、安岳、巴中、彭山、赵家渡（金堂）等 14 处；第三期于 5 月成立，有南川、大竹、茂县、酉阳、崇庆、岳池、荣县、潼南、大邑、垫江、安县、大足、南溪等 13 处，三期合计 41 处。②1942 年，各库收入 120 000 663.12 元，支出 16 274 410.52 元，收支相抵 103 726 252.60 元。1943 年，各库收入 36 716 814.04 元，支出 14 277 815.44 元，收支相抵 22 438 998.6 元，不过此数并不完全，因为尚有 1—3 月属于本年之收支，因报表错漏延误而未立账核转者甚多。③另据统计，1942 年，省行各库收入 81 839 246.4 元，支出 9 568 986.05 元，收支相抵 72 270 260.35 元。1943 年，各库收入 449 681 850.27 元，支出 55 987 469.72 元，收支相抵 393 694 380.55 余元。④1942 年起，接受中央银行国库局之委托，代理川中一部分国库支库，先后成立彭县、中江、浦江、犍为、绵竹、西充、武胜、什邡、阆中、郫县、新都、新津、夹江、达县、广安、邻水、温江、乐至、德阳、丰都、璧山、峨眉、洪雅、邛崃、安岳、巴中、彭山、赵家渡、南川、大竹、茂县、酉阳、崇庆、崇池、荣县、潼南、大邑、垫江、安县、大足、南溪、綦江、富顺、遂宁、铜梁、江安、仁寿、开县、忠县等 49 库。但武胜、

---

① 《四川省银行工作报告》（1941 年），四川省档案馆藏四川省银行未刊档案，档号：民 072—02—2844。

② 《四川省银行工作报告》（1941 年），四川省档案馆藏四川省银行未刊档案，档号：民 072—02—2844。

③ 余尚复：《四川省银行代理国库之实况与今后改善办法之拟议》，《四川经济季刊》1944 年第 1 卷第 3 期，第 169—179 页。

④ 施复亮：《四川省银行的过去现在和将来》，《四川经济季刊》1944 年第 1 卷第 3 期，第 173、164 页。

安县、什邡、新津等先后被裁撤，仅 45 库。1943 年又增设广汉、眉山、资阳、中坝等 4 库，总数仍为 49 库。四川省银行代理各库事务，除派国库员一人分驻各库，专责办理外，总行方面最初系由省库部董理一切。《公库法》实施后因代理公库业务范围缩小，1943 年 5 月，省库部遵照新章程规定予以裁撤，另于业务部内增设公库课，办理国库及县库事务。1943 年各支库收入总数达 449 681 850.27 元，支出总数为 55 987 469.72 元。收入超过支出达 393 694 380.55 元，已陆续由总行发缴国库局。唯以国库账表种类繁多，各支库国库员一人经办，颇感烦劳，故办理情形未能臻于理想境地。现拟建立视导制度，分期派员前往各库切实督导办理，一面拟补充并训练承办国库人员，以资充实人力，改进代库事务，期能完成其协助国库、裨益国家财政之使命。[①]1944 年，撤销乐至、资阳两库，另添设蓬溪一库，计有中江、大足、遂宁、大邑、中坝、温江、广安、犍为、巴中、安岳、绵竹、岳池、大竹、南溪、丰都、龚滩、达县、邻水、蓬溪、洪雅、彭县、綦江、邛崃、蒲江、德阳、彭山、广汉、开县、峨眉、江安、南川、茂县、新都、潼南、郫县、夹江、铜梁、阆中、璧山、赵家渡、眉山、忠县、仁寿、垫江、西充、荣县、富顺、崇庆等 48 库。1944 年内，各库收入额共计 1 373 645 851.47 元，支出额共计 170 091 408.33 元。[②]

（3）发行业务。发行地方货币历来是省地方银行调剂地方金融的一个重要手段。1934 年四川地方银行成立后，当年即发行十元、五元、一元券三种，又发行二角、五角辅币券及在万县发行之流通券流通市面。1935 年，中央银行于渝、蓉两地设立分行，收回地钞，四川金融遂渐入正轨。[③]四川省银行成立后，又于 1936 年发行五角，是年底发足 100 万元，继又请求发行额增至 1000 万元，至 1937 年 10 月，实际发行额已达 9 983 000 元，即奉省令停止发行。此项五角辅币券，分蓝色改制重庆银行五角券及红色本行自制券两种，前者计 300 000 元，后者计 9 683 000 元。经历年陆续用红色券将蓝色改制券调回，截止到当前，计流通在外之红色券为 9 908 923 元，蓝色改制券 50 898.5 元，两种合计为 9 959 821.5 元，此外，收回红色销毁券 23 178.5 元，库存未发券 17 000 元，总计达 1000 万元之数。1940 年 5 月，奉财政部颁布《管理及整理

---

① 《四川省银行工作报告》（1943 年），四川省档案馆藏四川省银行未刊档案，档号：民 072—02—2846。

② 《四川省银行工作报告》（1944 年），四川省档案馆藏四川省银行未刊档案，档号：民 072—02—2847。

③ 郭荣生：《抗战期中之四川省银行》，《中央银行经济汇报》1943 年第 5 卷第 5 期，第 79 页。

各省地行发行钞券办法》，四川省银行遵照划流通券额 9 959 820.5 元之 1/5 为留存券，其余部分（计 7 967 857 元），按公债六成，金银法币二成，货物栈单二成之规定，配置准备金。[1]四川省银行于 1936 年发行五角辅币券，截至 1942 年，流通券为 8 101 518.00 元，留存券为 1 620 313.50 元，照流通券额配足金银法币四成计 3 240 607.20 元（其中二成呈准财政部暂以美金储蓄券代替货物栈单），公债折合法币六成计 4 860 910.80 元，交存交通银行保管。1942 年 7 月，奉财政部令集中由中央银行统一发行，四川省银行所缴存交通银行各项准备，即遵令移存中央银行发行局集中管理。[2]到 1943 年底，流通券为 7 301 518 元，销毁券为 1 078 178.5 元，留存券为 1 620 303.5 元。关于准备金部分，按照流通券数额，配足现金准备四成，保证准备六成。现金准备方面，计已缴存中央银行发行局法币 1 648 035.8 元，美金储蓄券折合法币 1 273 571.4 元，共计为 2 921 607.2 元。至六成保证准备，计已缴存中央银行发行局各项公债（四川善后公债、四川建设公债、四川整理债务公债）折合法币共为 4 380 918.8 元。[3]截至 1944 年 6 月 30 日，四川省银行流通券额为 7 301 518 元，留存券额为 1 620 303.5 元，销毁券额为 107 8178.5 元，关于准备金部分，按照流通券额配足现金四成，保证准备六成，均缴存于中央银行。[4]

（4）协助粮管局购粮并代办收缴。1940 年初，川省粮价即呈逐渐上涨之势，以致影响抗战民生甚巨，政府代设全国粮管局，借以筹措军粮，调剂民食。凡在四川各县收购谷米之款项，粮管局即责成省行承汇，其在各县动用之基金，亦交由省行各分行处存储。各分行处为协助县粮管局便利采购起见，对于资金之保管与收缴，无论巨细，均予竭诚洽办，而各负责购粮人员，咸以省行金融网绵密感受莫大之便利。省行南川办事处办理得法，协助有功，曾蒙总裁传令嘉奖。此后本行益当继续努力，并以扶助推行战时后方经济政策。[5]

1941 年下半年开始实行粮食征收，计四川除征收 600 万市石稻谷外，并

---

① 《四川省银行工作报告》（1940—1941 年），四川省档案馆藏四川省银行未刊档案，档号：民 072—02—2842。

② 《四川省银行工作报告》（1942 年），四川省档案馆藏四川省银行未刊档案，档号：民 072—02—2845。

③ 《四川省银行工作报告》（1943 年），四川省档案馆藏四川省银行未刊档案，档号：民 072—02—2846。

④ 《四川省银行工作报告》（1944 年），四川省档案馆藏四川省银行未刊档案，档号：民 072—02—2628。

⑤ 《四川省银行工作报告》（1940—1941 年），四川省档案馆藏四川省银行未刊档案，档号：民 072—02—2842。

同时购粮 600 万市石。该项筹粮办法，系由中央发给粮库券，同时搭发三成法币。粮食部七成，委托省行与中国农业银行协助办理 1941 年四川购粮部分之财务事宜，经洽定合约，在四川省经征粮食各县，设立 240 余个购粮财务机构，于总行组织代办购粮财务总管理处。设正副处长各一人，下置文书、人事、会计、出纳、运输、稽核、视导等七股，分责承办，编订代办《购粮财务须知》一书，令承办人员各手一册，并限于三个月期内完成代办任务。查本行代办购粮财务区域，计 67 处，购粮总数约 380 万市石，照法定每市石以 100 元计算，应付七成库券，三成法币，共经府库券或凭证约计总额 256 万石，又法币约 1100 万元。①兹将 1941 年省行代办购粮财物情况列表如下（表 4-3）。

表 4-3　1941 年四川省银行代办购粮财物统计表

办事处名称	分理处单位数/处	购粮总数/石	应付七成库券数/石	应付三成法币/石
新都	—	48 284	33 799	1 448 500
彭县	一	75 088	52 562	2 252 700
广汉	一	88 832	62 182	2 665 000
德阳	一	104 607	73 225	31 382
什邡	一	82 867	58 007	24 860
金堂	二	83 384	58 369	25 015
郫县	一	68 216	47 751	20 465
灌县	一	44 166	30 916	13 250
崇庆	二	109 925	76 947	32 978
大邑	二	85 985	60 189	25 796
邛崃	二	151 266	105 886	45 380
蒲江	一	54 116	37 881	16 235
名山	一	46 215	32 350	13 865
新津	一	44 997	31 498	13 499
荣昌	一	39 630	27 741	11 889
隆昌	二	69 968	48 977	20 990
资阳	三	98 204	68 743	2 946 100
富顺	四	151 926	106 348	45 578
简阳	三	128 364	89 855	38 509
成都	—	50 002	35 001	15 001

---

① 《四川省银行工作报告》（1941 年），四川省档案馆藏四川省银行未刊档案，档号：民 072—02—2844。

续表

办事处名称	分理处单位数/处	购粮总数/石	应付七成库券数/石	应付三成法币/石
华阳	二	99 192	69 434	29 758
温江	—	66 276	46 393	19 883

资料来源:《四川省银行工作报告》(1941 年),四川省档案馆藏四川省银行未刊档案,档号:民 072—02—2844。

此外,四川省银行仓库对于政府征购实物,无不尽量协助,1941 年租给营地粮政机关作为储存粮食之使用者,有重庆、内江、中江、绵竹、广汉、新津、绵阳、宜宾等行处。[①]

(5)代四行收兑破钞。法币自发行以来,不但流通无阻,信用巩固,且于抗战金融上有重要之功用。唯因流通已久,破烂难免,内地各县之持票人,以当地并无中央银行、中国银行、交通银行、中国农民银行四行之分支行处,乃向省行请求兑换,省行以职在调剂金融、便利人民及加强法币流通信用起见,乃决定代为兑换,破烂钞票经陆续连兑者,已达 20 万余元之巨。唯积久兹累,亦非长策,爰向中央银行、中国银行、交通银行、中国农民银行四行协商订立全川兑破钞契约,由中央银行、中国银行、交通银行、中国农民银行四行交存省行定额基金,以为兑换之准备。现此类契约已由省行拟具送请中央银行、中国银行、交通银行、中国农民银行四行签署,一俟成立,省行更当竭力以赴也。[②]

(6)代四川省政府向四行办理转抵押。四川省政府为促进生产建设事业起见,特以兴业公债及建设公债面额共计 4400 万元,交由本行向中央银行、中国银行、交通银行、中国农民银行四行办理抵押手续,省行业经负责交涉妥帖,计转抵押法币 2420 万元,利息 7 厘,分三期押借,第一、第二两期各借 807 万元,第三期借 806 万元,签约之日起为第一期,签约四个月后为第二期,签约七个月后为第三期。现该项契约已于 1940 年 12 月 19 日签订,第一期及第二期亦提前发借,至于还款期限,则自签约日起,分 36 个月摊还,所借第一、第二期之款,均以及时发收省库之账,由财政厅陆续支用。[③]

总之,全面抗战后,四川省银行的业务进入飞跃发展的时期。1936 年存

---

① 《四川省银行工作报告》(1941 年),四川省档案馆藏四川省银行未刊档案,档号:民 072—02—2844。

② 《四川省银行工作报告》(1940—1941 年),四川省档案馆藏四川省银行未刊档案,档号:民 072—02—2842。

③ 《四川省银行工作报告》(1940—1941 年),四川省档案馆藏四川省银行未刊档案,档号:民 072—02—2842。

款仅为 2 229.8 万余元，1941 年则增至 32 242.8 万余元①，1936 年底资产负债
总额仅为 3911.6 万余元，1941 年存款余额即增至 17 263 万元，放款余额即增
至 9517 万余元，其飞跃发展情形可见一斑。1942 年，四川省银行账面盈余总
额为 25 146 627.95 元，较 1941 年盈余总额之 11 600 633.08 元增加了
13 545 994.87 元，竟超出一倍有余，盈余以利息居首位，计达 3400 万余元，
手续费次之，计达 2200 万余元，其他如发行部及印刷所两部分特别会计之盈
余，共达 60 万余元。②1943 年资产数额已较前大增，截至当年底，资产负债
总额已增达 169 900 万余元，全年纯益已达 5274 万余元。③1944 年，四川省
银行之资金负债总额，由 1943 年之 169 900 万余元，增加为 222 100 万余元；
然而，纯益总额则已由 1943 年之 5274 万余元，减至 4011 万余元。④由此也
可见一般经济之艰困情形，亦反映于四川省银行的业务上。

第二节　全面抗战时期的贵州银行

　　1931 年王家烈主持贵州省政时，曾建立了贵州银行，由省政府秘书长李
某任行长。1934 年，王家烈失败，省银行遂告停顿⑤。1934 年 3 月，李锡祺
（时任贵州银行总经理）认为贵州银行业务已无法继续，鉴于"税收减色，财
政维艰，金库挪用银行资金，短期内又无力归还，本行基金缺乏，空有银行
之名，而无营业之资……莫如金库兼理银行，庶几相维相系，不致互不相
谋……"⑥，请求辞职，贵州省政府批准了其建议，该行运作实际上也处于停
滞状态。1935 年，国民政府控制了贵州省政权，建立了中央银行贵阳分行，
贵州银行宣布解散。1938 年，吴鼎昌出任贵州省政府主席，在其倡导下，1940
年贵州银行以官商合办的形式再次建立，1947 年发还商股，收归官办，改组
为贵州省银行，直到 1949 年贵州省解放而宣告结束。本部分主要对全面抗战
时期贵州银行的建立、组织机构与业务发展进行论述。

---

① 陈寿琦：《论地方银行之将来》，《四川经济季刊》1943 年第 1 卷第 1 期，第 275—276 页。
② 《四川省银行工作报告》（1942 年），四川省档案馆藏四川省银行未刊档案，档号：民 072—
02—2845。
③ 《四川省银行工作报告》（1943 年），四川省档案馆藏四川省银行未刊档案，档号：民 072—
02—2846。
④ 《四川省银行工作报告》（1944 年），四川省档案馆藏四川省银行未刊档案，档号：民 072—
02—2847。
⑤ 徐学禹、丘汉平编著：《地方银行概论》，福州：福建省经济建设计划委员会，1941 年，第
49 页。
⑥ 贵州省档案馆藏贵州省财政厅未刊档案，档号：M60—16。

一、贵州银行的再次成立

全面抗战后，贵州的战略地位日趋重要。1937 年 12 月 16 日，国民政府行政院召开第 241 次院务会议，决定改组贵州省政府，任命吴鼎昌为贵州省政府委员会委员兼主席①，"这在当时算是特例，因为担任各省主席的全是军人，唯独吴鼎昌是文职出身"②。吴鼎昌为原实业部部长，金城银行、盐业银行、大陆银行、中南银行四家银行的创始人，金融界巨子。国民政府任命吴鼎昌为贵州省主席，委以"建设贵州经济，安定后方"的重任，是想利用吴鼎昌社会名流和近代著名银行家这种身份，以及其能力、资历、社会关系等促进贵州发展，支持抗战。吴鼎昌出任贵州省主席后，力促地方经济、金融发展，挽请原清华大学校长，在华北金融、实业界享有较高声誉的周贻春出任财政厅厅长。1939 年 8 月，贵州省政府为适应环境需要正预筹设银行，"参议会建议当即由财政厅着手筹备，定名为贵州银行并预具章程草案，提经省政府委员会第 650 次会议议决通过"③。

贵州省政府委员会第 650 次会议议决通过成立贵州银行，随即登报通告：自 1940 年 7 月 1 日起登记商股，面向中央及有关方面商洽进行，并与中央银行、中国银行、交通银行、中国农民银行四行总处商借款项，备作官股资金。1940 年 10 月经贵州省政府决定组织贵州银行筹备委员会，并指定财政厅厅长周贻春为主任委员，以省政府委员何辑五、贵阳中国银行经理赵宗溥、贵州企业公司总稽核钱春祺、贵阳富商戴蕴珊等为委员。④钱春祺兼任总干事，综理各项会务，下设总务、设计、会计三组，每组设干事、办事员、书记等人员分办各组事项，为节省开支，除少数办事员、书记等专任外，其余均向财政厅、贵州企业公司及贵阳中国银行、交通银行两分行借调人员协助办理。⑤至 1940 年 12 月间，该行仍在筹备中，所有该行章程草案及招股简章，均经拟定，并由省政府咨准财政部咨复修正备案。按照章程草案规定，资本总额定为法币 600 万元，先尽商股认购，如有不足，再由省政府筹补。⑥由省政府自筹 100 万元，商股担任 100 万元，中央银行、中国银行、交通银行、中国

① 何长凤编著：《吴鼎昌与贵州》，贵阳：贵州人民出版社，2010 年，第 2 页。
② 徐矛、顾关林、姜天鹰主编：《中国十银行家》，上海：上海人民出版社，1997 年，第 256 页。
③ 贵州省档案馆藏贵州银行未刊档案，档号：M56—1—670。
④ 贵州省档案馆藏贵州银行未刊档案，档号：M56—1—670。
⑤ 贵州省档案馆藏贵州银行未刊档案，档号：M56—1—691。
⑥ 徐学禹、丘汉平编著：《地方银行概论》，福州：福建省经济建设计划委员会，1941 年，第 89 页。

农民银行四行各投资 100 万元。①

　　贵州银行资本总额 600 万元，分为 12 000 股，每股法币 500 元，先进行商股之募集，除财政厅设立"贵州银行商股登记处"外，并由筹备委员分头接洽认购。然而，由于商股人士抱观望态度，自 1940 年 7 月 1 日，截至 1941 年 6 月，登记商股仅 3124 股，股款为法币 156.2 万元，其中贵州企业公司认股 100 万元，川康银行及川盐银行各认 20 万元，其他商股 16.2 万元。省政府认股 443.8 万元，先收半数，到开业时，已收到贵州省政府官股款 221.9 万元，普通商股股款 78.1 万元，共收足 300 万元。②

　　贵州银行筹备委员会自 1940 年 10 月成立后，于 10 月 15 日召开第一次会议，到 1941 年 6 月 5 日共召开了 11 次会议。③按照《贵州银行章程》规定，应设董事 9 人，监察人 3 人，而奉贵州省政府批令，为提倡商股继续参加，先选董事 5 人，官股 3 人，商股 2 人，俟商股过半数时，再行添设为 9 人。官股董事由财政厅厅长、建设厅厅长、秘书长担任。监察人照章设三人，官一商二。官股监察人由民政厅厅长担任。④

　　1941 年 6 月 7 日上午 9 时，在贵州省财政厅会议室，贵州银行创立会正式召开，选举董事及监察人，由于贵州银行是按股份有限公司组织形式建成，首届董事会、监事会由省财政厅与主要投资单位协商产生，设董事 5 人、监事 3 人。因贵州省政府投资占全部股金的 73.96%，此次会议的官股董事为省政府指定的财政厅厅长周诒春、建设厅厅长叶纪元、秘书长郑道儒等 3 人，官股监察人为民政厅厅长谭克敏，此外，商股董事 2 人及监察人 2 人，经票选彭湖（贵州企业公司总经理）、刘航琛（四川川康银行、川盐银行代表）为商股董事，戴蕴珊、何辑五为商股监察人。⑤创立会后同日续开首次董事、监察人联席会议，推举叶纪元、彭湖、周诒春三董事为常务董事，互推周诒春为董事长，何辑五为常务监察人，并一致议决聘任钱春祺为总经理。⑥

　　1941 年 8 月 15 日，贵州银行总行在贵阳中华南路 79 号新址正式开业，由财政厅厅长周诒春兼任董事长，钱春祺任总经理。⑦该行章程规定"以调剂

　　①　郭荣生编：《中国省银行史略》，沈云龙主编《近代中国史料丛刊续编》第十九辑，台北：文海出版社，1975 年，第 29 页。
　　②　贵州省档案馆藏贵州银行未刊档案，档号：M56—1—670。
　　③　贵州省档案馆藏贵州银行未刊档案，档号：M56—1—670。
　　④　贵州省档案馆藏贵州银行未刊档案，档号：M56—1—748。
　　⑤　贵州省档案馆藏贵州银行未刊档案，档号：M56—1—678。
　　⑥　贵州省档案馆藏贵州银行未刊档案，档号：M56—1—691。
　　⑦　胡致祥：《贵州经济史探微》，贵州省史学学会近现代史研究会编：《贵州近现代史研究文集》（之二），1996 年，第 247 页。

本省金融扶助实业之发展为宗旨"。资本总款 600 万元，分 12 000 股，每股 500 元，先尽商股认购，余数由贵州省政府筹足之[1]，实收 300 万元。1941 年 12 月向财政部注册，领银字 400 号营业执照。开业不久，嗣又加推刘熙乙为商股董事，同年 11 月戴蕴珊自请辞职。至 1941 年底，除总行外，设有大定、独山两办事处，1942 年 7 月又设兴义、重庆两办事处。[2]

二、组织机构的演变与资本变化

（1）内部管理机构的变化。贵州银行采取总行制兼理各项营业，设总行于贵阳，设分支行及办事处或寄庄于各地。设总经理 1 人，综理全行事务；协理 1 人，协助总经理处理行务；经理、襄理各 1 人或 2 人，襄助总协理分理行务。初期下设业务、稽核、秘书 3 处，后来增设发行处、信托部、会计处、金库处、总务处，各设主任 1 人，必要时需设副主任 1 人。设储蓄部、信托部，各置经理 1 人，必要时并需设襄理。各部处分股办事，各设股长 1 人，办事员、助理员、练习生若干人。建立后有职员 64 人，其中，贵州省 26 人，江苏省 23 人，河北省 2 人，河南省 1 人，湖南省 4 人，湖北省 1 人，浙江省 4 人，广东省 1 人，江西省 2 人。从年龄言，50 岁以上者 2 人，45—50 岁者 7 人，35—40 岁者 13 人，25—30 岁者 27 人，满 20 岁者 15 人。从学历言，国外留学者 3 人，国内大学毕业者 11 人，专门学校毕业者 11 人，中等学校毕业者 23 人，肄业者 6 人。[3]

该行成立初期采取总行制度。设总经理 1 人，由钱春祺担任；经理（后改称协理）2 人，由孙伯陶、罗良干分任，协助总经理主持行务。协理罗良干兼任业务处主任，涂自强、任可知任稽核处主任、副主任，杨伟文、徐礼和任秘书处主任、副主任。1943 年增设信托部、会计处、金库处、总务处，信托部经理由协理孙伯陶兼任，添设副经理，由李朝桓担任。1944 年冬，钱春祺辞去总经理职务，由协理孙伯陶代理。1945 年 3 月经董事会聘请，刘熙乙担任总经理，孙伯陶为副总经理（罗良干他调，仅设副总经理 1 人）；任可知转任业务部经理，谢叔夔接任信托部经理，同时增设经济研究处，由颜泽溥任处长。[4]

① 丁道谦：《贵州金融业之回顾与前瞻（上）》，《财政评论》1942 年第 8 卷第 4 期，第 79 页。
② 郭荣生编：《中国省银行史略》，沈云龙主编：《近代中国史料丛刊续编》第十九辑，台北：文海出版社，1975 年，第 29、154 页。
③ 贵州省档案馆藏贵州银行未刊档案，档号：M56—1—691。
④ 贵州金融学会、贵州钱币学会、中国人民银行贵州省分行金融研究所编：《贵州金融货币史论丛》，贵州中国人民银行金融研究所《银行与经济》编辑部，1989 年，第 143 页。

1943 年 3 月 6 日，贵州省政府出让了部分商股，由伍效高、帅灿章、孙蕴奇、赖永初等人承受。3 月 15 日，贵州银行召开第一次股东常会会议，讨论并通过将资本额增加为法币 1000 万元（每股仍为 500 元），新增 400 万元，由商股认足。贵州银行原设董事 9 人、监察人 3 人，依照修正案，改设董事 11 人、监察人 3 人，除原任董事周诒春、叶纪元、郑道儒、彭湖、刘航琛、刘熙乙等 6 人任期未满，贵州省政府方面派谭克敏连任官股监察人，并加派何辑五为官股董事，尚有商股董事 4 人、商股监察人 2 人，经议决，推选孙蕴奇、伍效高、帅灿章、钱春祺等 4 人为商股董事，赖永初、陶桓菜等 2 人为商股监察人。①

1944 年 3 月 31 日，贵州银行召开第二次股东常会会议，讨论并通过将资本增为 2000 万元，分为 4 万股（每股仍为 500 元），所有本行官商股董事、监察人除何辑五、孙蕴奇、伍效高、帅灿章、钱春祺 5 人任期未满外，其余董事周贻春、叶纪元、郑道儒、彭湖、刘航琛、刘熙乙等 6 人，监察人谭克敏、陶桓菜、赖永初等 3 人，任期均将于 1944 年 6 月内届满。对于官股董事、监察人，贵州省政府指令仍予连任，而关于商股董事、监察人应如何决定，经股东常会议决：商股董事、监察人均请连任；第二、第三届董事、监察人任期一律自 1944 年 6 月份起算。②

1944 年冬，杨森接替吴鼎昌任贵州省主席。原任贵州银行董事长周诒春和董事叶纪元、郑道儒等离职，经省政府指定改由新任财政厅厅长杨公达接任董事长，建设厅厅长谢耿民、省政府秘书长李寰、省政府主任秘书葛覃、民政厅厅长袁世斌、省政府委员何玉书等接任该行董监事会官股董事、监事职务，谢耿民、刘汉清也一度因调任财政厅厅长出任董事长职务。商股方面亦因贵州企业公司彭湖、钱春祺等调职，改由该公司新任总经理陶桓菜、副总经理谭沛霖、王百雷接替该行董事、监事职务。③

（2）分支机构的演变。1941 年 8 月开业以来，贵州银行致力于省区各地分支机构之筹设，对于与本省经济关系较为密切之省外地区亦经分别筹设分支机构，除大定办事处于 1941 年 12 月初开业外，本年度先后增设正式开业者有独山、兴义、重庆、惠水四办事处，同时复派员分赴柳州、衡阳筹备设处。此外，正在筹划陆续增设者有遵义、镇远、毕节、桐梓、安顺、晴隆、

①　贵州省档案馆藏贵州银行未刊档案，档号：M56—1—678。
②　贵州省档案馆藏贵州银行未刊档案，档号：M56—1—678。
③　贵州金融学会、贵州钱币学会、中国人民银行贵州省分行金融研究所编：《贵州金融货币史论丛》，贵州中国人民银行金融研究所《银行与经济》编辑部，1989 年，第 142 页。

龙里、永兴、黔西、贵定、都匀、开阳、玉屏、赤水、盘县、黎平、铜仁、黄平、三都、榕江、贞丰、兴仁、思南、昆明等 20 余处。①该行总行设在贵阳，省境内设立之办事处，计有大定（1941 年 12 月 3 日设立）、独山（1942 年 2 月 2 日设立）、兴义（1942 年 7 月 16 日设立）、惠水（1944 年 2 月 27 日设立）、黔西（1943 年 6 月设立）等 5 处。省外办事处，计有重庆（1943 年 12 月设立）、衡阳（1943 年 6 月设立）等 2 处。已呈准财政部拟设或筹设中之省内外办事处，有遵义、镇远、毕节、桐梓、安顺、晴陆、龙里、永兴、贵定、都匀、开阳、玉屏、赤水、黎平、盘县、铜仁、黄平、榕江、马场坪、柳州、昆明等 21 处。②

1943 年底，贵州银行分支机构共 9 处，其中省内 6 处，省外 3 处。至 1945 年，在省内设立的分支机构主要有大定（1941 年 12 月 3 日设立）、独山（1942 年 2 月 2 日设立）、兴义（1942 年 7 月 16 日设立）、惠水（1943 年 2 月 27 日设立）、黔西（1943 年 6 月 16 日设立）、赤水（1943 年 9 月 13 日设立）、贵定（1944 年 9 月 30 日设立）、安顺（1945 年 3 月 7 日设立）、遵义（1945 年 7 月 10 日设立）、都匀（1943 年 9 月 21 日设立）、毕节（1945 年 3 月 20 日设立）、织金（1945 年 10 月 10 日设立）、镇远（1945 年 10 月 6 日设立）等行处，省外分行有重庆（1942 年 12 月 16 日设立）、衡阳（1943 年 5 月 6 日设立）、柳州（1943 年 8 月 16 日设立）等处。③

1944 年冬因日军自湘黔、黔桂路线入侵黔境，贵州银行遂将衡阳、柳州、独山、都匀、马场坪等 5 处撤回。④

贵州银行的资本变化体现在 1941 年 8 月 15 日正式开业时，总额 600 万元，实收资本 300 万元，总行设于贵阳，内部设稽核、业务、总务 3 处，分理各项事务。1943 年增资 400 万元，全由商股认购，实收 1000 万元，这样在 1000 万元资本中，官股 4 029 500 元、商股 5 970 500 元⑤，官商股之比大约为官四商六，贵州银行成为商股占主要地位的股份公司。第二次增资改组在 1944 年，增资到资本总额 2000 万元，在增资时重新调整了官商股的比例，其中官

① 贵州省档案馆藏贵州银行未刊档案，档号：M56—1—691。
② 郭荣生编：《中国省银行史略》，沈云龙主编：《近代中国史料丛刊续编》第十九辑，台北：文海出版社，1975 年，第 155 页。
③ 贵州省档案馆藏贵州银行未刊档案，档号：M56—1—691。
④ 贵州金融学会、贵州钱币学会、中国人民银行贵州省分行金融研究所编：《贵州金融货币史论丛》，贵州中国人民银行金融研究所《银行与经济》编辑部，1989 年，第 143 页。
⑤ 贵州省档案馆藏贵州银行未刊档案，档号：M56—1—691。

股为法币 1002.95 万元，商股为法币 997.05 万元①，官股股额比商股股额稍强，省政府于是再次控制股东大会和董监会，监督行务。

三、协助地方政府财政，调剂地方金融

（1）代理省市金库。贵州银行未开业以前，贵州省省金库由本市中央银行代理；贵州银行成立后，奉令接办，省金库于 1941 年 10 月 1 日接收实行，贵州银行本行于 11 月 1 日起受托代理贵阳市金库，数月以来省库每日平均积存约 300 万元，贵阳市金库每日平均积存约 30 万元。但贵州银行代理省市两库所耗人力、物力开支约 3000 元，而政府所弥补津贴两库共仅 500 元。1942 年春，国民政府实行财政改革，各省财政不复存在，省库并入国库，于是，贵州省金库收支事宜划归国库办理，贵州银行继续代理国库，受中央银行国库贵州分库之委托办理，所有代理市金库及县金库业务逐渐增加。②不过，贵州省库 1941 年以前尚多应收未收、应付未付之款，贵州省政府令准延期收解，故在 1942 年上半年内本仍由贵州银行继续代理省库，直至 1942 年 6 月底办理结束，将原经管事件移交财政厅接收。③以下是贵州银行在代理省市金库期间的收支情况一览表（表4-4）。

表4-4　1941 年 10 月—1942 年 6 月贵州银行总行金库处代理收支数目一览表

单位：元

日期	本月实收	本月实支	余额
1941 年 10 月	4 401 991.45	1 586 117.94	2 815 873.51
1941 年 11 月	1 538 519.28	1 346 091.03	192 428.25
1941 年 12 月	1 772 226.25	2 070 967.92	−298 721.67
1942 年 1 月	661 877.84	1 867 283.46	1 205 395.62
1942 年 2 月	1 235 223.55	1 777 016.12	−541 792.57
1942 年 3 月	1 095 661.15	1 416 006.11	−320 344.96
1942 年 4 月	572 603.75	900 996.16	−328 392.81
1942 年 5 月	377 389.04	522 220.74	−144 831.70
1942 年 6 月	25 363.23	114 393.98	−89 030.75
总　计	11 680 855.54	11 601 093.46	79 762.08

资料来源：《贵州银行三十一年度行务概况》，贵州省档案馆藏贵州银行未刊档案，档号：M56—1—691。

---

① 贵州省档案馆藏贵州银行未刊档案，档号：M56—1—513。
② 《贵州银行三十年度行务概况》，贵州省档案馆藏贵州银行未刊档案，档号：M56—1—691。
③ 《贵州银行三十一年度行务概况》，贵州省档案馆藏贵州银行未刊档案，档号：M56—1—691。

（2）代理县库。随着贵州银行分支机构的陆续设立，各驻在地县政府时有委托代办县款收支事项之要求，经先后与本省财政厅商拟本行代理县金库皆行补充办法，各分支行处代理县库合约暨代理县库手续费比率表呈经省政府核准通过照办，除大定、惠水两办事处现正洽商进行外，兴义、独山两办事处已先后于1942年8月1日、1942年10月1日开始代理县库，皆依照省政府通案及上项办法与各县政府先订合约核准办理。嗣为便利督导、划一各处办事手续费起见，于10月内订定各分支行处代办县（市）金库业务，处理及办理县（市）金库收支款项，应行注意事项暨总行金库及处理县（市）库业务工作纲要，提经贵州银行常务董事第三次会议议决通过公布实施。至于各县之款有时因收入迟缓未能遵应支出，当经各县政府申请透支，本行为顾及各库事实上需要起见，亦经照定原则并核准透支额饬知各办事处洽订契约妥慎办理。①

总之，抗战时期，贵州银行自成立后，一改旧贵州银行的腐朽作风，主要精力放在银行业务上，尽力摆脱地方财政的掣肘，在贵州省政府的大力支持下，积极扩展银行业务和投资实业及其他业务，积极为发展积蓄力量和信誉，1941—1945年取得了不小的发展。贵州银行1941年决算因开业不久，业务尚待拓展，故纯损法币 52 825.19 元，1942年决算计纯益法币 1 220 094.92元，除减去上年度损失外，实盈余 1 167 269.32 元。1943年上半年纯益349 149.14 元，下半年纯益 1 604 644.78 元，全年纯益共为 1 953 793.92 元。②

第三节　全面抗战时期的富滇新银行

云南之省地方金融机构，首推 1912 年 10 月设立之富滇银行。民国元年（1912 年），云南省政府鉴于银行之重要，特拨定公款，成立富滇银行，开业以后，信用昭著，对外汇兑，滇币常高于外币。后因护国、靖国、建国诸役，滇省以一隅之力独膺艰巨，致用浩繁，不得已而向他行借款，借款既多，因而发行过量，纸币停止兑现，币价日跌。省政府为挽救狂澜起见，于 1929 年成立金融委员会，筹备资金，历时两年，共储积半元银币 1600 万余元，即指定作为新行基金，成立富滇新银行，发行新兑换券，并预定分期分类收毁旧

① 《贵州银行三十一年度行务概况》，贵州省档案馆藏贵州银行未刊档案，档号：M56—1—691。
② 《贵州银行第一次股东常会会议纪录》，《贵州银行第二次股东常会会议纪录》，贵州省档案馆藏贵州银行未刊档案，档号：M56—1—678。

行纸币。富滇银行结束后，1929 年 8 月 1 日新省政府成立，为整理滇省金融，已召开财政金融会议，决议安定金融办法，付诸实施。1930 年 7 月成立整理金融委员会，专门负责计划收束旧富滇银行，同时筹备设立新银行。1932 年 5 月 1 日，云南省政府任命李培炎为行长，陆崇仁、杨文清为监察人，公布章程与组织规程，于 1932 年 9 月 1 日富滇新银行正式宣告成立，资本为半元银币 1600 万元。1934 年 2 月，李培炎辞职，行长一职改委缪云台充任。同时改组董事会、监事会，由李培炎、杨文清为监察人，虞汉、陆崇仁、缪云台为董事，并以卢汉为董事长、缪云台为常务董事兼行长。资本总额为新滇币 2000 万元，实收 1600 万元。[①]因此，抗战时期的云南省地方银行，主要是 1932 年设立的云南富滇新银行，在此主要阐述该行在抗战期间的组织机构演变与业务发展情况。

一、组织机构的演变

（1）内部管理机构的变化。富滇新银行在全面抗战开始之后，直至 1941 年，董事、监事及行长，仍沿袭全面抗战前，由上述诸人士充任。该行为省立银行，直隶于云南省政府，理事会秉承省政府意旨，筹议营业、发行、预算、决算、增资等事项，其议决案交行长执行。理事会设理事 5 人，由省政府委任之；内设常务理事 1 人，由省政府指定之。设监察 2 人，由省政府委任之。其职权为全行账目之稽核，库藏之检查与预算决算之审核。行政权属行长，行长商承理事会综揽全行职务并负执行责任。行长如因事不得执行职务时，需由常务理事暂行代理。该行采用总行制，总行设行长室，下设营业、会计、库藏 3 部。每部设经理 1 人。营业部设存款、放款、汇兑、出纳 4 股。会计部设计算、核算 2 股。库藏部设库藏、券务 2 股。以上各股各设主任 1 人。分行设经理 1 人、副经理 1 人，副经理之下设营业、会计、出纳等 3 名主任，3 名主任之下视事务之繁简，酌设办事员、助理员若干人。[②]

（2）分支行处机构的变化。富滇新银行开始营业后，到全面抗战前，次第在云南省内重要县市成立分支行 11 处，同时在省外之南宁、香港、上海等地与云南省汇兑关系密切者，设立分支机构。全面抗战后，营业逐趋发展，

<hr />

① 郭荣生：《抗战期中之云南富滇新银行》，《中央银行经济汇报》1943 年第 8 卷第 5 期，第 78 页。

② 郭荣生：《抗战期中之云南富滇新银行》，《中央银行经济汇报》1943 年第 8 卷第 5 期，第 78—79 页。

该银行以地方银行负有调剂地方金融、开发经济、完成本省金融网之责，努力推设分支机构。至 1939 年 4 月中旬，实收资本达新滇币 1600 万元，合法币 800 万元。理事长为缪云台，行长杨春锦，副行长张至宝。该行除昆明总行外，分行时有个旧、下关、昭通、丽江、开化、宁洱、腾冲、河口、东川、保山、顺宁、曲靖及香港等 13 处，另有办事处 30 余处。[1]1939 年春，云南省政府令该行推广各县分支机构，同时财政部亦训令该行遵照国防会议方案，务于 1940 年以前将全省各县分支行设置完成，以贯通各县金融。该行遵照指示，努力推设，经三年之努力，到 1941 年增设分支行 27 处，滇省金融网粗具规模。至 1941 年 12 月底，除总行外，该行有分支行 34 处分布于云南省境内，对于调拨省内金融，尚称便利（表 4-5）。[2]

表 4-5　截至 1941 年 12 月底富滇新银行分支行处设立时间表

行别	地点	成立日期	备注
总行	昆明市	1932 年 9 月	
个旧分行	个旧县	1932 年 9 月	
下关分行	凤仪县	1932 年 9 月	
昭通分行	昭通县	1932 年 9 月	
宁洱分行	宁洱县	1937 年 5 月	
丽江分行	丽江县	1937 年 5 月	
东川分行	会泽县	1937 年 6 月	
河口分行	马关县河口	1937 年 5 月	原为办事处，后改为分行
开化分行	文山县	1937 年 6 月	
腾冲分行	腾冲县	1937 年 5 月	以军事关系，暂撤退
保山分行	保山县	1937 年 6 月	以军事关系，暂撤退
曲靖分行	曲靖县	1937 年 5 月	原为办事处，后改为分行
香港办事处	香港	1937 年 5 月	已裁撤
南宁办事处	南宁	1933 年	已裁撤
上海办事处	上海市	1940 年 4 月	已裁撤
佛海分行	佛海县	1939 年 11 月	
武定分行	武定县	1939 年 11 月	
元谋分行	元谋县	1939 年 11 月	

---

[1]　徐学禹、丘汉平编著：《地方银行概论》，福州：福建省经济建设计划委员会，1941 年，第 81 页。

[2]　郭荣生编：《中国省银行史略》，沈云龙主编：《近代中国史料丛刊续编》第十九辑，台北：文海出版社，1975 年，第 150 页。

续表

行别	地点	成立日期	备注
弥勒分行	弥勒县	1940 年 2 月	
景东分行	景东县	1940 年 4 月	
寻甸分行	寻甸县	1939 年 11 月	
祥云分行	祥云县	1939 年 11 月	
路西分行	路西县设治局	1940 年 5 月	以军事关系，暂撤退
顺宁分行	顺宁县	1940 年 6 月	原为办事处，1941 年 10 月改为分行
楚雄分行	楚雄县	1939 年 8 月	原为办事处，1941 年 10 月改为分行
大姚办事处	大姚县	1939 年 3 月	
宾川办事处	宾川县	1940 年 5 月	
宜良办事处	宜良县	1939 年 8 月	
玉溪办事处	玉溪县	1939 年 8 月	
开远办事处	开远县	1939 年 3 月	
蒙化办事处	蒙化县办事处	1940 年 6 月	
禄丰办事处	禄丰县	1940 年 12 月	
通海办事处	通海县	1940 年 5 月	
永胜办事处	永胜县	1939 年 12 月	
嵩明办事处	嵩明县	1940 年 12 月	
罗次办事处	罗次县	1939 年 12 月	
云龙办事处	云龙县	1940 年 6 月	
路南办事处	路南县	1939 年 12 月	
双柏办事处	双柏县	1939 年 12 月	
易门办事处	易门县	1939 年 12 月	
鹤庆办事处	鹤庆县	1942 年 2 月	
景栋办事处	景栋县	1941 年	已撤退

资料来源：郭荣生编：《中国省地方银行概况》，重庆：五十年代出版社，1945 年，第 101 页。

由表 4-5 可见，富滇新银行分支行处，除总行外共 34 处，俱分布于滇省境内，而云南全省下辖 1 市 110 县，作为省级地方银行的富滇新银行仅有总分支行共 34 处分布于省境，难以达到活泼地方金融、满足地方经济发展的要求。

二、协助地方政府财政，调剂地方金融

抗战时期富滇新银行之主要业务为存放汇兑及发行纸币，云南省政府更赋予其种种特权，使其代表云南省政府执行地方金融政策，如统制外汇、投资省营企业、工商民款、合作事业等。

（1）奉云南省政府之命代掌农贷。1926 年底，云南省政府拨旧滇币 1000 万元（合国币 100 万元）作为设立农工银行之基本，以及成立农工银行基金委员会保管此项基金，而命富滇新银行代掌其业务。1937 年 1 月，富滇新银行成立农村事务股，1937 年 10 月，在昆明、呈贡、昆阳三县，开始进行农村贷款。至 1938 年 4 月，加入玉溪、普洱二县，农贷范围扩大为环湖五县，设立农贷会，派员下乡，指导农民组织借贷联合会以为贷款对象。1938 年 7 月，改称农村业务部，仍隶属于该行。1938 年以前共贷出款额不过合法币 15 万元。1939 年扩大农贷，全年贷出数额达法币 150 万元，贷款区域达 25 县。1940 年云南省为推广农贷，拟定《1940 年度扩大农贷办法》，邀集中央银行、中国银行、交通银行、中国农民银行、富滇新银行、农本局与云南全省合作委员会参加放款，经划分区域，归富滇新银行单独办理农贷者有普宁、昆阳、宾川、昭通、玉溪、佛海、弥勒、嵩明、寻甸、双柏、蒙化、邓川、永胜、腾冲、云龙、路南、祥云、景东、云县等 19 县。由富滇新银行主办但会同其他组织共同投资者有宜良、保山、楚雄、曲靖、顺宁、大姚、开远、易门、禄丰、武定、元谋、罗次、个旧、通海、禄劝、峨山、河西、龙武、广通、大理等 20 县，1940 年贷款总额为新滇币 990 万余元，合法币 4 954 575.64 元。1941 年富滇新银行训练大批农贷干部，并将其分配至各县积极推广农贷。办理县份至 1941 年 5 月已达 44 县（昆明合作金库及与中国银行、中国农民银行两行搭配办理的尚不在内），到 1941 年 12 月底农贷款额达滇币 4000 万余元，合法币 20 289 559.64 元。上述办理农贷的 44 县如下：由分行兼办者有个旧、昭通、会泽、腾冲、下关（兼办邓川、大理）、保山、曲靖、佛海、丽江、宁海、开化、芒市等县；由分行筹备处兼办者有元谋、武定（兼办禄劝）、弥勒、通海（兼办河西、曲溪）、祥云、寻甸、景东等县；由该行农贷委员会办理者有大姚；设农贷办事处专办者有楚雄（兼办云县）、易门、开远（兼办云武）、禄丰、罗次、双柏、嵩明、永胜、路南、宜良、玉溪（兼办峨山）、蒙化、顺宁、宾川、云龙、鹤庆等县。①

（2）发行业务。富滇新银行所发纸币称为新币或新滇币，以别于旧富滇银行之旧币或旧滇币。新滇币面值有一元、五元、十元、五十元、一百元五种，与法币比价，经财政部规定新滇币二元折合法币一元。此外，还有十仙、

---

① 郭荣生：《抗战期中之云南富滇新银行》，《中央银行经济汇报》1943 年第 8 卷第 5 期，第 80—81 页。

二十仙、五十仙之铜元票。该行发行额 1932 年为滇币 2 982 000.00 元，1933 年为滇币 13 036 100.00 元，1935 年为滇币 17 815 000.00 元。自 1936 年起，富滇新银行发行额即未公开发表，确实数目外界绝少知者。仅据 1939 年现金准备为新滇币之 30%。又据中国银行昆明分行估计，富滇新银行 1939 年现金准备在法币 2000 万—3000 万元，若假定为 2500 万元，则新滇币发行额当在 8000 万余元之数。又有人估计，1939 年春季，发行额已达 6000 万元左右，春季与年底数字相差 2000 万元，一年之内发行 2000 万元，似属可能，故上述两估计数或属可信。1939 年、1940 年该行发行之百元券、五十元券居多，发行数额当更增加。据估计，截至 1942 年四五月，发行数额在 2 亿—3 亿元。[①]

（3）全面抗战之初（到 1939 年 10 月），继续管理外汇。富滇新银行自 1932 年 9 月成立以后，云南省政府鉴于本省外汇市场向为法商东方汇理银行操纵，进出口商咸受盘剥，影响云南省经济金融甚巨，特颁管理外汇办法，授权富滇新银行管理云南省外汇，平抑汇价。于是，云南省的外汇市场之掌握权，遂由法商东方汇理银行转移至富滇新银行。全面抗战后，富滇新银行认为，进出口贸易应以适应战时之供求为原则，对于贸易管理及外汇管理作进一步之措施，呈准云南省政府设立云南进出口贸易管理委员会，隶属云南全省经济委员会，而外汇之管理亦由选择管理而进入普遍管理，这一管理权仍属于富滇新银行。1939 年，国民政府宣布出口货物结汇办法规定，凡出口货所得之外汇，应照港币 100 元折合法币 104.5 元之比率，售与中央指定之银行。照此发价结购，则锡矿商人成本不敷，势将停闭，富滇新银行为奉行中央法令及维护本省生产起见，乃呈准云南省政府实行云南出口货补助金办法，使出口商有可靠合法之利益，刺激产品之增加。1939 年 10 月，国民政府设立财政部贸易委员会云南分会，订有《云南外汇管理暂行办法》，以后遂由中央机关办理，于是，富滇新银行之管理外汇的业务至此宣告结束。[②]

除此之外，富滇新银行还尽力协助发展工商业，如 1941 年 11 月，当上海实业家王晓籁、虞洽卿由香港飞赴云南，与云南省政府寻求开发西南问题，即与富滇新银行行长缪云台商讨，决定筹资 500 万元组织三北公司，专门运输公私物资及开发内地资源，总公司设在昆明，分公司设在重庆、贵阳、仰

①　郭荣生编：《中国省银行史略》，沈云龙主编：《近代中国史料丛刊续编》第十九辑，台北：文海出版社，1975 年，第 149—150 页。

②　云南省档案馆、云南省经济研究所合编：《云南近代金融档案史料选编（1908—1949 年）》第一辑（上）（内部资料），1992 年，第 96—97 页。

光、畹町等各大商埠。①该计划得到富滇新银行的积极支持。

总之，全面抗战时期的富滇新银行，不断扩展业务，1940 年，富滇新银行纯益为新滇币 11 682 830.67 元，分配于公积金 5 841 415.15 元，应解云南省政府红利 5 257 273.64 元。截至 1941 年 6 月 16 日，历年公积金累计数为新滇币 32 780 686.15 元。②

第四节　全面抗战时期的广西银行

广西银行的创设经历了三个时期，自 1912—1921 年为第一期，1926—1929 年为第二期，1932—1949 年为第三期。抗战时期的广西银行，即是 1932 年第三次建立起来的。

全面抗战前的广西银行，到 1937 年 1 月，又由广西省政府将农贷部分分出来筹设了广西农民银行，该行业务主要为：①对于农民之信用放款及青苗放款；②经营农业仓库；③对于农民之动产及不动产产品之押汇；④办理各种存款暨农民储蓄；⑤代理农民收解各种款项；⑥办理农业票据之贴现及农产品之押汇；⑦经理省县委托仓库物品及款项；⑧代理农民委托农产品储藏运销及保险事项；⑨其他农民银行应经营之事项。在全面抗战后，这两家银行在最初时期是各自发展，到 1940 年，广西省政府为统一该省金融机构，特令将广西农民银行归并广西银行，定于 6 月间接收。至广西银行实行扩大，增设生产、仓库两部，生产部全部容纳农行之工作人员，其性质亦与农行略同，专管农工矿等投资事业。至于原任农行行长龙家骧则将调为广西银行副总经理。③两三年来，该行各种业务，俱有相当进展，而指导农民组织协会，以为放款业务之中介，成绩尤属显著。

一、组织机构的演变

（1）内部管理机构的变化。广西银行于 1932 年第三期成立后，其内部管理机构的变化先后经历了：①总管理处时代（1932 年 8 月——1936 年 2 月），总管理处设于南宁，为指挥全行行政之枢纽，对外并不营业。对外以股东会

---

① 《国内之部·商业》，《经济导报》1942 年第 1 卷第 1 期，第 107 页。
② 郭荣生：《抗战期中之云南富滇新银行》，《中央银行经济汇报》1943 第 8 卷第 5 期，第 80 页。
③ 徐学禹、丘汉平编著：《地方银行概论》，福州：福建省经济建设计划委员会，1941 年，第 79—80 页。

为最高权力机关，下设董事会、总管理处及监察委员会。董事会负立法监督之责，由官股无限责任股东派董事 7—9 人组织之，黄蓟为董事会主席。1932年 8 月，总管理处设总经理及协理，均由董事会委员兼任，总管理处成立时，由黄钟岳兼任总经理，廖竞天兼任协理，1933 年 3 月，黄钟岳任财政厅厅长兼董事会主席，白志鹍任总经理，白志鹍逝世后，总经理由廖竞天兼代至 1935年 5 月。②总行制时代（1935 年 3 月 1 日—1936 年 6 月底），改制之议，于1935 年 9 月 4 日董事会第二次常务会通过，并决定将总行由南宁迁设于梧州，总行制于 1936 年 3 月 1 日起实施。③广西银行时代（1936 年 7 月 1 日—1936年 12 月底），根据广西省政府决定，从 1936 年 7 月 1 日起，广西银行之商股部分退出，另组兴业银行；以广西银行之官股部分为资本，成立广西银行，同时总行由梧州迁往南宁，当年 10 月，又由南宁迁至桂林。此次改组后，省政府乃为最高权力机关，其下分设理事会、总行及监事会。理事会由省政府任命理事 7—9 人组成，财政厅厅长为当然理事并为理事会主席。总行设行长1 人、副行长 2 人，由省政府于理事中选派。监事会亦由省政府任命监事 3—5 人组成，以省政府审计机关长官为当然监事。④恢复官商合办时代（1937年 1 月 1 日—1940 年 4 月），1937 年 1 月 1 日起，恢复官商合办组织，仍称广西银行，总行设于桂林。如前所述，省政府曾经拟将广西银行中的商股退出，成立兴业银行，后因时局变化，未能成立兴业银行，而是将该行之农村经济部划出，改组成立广西农民银行。如是，商股既未退出，遂于 1937 年 7月 1 日起，仍恢复官商合办组织，总行设于桂林。1937 年 10 月，省政府加派王志莘、沈瑞熙等任董事，沈瑞熙兼副行长。1938 年 7 月，董事马维骐病逝，省政府派雷沛鸿充任，1939 年 8 月，董事兼行长黄蓟病故，省政府任命黄维接任。⑤董事长制时代（1940 年 4 月—1942 年 4 月）。1940 年 4 月，广西省政府为加强省内金融事业力量，以适应抗战情势，将广西农民银行及广西省贸易处并入广西银行，以扩大组织，更将资本总额改订为法币 1500 万元。同时，考虑到过去董事会人数较少，难负督导之责，遂进行改组，董事会人数增至 17人，除省政府财政厅厅长、建设厅厅长为当然董事外，余均由省政府指派。董事不仅负督导之责，且负责处理日常事务，常务董事 7 人，常驻银行参加会议，办理公务。总经理、副经理秉承董事长之命，办理全行事务，并执行董事会决议事项。本届董事会，董事长为黄钟岳，常务董事为陈雄、廖竞天、张君度、张心徵、沈瑞熙、黄维。董事为吕竞存、谢赞英、李任仁、邱昌渭、孙仁林、吴尊仁、何海涛、雷沛鸿、苏希洵、王志莘。监察人为郭德洁、蒋培英、黄瑞珍、朱宏汉、梁应杰。总经理为廖竞天，副总经理为黎庶、龙家骧。协理为邓恭植、雷运生。⑥行长制时代（1942 年 5 月实行），1942 年 5 月，广西省政府颁发修整《广西银行章程》，改组董事会，组成第六届董事会，并变总行组织为行长制。前在董事会时代，总经理、副总经理系秉承董事会处理行务，且日常事务之较重要者，须由董事长商同常务董事共同决定，或提交董事会决议，如是固可详密周妥，但机构重复，牵制太多，工作力量不能集中，迟滞而缺乏机动，不切合时代需要。此次改组之后，省政府财政厅厅长为当然董事，集会时当然董事主其事，董事会之职权为决定全行业务方针，审定各项章则规程，检查总分行处账册，审定全行开支预算及营业预决算等，日常行务则由行长、副行长遵照董事会方针全权处理，行政较机动、敏捷，效率为之提高。第六届董事会以王逊志、黄钟岳、廖竞天、徐启明、吕竞存、吴尊仁、邱昌渭、苏希洵、陈雄、阚宗骅、孙仁林、沈瑞熙、黄维、李任仁、张心徵、杨明炤、张君度等 17 人为董事，以蒋培英、朱宏汉、梁应杰、郭德洁、雷沛鸿等 5 人为监察人。以黄钟岳为行长，廖竞天、龙家骧为副行长。改组之后，业务方针侧重扶植生产，收购物资。组织机构紧缩严密，总行除行长办公室、稽核室与总务处外，经营业务之部分，仅有业务、储蓄、信托三部，旧设之生计部与公库代理部并入业务部，仓库部业务一部改归广西粮政局，一部归信托部，将仓库部亦取消。①下面，笔者将对整个抗战时期广西银行的组织及其负责人情况列表介绍（表 4-6）。

表 4-6　抗战时期广西银行组织及其负责人简表

性质		日期	职称	负责人	董事会	行址	董事长
官商合营	改组	1937 年 1 月	总经理行长	黄蓟（正） 廖竞天（副） 沈瑞熙（副）	第四届	桂林	黄钟岳
	改组	1939 年 9 月		黄维（正） 廖竞天（副） 沈瑞熙（副）		桂林	黄钟岳
	扩大改组	1940 年 4 月		廖竞天（正） 龙家骧（副） 黎庶（副） 邓恭植（协理） 雷运生（协理）	第五届	桂林	黄钟岳
	改组	1942 年 5 月 1 日		黄钟岳（正） 廖竞天（副） 龙家骧（副）	第六届	桂林	王逊志

① 郭荣生编：《中国省银行史略》，沈云龙主编《近代中国史料丛刊续编》第十九辑，台北：文海出版社，1975 年，第 141—145 页。

续表

性质	日期	职称	负责人	董事会	行址	董事长
官商合营	改组	1944年1月		黄钟岳（正） 阳明炤（副） 龙家骧（副）		

资料来源：广西壮族自治区地方志编纂委员会编：《广西通志·金融志》，南宁：广西人民出版社，1994年，第67页。

（2）分支行处机构的变化。广西银行成立之初，其组织系统系于总管理处之下设银行及汇兑所，此二机构直属于管理处，隶属银行及汇兑所之下者有各办事处。其分支机构之名称与一般银行不同。例如，该行之梧州行称"梧州广西银行"，龙州行称"龙州广西银行"，该行之柳州汇兑所称"广西银行柳州汇兑所"，该行之宾阳办事处隶属南宁行而称"南宁广西银行驻宾阳办事处"，此种称谓，外界不易辨识，有令人错以为广西各地多设有广西银行，其性质似县银行者。直至1930年6月改组时，始将其分支行处组织改称分行、汇兑所、办事处、分处，1942年5月又将分处改为分理处。

广西银行成立之初原设于南宁，中经梧州，后移桂林，先采总管理处制，后改为现行之总行制。1932年成立总管理处后，于同年设梧州、郁林、龙州等分行，贵县、百色、平乐、容县、全县、大鸟（平南县）、长安（融县）等7办事处。1933年设八步（贺县）、香港分行、庆元、鹿寨（榴江）、驮芦（左县）、浔州（即桂平）、都安、靖西等办事处。1934年设平马（田东县）、荔浦、宾阳、怀集（庆元县）等4办事处。1935年为全面抗战前设行最少之一年，该年仅设藤县办事处1处。1936年又增设博白、横县、灌阳、恭城、上思等5办事处。1936年10月总行迁至广西后，设南宁分行。以上为该行全面抗战以前敷设分支机构情况。

1937年全面抗战发生，该行仅于9月设兴安办事处1处，1938年设凭祥、檬江（藤县）、榴江3办事处。1939年设百寿、镇结、崇善、三江等办事处。自1937年全面抗战发生，迄1939年底，该行增设之分支机构共8处。自1940年该行对完成全省金融网较前努力，该年除将百色、平乐、庆元3办事处扩大为分行外，省外设衡阳办事处，以沟通省际汇兑。于省内设河池、万冈、天保、永福、南丹、阳朔、乐业、蒙山、向都、陆川、昭平、怀远（庆元县）等12办事处。3月于新加坡增设汇兑所，以便利广西籍华侨汇兑。1940年将前设之榴江、檬江、三江等办事处改为分理处，更增设运江（鹿寨）、太平（藤县）2分理处。广西银行在省境主要县市应设分支机构，至1940年底，已次第完成。进入 1941 年，该行即致力于乡镇机构之增设，该年在省内增设之办事处有隆安、北流、武鸣、柳州河南与桂林东江等 5 处，增设之分理处有庙头（全县）、界首（兴安县）、六寨（南丹县）、三岔（庆远县）、都安、古城（富川县）等 6 处，前设之万冈、怀远 2 办事处，亦于该年改为分理处；省外机构，该年增设者有金华、曲江等 2 办事处。1941 年 12 月太平洋战事发生，该行之香港分行及新加坡汇兑所即予撤销。1942 年，将浔州、衡阳、贵县、金华、曲江各办事处扩大为分行，于省内设两江（临桂县）、良丰（临桂县）、六塘（临桂县）、罗锦（永福县）、雅瑶（百寿县）等 5 分理处。截至 1942 年 5 月底，广西银行除总行外，于省内外设有分行 14 处、办事处 35 处、分理处 18 处，全体工作人员 1313 人。广西省共辖 100 县市，省境已设分行者 11 县，设办事处者 34 县，设分理处者 5 县。其余各县以交通不便、生产不丰，尚未设立行处，现由总行继续调查各地生产交通情形及政治、经济、军事上之需要，相继增设，以完成全省金融网，沟通省内汇兑。各大乡镇墟市，亦拟继续增设简易储蓄处，以吸收乡镇游资。省外之重庆、贵阳、昆明、永安、吉安等地正筹设分行或办事处，以便利省际汇兑，发展省际贸易。[①]

二、协助地方政府财政，调剂地方金融

（一）公库代理

广西银行于 1932 年第三时期成立后，鉴于以往之教训，特于条例章程中规定：①鉴于前期银行为政府财政牵累至深，所以新银行条例章程中明白规定，不代理省库，以划清财政与金融之界限，并限制政府透支，不得超过已拨资金的 30%，已确定借款义务的极限。②鉴于前期银行巨额长期放款的营业，每陷于作茧自缚、尾大不掉之危境，因此规定放款期间，至长不过半年，使资金活泼。③鉴于前银行由政府专办，受政权支配及政潮影响，故规定官商合办，使人民享有监督银行的实责实权。④鉴于前银行发钞准备的不确实，故规定发行部独立，并严格限制发行钞票。⑤鉴于前银行的集权制度，立法、监督和行政混乱不清，故特设董事会，分任立法监督之责。显然，此次立法较前完善，组织较前健全。[②]其中的一些规定，如"不代理省库"，可谓一大创举，打破了代理省库乃一般省地方银行必须承担职责的惯例。

---

① 郭荣生编：《中国省地方银行概况》，重庆：五十年代出版社，1945 年，第 123—124 页。
② 陈文川：《广西银行组织的沿革》，《广西银行月报》1941 年第 2 卷第 1 期，第 17 页。

（二）发行省钞

广西银行于 1932 年 8 月开始发行一元、五元、十元券三种，与通用银毫等价流通于省内各大市场，后又发行五角、一角两种。历年发行数额如表4-7 所示。[①]

表 4-7　1932—1941 年广西银行发行数额比较表

年份	发行额
1932	4 248 881.00
1933	6 071 010.00
1934	6 346 987.50
1935	17 156 029.70
1936 年 6 月	35 383 396.20
1936 年 12 月	62 366 091.20
1937 年 6 月	69 927 757.20
1938 年 6 月	69 921 854.80
1940	39 963 878.60
1941	39 960 927.40

注：表中单位 1932—1938 年为桂币元，1940—1941 年为法币。
资料来源：郭荣生：《抗战期中之广西银行》，《中央银行经济汇报》1943 年第 7 卷第 9 期，第 87 页。

广西银行自 1932—1934 年发行额度并不甚大，当时行务主管人员对发钞颇为谨慎，时时顾及行内现金准备，故该阶段无显著变动。当时发行钞票准备金，分布于桂林、梧州、郁林、柳州、南宁、龙州、八步等 7 行。发行权属于总行发行部，各分行发行钞票，非提供等额的准备金于发行部，不得领钞发行。1935 年，广西省实施通货管理，银行收兑现银，市面筹码不敷，遂增发千万余元。1936 年 6 月 1 日后，两广拟联合发动抗日，进军衡阳，广西省度支浩繁，故 6 月底，又增发 1800 万元纸币。1936 年 6 月以后，广西省为抗日购办不少交通军用器材，同时由于居民大量外流，省内资金大量逃出；又因省内物资不能出口，广西银行外汇来源缺乏，省钞汇率及价值两皆低落，以低折价格源源流入香港、广东，广西省筹码遂告不敷，于是又增发 1800 万元。桂钞价值低落，中央恐对抗战后方之广西省生产与民生产生不良影响，财政部于 1937 年 11 月颁发整理桂钞办法，以安定金融、稳定物价，规定桂钞1 元合法币 5 角。至 1937 年 12 月，广西银行将钞票发行权交还中央。[②]

①　郭荣生：《抗战期中之广西银行》，《中央银行经济汇报》1943 年第 7 卷第 9 期，第 87 页。
②　郭荣生：《抗战期中之广西银行》，《中央银行经济汇报》1943 年第 7 卷第 9 期，第 87 页。

抗战军兴，广西省各县既已缺乏辅币找补，到桂南会战发生时，情形尤为严重，广西银行为救济市面，呈准财政部将该行前在香港印制运存桂林之中央银行之 5 角辅币券 500 万元，照章缴纳准备金，向中央银行领回，于 1940 年 3 月发行流通。至 1941 年底，广西银行发行总额为 39 960 927.40 元，1941 年广西省政府以该行遵照财政部令，将手工业贷款及小额信用放款数额提高，需要现款甚巨，兼以形势紧张，抢购物资与救济农民亦需大量资金，遂特电请财政部允准该行增发一元券 300 万元、五元券 700 万元，并请以前广西农民银行印存之农产证券改充，这部分证券存在香港，后因香港沦陷，此项证券中散失一部，即停止改印发行计划。[①]

总之，广西银行的资本变化情况为，广西银行于 1933 年成立之初，原定资本总额为毫币 1000 元，分 100 万股，每股 10 元，实收 340 万元即行开业，至 1935 年底续收股本 250 万元。1936 年 5 月，广西省政府颁发《广西银行条例》，改订资本总额为广西省通用货币 2000 万元。至 1936 年底，续收股本毫币 613 650 元，前后共计毫币 6 163 650 元。1940 年 4 月，省政府颁发《修正广西银行章程》，改订资本总额为法币 1500 万元，但截至 1941 年底，实收资本法币 6 523 730 元，其中，官股共 500 万余元，商股尚不足百万元，1942 年 5 月颁发《修正广西银行章程》，资本总额仍定为 1500 万元。该行为符合订章起见，续收股本以增厚资力，至 1942 年 6 月底止，收足额定资本为法币 1500 万元。[②]

第五节　全面抗战时期的西康省银行

西康省银行是西南地区全面抗战开始之后才建立起来的省级地方银行，其在战时的组织机构建立、发展与业务情况是本部分需要重点探讨的内容。

一、西康省银行的成立

西康省交通梗塞，民智未开，金融枯涩，产业落后。在全面抗战以前，仅有四川省银行，在西昌、雅安两县各设分行一处，推行营业，周转金融，两县商民，实深感利赖。然而，整个西康境内则金融之枯涩情形，极为严重，无一本土银行、银号或钱庄（时西康尚隶属四川省）。金融势力几乎完全操之

---

① 郭荣生：《抗战期中之广西银行》，《中央银行经济汇报》1943 年第 7 卷第 9 期，第 87 页。
② 郭荣生编：《中国省银行史略》，沈云龙主编：《近代中国史料丛刊续编》第十九辑，台北：文海出版社，1975 年，第 146 页。

于土司及村保头人等之手，重利盘剥，唯其所欲。借款利率往往为年利四五分；而在承贷一方，尚须曲意承欢，虚心结纳。其以青稞出货者，则播种时贷予籽种一斗，秋获时即须以二斗归还。逾期一年，依此递加。故三年归还时，是最初所贷之数的 8 倍。农民所受重利盘剥之苦，可见一斑。①

西康省银行虽正式成立于 1937 年 8 月，但在全面抗战前就呈请国民政府财政部批准设立。1936 年秋，西康建省委员会由雅安移至康定，鉴于西康省尚无银钱行庄之设立，金融枯竭，汇兑不便，人民深受高利贷之剥削，开始筹设西康省银行，指派干员，规划进行。1937 年初，西康建省委员会拟具的筹设办法得到财政部正式核准，于是西康省银行积极筹备、租定中正街总商会对门旧陕西帮大字号作省银行地址，准备来月初即开始营业。②3 月，筹备工作完成，奉财政部批准立案，该行股本金额确定为 400 万元，营业范围与四川省银行相同。③由西康建省委员会指派董监，成立董监会。董事会由筹备主任李先春为董事长，沈月书为常务董事，杨永浚、唐永晖、王师曾、叶诚一、张敬熙、程仲樑为董事。监察人会以任乃强、刘衡如为监察人，嗣由董事会决定，以程仲樑为总经理，沈月书为协理。西康省银行于 1937 年 8 月开业，总行设于康定。资本总额定为 50 万元，开业时收足半数 25 万元，全部为官股。④

二、组织机构的演变

（1）内部管理机构的变化。1939 年，当西康省的新省政府成立后，奉令改组西康省银行，西康省主席刘文辉指定丁次鹤为董事长，吴晋航等 6 人为董事，任莜庄等 3 人为监事，修改银行章程，扩大董事会权限，由董事会负责银行整个计划，银行内部机构亦略有变更，总经理原兼任常务董事，此次改组由程仲樑任总经理，不另兼常董，沈旭初任协理职。⑤为适应事实上之需要，决定总行仍设于康定，而将董事会设于雅安。⑥

1939 年 10 月，省政府再拨给该省资本 25 万元，实收达 50 万元。旋以资

　　① 《国民参政会川康建设视察团报告书》（1939 年 8 月），台湾"国史馆"藏陈诚副总统文物未刊档案，档号：008—11104—00001—022。

　　② 《西康省银行将成立》，《四川经济月刊》1937 年第 7 卷第 1—2 期，第 20 页。

　　③ 《西康省行股本确定》，《四川经济月刊》1937 年第 7 卷第 4 期，第 24 页。

　　④ 郭荣生编：《中国省银行史略》，沈云龙主编：《近代中国史料丛刊续编》第十九辑，台北：文海出版社，1975 年，第 91 页。

　　⑤ 《西康省银行改组》，《四川经济月刊》1939 年第 11 卷第 1—2 期，第 34 页。

　　⑥ 郭荣生编：《中国省银行史略》，沈云龙主编：《近代中国史料丛刊续编》第十九辑，台北：文海出版社，1975 年，第 91 页。

本薄弱，不足肩负扶助生产、繁荣地方之任务，于是省政府为充实资本，活泼地方金融，呈准财政部于 1940 年 4 月发行西康省地方金融公债 500 万元，以 250 万元向四联总处及中国银行抵押借款，资金大见灵活。1941 年春，该行资本增加为法币 350 万元。[1]

1941 年春，总经理程仲樑辞职，董监会局部改组，增添西康省企业界巨子数人为董监。改组后之董事会以丁次鹤为董事长，张少扬、李光普为常务董事，冷杰生、韩文哇、刘式菴、王治人、徐志翔、康季谋、吴晋航、李章甫、唐永、李云谷为董事。监察人会以段升阶、陈越樵、夏仲远、邵石痴、丁次鹤、黄隼高为监察人。总经理为李先春，协理为沈月书、周福元。[2]

（2）分支行处机构的变化。西康省地处边陲，交通不便，西康省银行创设以后，为调整边地金融，沟通川康汇兑，便利取款敏捷，努力发展分支机构，到 1937 年 10 月间，该行于汉源县设立宜东办事处，1938 年还在同县境内设立富林办事处。1938 年初，拟在雅安设立分行，积极派员到雅安进行筹备工作，租定雅安正大街第 77 号为行址，俟筹划妥善即开始营业。另设成都办事处。该行康定总行之业务，为存款、放款、汇兑、贴现、代办及仓库各项，办事处除不营仓库业务外，其他业务与总行略同。[3]

1939 年成立西昌、甘孜、理化、重庆等 4 办事处。1940 年将雅安、西昌 2 办事处扩升为分行，以应需要。同年撤销宜东办事处，增设昆明办事处。1941 年设会理、天全、荥经 3 办事处。1942 年设巴安、白盐井 2 办事处。该行在西康省经济困难情形下，努力推设地方金融网，殊为难得。该行开业时，全体工作人员约 20 人，至 1945 年已增至 200 多人。[4]

三、协助地方政府财政，调剂地方金融

（一）公库代理

西康省银行公库业务分省库业务、国库业务、县库业务。①省库业务。该行章程规定有代理省金库一项，该行成立之初，省政府正式命令代理省库，

---

① 郭荣生编：《中国省银行史略》，沈云龙主编：《近代中国史料丛刊续编》第十九辑，台北：文海出版社，1975 年，第 27 页。

② 郭荣生编：《中国省银行史略》，沈云龙主编：《近代中国史料丛刊续编》第十九辑，台北：文海出版社，1975 年，第 92 页。

③ 徐学禹、丘汉平编著：《地方银行概论》，福州：福建省经济建设计划委员会，1941 年，第 87 页；《川银行业发展近况》，《四川经济月刊》1938 年第 9 卷第 4 期，第 7 页。

④ 郭荣生编：《中国省银行史略》，沈云龙主编：《近代中国史料丛刊续编》第十九辑，台北：文海出版社，1975 年，第 93 页。

即于行内设省库课专司其事，凡省境分支行所在地，均代理省库收付事项。②国库业务。该行 1941 年与中央银行订约，自当年起，该行之理化、甘孜、巴安、会理、富林、白盐井、荥经、天全等 8 办事处代理国库，康定、雅安、西昌三地，因有中央银行、中国银行、交通银行、中国农民银行四行设立，该三地之国库收付事宜，未由该行代理。③县库业务。省政府因改订财政收支系统后，县财政业已确立，所有收支按《公库法》施行，由于西康省情形特殊，省财政厅拟据计划咨准财政部，凡施行新县制县份一年后即应筹设公库，雅安、汉源、西昌、会理等 4 县于 1943 年实行新县制，应于 1943 年筹设县公库，省政府当电令各县自 1943 年 7 月实行。县公库本应由县银行代理，因该四县均未成立，省政府以各县均有省银行分支行处，令该行先行代理。①

（二）发行和领券

西康省原本通行硬币，种类主要有三种，一为云南所铸造之钢洋，二为西康所铸造之藏洋，三为银锭。当地人民对法币缺乏明确之认知，流通颇感困难。西康省银行成立后，于 1938 年 10 月呈准财政部发行藏币券 200 万元，使康藏人民养成使用钞票之习惯，以为行使法币之过渡办法。该券于 1939 年 8 月及 1940 年 10 月两次发行，藏币一元折合法币四角四分八厘。行使之初，人民深感疑惧，幸该券印有藏文，康藏人民易于辨识，经该行苦口婆心，多方教劝，始得流通，藏券行使后法币亦渐能流通市面。②

藏券发行准备金依章交足，内计现金准备 537 600 元，保证准备 358 400 元，共计 896 000 元。藏券发行前财政部与该行商定发行藏券办法其要点如下：①现金准备，现金准备六成，以收回之藏洋充之。②保证准备，保证准备四成，以农产品充之。③准备保管，以上两项准备金数交存当地或中央银行指定之银行保管之。但现金准备六成中，得由中央银行转存该行三成，保证准备之农产品如有缺短，并得以现藏币抵缴。④行使期限，行使期限为两年，在行使期内，应将现在流通之藏币陆续收兑，按值兑换法币，再以法币逐渐收回藏币券，予以撤销，期满一律行使法币。关于领券，1941 年 5 月，该行因黄金不敷周转，经财政部核准，领用小额券 100 万元，领券准备金全数缴足。③

---

① 郭荣生：《抗战期中之西康省银行》，《中央银行经济汇报》1943 年第 8 卷第 4 期，第 74 页。
② 郭荣生：《抗战期中之西康省银行》，《中央银行经济汇报》1943 年第 8 卷第 4 期，第 73 页。
③ 郭荣生：《抗战期中之西康省银行》，《中央银行经济汇报》1943 年第 8 卷第 4 期，第 73 页。

（三）资本总额的变化

西康省银行于 1937 年 8 月呈准开业。额定资本为法币 50 万元，实有资本仅 25 万元。全由西康省政府拨资成立。1939 年 10 月，西康省政府再拨给该行资本 25 万元，实收达 50 万元。后以资本薄弱，不足肩负扶助生产、繁荣地方之重任，于是西康省政府为充实省行资本，活泼地方金融，呈准国民政府财政部于 1940 年 4 月发行西康省地方金融公债 500 万元，以 250 万元向四联总处及中国银行抵押借款，资金大见灵活，1941 年春，该行资本增加为国币 350 万元。①

该行存款总额：1937 年为 30 万余元，1938 年为 500 万元。因该行代理省库，故存款来源以各种税收及机关学校之活期往来存款为大宗。至私人商业上之存款则甚少。其放款总额，1937 年约为 40 万元，1938 年仅为 300 万元，多属抵押放款。其抵押品，以进口之茶，出口之山货、药材、麝香及金为多。信用放款几仅以西康省政府为限。对商户或私人之信用放款，固无几也。期限最短 1 月，最长 6 月。月息一厘二四者最为普通。西康省银行的汇总情况，每年之汇兑款总额，1937 年为 30 万余元，1938 年为 100 万余元。凡该行设有办事处之各地，皆可通汇。②

综上所述，全面抗战期间，大后方省地方银行组织机构和业务均得到了快速的发展。从组织机构来看，随着抗战形势的发展，其内部管理机构不断扩大，各地业务机构也迅速壮大，并积极响应政府财政金融政策，履行其调剂省区金融、扶助地方经济建设事业之发展的责任。推动大后方地方银行业发展的动力是不断增长的业务需要，如大后方地区随大规模内迁而发生的人口与生活资料需要的激增，因全国性抗战而带来的军用物资与交通运输需要的猛增等，"抗战发生以后，军用浩繁，而依照中央既定方针，建国与抗战同时并重，所有经济建设，如兴办铁道，公路，电信，水力及矿业，工业等各项事业，以及调整物资所需经费，复次第增加"③。这一切都对金融业提出了空前的要求，如果金融不健全，则社会资金无法周转，其结果必致民力凋敝，经济枯竭，军需难支。面临此种局面，国民政府所采取的一项重要对策就是努力发展银行业，尤其是推设金融网，以促进金融的流通，支持抗战事业。"金

---

① 沈雷春主编：《中国金融年鉴》（1947），上海：黎明书局，1947 年，第 A88 页。
② 《国民参政会川康建设视察团报告书》（1939 年 8 月），台湾"国史馆"藏陈诚副总统文物未刊档案，档号：008—11104—00001—022。
③ 孔祥熙：《四年来的财政金融》，重庆：中国国民党中央执行委员会宣传部，1941 年，第 10 页。

融之机构，为血液之脉络，血液运转，必赖脉络，金融流通，必赖机构。"[1]于是，全面抗战以后，战区各省地方银行，虽蒙受相当损失，然均能在政府督导之下，增强力量，发展业务，并随时注意敌伪经济侵略，以适当之抵制方法粉碎其阴谋，其余后方各省地方银行，除由财政部督饬强化机构，整饬业务外，并责成各行在本身区内普设分支机构，以完成地方金融网，对于推行中央战时金融政策，协助地方经济建设，颇多裨助。[2]对于政府委托省地方银行的业务，总体看，各省地方银行能积极协助政府推行战时货币政策，或收兑金银，充实外汇基金；或代兑破券，增强法币信用；或发行地方券，抵制敌伪货币；或协助军政急款以赴戎机；或垫款购粮抒军民之困；或推销节约券，吸收游资，纳之正当用途；种种工作不一而足。[3]

---

①　孔祥熙：《四年来的财政金融》，重庆：中国国民党中央执行委员会宣传部，1941 年，第 24 页。
②　财政部直接税处编：《十年来之金融》，重庆：中央信托局印制处，1943 年，第 12 页。
③　郭荣生：《吾国战时地方经济建设与地方银行》，《中央银行经济汇报》1942 年第 5 卷第 4 期，第 51 页。

第五章 全面抗战时期西北地区省地方银行组织机构和业务的发展

在西北地区，全面抗战时期新成立的省地方银行仅为甘肃省银行一家，其余则是在原有省地方银行基础上继续发展的。本章将对西北地区的省地方银行：陕西省银行、甘肃省银行、宁夏银行以及新疆商业银行在全面抗战时期的组织机构、基本业务情况及其发展与演变分别做一个介绍。由于全面抗战时期的省地方银行既经营普通银行业务，同时还肩负着调剂地方金融、发展地方经济的特殊使命，加之，对于省地方银行与地方经济的关系问题，将单独成章论述，因此，本章在阐释战时西北省地方银行的业务时，将省地方银行与地方工商业、农业等方面的贷款与投资方面的内容省略，主要集中论述除此之外的其他方面。

第一节 全面抗战时期的陕西省银行

1937 年全面抗战开始后，地方银行所负之使命较全面抗战前更为重大，然而，陕西省银行自创办以来，股本仅收 200 万元（官股 100 万元、民股 100 万元），其中官股一项，因财政拮据，迄未拨齐，因此，陕西省银行的营业资金之运用，仅赖此数以经营，其力量十分微薄。为改变这种状况，1937 年下半年，陕西省政府以陕西省银行因股款未曾收足，备案手续未能完备，感受种种困难，而决定将陕西酒精厂及西京电厂之财产拨归陕西省银行，作为官股，以使其股款名实相符。[①]为谋调剂战时地方金融，协助生产事业，1938 年

---

① 《陕西省银行七年来之总检讨（民国二十七年四月陕西省银行报告）》，《银行周报》1938 年第 22 卷第 36 期，第 3 页。

8月，经陕西省政府会议决定，增拨陕西省银行官股 300 万元，其中 200 万元为现款，其余以陕西省建设公债票面额 100 万元抵充，同时选定第二届董监事。董事增为 14 人，以周介春、王德溥为董事长，刘定五、梁节之、陆君毅、王宝康为常务董事，韩光琦、孙绍宗、马铎、王焕章为官股董事，宋菊鸣、王幼农、张玉山、高又尼为民股董事。监事 5 人，以武念堂为常驻监事，代表民股；以彭昭贤、冯星垣、石凤翔、赵愚如等为监事，代表官股。此次增资后，1939 年 1 月 20 日，官股全数拨足，该行资本收足 500 万元，其中官股 400 万元、民股 100 万元。[①]1939 年 7 月，扩充机构，经理改称总经理，协理改称副经理，添襄理 4 人，并增设储蓄、发行、信托等 3 部，金库、稽核、农贷等 3 科，连同原有之营业、会计、出纳、总务（文书科改组）各科，共为 7 科 3 部，又设经济研究室，1941 年农村贷款移交中国农民银行，撤销农贷科，总行组织实为 6 科 3 部 1 室。[②]

陕西省银行自 1930 年 11 月成立，到 1941 年底，组织人事发生了不小的变化，其中董事会连任一次、改选两次，总经理更换 5 人，全体行员由 1934 年的 138 人，到 1941 年底增至 432 人。以下是该行 1941 年的董监事统计表（表 5-1）。

表 5-1　陕西省银行第三届董监事姓名一览表（1941 年 8 月改选）

职务	姓名	年龄/岁	籍贯	原任职
董事长	周介春	55	湖北武昌	陕西省财政厅厅长
官股董事	刘定五	55	陕西凤翔	陕西省政府委员
常务董事	贾瑞芝	55	河北武清	兼任本行总经理
常务董事	陆君毅	52	江苏吴县	西京招待所经理
常务董事	王济民	43	江苏南汇	前陕西省政府会计主任
官股董事	韩威西	47	陕西兴平	陕西省临时参议会议员
官股董事	凌勉之	45	河南固始	陕西省建设厅厅长
官股董事	马木斋	40	山西祁县	西安中央银行经理
官股董事	辜仁发	51	湖北安陆	陕西省政府秘书长
民股董事	宋菊鸣	72	陕西长安	陕西省临时参议会议长
民股董事	王幼农	76	陕西三原	陕西省赈济会常务委员
民股董事	张玉山	47	陕西富平	长安市商会主席
民股董事	张德枢	51	陕西兴平	陕西市政工程处处长
常驻监事	武念堂	78	陕西渭南	

---

① 郭荣生：《抗战期中之陕西省银行》，《中央银行经济汇报》1942 年第 6 卷第 10 期，第 76 页。
② 萧紫鹤：《陕西省银行概况》，《金融知识》1942 年第 1 卷第 6 期，第 111 页。

职务	姓名	年龄/岁	籍贯	原任职
官股监事	彭君颐	不详	山东	陕西民政厅厅长
官股监事	冯星垣	58	陕西岐山	陕西省政府参议
官股监事	石凤翔	49	湖北孝感	西安大华纱厂总经理
民股监事	田德三	51	陕西榆林	中央禁烟委员会委员

资料来源：萧紫鹤：《陕西省银行概况》，《金融知识》1942年第1卷第6期，第115—116页。

由表5-1可见，1941年8月，第三届董监事会选出的董事长是由陕西省财政厅厅长周介春兼任，官股董事及监事中以陕西省政府官员占多数，民股董事及监事中也是当地商会及企业等的主要负责人，这一届董监事会一直到1946年，陕西省银行才增加资本到1000万元，民股退出，完全为官股。

1937年，陕西省银行共管辖行处23处，1938年增设3处，到1939年，陕西省银行为完成在陕西省金融网的建设，拟定分期举行办法，除关中、陕南两区内已设有30处单位外，其余尚未设行之27个县，拟于1939—1940年内分别增设，实际上1939—1940年，先后增设岐山、褒城、耀县、泾阳、富平、鄠县、沔阳、紫阳、蓝田、郿县、醴泉、凤县（即双石铺）、白水、陇南等14处，其余扶风、高陵、平利、临潼、澄城、永寿、镇巴、洵阳、雒南、镇安、柞水、华阳、同官等13个县仍在筹设之中。其中，至1940年2月止，陕西省银行各办事处，除潼南、朝邑、郃阳等3处办事处因逼近战区而撤退外，其他30余处办事处照常营业。资本总额已增至500万元，如数收足。董事长现由王德溥充任，总经理为王宝康，副经理为罗雨亭，总计1940年增设8处。[①]截至1941年4月底，已设立分支行处46个单位，以及天津、重庆两通讯处与同官、洛川两筹备处。[②]1941年，为了沟通省际汇兑，便利款项调拨与物资运输，陕西省银行拟派员筹设重庆、平凉、洛阳等3地办事处，经第二届第五次董事会议议决通过，并呈准国民政府财政部核准，到6月选派人员前往筹设。[③]同年规定，南郑分行为一等分行，宝鸡、安康两办事处升为二

---

① 徐学禹、丘汉平编著：《地方银行概论》，福州：福建省经济建设计划委员会，1941年，第71页；《普遍筹设行处于本年内完成金融网》，《陕行汇刊》1941年第5卷第3—4期合刊，第82页；萧紫鹤：《陕西省银行概况》，《金融知识》1942年第1卷第6期，第111页。
② 《本行二十九年十一月至三十年四月增设分行处情形》，《陕行汇刊》1941年第5卷第6期，第72页。
③ 《本行呈准财政部在重庆平凉洛阳三地添设办事处》，《陕行汇刊》1941年第5卷第6期，第72页。

等分行，大荔办事处升为三等分行，并分各办事处为三级。①1942 年 1 月，又设洛阳办事处，以调剂豫、陕两省金融。截至 1942 年 1 月，陕西省银行共成立省内总分行处 47 处，筹备中 3 处，省外已成立者 5 处。连同省政府令，该行管理之陕北地方事业银行在陕北各县所设榆林、镇川堡、绥德、米脂、安边、神木、府谷等 7 处总分行一并计算，地方银行分支机构之分布省境内外者，共计 62 处。②1945 年 3 月 20 日，陕西省银行总经理薛嘉万呈财政部，陕西省银行依照财政部关于省地方银行的省外分支机构不得经营存放款业务的训令，将该行重庆、成都两省外办事处撤销，由于该两处早未经营存放款业务，即少数行员存款亦经分别清结，似可无须再行登报。③

全面抗战之后的陕西省银行，除了对于存款、放款、汇兑三项普通银行业务积极经营、稳健推进外，还努力经营战时所赋予省地方银行的特殊使命。

一、接管陕北地方实业银行

从 1937 年开始，陕西省银行就接奉省政府的命令接管陕北地方实业银行。这一过程并不简单，直到 1944 年才算基本完成，现将接管改组情况归纳如下。

1937 年，根据陕西省政府的指令，陕西省银行即托管了经营不善的陕北地方实业银行。全面抗战后，1938 年 5 月，陕西省银行进而接奉陕西省政府训令，管理陕北地方实业银行，派驻专员协助该行整饬行务，派员稽核账目。1939 年 12 月，由陕西省银行整理该行旧欠结束，该行旧账由陕西省银行接收办理，以同意本省地方金融为原则，拟具办法五项：①请由财政厅分期拨付该行八十六师旧欠 48.5 万元（原列 56.5 万元经财政厅剔除 8 万元）；②限期追收其他旧欠 43 万余元（原列 35 万余元应增加经财政厅剔除八十六师旧欠 8 万元）；③由本行用贷款方式自 1940 年起接济该行资金，作为增加放款即营运之需；④责令该行以收回之旧欠为基金，分年收销破烂旧钞，并于结束该行旧账时，将旧钞完全收销；⑤以该行逐年盈余及收销发行之收益，预期于 1942 年底弥补亏损 40 万余元，再由陕西省银行接收，经呈奉国民政府核准已分别办理。当时的陕北地方实业银行实收资本 61 642.11 元，发行五元、一元、

①　萧紫鹤：《陕西省银行概况》，《金融知识》1942 年第 1 卷第 6 期，第 111—112 页。

②　郭荣生：《抗战期中之陕西省银行》，《中央银行经济汇报》1942 年第 6 卷第 10 期，第 83 页。

③　《陕西省银行呈财政部》（1945 年 3 月 20 日），台湾"国史馆"藏国民政府财政部未刊档案，档号：018—257—0793。

五角、二角、一角、五十枚、二十枚、十枚钞券，共 1 435 193.8 元，所发钞券，纸张粗劣，毫无准备，主要充该行放款及营运资金，而所放各款以当时陕北各部队及地方为最多，手续欠完备，到陕西省银行奉令管理，经查明无法收回之旧欠实达 100 万余元，不但发行准备难以照章筹缴，即欲维持该行现状，颇属不易，幸得到国民政府核准将 1937 年拨付该行欠款 20 万元，俾资周转，暨上年由本行呈国民政府核准将八十六师旧欠 48.5 万元由财政厅担负，决定分期归偿，唯该行尚有无法收回之呆账，经过两年多的竭力追收，陕西省银行已付前届亏损及尚未付账之前届损失，尚共达 40 万余元之巨。①

陕北地方实业银行既经陕西省政府饬由陕西省银行负责管理，所有该行业已发行之钞券 143 万余元。1940 年 9 月经国民政府财政部批准，顾念陕西省筹码缺乏，姑暂准其流通，候省行钞券印就后，即行陆续收销。②直到 1944 年，陕北地方实业银行才被撤销，由陕西省银行设立榆林办事处。③

二、积极办理省钞的发行与领用，稳定陕西货币市场

全面抗战后，国民政府财政部为防止金融剧烈变动，曾订制《非常时期安定金融办法》7 项，颁行全国。此后，国民政府为防止法币外流，曾令各省银行发行省钞代替法币，以打击敌人套取外汇之阴谋。陕西省政府随之商承西安行营，召集各银行等，会同拟定《西安市非常时期安定金融补充办法》（9 条），其中，最重要的一条就是宣布陕西省银行纸币与法币同样行使。陕西省银行首先维持省钞的流通，当抗战军兴，由陕开拔部队携出之本钞，时有发现，陕西省银行曾与中央银行、中国银行、交通银行、中国农民银行四行洽妥，请在江苏镇江方面，一律收兑，由陕西省银行遵照财政部令委托四行在河南、湖北、甘肃、四川四省区内，凡四行设立之处所，均可以法币收兑。经此次规定后，陕西省省钞在省境内不仅更加普遍畅通，在外省亦可照常流通、收兑，极为便利。④从而使陕西省在战时的金融相对稳定。

① 《陕西省政府咨财政部》（1940 年 8 月 24 日），台湾"国史馆"藏国民政府财政部未刊档案，档号：018—257—954。

② 《财政部咨陕西省政府》（1940 年 9 月 23 日），台湾"国史馆"藏国民政府财政部未刊档案，档号：018—257—954。

③ 陕西省地方志编纂委员会编：《陕西省志·金融志》，西安：陕西人民出版社，1994 年，第 25 页。

④ 《陕西省银行七年来之总检讨（民国二十七年四月陕西省银行报告）》，《银行周报》1938 年第 22 卷第 36 期，第 4、6 页。

全面抗战期间，陕西省银行为救济陕省辅币券之缺乏，呈准财政部将前富秦官钱局已印未发铜元券200万元，改印为该行一角、二角、五角辅币券，加印行名签名，并由陕西省银行照缴准备，发出行使。1941年4月，改印完竣，内计一角券494万张，合法币49.4万元；二角券247.6万张；合法币49.52万元；五角券190万张，合法币95元，共计法币193.92万元，呈准陕西省政府按195万元整数照缴准备公告发行，以救济陕西省辅币券荒。[1]截至1941年底，连前发旧钞400万元，陕西省银行的发行总额为590万元。其间，1939年12月，陕西省银行呈奉财政部，准增印一元券1000万元，经其与印刷机关商量，并由美国订购钞纸，后值滇缅路封锁，停滞数月，解封后，钞纸运抵成都，正值太平洋战事爆发，财政部为统筹国内券料供应，该行一元券部令停印，钞纸由财政部接收，筹备两年之印钞事，遂告结束。战时，陕西省银行于1938年6月呈准财政部领用一元券500万元，先行缴足准备，领得200万元。1939年6月，续行呈准财政部领用一元券1000万元，先行领用500万元，先后共领到700万元。尚有已准未领之余额800万元，以法币紧缩，奉令停止领用。[2]

三、代理陕西省金库业务，支持陕西省的地方财政

陕西省银行成立之后，即开始代理省金库的业务，但由于立法未备，省库收支未能平衡，垫付之款，数年之间，达到350万元，超过该行资力半数以上。全面抗战以后，陕西省银行所负调集地方金融与扶植生产事业之使命，日益增重，非有充实资力，不足以应付裕如，前项垫付之款，若竟长期呆滞，是非省行能力所能负担的，于是当呈准陕西省政府，以财政厅泾渭渠水费收入，每年摊还50万元，分七年还清。1938年，国民政府颁布《公库法》，陕西省银行与陕西省财政厅即遵照《公库法》，成立省库；为筹备年余，1939年11月1日正式成立省库总库，同时在行内添设金库科，并依据《公库法》原则，厘定省款收支程序，处理库款简则及一切应用账表，后因印刷需时，至1940年4月，始就省行所在地，设立省库分支库。以下是截至1941年12月陕西省银行代理各县省库的基本情况（表5-2）。

---

① 《本行最近发行情形》，《陕行汇刊》1941年第5卷第6期，第74页。
② 郭荣生：《抗战期中之陕西省银行》，《中央银行经济汇报》1942年第6卷第10期，第82—83页。

表 5-2　截至 1941 年 12 月陕西省银行代理各县省库一览表

总库（1 处）	长安
分库（4 处）	南郑、安康、宝鸡、大荔
支库（42 处）	咸阳、泾阳、三原、鄠县、蓝田、兴平、耀县、凤翔、盩厔、陇县、岐山、武功、开阳、渭南、华阴、蒲城、醴泉、富平、紫阳、白水、郿县、商南、韩城、郃阳、邠县、乾县、长武、西乡、商县、城固、石泉、汉阴、白河、沔县、褒城、宁羌、凤县、洋县、高陵、同官、洛川、临潼

资料来源：萧紫鹤：《陕西省银行概况》，《金融知识》1942 年第 1 卷第 6 期，第 120—121 页。

由表 5-2 可知，陕西省银行自 1939 年 11 月 1 日正式设立省库总库开始，截至 1941 年 12 月底，共计成立省库总库 1 处、分库 4 处、支库 42 处。而且在省库成立后，陕西省银行负责收支省款，均依照法定程序及手续办理，其中透支一项，亦经订立限度为 100 万元，以确保省行的正常运转。1942 年，国民政府省财政奉令归中央统筹办理，陕西省省库全部结束，此后，另与国库订立契约，就该行外县分支机构所在地，代理陕西省一部分国库支库。

第二节　全面抗战时期的甘肃省银行

全面抗战时期的甘肃省银行，是以甘肃平市官钱局为基础改组而成的。1937 年，甘肃平市官钱局资本依章程所规定，虽为 10 万元，但已缴足者仅 2.7 万余元，而历年营业亏蚀累积数，已达 2.6 万余元。[①]截至 1937 年 12 月底，甘肃平市官钱局计有兰州、凉州、甘州、肃州、平凉、天水、陇西等 7 分局及岷县、永登、靖远、西峰镇、定西等 5 办事处。1938 年又先后增设临洮、临夏等 2 分局及徽县、碧口、泾川、张家川、渭源、甘谷、静密、秦安等 8 办事处，合过去设立者共 22 个单位。1939 年，先后添设之办事处有武都、成县、礼县、安西、夏河、武山、固原、榆中等 8 处，已增至 30 个单位。[②]

在甘肃平市官钱局存续期间，甘肃省银行的筹备工作也同时进行着。1937 年 7 月，甘肃省政府会议决定，创办甘肃省银行，由官商合办，资本 200 万元，主任刘骥，副主任周兆榕。[③]此后，甘肃省财政厅厅长陈端即着手筹设甘肃省银行，在平市官钱局内设立省银行筹备处，1938 年元旦开幕，后因其调离甘肃而中止。当朱益民从淞沪会战归来重主甘政后，决心设置省银行，由

① 甘肃省银行编：《一年来之甘肃省银行》，兰州：俊华印书馆，1939 年，第 11 页。
② 甘肃省银行编：《一年来之甘肃省银行》，兰州：俊华印书馆，1939 年，第 55 页。
③ 中国人民政治协商会议甘肃省委员会文史资料研究委员会编：《甘肃文史资料选辑》第 10 辑，兰州：甘肃人民出版社，1981 年，第 172 页。

继任财政厅厅长梁敬镦规划筹备，先就甘肃平市官钱局之组织加以整顿，设立董事会及监察人会，增加资金，分别于 3 月及 10 月两次拨足 100 万元。厘定各项业务章则，扩展业务，推广金融网，沟通省内外汇兑，充实发行准备，于 1938 年 9 月成立总局（总管理处），以求统一管理。经一年之整顿，内部组织已粗具银行规模，于是，1939 年 5 月 28 日，甘肃省政府呈奉财政部核准，将甘肃平市官钱局改组为甘肃省银行，该局所有对外债权债务，统由省银行承受负担，拨定资本 100 万元，6 月 1 日甘肃省银行正式建立。[①]甘肃省银行成立后，原有平市官钱局之分局办事处，一律改为甘肃省银行之分行或办事处。所有平市官钱局发行之辅币券、铜元券，由该行承兑，照常行使。至平市官钱局对外一切债权债务，亦由省行继续承受负担。[②]

甘肃省银行改组成立后，在全面抗战期间，其资本额从改组建立时的 100 万元也在逐年增加。1940 年 4 月，甘肃省政府修订省行章程，改定资本为 500 万元，先由省政府增拨 150 万元。1941 年 6 月，省政府续拨资本 100 万元，连前实收资本 350 万元，至 11 月又奉财政部命令增加资本，准自公积金内拨 150 万元，计省方股款共 500 万元，到 1942 年下半年拨足。[③]国民政府财政部为加强地方资力，对甘肃省银行加股 300 万元，于 1943 年上半年全部拨足，甘肃省银行实收资本为 800 万元。[④]可见，该行资本为 800 万元，其中 500 万元系甘肃省政府 1941 年在国家三级财政尚未改制前陆续拨足之数，属于省有资产；其余 300 万元系 1943 年实行两级财政制度时，由国民政府的国库拨给，属于国民政府中央资产。[⑤]1943 年冬，政府为开发西北，将该行资本增为 4000 万元，经十一中全会通过，部（财政部）省合资。[⑥]在全国省地方银行中，经财政部投资合办的省地方银行，除有江苏银行及四川省银行外，甘肃省银行亦为其中之一。

甘肃省银行的组织人事制度，最初采取董事长制，省行的董事、监察人均由甘肃省政府选聘。由甘肃省政府聘定梁敬镦、水梓、许元方、张维、贾继

① 甘肃省银行经济研究室编：《甘肃省银行小史》，1945 年，第 4 页；中国人民政治协商会议甘肃省委员会文史资料研究委员会编：《甘肃文史资料选辑》第 10 辑，兰州：甘肃人民出版社，1981 年，第 187 页。
② 郭荣生编：《中国省银行史略》，沈云龙主编：《近代中国史料丛刊续编》第十九辑，台北：文海出版社，1975 年，第 118 页。
③ 甘肃省银行经济研究室编：《甘肃省银行小史》，1945 年，第 6—7 页。
④ 甘肃省银行编：《甘肃省银行三十二年度业务报告》，1944 年，第 6 页。
⑤ 台湾"国史馆"藏财政部未刊档案，档号：018—273—2343。
⑥ 郭荣生编：《中国省银行史略》，沈云龙主编：《近代中国史料丛刊续编》第十九辑，台北：文海出版社，1975 年，第 28 页。

英、顾祖德、郑恩卿等 7 人为董事，组织董事会，并指定梁敬镎、许元方、水梓等 3 人为常务董事，以梁敬镎（省财政厅厅长）为董事长，又聘定施奎龄、李世军、裴建准等 3 人为监察人，组织监察人会。由常务董事协同董事长处理全行一切事务，并指挥监督各分行及各办事处业务之进行。在组织上与他行不同，就形式而言，该行之总行对外不作营业，似属总管理处制，而实际则总行内部计算损益，似又有类于总行制，在同一地点之兰州，既有总行又有兰州分行。总行设总务、业务、发行、稽核等 4 课，秘书及经济研究 2 室。业务课下分设营业、农业 2 组及仓库部。发行课下分设券务、券账 2 组。稽核课下分设会计及检查 2 组。秘书室设主任秘书 1 人、秘书 1 人或 2 人，办理人事及机要事项。经济研究室设主任 1 人、专员 5—7 人。其他各课设课长 1 人，各组部设主任 1 人，办事员、助理员及练习生若干人。稽核课设稽核 1—3 人。1939 年 8 月 1 日，呈准设立信托部（表 5-3）。[①]

表 5-3　1939 年甘肃省银行董事监察人姓名简历表

职务	姓名	简历
董事长	梁敬镎	甘肃财政府厅长
常务董事	水梓	甘肃教育厅厅长，现任甘肃省政府顾问
常务董事	许元方	财政部贸易委员会西北办事处主任
董事	张维	甘肃省临时参政会议长
董事	贾继英	中央银行兰州分行经理
董事	顾祖德	中国农民银行兰州分行经理
董事	郑恩卿	中国银行兰州分行经理
监察人	施奎龄	甘肃民政府厅长
监察人	李世军	甘肃建设厅厅长
监察人	裴建准	甘肃省政府顾问

资料来源：甘肃省银行编：《一年来之甘肃省银行》，兰州：俊华印书馆，1939 年，扉页。

1940 年 4 月，改行总经理制，总经理之上，仍设董事会指挥监督行务之决策，而由总经理负实际执行之责。1941 年复增设协理 1 人，协助总经理执行行务。对于分支机构的管理，则于各分支机构之上设一总行，以为总管理处，专负管理分支机构之责，但并不对外营业。[②]总行以董事会为最高机构，与之平行的是监察人会。董事会由董事 11 人组织之，除财政厅厅长为当然董

---

　　① 郭荣生：《五年来之甘肃省银行》，《财政评论》1944 年第 12 卷第 6 期，第 75 页。
　　② 洪铭声：《介绍一个边省行——甘肃省银行的史迹与展望》，《西康经济季刊》1944 年第 9 期，第 99 页。

事外，其余董事由省政府直接聘任，指定 5 人为常务董事，并指定常务董事中之 1 人为董事长，董事任期均为两年。董事会内置秘书、办事员、助理员各 1 人。最初实行的是董事长制，由董事长综理一切，对于各分行处则采取集中管理制，即所有各分行、办事处、汇兑所之人事业务，完全由总行集中管理。首届董事会由省政府聘定梁敬锌、水梓、许元方、张维、贾继英、顾祖德、郑恩卿等 7 人为董事，并指定梁敬锌、许元方、水梓等 3 人为常务董事，以财政厅厅长梁敬锌为董事长。最高监察机构为监察人会，由省政府聘任监察人组织之，任期 1 年。监察人互推 1 人为主席监察人，常川驻行，执行职务，监察人并得单独执行监察职务。首届监察人会聘定施奎龄、李世军、裴建准等 3 人为监察人。此时省行系采董事长制，由"常务董事协同董事长处理全行一切事务，并指挥监督各分行及各办事处业务之进行"。在组织制度上系采总管理处制，而以总行司其事。①

1941 年 6 月，甘肃省政府令增加董事为 11 人，常务董事为 5 人。正值第一届董事、监察人任期届满，甘肃省政府改聘王漱芳、陈国梁、赵龙文、丁宜中、王汝翼、张维、郑恩卿、郑大勇、张心一、田昆山、权少文为董事；王廷翰、杨集瀛、贾继英、崔叔仙、裴建准为监察人，并指定王漱芳为董事长，陈国梁、丁宜中、王汝翼、赵龙文为常务董事。监察人互推王廷翰为监察人会主席。同时总经理徐元坤辞职，省政府令派郑大勇充总经理。②

1942 年，甘肃省银行改组，其董事及监察人情况如表 5-4 所示。

表 5-4　1942 年甘肃省银行董事及监察人名单

职务	姓名	简历
董事长	王漱芳	甘肃民政厅厅长
常务董事	陈国梁	甘肃财政厅厅长
常务董事	丁宜中	甘肃省政府秘书长
常务董事	王汝翼	甘肃地方士绅
常务董事	赵龙文	甘肃省社会处处长
董事	郑恩卿	中国银行兰州分行经理
董事	张心一	甘肃省建设厅厅长
董事	田昆山	甘肃省省政府委员
董事	郑大勇	交通银行兰州分行经理
董事	权少文	甘肃省议会秘书长
董事	张维	甘肃省议会议长

① 甘肃省银行经济研究室编：《甘肃省银行小史》，1945 年，第 4—5 页。
② 甘肃省银行经济研究室编：《甘肃省银行小史》，1945 年，第 7 页。

<table>
<thead>
<tr><th>职务</th><th>姓名</th><th>简历</th></tr>
</thead>
<tbody>
<tr><td>董事会秘书</td><td>陈永康</td><td></td></tr>
<tr><td>监察人</td><td>王廷翰</td><td>地方士绅</td></tr>
<tr><td>监察人</td><td>杨集瀛</td><td>国民党省党部书记长</td></tr>
<tr><td>监察人</td><td>贾继英</td><td>中央银行兰州分行经理</td></tr>
<tr><td>监察人</td><td>崔叔仙</td><td>中国农民银行兰州分行经理</td></tr>
<tr><td>监察人</td><td>裴建准</td><td></td></tr>
</tbody>
</table>

续表（右上角）

资料来源：甘肃省政府编：《甘肃省银行概况》，1942 年，附录；中国人民政治协商会议甘肃省委员会文史资料研究委员会编：《甘肃文史资料选辑》第 8 辑，兰州：甘肃人民出版社，1980 年，第 142—143 页。

这次改组后，甘肃省银行采取总经理制，以徐元堃任总经理，其辞职后，由交通银行经理郑大勇兼任总经理，朱迈沧为协理。1944 年，董事长为王漱芳（后为丁宜中），董事为陈国梁、丁宜中、王汝翼、赵龙文、郑恩卿、张心一、郑大勇、权少文，监察人为王廷翰、杨集瀛、贾继英、崔叔仙（农行经理）、裴建准。总经理为郑大勇，协理朱迈沧（后升任总经理）。[①]

总体而论，抗战时期，甘肃省银行所采用的体制几经更改。1939 年成立初期，采用董事长制，对各分行、各处集中管理。1940 年改为总经理制。1942 年又改为分区管理制，加大分行权限，分为若干管理区，使甘肃省的金融网初步形成。

1939 年 6 月，建立之初的甘肃省银行之总行同时为总管理处，不设总经理，以董事长为对外之代表，常务董事协同董事长处理全行一切事务，并指挥监督各分行及办事处业务之进行。总行设于省会兰州，置总经理 1 人，协理 1 人，由省政府委任之。总行设经济研究室、稽核室及总务、业务、会计三处，秘书及专员若干。经济研究室设主任 1 人，专员及办事员若干人；稽核室设总稽核 1 人，稽核 2 人，检查员若干人。各处各设处长 1 人，总务处设文书、事务、储备三股，各股设主任 1 人，办事员、助理员、练习生若干人。业务处设营业、发行、农业三股，各股设主任 1 人，办事员、助理员、练习生若干人。会计处设账务、核算二股，各股设主任 1 人，办事员、助理员及练习生若干人。在省外设有重庆办事处。分行设经理 1 人，副经理、襄理若干人；办事处设主任 1 人，或副主任 1—2 人；汇兑所设主任所员 1 人。

---

① 中国人民政治协商会议甘肃省委员会文史资料研究委员会编：《甘肃文史资料选辑》第 8 辑，兰州：甘肃人民出版社，1980 年，第 142—143 页。

分行设会计、营业、出纳、文书各课，各课设主任 1 人，办事员、助理员、练习生若干人。办事处主任以下，设办事员、助理员、练习生若干人。汇兑所设助理员、练习生 1—3 人。此外，直辖于总行者，有公库及信托部，公库专受各级政府之委托，代理收付库款并设立支库。公库设主任 1 人，下设总务、会计、审核三股，各设主任、副主任 1 人，办事员、助理员若干人。信托部设经理 1 人，副经理 1 人或 2 人，内分会计、文书、保险、仓库等股，各设主任办事员、助理办事员若干人，其会计盈亏完全独立。[①]以下为甘肃省银行改组前后在人员上的变化情况（表 5-5）。

表 5-5　甘肃省银行改组前后人员对比表

职务	1938 年人数/人	1939 年 5 月底人数/人	1939 年底人数/人	备注
总经理	1	1		
协理	2	2		
主任秘书			1	主任秘书于该行以后设置
秘书	2	1	3	
经济研究专员	7	7	1	1938 年及 1939 年 5 月二期内所设研究专员 7 人系名誉职
课长	4	4	4	
稽核		2	1	
组部主任	8	8		
分行经（副经）理	11	9	12	
分行课主任	4	13	17	
办事处主任、副主任	21	12	28	
办事员	78	80	107	
助理员	70	97	73	
试用员		6	7	
管仓员		33	25	
收粮员		3		
练习生	31	52	39	
试用生		7	5	
总计	239	337	323	

资料来源：甘肃省银行编：《一年来之甘肃省银行》，兰州：俊华印书馆，1939 年，第 17—18 页。

由表 5-5 可知，1938 年在官钱局时期总计，为 239 人；1939 年 6 月改组

---

① 甘肃省政府编：《甘肃省银行概况》，1942 年，第 3—4 页。

以前，总计为 337 人；1939 年底，总计为 323 人，比改组前略有减少。

甘肃省银行的行政系统分总行、分行、办事处、汇兑处四级，在省外并得设立办事处或寄庄，寄庄相当于汇兑所，专营汇兑业务。总行并设信托部，在省内外各地分设办事处或收货处。①

1940 年，甘肃省银行的组织人事制度改为总经理制。4 月，增加董事、监察人各 2 人，并由监察人互推 1 人为常驻执行监察人。同时设总经理 1 人，执行董事会决议，以处理全行一切事务，并指挥各行处业务之进行。6 月，董事长梁敬镎辞职，由水梓继任董事长。7 月，由省政府加聘田昆山、王廷翰为董事，杨集瀛、郑大勇为监察人，委派徐元坤为总经理。监察人又互推杨集瀛为常驻监察人。10 月，梁敬镎辞去常务董事一职，由财政厅厅长陈国梁继任。12 月，常务董事许元方辞职，由丁宜中继任。②组织制度为之一新。

1941 年 3 月，因省行行务日渐发展，特增设协理一职，经省政府派由朱迈沧充任。6 月，省令增加董事为 11 人，常务董事为 5 人。又第一届董事、监察人任期已满，省政府改聘王漱芳、陈国梁、赵龙文、丁宜中、王汝翼、张维、郑恩卿、郑大勇、张心一、田昆山、权少文为董事。王廷翰、杨集瀛、贾继英、崔叔仙、裴建准为监察人，并指定王漱芳为董事长，陈国梁、丁宜中、王汝翼、赵龙文为常务董事。监察人互推王廷翰为监察会主席，同时总经理徐元坤辞职，省政府令派郑大勇充总经理。③

1943 年 4 月 1 日起，甘肃省银行的组织制度又有了改变，将总行管理处制改为总行直辖制。因为前此所施行的总行管理处制，既非总管理处制，又非总行直辖制，对于指挥监督方面，欠合理灵活，于是乃决定专采总行直辖制，将设于兰州之分行裁并于总行之内，即由总行一面管辖各分支行处，一面直接在兰州对外营业。同时，总行内部组织亦加改进。④

1943 年，总经理郑大勇呈准辞职，甘肃省政府令由协理朱迈沧兼代总经理。8 月间董事长王漱芳不幸因公殉职，省政府初令常董王汝翼暂代，8 月底改派常董丁宜中接充。同时朱迈沧协理一再谦辞所兼总经理职，省政府乃另派崔唯吾接任，于 9 月 1 日视事，至 11 月中旬，省政府调任崔唯吾为参议，

① 甘肃省银行编：《一年来之甘肃省银行》，兰州：俊华印书馆，1939 年，第 10 页。
② 甘肃省银行经济研究室编：《甘肃省银行小史》，1945 年，第 6—7 页。
③ 甘肃省银行经济研究室编：《甘肃省银行小史》，1945 年，第 7 页。
④ 洪铭声：《介绍一个边省行——甘肃省银行的史迹与展望》，《西康经济季刊》1944 年第 9 期，第 102 页。

复派协理朱迈沧正式接充总经理，并另派孙汝楠为协理。[①]

1940 年以后，甘肃省银行组织日趋庞杂，人事及业务亦渐次增繁，总行集中管理既感鞭长莫及，而其职责亦难明确。于是，1941 年 11 月 1 日起，省行改集中管理制为分区管辖制，划分全省行处为七区，由七分行管辖其区内办事处、汇兑所业务之初步考核及监督事宜，以期分层负责，借便总行之指挥、监督及调度。其分布地点及所属处所，如表 5-6 所示。

表 5-6　甘肃省银行分行管辖分布地点及所属处所表

管辖行地点	所属办事处地点	所属汇兑所地点	所属支库地点	由管辖行统筹增设处所地点
兰州	定西、榆中、靖远、景泰、永登、临夏、夏河			永靖、会宁、和政、宁定
天水	秦安、甘谷、礼县、张家川、武山、成县、徽县、陇西	西和、清水、通渭		两当、康县
平凉	固原、海原、泾川、静宁、西峰镇、华亭			庄浪、化平、崇信、灵台、隆德、合水、环县、正宁、宁县
凉州	甘州			民乐、山丹、永昌、民勤、古浪
肃州	敦煌	安西		猩猩狭、高台、金塔、鼎新、临泽
岷县	碧口、武都	临潭	文县	康乐、卓尼
临洮	渭源			漳县、洮沙

资料来源：甘肃省档案馆藏甘肃省参议会未刊档案，档号：14—1—30。

以上分行管辖行之权限，除在业务上需就各处所在地经济情形相继处理外，其于人事之管理，管辖行亦在其权限以内自行调度，以期运用灵敏，减少隔膜。

甘肃省银行行政系统，分为总行、分行、办事处、汇兑所四级。在皋兰设置总行，下辖兰州、天水、平凉、肃州、临洮、岷县、凉州等 7 处分行，又于定西、静宁、泾川、庆阳等地设置办事处。其后陆续增加分支机构，至1939 年底，办事处增达 21 处：秦安、甘谷、礼县、徽县、张家川、成县、陇西、渭源、碧口、武督、安西、甘州、固原、西峰镇、静宁、泾川、定西、临夏、靖远、永登、榆中等。另设汇兑所 3 处：武山、清永、夏河等。全行除总行外，共计分行处所 24 处。除董监事外，共计行员 331 人。[②]到 1942 年

①　甘肃省银行经济研究室编：《甘肃省银行小史》，1945 年，第 14—15 页。
②　徐学禹、丘汉平编著：《地方银行概论》，福州：福建省经济建设计划委员会，1941 年，第88 页；甘肃省银行经济研究室编：《甘肃省银行小史》，1945 年，第 5 页。

初，设总行于兰州，分设管辖行 7 处、办事处 26 处、汇兑所 5 处、支库 1 处，共计 40 处。[1]以下是甘肃省银行 1940—1942 年历年人员变动情况表（表 5-7）。

表 5-7　1940—1942 年甘肃省银行人员变动情况表　　单位：人

职务	1940 年	1941 年	1942 年
总经理	1	1	1
协理	—	1	1
秘书	3	8	4
处长	4	4	3
总稽核	2	1	1
经济研究室主任	1	1	1
专员	5	5	4
经济研究室专员	4	4	3
股主任副主任	9	13	13
分行副经理	16	17	12
分行襄理	1	8	8
分行课主任	26	26	22
办事处主任	20	27	27
汇兑所主任所员	4	3	5
支库主任	5	1	1
办事员	73	107	106
助理员	113	133	151
试用员	4	16	18
管仓员	19	11	11
练习生	51	72	79
实习生	15	—	—

资料来源：甘肃省政府编：《甘肃省银行概况》，1942 年，第 7—9 页。

1943 年，甘肃省银行参酌参议会之建议，决定采取总行直辖制度，于 4 月 1 日起实行，将兰州分行裁并于总行业务处内，总行在兰州对外营业，并将总行内部及全行组织系统大加调整，普遍推设分支机构，除裁并兰州分行外，增设各县机构数达 20 个单位之多，占历年所设单位数的 2/5。兹将全面抗战时期甘肃省银行机构设置情况分年列表如下（表 5-8）。

---

① 中国第二历史档案馆编：《中华民国史档案资料汇编》第五辑第二编：财政经济（四），南京：江苏古籍出版社，1997 年，第 651 页。

表 5-8　全面抗战时期甘肃省银行机构设置情况统计表　　　　单位：处

类别	成立时间及地点					共计
	1940 年以前	1940 年	1941 年	1942 年	1943 年	
总行	兰州					1
信托部	兰州					1
分行	天水、平凉、肃州凉州、岷县、临洮				裁并兰州分行	6
办事处	定西、榆中、靖远、永登、临夏、夏河、秦安、甘谷、礼县、成县、张家川、徽县、陇西、固原、泾川、静宁、西峰镇、甘州、碧口、渭源、武都	景泰、海原、华亭、敦煌		重庆、西安、临潭	永昌、大靖、民勤	31
汇兑所	清水、武山、安西	西和、通渭、文县		会宁、镇原、高台、西固	云台、官堡镇、古浪、庄浪、康县、临泽、洮沙、民乐、康乐、雨当、隆德、漳县、山丹、和政、化平、崇信、旱胜镇	27
分处				拓石镇、窑街、安口镇、临潭新城		4
总计	32	7	无	11	20	70

资料来源：甘肃省银行经济研究室编：《甘肃省银行小史》，1945 年，第 17 页，有改动。

总之，甘肃省银行自 1939 年 6 月 1 日改组成立，1943 年已在原基础上逐渐增为 70 处分支机构。到 1944 年上半年，已经拥有 70 处分支行，分布于西安、重庆及省内 60 多个县市，资本的数额虽只有 800 万元，不能算大，但是它的总资产额已达到 30 亿元左右，历年的盈余达到了 2200 多万元，经常的存款额在 2 亿元以上，放款额也在 1.5 亿元左右，其规模已不算小。[①]

在人才培养方面，甘肃省银行深感人才缺乏，不断加强对行员的培育工作，除平市官钱局时期由财政厅主办会计人员训练班一期，毕业后分配省内县政府、省钱局担任会计工作外，以后为了普及金融网，并代理省、县库库务起见，由省行于兰州上西园总行地址内连续开办训练班四期，前三期共 185人，第四期为 50 余人，分任总行内及各行处的会计工作。由石髦慈主持其事。学生来源，一部分从省行人员中抽训，一部分由社会青年考入，也有"托情

---

① 洪铭声：《介绍一个边省行——甘肃省银行的史迹与展望》，《西康经济季刊》1944 年第 9 期，第 98 页。

面"进班的。培训时间约一年，这些人在以后即形成了银行的基层骨干。①1941年，由朱迈沧协理积极倡导主持，于 7 月着手筹设行员训练班，以提高行员素质，自行招生举办短期训练以应需要。本行办理第一期训练班，考训高中毕业学生 17 名，调训行员 27 名。1942 年开始续办第二期行员训练班，共考训学员 72 人，于 12 月 26 日开学，以备继续扩增机构，普设金融网时所需人员取给。1943 年续办第三期训练班，共招考高中毕业生 65 名，于 10 月 9 日正式开学，以供今后扩充机构之用。②

该行经营之业务有存款、放款、汇兑、贴现、押汇、买卖公债、储蓄、信托等。该行之信托部，于 1939 年 8 月 1 日开幕，拨足核定资本 20 万元，以收购物资、售销货物平衡物价及代理保险等为首要业务。该行有发行辅币券之权，但在该行未成立前，甘肃官钱局已先发行铜元券及五角券。前平市官钱局发行该两种钞券总数，至 1939 年 5 月底，计五角券 3 597 420 元、铜元券 912 810 吊，以定价四吊为一元，合法币 228 202.5 元，五角券和铜元券总数合计为 3 825 622.5 元。该行于 1939 年 6 月 1 日改组成立后，依据财政部饬令增加省钞之发行，借节法币外流之国策，积极推广。至 1939 年 12 月底，计五角券及铜元券两种发行总数共达 5 272 500 余元。③

甘肃省银行成立后，对甘肃平市官钱局所发行之辅币券、铜元券，续由该行承兑，照常行使。发行额初为 3 825 622 元（内有五角辅币券 3 597 420元，余系铜元券折合数，于 1941 年陆续收回）及领券 500 万元。④另奉国民政府财政部令核准发行共 3000 万元，第一次发行五角辅币券 1000 万元，除照章留存 200 万元外，实际流通 800 万元，其余 2000 万元虽经委托中央信托局筹印，但由于太平洋战争发生，奉财政部令，各省省钞一律停印，即告停顿。⑤1945 年将收回的票券，予以焚毁，并将先后三次所领之券 2000 万元全部归还，从此该行之发行与领券全部结束。⑥

① 中国人民政治协商会议甘肃省委员会文史资料研究委员会编：《甘肃文史资料选辑》第 8 辑，兰州：甘肃人民出版社，1980 年，第 146 页。
② 甘肃省银行经济研究室编：《甘肃省银行小史》，1945 年，第 8、20 页。
③ 徐学禹、丘汉平编著：《地方银行概论》，福州：福建省经济建设计划委员会，1941 年，第 88—89 页。
④ 中国人民政治协商会议甘肃省委员会文史资料研究委员会编：《甘肃文史资料选辑》第 8 辑，兰州：甘肃人民出版社，1980 年，第 141—142 页。
⑤ 甘肃省档案馆藏甘肃省参议会未刊档案，档号：14—1—30。
⑥ 中国人民政治协商会议甘肃省委员会文史资料研究委员会编：《甘肃文史资料选辑》第 8 辑，兰州：甘肃人民出版社，1980 年，第 142 页。

（1）存款方面。1938 年上半年，平市官钱局的存款业务，包括定期存款和活期存款，总额共为 1 648 372.01 元；1938 年下半年，则为 39 429 000.49 元，约是上半年的 24 倍；1939 年上半年，各项存款总额为 6 323 562.79 元，约是 1938 年下半年的 0.16 倍；而到 1939 年下半年，甘肃省银行各项存款总额又增加至 11 106 513.42 元，约是 1939 年上半年平市官钱局存款总额的 1.8 倍，此种激增事实，可见甘肃省地方经济逐渐丰裕。[①]甘肃省银行 1941 年下半年存款总额为 3900 万余元，较 1941 年上半年增加 2200 万余元，其中寄库数及活期存款约占存款总额为 92.37%、定期存款约占总额的 7.62%。[②]1943 年上半年存款余额达 16 800 万余元，较 1942 年 12 月增加 7000 万余元，下半年余额虽因部令限制收受机关存款、黑市利率升腾、存款逃避及年终存户之提存备用等影响，数字仍有增加，计达 21 290 万余元，较之 1943 年上半年，超过约 5000 万元。[③]1944 年上半年存款余额达至 46 400 万余元，超过 1943 年下半年余额 1 倍以上。1944 年下半年存款余额为 63 300 万余元，亦超过上半年余额 1.3 倍以上。[④]1945 上半年之存款总款达 141 700 万余元，较 1944 年下半年之存款 58 000 万余元，增加 83 700 万余元。1945 年下半年存款总额，增至 259 500 万余元，竟较上半年 1.8 倍。[⑤]

（2）放款方面。1938 年上半年，平市官钱局各项放款包括抵押放款、贴现放款、往来透支，总额共为 164 723.28 元，同年下半年则为 2 637 595.46 元，约是上半年的 16 倍。1939 年上半年，各项放款总额增为 5 186 771.55 元，约是 1938 年上半年的 31 倍，但自甘肃省银行改组成立后，1939 年下半年放款总额为 16 839 616.24 元，约是 1939 年上半年的 3.2 倍、1938 年上半年的 102 倍。综计官钱局时期自 1938 年上半年至 1939 年上半年，放款之总和，不及本行 1939 年下半年放款总额的 1/2，其放款业务之发展，于此充分表现。[⑥]

甘肃省银行 1941 年下半年放款总额共达 5000 万元，较本年上半年增加 55%，较 1940 年增加 7/10，盖以存款增加，故放款之范围及数量不断之扩大，其内容如下：①属于生产企业及政府事业投资者，约占放款总额的 5.21%。

---

①　甘肃省银行编：《一年来之甘肃省银行》，兰州：俊华印书馆，1939 年，第 58 页。
②　甘肃省档案馆藏甘肃省参议会未刊档案，档号：14—1—30。
③　甘肃省银行编：《甘肃省银行三十二年度业务报告》，1944 年，第 4 页。
④　甘肃省银行编：《甘肃省银行三十三年度业务报告》，1945 年，第 12 页。
⑤　甘肃省银行编：《甘肃省银行三十四年度业务报告》，1946 年，第 17 页。
⑥　甘肃省银行编：《一年来之甘肃省银行》，兰州：俊华印书馆，1939 年，第 58 页。

②属于协助政府建设事业及医学文化机构之放款者，约占放款总额的 30.18%。③属于农业及农村经济者，约占放款总额的 6.21%。④属于工业及小工业者，约占放款总额的 8.85%。⑤属于商业及小商业者，约占放款总额的 49.63%。①

甘肃省银行 1943 年对工业放款增其比额，低利贷款。上半年放款余额为 14 790 万余元，下半年虽有年终紧缩，余额仍有增加，达 17 800 万余元。均较本年以前增加甚多。②由于存款之增加，甘肃省银行放款亦得因以增加，而尤着重于生产事业之扶助与地方经济建设之促进。自 1944 年 10 月间奉财政部令增加生产事业放款，规定兰州须占 60%，其他县区行处须占 15%，此项目标于奉令后即事努力推进，且已近于完成之程度。计 1944 年上半年放款为 400 002 200 余元，约是 1943 年下半年余额的 2.2 倍；1944 年下半年余额为 500 008 000 余元，约是其上半年的 1.3 倍。③1945 年 8 月，抗战胜利结束，市场急剧转变，贷出数额时有增减，上半年为 857 752 337.07 元，下半年仅为 484 637 978.04 元，下半年数额约为上半年的 57%。④

（3）汇兑。1938 年平市官钱局时期，汇出汇款 742 650.90 元，汇入汇款 762 748.09 元；1939 年汇出汇款 28 172 280.98 元，汇入汇款 22 524 061.74 元；1940 年汇出汇款 23 245 323.36 元，汇入汇款 30 215 431.02 元；1941 年汇出汇款 82 771 973.10 元，汇入汇款 19 180 284.15 元，历年均有递增。⑤

（4）公库。甘肃省银行于 1940 年 1 月 1 日起，开始代理省库，1940 年 4 月 1 日起代理县库，截至 1942 年，已设之省县库各 41 处，1941 年 8 月起复开始代理兰州市库，自田赋及省税归并中央统一征收后，省库事务已并入国库办理，甘肃省于 1942 年 1 月 1 日起，奉部令核定及中央国库之委托，代理国库业务，实行代理行处暂定为临洮等 32 处。⑥甘肃省银行代理省库，在 1940 年度各月代收款总额为 36 969 944.20 元，至省库分布兰州、临洮、天水、平凉等市县，共计 36 处。省行代理县库业务，从 1940 年 4 月 1 日起开始，共计 36 处，市库仅兰州一地，自 1941 年 8 月起实施，代收款额 639 680.37 元。自田赋及省税归并中央统一征收，收支系统调整后，事实上已无省库之需要，

---

① 甘肃省档案馆藏甘肃省参议会未刊档案，档号：14—1—30。据原档案文献统计为 100.8%。
② 甘肃省银行编：《甘肃省银行三十二年度业务报告》，1944 年，第 4—5 页。
③ 甘肃省银行编：《甘肃省银行三十三年度业务报告》，1945 年，第 15 页。
④ 甘肃省银行编：《甘肃省银行三十四年度业务报告》，1946 年，第 21—22 页。
⑤ 甘肃省政府编：《甘肃省银行概况》，1942 年，第 15 页。
⑥ 甘肃省档案馆藏甘肃省参议会未刊档案，档号：14—1—30。

故该行代理省库业务，已于 1942 年 2 月底结束，并另筹代理国库事业，计临洮等 22 处。①到 1942 年底代理市库 1 处，省库总分支库共 34 处，后因中央改订财政系统，省库乃于 1942 年 7 月底告结束。自 1942 年 1 月起代理国库 22 处，未代国库各地而有省行机构者，则由省行代理税款经收处。此外，并代理县库计 42 处。1943 年，代理国库数目共 30 处，代理县库数目增至 44 处，唯原代兰州市库，则因市银行之成立，奉令移交市行办理。②

（5）信托业务。为奉行政府收购物资、辅助平价政策，提倡社会受信事业起见，遵照第二次地方金融会议决议案，呈奉财政部核准设立信托部，并于 1939 年 8 月初正式成立，其重要业务，计有下列数端，即①受托财政部委员会之委托，收集本省土产运输出销，内以富裕工农，外以结取外汇，收集物资种类，计有羊毛、羊皮、山羊绒、山羊皮、猾皮、獾皮、哈儿皮等，第一期（即 1939 年下半年）达 146 454 元，第二、第三期（即 1940 年上半年、下半年）达 399 042 元，合计 545 496 元。②运销平价物品，依照社会需要，向省外购运各种日用必需品，平价发售，以求物价之合理化，上以辅助平价政策，下以安定民众生计，运销物品，计布匹、食粮、教育文化器具、燃料清油等四类，凡 20 余种，其第一期运销总额达 409 085 余元，第二期达 486 716 余元，第三期达 724 875 余元，合计 1 620 676 余元，该项物品均先后分发青年消费合作社等平价发售。③运输业务由信托部自备胶轮大车 50 余辆，代理公共机关或公营事业机关暨各商号办理运输，略取手续费，流畅货物，计第一期收益达 22 663 余元，第二期达 33 920 余元，第三期达 121 706 余元，合计 178 289 余元。④保险事业，代理中央信托局保险部办理保险业务，计第一次承保额 31 000 元，第二期达 4 103 710 元，第三期为 1 053 705 元，合计 5 188 415 余元。上述业务，虽为资力所限，范围与数量甚少，但对于调剂盈需，已尽相当力量，而所予社会之便利，亦复不少。1941 年夏，中央限制非常时期贸易事业之经营，不久甘肃省贸易公司亦正式成立，甘肃省银行即将供销购运业务移交该公司办理，信托事业，经予以切实调整，除将收购物资、运销平价物品以及运输业务停止外，并即调整组织，改订计划。今后方针，一方面继续办理保险、运输、经租房屋经营地产、代理收付款项等事项外，另一方面尤拟着重于办理仓库和举办信托存款等项业务。③

---

① 甘肃省政府编：《甘肃省银行概况》，1942 年，第 17 页。
② 甘肃省银行经济研究室编：《甘肃省银行小史》，1945 年，第 13、19 页。
③ 甘肃省政府编：《甘肃省银行概况》，1942 年，第 15—17 页。

甘肃省银行自改组成立以来，改变了过去亏损的状况，开始实现了扭亏为盈。[①]1938 年纯损计 7 755.39 元。1939 年比 1938 年计增盈 514 927.01 元。就每期盈亏数量分析：1939 年上半年纯损 36 972.47 元，下半年纯益 544 189.09 元，下半年比上半年增盈 581 161.56 元。[②]1939 年下半年以后，历年均有盈余，以下为 1939—1941 年甘肃省银行盈余、开支表（表 5-9）。

表 5-9　1939—1941 年甘肃省银行盈余、开支表　　　　单位：元

年份	盈余	开支
1939	544 189.09	238 796.08
1940	1 826 437.09	768 686.13
1941	2 422 378.47	1 986 835.40

资料来源：甘肃省档案馆藏甘肃省参议会未刊档案，档号：14—1—30。

从表 5-9 可见，1941 年盈余总额达 2 422 378.47 元，较 1940 年增盈 24.60%，较 1939 年增盈 77.51%；1941 年应开支总额为 1 986 835.40 元，较 1940 年及 1939 年，均有增加。然若以盈余额比较，甘肃省银行业务，仍有进展。

甘肃省银行改组成立以来，一方面对国策推行，莫不悉力以赴；另一方面对业务经营，亦日求改善，兼筹并进，纯益递增，历年历期之营业，均有盈余，唯在 1942 年以前各期盈余无多。自 1939 年本行开始发展机构，在省内各县普及设行处、存放汇等业务均突飞猛进，而历期盈余乃有长足发展，计自 1939 年起至 1945 年止，历年盈余总数达 28 909 568 382 元，而 1945 年度即为 16 554 948 070 元，兹将 1939—1945 年甘肃省银行历届纯益列表比较如下（表 5-10）。

表 5-10　1939—1945 年甘肃省银行历届纯益统计表

时间	纯益/元	指数	纯益对资本之百分比/%
1939 年下半年	54 957 807	100.0	54.96
1940 年上半年	82 955 208	150.9	82.95
1940 年下半年	97 377 064	177.2	38.97
1941 年上半年	95 031 908	172.9	27.15
1941 年下半年	148 346 283	269.9	42.38
1942 年上半年	151 130 982	275.0	43.18
1942 年下半年	138 994 286	2 729.0	25.27

---

① 甘肃省政府编：《甘肃省银行概况》，1942 年，第 26 页。
② 甘肃省银行编：《一年来之甘肃省银行》，兰州：俊华印书馆，1939 年，第 11 页。

续表

时间	纯益/元	指数	纯益对资本之百分比/%
1943 年上半年	840 083 570	1 528.7	105.01
1943 年下半年	671 427 565	1 221.9	83.93
1944 年上半年	3 105 210 415	56 866.0	388.11
1944 年下半年	6 969 105 224	126 808.0	871.14
1945 年上半年	13 565 910 346	246 842.0	1695.74
1945 年下半年	2 989 037 724	54 388.0	373.63
总计	28 909 568 382		

资料来源：甘肃省银行编：《甘肃省银行三十四年度业务报告》，1946 年，第 15—16 页，有改动。

甘肃省银行自改组后，营业发展，盈余递增，每年照章在盈余项下提取 1/10
为公积金，借以增厚自身实力，计 1939 年起至 1945 年止，共提存法定公积金
约 2990 万元。此外，为巩固本行信用及奉行政令起见，自 1941 年起，复将原
有章程内提存公积金之办法予以修正，即以所获纯益，除照旧章先行提存 1/10
为法定公积金，并拨付官股周息四厘解库外，再以余额的 60%提存特别公积金，
计自 1941 年起至 1945 年，共提特别公积金 6248 万余元。以上两次公积金之
总数达 9237 万余元，唯 1945 年特别公积金提存办法财政部予以改订，此次
特别公积金暂未提存，本行 1939—1945 年甘肃省银行公积金统计情况如下
（表 5-11）。

表 5-11　1939—1945 年甘肃省银行公积金统计表　　　单位：元

时间＼类别	1939 年下半年	1940 年	1941 年	1942 年	1943 年	1944 年	1945 年	共计
法定公积金	244 250.12	1 025 663.89	687 354.16	290 125.27	1 511 511.14	10 074 315.64	16 054 948.07	29 888 158.29
特别公积金	—	—	759 069.93	1 482 676.45	7 988 012.18	20 148 631.29	32 109 896.14	62 488 285.99
总计	244 250.12	1 025 663.89	1 446 424.09	1 772 801.72	9 499 523.32	30 222 946.93	48 164 844.21	923 764.44

资料来源：甘肃省银行编：《甘肃省银行三十四年度业务报告》，1946 年，第 13—14 页。

因此，甘肃省银行每年于盈余项下除官利外，提存公积金 60%，计 1939
年下半年提存 244 250.12 元，1940 年提存公积金 1 025 663.89 元，1941 年提
存公积金 1 446 424.09 元，截至 1942 年，合计公积金 4 489 139.82 元，约占
资本总额的 53%，占资本实数的 75%。[①]

---

① 甘肃省档案馆藏甘肃省参议会未刊档案，档号：14—1—30。

总之，甘肃省银行自 1939 年 6 月 1 日改组成立，1943 年已在原基础上逐渐增为 70 个分支机构。至 1945 年已增充为 78 个，仍代理国库、省库、县库等三级库务。省外有南京、西安两办事处，上海、重庆两汇兑组。资本定额为 1000 万元。①

第三节　全面抗战时期的宁夏银行

全面抗战之前，宁夏省原设有宁夏省银行，以该省军政各费无法缩减，而走上增发钞券之途。1937 年，宁夏军政诸费仍无法缩减，各项税收受军事影响陷于停顿，宁夏省政府亏累达 400 万余元，不得不发行 340 万元省钞弥补，截至 1938 年春，发行额增至 645 万元。②发行过巨，准备空虚，钞价跌落。宁夏省政府为谋稳定金融，树立财政基础，于 1938 年 5 月，经宁夏省政府议决改组为宁夏银行，并委派赵文府、李云祥、乔森荣、徐宗孺等为宁夏银行筹备委员会常务委员，将原来的官办改为由官商两方共同筹集资金法币 150 万元，于 1938 年 6 月 1 日正式开业。③其中规定，每股 10 元，官股 10 万股，计 100 万元，全省绅商入股 5 万股，计 50 万元，马鸿逵任董事长，李云祥任总经理，董事为王沛、王觉、徐宗孺、李云祥、马宜萨满、李凤藻等 6 人。监察人为赵文府（宁夏省财政厅厅长）、乔森荣、李斌、范有森等 4 人。经理为马继德（字宜三，宁夏省地政局局长）。④

宁夏银行虽为官商合办的金融机关，实权却操纵在政府手中。宁夏银行的最高权力机构是董事会，而董事长则由宁夏省主席马鸿逵亲自担任，董事中，马继德是马鸿逵的本家堂兄弟，时任宁夏省地政局局长，王沛则历任宁朔县县长、河东税务局局长之职，王觉为马鸿逵司令部军务处处长；监察人中，赵文府原为马鸿逵第十五路军总部军需处处长，后又兼任宁夏省财政厅厅长，乔森荣时任银川市商务会会长，李斌时为银川富商。⑤由此可见，在董

① 中国人民政治协商会议甘肃省委员会文史资料研究委员会编：《甘肃文史资料选辑》第 8 辑，兰州：甘肃人民出版社，1980 年，第 141 页。

② 张致健：《浅述近代宁夏地区货币演变》，宁夏回族自治区文史研究馆编：《宁夏文史》第 4 辑（内部发行），1989 年，第 60 页。

③ 沈雷春主编：《中国金融年鉴》（1947），上海：黎明书局，1947 年，第 A88 页。

④ 郭荣生编：《中国省银行史略》，沈云龙主编：《近代中国史料丛刊续编》第十九辑，台北：文海出版社，1975 年，第 27、164 页。

⑤ 刘柏石：《宁夏银行》，宁夏区政协文史资料研究委员会编：《宁夏文史资料》第 17 辑，银川：宁夏人民出版社，1987 年，第 156—157 页。

事、监察人中主要为政府官员，工商界人士并不多，宁夏银行为宁夏省政府直接掌控的省级地方银行。

宁夏银行的组织机构，采取的是总分行制，经理之下，设会计、营业、出纳、仓库等科。总行设于省城宁夏，并在宁朔、平罗、中卫、中宁、灵武等县设立分行，在磴口县、同心县和陶乐设治局，在定远营、兰州、西安、包头、北平、天津、上海等地设办事处。①截至 1941 年 12 月底，已设有省内外分支行 11 处。1942 年 5 月 1 日，该行董事会开会，决定改商股为 300 万元，官股为 100 万元，将资本总额由 150 万元增为 400 万元。②资力较前雄厚，业务更可发展。此外，该行发行截至 1942 年 6 月底，据推测在 100 万—200 万元。1942 年底，该行存款 600 万余元，放款 100 万余元，汇入、汇出各 700 万—800 万元，盈余约 170 万余元。③

宁夏银行成立后，力改过去积弊，完全依据国民政府中央的各项规定，不断规划其业务，以达到活泼地方金融、扶植宁夏省建设、完成省地方银行之使命。全面抗战时期的宁夏省银行几乎控制了宁夏省所有的存款、放款、汇兑、贴现等业务，除这些普通之存款、放款、汇兑、代理公库外，宁夏银行在战时还采取了重要的业务措施。

（1）统购统销宁夏省特产。羊毛、驼毛、枸杞、甘草、羊肠、猪鬃、发菜等为宁夏省特产。宁夏省内销，为数甚微。全面抗战前多运达包头，转运天津出口。全面抗战以后，各口岸市场先后沦陷，交通阻断，出口不易。有不少奸商，利令智昏，偷运资敌。宁夏银行为杜绝走漏私运，派员分赴各县收购。因为收购数量颇巨，乃商准国民政府财政部贸易委员会西北办事处，所有宁夏主要产品之出口，俱由宁夏银行统制收购，交由财务部贸易委员会西北办事处转运出口。④

（2）销毁旧钞。1933 年，马鸿逵初来宁夏即私印纸币“临时维持券”“金融维持券”，共计 122 万元。1935 年，马鸿逵又私印纸币 227 万余元。两次共私印纸币 340 万余元。⑤宁夏银行成立后，决定通行法币，收销省钞。由前宁

①　徐安伦、杨旭东：《宁夏经济史》，银川：宁夏人民出版社，1998 年，第 197 页；刘柏石：《宁夏银行》，宁夏区政协文史资料研究委员会编：《宁夏文史资料》第 17 辑，银川：宁夏人民出版社，1987 年，第 157 页。

②　沈雷春主编：《中国金融年鉴》（1947），上海：黎明书局，1947 年，第 A88 页。

③　郭荣生编：《中国省银行史略》，沈云龙主编：《近代中国史料丛刊续编》第十九辑，台北：文海出版社，1975 年，第 166 页。

④　郭荣生编：《中国省银行史略》，沈云龙主编：《近代中国史料丛刊续编》第十九辑，台北：文海出版社，1975 年，第 164 页。

⑤　刘柏石：《宁夏银行的敛财术》，宁夏回族自治区政协文史资料研究委员会主编：《宁夏三马》，北京：中国文史出版社，1988 年，第 271 页。

夏省银行储存烟土价款余额项下，拨出一部分，将宁夏省旧日流行之省钞，一律收回，予以适当处置。宁夏银行将旧钞收回后，以新印兑换券之用纸及印刷，宁夏省无法购办，于是将作废之省钞，择其完整者剔出 150 万元，于票面加盖符号，以资识别而便日后发行。后以宁夏省交通不便，时值非常时期，物力维艰，辅币需要迫切，行使日久，自必破烂，届时换印新钞，殊非易事，于是又自宁夏省银行发行之破烂币券中，详细剔出完整者 40 万元，内计二角券 19.99 万元，一角券 13.76 万元，铜元券之四十枚券 2.95 万元，二十枚券 2.44 万元，十枚券 0.86 万元。并由省政府库款内拨交宁夏银行法币 20 万元，充作 40 万元辅币券之发行准备金。同时更由旧票中，剔出完整者 124.09 万元，封交宁夏银行暂行保管。所余 305.45 万余元（已焚毁 20 万元），全数以麻袋装运至宁朔县任春堡之黄河岸，将麻袋内装加以石块，坠沉河底。[①]至此，旧省钞全部结束，之后，宁夏省政府通令："宁夏省银行所发行一角、三角毛票，十枚、二十枚、四十枚铜元票规定与法币同样行使，准予完粮纳税、公私款项一律通用。"[②]

（3）推设宁夏金融网。宁夏银行设总行于省会所在地之宁夏。该行成立伊始，以基础未固，设行较少。至民国三十年（1941 年），粗具规模，力量已足，乃在省境重要县市及甘肃兰州，设置行处，以扩充业务。该行所设分行有永朔，中卫、中宁、金积、平惠等分行。另有定远营、同心、磴口、陶乐、兰州等办事处。宁夏省共辖十县三设治局，以宁夏银行分支行处情形观之，全省仅三县局未予设行。宁夏各地多以产业尚未开发，经济情形较为贫窘，该行能有总分机构十所分布省境，推设情形可称努力。但宁夏省之每县局，面积广大，设能再添设分支机构，则更善矣。[③]

（4）扶植生产事业。该行成立后，对生产事业努力扶植。该行独资创办之工厂，有光宁火柴公司，资本 30 万元，1942 年上期开工，出品甚佳。利宁甘草膏制造厂，资本 40 万元，旋以甘草膏销路不畅，改为纸厂。大夏纺织厂，亦未改行独资创设，于 1942 年上半年开工。1942 年 4 月，该行联合绥远省银行，在宁夏设立绥宁动力酒精厂，资本 80 万元，日出酒精三四千加仑。该行

① 郭荣生编：《中国省银行史略》，沈云龙主编：《近代中国史料丛刊续编》第十九辑，台北：文海出版社，1975 年，第 164—165 页。
② 张致健：《浅述近代宁夏地区货币演变》，宁夏回族自治区文史研究馆编：《宁夏文史》第 4 辑（内部发行），1989 年，第 61 页。
③ 郭荣生编：《中国省银行史略》，沈云龙主编：《近代中国史料丛刊续编》第十九辑，台北：文海出版社，1975 年，第 165—166 页。

与宁夏地政局合办之兴夏织呢厂，由该行投资 30 万元。与商界合办之宁夏电灯公司，由该行投资 5 万元。①

第四节　全面抗战时期的新疆商业银行

1930 年 7 月 1 日，新疆省政府拨款设立新疆省银行，资本总额为 500 万新两。它是新疆最大的也是唯一的金融机构，名义上是新疆省的地方银行，实际上却行使着本省中央银行的职能，垄断着新疆地方的金融市场，充当着新疆省政府的"财政外库"。然而，由于新疆省银行的分支机构仅有 9 个，管理方式落后，经营业务范围仅限于办理存款、放款、汇兑、代理省库、买卖生金银等。这些业务的规模均不大，各项业务的比重从 1936—1938 年这三年的损益统计中可以看出：放款利息及汇费收入平均占年度总收益的 54%，代理省库手续费收入平均占年度总收益的 21%，买卖生金银差价收益平均占年度总收益的 19%，其他杂项收益平均占年度总收益的 6%，从中可以大致看出这些业务各自所占份额的大小。②因此，新疆省银行"活跃经济"的作用十分有限。

全面抗战发生后，新疆省政府为加强经济建设，与中国共产党开展了抗日合作，应盛世才的邀请，中国共产党派出大批共产党员先后来到新疆帮助其建设，以巩固抗日的大后方。共产党员毛泽民于 1938 年 2 月来到新疆，化名周彬，2 月 10 日，被任命为新疆省财政厅副厅长，10 月 5 日，代理财政厅厅长，毛泽民从 1938 年春到新疆省财政厅任职，到 1941 年秋调任民政厅厅长③，新疆省银行的改组即是在毛泽民执掌新疆财政厅时主持进行的。

毛泽民曾任中华苏维埃共和国临时中央政府国家银行行长、国民经济部部长等职，是中国共产党内杰出的"革命理财家"，有着丰富的理财经验和远见卓识。面对混乱的新疆财政金融状况，他决心要大力整顿新疆省银行，以充分发挥其在调节经济生活、稳定金融市场中的作用。

1938 年 7 月，毛泽民与省银行行长张宏与联名向盛世才、李溶（当时的

①　郭荣生编：《中国省银行史略》，沈云龙主编：《近代中国史料丛刊续编》第十九辑，台北：文海出版社，1975 年，第 166 页。

②　董庆煊、穆渊：《新疆近二百年的货币与金融》，乌鲁木齐：新疆大学出版社，1999 年，第 287 页。

③　刘德贺：《毛泽民同志主管新疆财政时期的措施和贡献》，中国人民政治协商会议新疆维吾尔自治区委员会文史资料研究委员会编：《新疆文史资料选辑》第 8 辑，乌鲁木齐：新疆人民出版社，1981 年，第 40 页。

新疆省主席）递交了改组新疆省银行的书面报告，提出："为吸收多数游资，使所有全疆四百万民众之经济力量均能投入于各建设部门，拟将省银行改为官商合办之银行，广招商股……使全省人民在经济生活上更进一步与政府合作。"10月，新疆省第三次民众代表大会对改组省银行的议案做出了决议，将筹办改组一事纳入了法定程序。同年12月5日，由邱宗浚、毛泽民等人发起，又聘请了各族头领及富商10人为筹备委员，成立了商业银行筹备委员会。12月10日，毛泽民起草了《新疆商业银行筹备委员会改组经过》的报告，同时草拟了《新疆商业银行招收商股启事》公诸社会，使改组一事走出了重要一步。随后，商业银行筹备委员会又拟就了《新疆商业银行章程》，使筹备工作基本就绪。1939年1月1日，新疆省银行正式改组为新疆商业银行。①

首先是扩充资本。新疆商业银行改组成立后，扩大了业务范围，改变银行原来的官办性质为官商合办性质，招募私人资本入股，以扩大社会影响。新疆省银行原有资本折合新省币不到250万元，资力薄弱，影响银行的活动能力，改组后的新疆商业银行，资本额实收新币500万元，约增加1倍，官商合资，官股占3/5，商股占2/5，以财政厅厅长彭元吉兼任总经理。该行发行有十元、五元、三元、一元、五角、二角、一角、五分、三分、一分钞票十种，在全省通行使用。②

新疆商业银行建立时规定的资本总额为新省币500万元，每股50元，官股60 000股，商股40 000股。对于商股的40 000股，共200万元，计划分两期招足。第一期于1939年招20 000股，共100万元；第二期于1940年招20 000股，共100万元。1940年《新疆日报》上刊登新疆商业银行招收第二期商股通告中宣传入股的好处有二：①股利优厚。民国二十八年（1939年）各股东所得股息、红利共为股本的30%。将来业务发展，相信不到两年，所得股利即能还本，两年后所得即为纯利。②集中资金，参加建设。因为闲散的游资存在个人手里是不会起什么作用的。如果投入银行，就能集中地转用于各生产部门，成为建设新疆的巨大力量。经此号召，新疆商业银行迅速超额完成了原定认股目标。1941年底，新疆商业银行资本总额已达新省币534.9万元，比改组前的资本总额增加了1倍有余。1943年，由于业务扩展的需要，新疆商业银行再次计划扩充资本为新省币1000万元，其中官股比例增大为70%，而商股比例降低为30%。以后实收资本总额为944.7万元，其中官股为700万

① 袁自永：《略谈毛泽民改组新疆省银行》，《新疆金融》1998年第10期，第50页。
② 沈雷春主编：《中国金融年鉴》（1947），上海：黎明书局，1947年，第A89页。

· 230 ·

元，商股为 244.7 万元。①

其次是健全组织，改进管理模式。改组后以股东大会为银行的最高权力机构，由此产生理事会、监事会。理事会有理事 7 人，负责执行业务，其中理事长 1 人，常务理事 1 人。监事会有监事 3 人，负责对银行的监督。由于资本总额中官股占大部分（开始时占 60%，以后提高为 70%），银行的实权完全操控在政府的手中，历届官股理事长均由财政厅厅长兼任，常务理事则由行长兼任，毛泽民被推举为新疆商业银行的首任理事长。国民政府接管新疆后，1945 年将理事会、监事会改称董事会和监察人会。董事会有董事 11 人，其中董事长 1 人（仍由省财政厅厅长兼任），常务董事 1 人（由银行总经理兼任）。监察人会有监察人 4 人。②从其组织机构来看，总行设总经理、协理与襄理，在总经理直辖之下，划分了稽核处、业务处、会计处、金库处、储蓄处、总务处和经济研究室，在处之下设股，办理各种业务或事务，自此改组后，在工作上不仅易于推动，且易于获得前所未有的工作效率（表 5-12）。③

表 5-12　全面抗战时期新疆商业银行主要负责人一览表

姓名	职务	任职起止日期	任职时长	启用及离职原因
毛泽民	理事长	1938 年 12 月—1941 年 7 月	2 年 7 个月	被盛世才调至民政厅
张宏与	行长	1938 年 12 月—1940 年 5 月	1 年 5 个月	被诬入狱
臧谷峰	行长	1940 年 5 月—1942 年 3 月	1 年 10 个月	被诬入狱
彭吉元	行长/总经理	1942 年 3 月—1944 年 12 月	2 年 9 个月	被吴忠信免职
罗志枚	总经理	1944 年 12 月—1947 年 5 月	2 年 5 个月	被国民政府任免

资料来源：郝宏展：《近代新疆金融变迁研究（1884—1949）》，中央财经大学博士学位论文，2013 年 3 月，第 66 页，有改动。

表 5-12 中的新疆商业银行在全面抗战时期的历届领导人员（理事长、行长、总经理）都是由新疆省财政厅正、副厅长兼任，所以，财政与银行的关系十分密切，加强了新疆商业银行作为新疆省财政外库的色彩。

新疆商业银行在人员培养与补充方面极为重视，先后创立一个财商学校、一个商业学校和三期银行训练班，培养出 200—300 名新的银行干部。④

全面抗战开始后，新疆省政府为广吸游资，以加强经济建设，于 1939 年

---

① 董庆煊、穆渊：《新疆近二百年的货币与金融》，乌鲁木齐：新疆大学出版社，1999 年，第 291—292 页。
② 董庆煊、穆渊：《新疆近二百年的货币与金融》，乌鲁木齐：新疆大学出版社，1999 年，第 289、293 页。
③ 彭吉元：《十年来新疆的财政与金融》，《新新疆》1943 年第 1 卷第 1 期，第 50 页。
④ 彭吉元：《十年来新疆的财政与金融》，《新新疆》1943 年第 1 卷第 1 期，第 50 页。

1月1日将新疆省银行改组为新疆商业银行。修改章程，并扩大其业务范围。规定以吸收定期、活期存款，买卖现金银，吸收各种储蓄存款，投放工业、商业、农业、牧业放款，代理省库与汇兑等为主要业务。该行资本实收新币500万元，官商合资，官股占3/5，商股2/5，以财政厅厅长彭吉元兼任总经理，主持甚为得策，成绩极佳。新疆商业银行为新疆省仅有之银行，自省行时代即与财政厅发生极密切之关系，虽经改组，性质并未稍变，银行相当于省库，财政用款，均由银行支取，银行纸币，又均为财政厅所发，故新疆省之财政厅与商业银行，实有相互辅翼之效。该行之组织，原为四个分立银行，后渐加扩充，组织渐加强，现为总行1处，分行17处，办事处13处，储蓄处1处，副业单位3处。总行设总经理、协理、襄理。在总经理直辖之下，划分为稽核处、业务处、会计处、金库处、总务处、经济研究室。处以下设股，以分担各项工作。①

新疆商业银行之发行。新疆商业银行开业后，以喀票流通市面，有碍新疆省币制统一，省政府于1939年7月，令该行发行新币，以统一新疆币制，将过去发行之省票与喀票一律收回。新疆省币制混乱局面，至是澄清。该行所发新票，计分十元、五元、三元、一元、五角、二角、一角、五分、三分、一分等十种。该行所发纸币，初定与法币等值，惨淡经营，尚能逐渐达成目的。更因新疆省受战时所引起之金融影响较少，以新币换美元价格，始终能维持新币三元二角兑换美元一元。新币换法币之价格，普通为1:6。②

抗战时在新疆设立之银行。除中央银行迪化分行（1944年1月4日开幕）、中央银行哈密分行（1943年11月1日开幕）外，以新疆商业银行为中坚，该行在全面抗战前之省银行时代，设总行于迪化，分行于伊宁（1930年7月）、阿克苏（1935年2月）、奇台（1931年8月）、哈密（1935年3月）、塔城（1930年9月）、承化（1930年8月）、疏勒（1932年1月）、绥来（1935年2月）等8地。全面抗战以后，该行加以改组，积极发展，至1942年冬，总分支行已达36处，其中分行17处，计为迪化南关、乌苏、伊犁、阿山、阿克苏、莎车、奇台、塔城、焉耆、乌什、叶城、绥来、吐蕃、库车、喀什、和阗、哈密。办事处13处，计为昌吉、阜康、鄯善、巩留、镇西、巴楚、呼图壁、孚远、绥定、额敏、且末、于阗、库尔勒。此外有储蓄处一，以及粮栈、肥

---

① 郭荣生编：《中国省银行史略》，沈云龙主编：《近代中国史料丛刊续编》第十九辑，台北：文海出版社，1975年，第169—170页。

② 郭荣生编：《中国省银行史略》，沈云龙主编：《近代中国史料丛刊续编》第十九辑，台北：文海出版社，1975年，第172页。

皂厂、典当等 3 个副业。①1944 年起又规定：每一行政专员公署所在地设区分行，各重要县份设办事处。该行共设 42 个机构，计：总行 1 处，区分行 10 处，办事处 31 处。其中，区分行 10 处分别为：伊犁、塔城、阿山、喀什、哈密、和田、阿克苏、焉耆、库车、莎车。办事处 31 处分别为：迪化南关、乌苏、沙湾、额敏、绥定、精河、巩留、巴楚、英吉沙、伽师、珍惜、且末、若羌、劈山、墨玉、于田、文溯、乌什、库尔勒、拜城、轮台、孚远、奇态、吐鲁番、鄯善、椰城、绥来、阜康、呼图壁、昌吉、托克逊。1945 年，由于伊犁、塔城、阿山发生三区革命，三区的银行分支机构实际上均脱离总行管辖，归三区革命政府领导。叶城、拜城两办事处因当地发生反对国民政府统治的人民暴动，损失甚重。因此，新疆商业银行总行即行调整机构，将原有办事处 31 处裁减为 19 处，区分行 10 处保留，连同总行 1 处，共有机构 30 处。全行职工人数，1945 年末为 154 人。②

---

① 郭荣生编：《中国省银行史略》，沈云龙主编：《近代中国史料丛刊续编》第十九辑，台北：文海出版社，1975 年，第 173 页。
② 董庆煊、穆渊：《新疆近二百年的货币与金融》，乌鲁木齐：新疆大学出版社，1999 年，第 294—295 页。

第六章　全面抗战时期大后方县银行机构的建立与发展

虽然县银行的设立最早可以追溯到 1915 年北京政府时期的大宛、昌平、通县等农工银行，但县银行的正式建立，还是应该从 1940 年 1 月 20 日国民政府正式公布施行《县银行法》开始算起。自此以后，各省即依当地实际情形与需要，相继设立县银行且年有增加，并在 1942—1944 年、1946—1947 年形成两个高潮。在抗战时期的第一次高潮中，据统计，到 1945 年 8 月抗战结束时，全国成立的县（市）银行总行已达 284 家，分行 193 家。[①]到 1945 年底，全国成立的县（市）银行总行达 301 家。其中西部抗战大后方的省份就有 196 家，而以四川、陕西两省最多，共计 180 家，占当时全国县（市）银行数的 59.8%[②]，主要分布在国民政府统治的西南、西北地区，尤其是以四川、陕西等省成绩最为突出，成为抗战时期推设县银行的典范。然而，由于各地实际情形不同，办理先后有别，以致全国各省县银行的设立到抗战结束时，大都尚在初创阶段。

抗战胜利后，国民政府仍努力推设县银行，形成县银行设立的第二次高潮，但不同于抗战期间的是，这时创设县银行的骨干已不再是战时西部的大后方（只有云南的县银行发展较晚，其设立主要是在战后），而是转移到原本经济金融就发达的东南沿海的光复区，以江苏、浙江两省县银行发展最快。到 1947 年 12 月底，全国县银行总计达 544 家，其中，1946—1947 年新成立 243 家，以江苏、浙江、云南三省新设立数量最多；而属于大后方的各省，仅

---

①　中国通商银行编：《五十年来之中国经济》，上海：上海六联印刷股份有限公司，1947 年，第 43 页。

②　沈长泰编著，胡次威主编：《省县银行》，上海：大东书局，1948 年，第 44 页。

新设 69 家，占全国新设总数的 28.40%。[①]然而，国民党一意孤行，悍然发动全面内战，导致国统区经济迅速走向全面恶化，尤其 1948 年"八一九"币制改革以后，金融崩溃，县银行均无力支撑，业务被迫停顿，1949 年中华人民共和国成立后，被中国人民银行所接管。

本章除将对全面抗战时期西南、西北大后方各地县银行机构的建立与发展的基本情况进行梳理外，还将以县银行建设最好的省份——四川、陕西作为典型个案，展开较为深入的探讨。

第一节　全面抗战时期大后方县（市）银行的建立与发展概况

1940 年 1 月《县银行法》颁布后，2—3 月，由财政部通令各省政府督促各县积极筹设。在当时国民政府还能管辖以及部分管辖的省份中，广泛展开了县银行的筹设，到 1945 年 8 月抗战胜利时，县银行的设立相继在四川、陕西、甘肃、贵州、西康、云南、广西、湖北、湖南、广东、江西、河南、山西、浙江、福建等 15 个省份展开。下面，笔者将对战时国民政府统辖区域以及核心统治区域的西南、西北大后方各省的县银行的建立与发展情况进行系统梳理。

一、全面抗战时期县银行的发展布局

1937 年全面抗战开始后，伴随着中国沿海地区相继沦陷，国家财政收入锐减，但支出却因战事而激增，国民政府迫切需要开辟新的财源以缓解高额的财政赤字，于是不可避免地将眼光投向广大后方各省。"自抗战军兴，政府西进，沿海各省沦为战区，西南西北即成'抗战建国'复兴民族之根据地，于是开发西南西北产业，以增强抗战力量厚植建国基础，遂成为政府之国策与全国之要求矣。"[②]与此相对的是，内地的经济与金融状况却不尽如人意，无论是传统的还是现代的金融组织机构都极不发达，且地域分布不平衡。因此，随着国民政府西迁重庆，便确定以西南为中心、先西南后西北的西部开发与建设方针，中国的西南、西北地区很快成为抗战后方战略基地，即"抗战大后方"。在此基础上，国民政府为谋贯通内地金融脉络，发展后方经济，

---

① 中国人民银行总行参事室编：《中华民国货币史资料（1924—1949）》（第二辑），上海：上海人民出版社，1991 年，第 559 页。

② 中央银行经济研究处编：《十年来中国金融史略》，重庆：新中国文化社，1943 年，第 160 页。

增强抗战力量，保障抗战顺利进行，提出要重建金融网，"亟谋内地金融网之建立，以辅助内地经济之开发与建设"①。1938 年 6 月召开的全国第一次地方金融会议上，财政部正式提出要敷设内地金融网；8 月拟定《筹设西南、西北及邻近战区金融网二年计划》，规定要在两年时间内完成西南、西北金融网的构建。1939 年 3 月，财政部召开第二次地方金融会议后，即通令中央银行、中国银行、交通银行、中国农民银行四行积极推广建设分支行处，与各省省银行或地方银行，共负完成各地金融网之责，要使省与中央之间、省与省之间，构成全国整个的健全金融网机构，结为一体，"呼吸相通"②。1940 年 3 月，增订《第二第三期筹设西南西北金融计划》，提出"扩充西南、西北金融网，期于每县区设一银行，以活泼地方金融，发展生产事业"③。

对西南、西北金融网的建设，国民政府原来的思路是以国家银行为主，加之省银行的配合来进行，要求每县至少有一个银行设立。然而实际上，国家银行和各省银行分支机构却无法达到在每一个县份都有银行设立的规定。可见，要想完成西南、西北金融网的敷设任务，仅依赖国家银行和省银行是完全不够的，这就不得不考虑借助其他的金融机构来配合中央银行、中国银行、交通银行、中国农民银行四行和省行完成金融网的建设任务。那么，究竟什么样的金融机构才最为合适呢？针对这一问题，一些人认为，建立"以县为本位、以调剂县域金融为宗旨"的县银行乃是最佳之选。县银行若能在每县都得以设立，那么将能在很大程度上弥补国家银行和省银行的不足，无疑会对完成西南、西北金融网的建设计划大有裨益。

与此同时，全面抗战发生后，国民政府为革新县基层政治机构，使其能适应"抗战建国"之迫切需要，1939 年 9 月颁布《县各级组织纲要》，推行新县制，以完成地方自治。有鉴及此，国民政府财政部为调剂地方金融，辅助新县制之推进，以及扶植地方生产建设事业之发展，最终决定在全国推设县银行，并集合各方意见，拟定《县银行法》于 1940 年 1 月 20 日正式颁布。此后，在国民政府统治区域中，仅四川省积极行动起来筹设县银行，当年底在四川也仅有广安、潼南两县向财政部注册成立了县银行。④为达速成设立县

① 许廷星：《战后县银行存废问题》，《四川经济季刊》1945 年第 2 卷第 3 期，第 227 页。
② 孔祥熙：《第二次地方金融会议演词》，《财政评论》1939 年第 1 卷第 4 期，第 118 页。
③ 重庆市档案馆、重庆市人民银行金融研究所合编：《四联总处史料》（上），北京：档案出版社，1993 年，第 194 页。
④ 屈秉基：《陕西省县银行之现状及其改进问题》，《陕行汇刊》1943 年第 7 卷第 3 期，第 12 页；曾昭楚：《县银行之设立及其展望》，《川南工商》1945 年第 2 卷第 3 期，第 35 页。

银行之预期目的，1941 年初，国民政府行政院第四九七次会议通过《县乡银行总行章程》（20 条），决定由财政部负责筹设全国县乡银行总行，并对各省县银行有监督指挥之权。据此，财政部特别规划设立一个全国性的县乡镇银行总行，以为推行县乡镇金融机关之总枢纽，并于各省省会设立办事处，辅导各省、各县乡成立县乡银行或县银行。①为将此计划落实到实处，财政部特派陈威、卓宣谋等人具体负责筹备建立县乡银行总行。1941 年 2 月初，县乡银行总行筹备处在战时首都重庆建立起来。②1941 年 4 月 8 日，国民党八中全会通过将财政收支系统改为国家与自治两级制度的决议，财政与金融是息息相关的，县银行的设立，曾极一时之盛。

　　然而，全国县乡银行总行并没有得以建立，因为国防最高委员会认为，全国县乡银行总行没有设立的必要，"县银行之不需全国总行，亦犹各省银行不需中央总行，而正当系统应为县设县银行，省设省银行，中央设国家银行"。于是决定将全国县乡银行总行撤销，改为全国县银行推行委员会，直属财政部，但财政部认为，设立全国县银行推行委员会，与钱币司之职权重复，又建议改为中央银行设置县乡银行业务督导处，负督导业务之专责。③1942 年 2 月，财政部委托中央银行设立县乡银行业务督导处，借以督导各省设立县乡银行。

　　在地方上，当《县银行法》颁布之后，各省根据省内各县经济情况及实际需要，陆续拟具出分期推设计划，并相继发出筹备县银行注意事项。于是，各县政府依法组织县银行筹备会，负责进行县银行成立的相关事宜。筹备会工作内容主要有以下几项：①制定"县银行章程"草案，呈由县政府转呈省政府转咨财政部核准备案；②拟定招股章程，其内容要点为明定公司组织名称、所在地、设立宗旨、资本总额、股份及募股方法、缴纳股款办法及股息红利分配等；③县银行筹备会于资本募足定额，每款股款收 1/2 以上时，即可召集股东创立会，通过《县银行章程》，产生董事、监察人，由县商会出具验资印文证书，连同章程及创立会会议记录，并备具出资人姓名、籍贯清册，出资人已交、未交数目清册，各职员姓名清册，执照费等件，转请财政部核准登记，发给银行营业执照，方得开始营业。同时并应向经济部为公司设立之登记。④总体上，在《县银行法》推行之初，虽然政策层面声势浩大，但各

① 《财部将设立县乡银行》，《湖南省银行半月刊》1941 年第 1 卷第 6 期，第 95 页。
② 《该行总行负责人谈县乡银行业务要点有六》，《湖南省银行半月刊》1941 年第 1 卷第 6 期，第 95 页。
③ 沈长泰编著，胡次威主编：《省县银行》，上海：大东书局，1948 年，第 42—43 页。
④ 沈长泰编著，胡次威主编：《省县银行》，上海：大东书局，1948 年，第 45 页。

省县或是持观望态度，踟蹰不前，或是囿于本地经济困难无力筹设，大都未能按照政府原订计划如期推设，进展颇为缓慢。虽然筹设县银行的省份很多，如陕西省在1941年成立了长安、南郑等21个县银行[①]，江西省在推行设立县银行的过程中，首先选择相对富庶的临川县作为试点。1941年初，临川县筹组县银行，资本定为50万元，将照有限公司组织，由官商合股。[②]然而，这些县银行在当年都没有向财政部注册。因此，在1940—1941年推广筹设县银行的最初两年时间里，向财政部注册设立的县银行并不多。1940年一年中，仅有四川的广安、潼南等2家县银行成立，1941年四川有威远等15家县银行成立，同时广东有高安县银行的成立。[③]进入1942年后，经过两年的观望和筹设，一些县份陆续准备妥当，由此在1942年、1943年、1944年形成了一个县银行设立的高潮。据1942年5月的统计，全国设立县银行的省份和其设立县银行的数量有了明显变化（表6-1）。

表6-1　截至1942年5月全国设立县银行的省份及其设立县银行数量统计表　单位：家

省别	登记领照	开业	筹备	共计
四川	25	9	31	65
广东	1		11	12
湖北	1			1
江西			1	1
陕西	1	23	16	40
甘肃			1	1
河南		19	13	32
浙江			1	1
福建			2	2
贵州			1	1
山西			1	1
西康			2	2
总计	28	51	80	159

资料来源：《全国县银行分省统计表（三十一年五月）》，《金融周刊》1943年第4卷第6号，第9页。

从表6-1可知，到1942年5月，在国民政府统治区域中已经有12个省份筹设县银行159家，但真正登记领照的并不多，仅28家，占总数的17.61%，

---

① 李崇年：《陕省县银行之成长与发展》，《陕政》1944年第5卷第11—12期合刊，第12页。
② 《赣临川筹组县立银行》，《湖南省银行半月刊》1941年第1卷第6期，第96页。
③ 曾昭楚：《县银行之设立及其展望》，《川南工商》1945年第2卷第3期，第35页。

分布在四川、广东、湖北、陕西四省，其中四川一省就占了 25 家，占领照银行总数的 89.29%；开业的 51 家，占总数的 32.08%，集中于四川、陕西与河南三省；其余处于筹备阶段的 80 家，占总数的 50.31%。而西北地区，除陕西省外，仅甘肃省有 1 家处于筹备阶段，其余的宁夏、青海与新疆都没有县银行的设立。

在战时设立县银行的省份中，除西部地区的四川省和陕西省之外，河南省是设立县银行相对较多的一个省份。河南省自 1941 年 1 月起拟定计划，分为二期推行县银行，至 1942 年河南已设县银行计有新郑、渑池、许昌等 48 县，时河南全省共辖 111 县，已设县银行约占总县数的 43%。[①]

截至 1942 年 12 月，根据财政部钱币司之统计，全国已经设立之县银行，计有 164 家（其中有 93 家已呈请登记而尚未核发营业执照）。[②]1943 年，核准增设县银行共 103 家，其中，四川省 45 家，陕西省 17 家，河南省 29 家，湖北省 6 家，福建省 2 家，云南、甘肃、江西、安徽四省各 1 家。[③]截止到 1944 年 6 月底，全国依法成立之县银行由财政部核准登记并发给营业执照者共 218 家，其中，四川省 104 家，河南省 48 家，陕西省 37 家，湖北省 11 家，江西省 3 家，福建省、云南省、贵州省、安徽省、广东省各 2 家，甘肃省、浙江省、广西省、西康省、湖南省各 1 家。仅在 1944 年上半年度内核准给照者共 47 家，其中，四川省占 7 家，陕西省占 16 家，河南省占 13 家，湖北省占 3 家，浙江省、江西省、安徽省、湖南省、广西省、云南省、贵州省、西康省各占 1 家。[④]到 1945 年 8 月，全国成立的县（市）银行总行已达 284 家，分行 193 家。[⑤]到 1945 年底，全国成立的县银行总行达 301 家（表 6-2），这一阶段设立县银行的主体力量在西南、西北大后方，其中以四川省、陕西省成绩最为显著，其次为河南省、湖北省、安徽省等。

表 6-2　全国县银行统计表（1940 年 1 月—1945 年 12 月）　　　单位：家

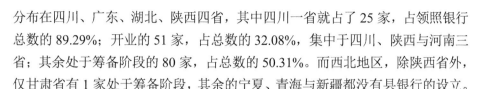

省别 ＼ 年份 ＼ 数额	1945	1944	1943	1942	1941	1940	总计	备考
四川	10	17	36	43	15	2	123	包括重庆市银行
福建			2				2	

① 王璧岑：《县银行与地方经济建设》，《财政经济》1945 年第 3 期，第 2 页。
② 袁宗葆：《改进县银行刍议》，《金融知识》1944 年第 3 卷第 3 期，第 131 页。
③ 台湾"国史馆"藏国民政府未刊档案，档号：001—080001—0002。
④ 台湾"国史馆"藏国民政府未刊档案，档号：001—080001—0002。
⑤ 中国通商银行编：《五十年来之中国经济》，上海：上海六联印刷股份有限公司，1947 年，第 43 页。

续表

省别 \ 年份 数额	1945	1944	1943	1942	1941	1940	总计	备考
江西	1	2	1	1			5	
甘肃			1				1	
云南	2	2	1				5	
贵州	2	2	1				5	
湖北	9	10	6	1			26	包括汉口市银行
陕西	11	26	16	4			57	
河南		14	34	1			49	
浙江		1					1	
安徽	15	2	1				18	
广东	1		1		1		3	包括广州市银行
广西			1				1	
西康	3	1					4	
湖南		1					1	
总计	54	79	100	50	16	2	301	

资料来源：沈长泰编著，胡次威主编：《省县银行》，上海：大东书局，1948 年，第 44 页。

由表 6-2 可见，县银行在全面抗战时期的 5 年多时间里得到了比之前较为迅速的发展，在国民政府统辖的 15 个省份都有设立，但分布趋势极不平衡，其中主要集中在西南、西北大后方的四川、陕西、云南、贵州、西康、广西、甘肃等省份，共计 196 家，占全国县银行总数的 65.12%，而在大后方诸省中又集中于四川与陕西两省，共计 180 家，占西南、西北大后方县银行总数的 91.84%，占全国县银行总数的 59.8%，而大后方其他省份则相应较少，宁夏与青海两省没有设立县银行。

二、全面抗战时期西部各省的县银行建设

在战时推设县银行进程中，各省步调不一，差异较大，其中四川省和陕西省是全面抗战时期推设县银行的典范。除此之外，在西部各省中贵州省、云南省、西康省、广西省以及甘肃省都分别筹设了县银行，不过筹设的时间都比较迟，到 1943 年甚至 1944 年才开始，且筹设县银行的成效并不显著。由于甘肃省在整个全面抗战时期仅设立 1 家县银行，且暂无资料，因此，根据所能搜集到的资料，笔者仅对贵州省、云南省、西康省及广西省等四省的

县银行建设情况作一梳理。

贵州省虽是"人无三分银"的苦寒之地，但对于建立县银行还是比较积极的。自 1939 年起已有不少县（市）建立了县合作金库，重要集镇和交通要道大多建立了国家银行。《县银行法》颁布之后，贵州省由于县银行资金筹措困难和缺乏业务人员，县银行成立较迟。1941 年，呈请贵州省政府准备筹建县银行的县份有大定（今大方）、赤水、绥阳、习水、天柱、印江、铜仁、郎岱、平坝、毕节、巴南、遵义、台拱等 13 个县，其余各县请求暂缓组建。然而，直到 1943 年 10 月以后，县银行的建立才在全省展开。贵州省政府为指导县银行的建立，特颁发《筹建县银行应注意事项》，通告执行。①

贵州省最早设立的一家县银行是习水县银行，成立于 1943 年 10 月，由地方人士叶沛霖等发起组织，实收资本 26 万元。董事会由 7 人组成，董事长叶沛霖，董事袁烈光、何敬斋、袁必才、穆大瀛、张家猷、袁本渊。监察人何沛、罗士杰、叶光德。经理黄保元。其主要业务是吸收工商业者的存款。放款对象以入股之股东为主，利率 8‰—10‰。该县与四川合江县毗邻，与其贸易往来较多，遂与合江县银行订立通汇合约，开展汇兑业务。该行由于拥有较多的专业人员，如会计主任袁本渊（后任经理）为光华大学会计系毕业，出纳主任赵明良系立信会计专科学校毕业，均能胜任本职工作，因而业务得以稳步发展。②

贵州省各县银行中规模较大的是平越县银行。1944 年 3 月开始筹备，资本 5000 万元，后增为 1 亿元。董事会由 7 人组成，董事长谭叔谦，董事刘智先、李文远、谭时钦、刘徽予、刘赓尧、张正光。监察人解幼莹、杨海澄、刘映华。经理周明善。其于 1944 年 1 月开业。该银行除代理县金库及一般银行业务外，通过信用合作社向烟农发放贷款，支持烤烟生产。此外，该银行还与同兴实业社及城厢镇消费合作社联合经营食盐、烟叶等购销业务。全行共有员工 29 人。③

此外，遵义县银行，开始筹备于 1942 年 12 月 4 日，至 1943 年 3 月 25 日，收齐股本 300 万元，其中商股 280 万元，公股仅有 20 万元。3 月 30 日，召开成立大会，通过章程，选举刘瑞荚、邹聿修、陈秉忠、柏建儒、王雨苍、

---

①　贵州金融学会、贵州钱币学会、中国人民银行贵州省分行金融研究所编：《贵州金融货币史论丛》，贵州中国人民银行金融研究所《银行与经济》编辑部，1989 年，第 150 页。

②　贵州金融学会、贵州钱币学会、中国人民银行贵州省分行金融研究所编：《贵州金融货币史论丛》，贵州中国人民银行金融研究所《银行与经济》编辑部，1989 年，第 155 页。

③　贵州金融学会、贵州钱币学会、中国人民银行贵州省分行金融研究所编：《贵州金融货币史论丛》，贵州中国人民银行金融研究所《银行与经济》编辑部，1989 年，第 155 页。

喻界凡、佘文青等 7 人为商股董事，县府指定财政科科长任占琴为公股董事。选举柏杰生、牟贡三为商股监察人，县政府指定王筑生为官股监察人，聘请刘瑞夔任经理。1943 年 4 月 15 日，呈准县政府先行开业。经营存放款，以商业往来为主，业务尚能发展，数额亦颇可观。但初期因规章制度不健全，开业不久即发生挪用公款购销棉纱、布匹事件，因而该行迟至 1944 年 10 月，始由财政部批准开业。①

全面抗战期间，贵州有 13 个县主动呈请筹建县银行，其中成立最早的是 1943 年习水县银行。到抗战结束前，贵州共建有 5 家县银行：习水、平越、遵义、铜仁、兴义。呈请创设的有：桐梓、赤水、松桃、普安、安龙等 5 县。贵州省财政厅于每一年度最末一月内派员对开业各县银行之营业状况、资金运用、款项存放等情况实施检查。②

云南地处边陲，交通梗阻，生产落后，农村经济枯窘，加之地方势力强，富滇新银行的 60 多个分支机构已包揽各县业务，故县银行之建设与推行相对来说是比较迟缓的，直至 1944 年，始列为云南省财政厅的中心工作。按照中央制定之银行法规，结合云南实地情形，拟定《推行云南省县银行方案草案》，分期、分区推行。该草案明确提出：推行滇省各县县银行，除法令规定之县银行业务外，其目的在调剂地方金融，扶助经济建设，发展合作事业，辅助财务行政之推进，增加县收入等。其实施步骤为推行本省各县县银行，除昆明市县银行业经督饬设立开业不计外，其余各县共分两期推行：①以交通便利，或商业发达，或物产较丰及兼理财政完毕收入充裕之永胜等 43 县为第一期；②以地方重要及整理财政完毕之安宁等 58 县局为第二期；其他少数边远县局，交通梗阻，情形特殊，推行不易，俟第二期各县推行完成后，再为酌定。又第二期推行各县、各地方有愿提前设立者，并入第一期推行。进而规定，县银行依法依县乡镇公款与人民合资设立，为股份有限公司之组织。县银行之最高权力机关为股东会，由股东会视业务之大小在股东中选任商股董事 3 或 4 人，公股董事由县政府就地方公正殷实士绅中指派 4 或 5 人，总数 7 或 9 人组成董事会。董事会中互推 3 人为常务董事，并由常务董事中互推 1 人为董事长。县银行设监察人 2 人，除县长为当然监察人 1 人外，并由股东

---

① 贵州金融学会、贵州钱币学会、中国人民银行贵州省分行金融研究所编：《贵州金融货币史论丛》，贵州中国人民银行金融研究所《银行与经济》编辑部，1989 年，第 156 页。

② 中国人民政治协商会议西南地区文史资料协作会议编：《抗战时期西南的金融》，重庆：西南师范大学出版社，1994 年，第 322 页；贵州省档案馆编：《民国贵州省政府委员会会议辑要》（上），贵阳：贵州人民出版社，2000 年，第 492 页。

会推选 1 人为常驻监察人。县银行设经理 1 人，由董事会就地方身家殷实为人公正而富有商业经验者选任之；副理 1 人，由财政厅委派之，并兼任该县金库主任。若业务较繁之县，并得设襄理 1 人，由财政厅委派之。县银行设总务、业务、仓库、会计 4 组。县银行之资本总额依现实经济状况及营业需要至少须达 200 万元，至多以 1500 万元为限，商股不得少于 1/2，其商股应就本县境内有住所者优先招募，如有不敷，需在营业区外招募足额，其营业区内之地方法人团体及合作社，均得为商股股东。县银行资本依法筹募足额，并将股款总额收足 1/2 以上时，即可遵照《县银行法》之规定拟定缮具 4 份，呈由各县政府转呈财政厅核转省政府咨请财政部核示注册，颁给营业执照，即可开始营业。各县银行设立后，自应遵照管理银行法令，除受银行监理官办公处管理外，并依法以财政厅为直接管理机关，按月造报资产负债表及月计表等呈财政厅审核，并于财政厅内成立督导官，设主任 1 人，督导员若干人，必要时财政厅应随时派员检查县银行账表簿籍库存状况及其有关文件，并指导监督各县银行业务之推进事宜，以达管制战时金融之目的，又为各县银行业务联络进展和于财政厅内设立县银行联合总库处，以助各行业务之顺利发展。①

为了加强对县银行的监督与管理，云南省财政厅又颁布了《云南省财政厅县银行督导员暂行服务规则草案》（14 条），规定省财政厅派往各地的新银行督导员的主要任务为：督促指导各县设立县银行事项、指导各县县银行呈请注册事项、各县县银行组织及业务之指导事项、检查各县县银行账表文件及库存事项、县乡镇金融机构及经济状况之调查统计专项事宜。同时还规定督导员在执行职务时，除遵照有关县银行法令办理外，需接受县地方官绅对县银行之建议呈请财政厅核示办理。督导员接到出发命令后应于七日内首途，每一县工作时间不得超过二十日。督导员应忠实、廉洁、奉公，不得委目需索并接受各机关团体或人民之供应及馈赠，违则依法严惩。②

根据 1940 年 1 月 20 日公布的《县银行法》第六条之规定："县银行资本总额，至少须达 5 万元，商股不得少于 1/2"；第九条规定："县银行股款收足 1/2 以上时即可转请财政部核准登记发给执照开始营业"，此后，随着物价的不断上涨，币值的下落，到 1945 年，云南省财政厅在筹设县银行时，即斟酌实际情形对县银行的资本总额予以增加，在其所拟定的《推行云南省县银行

---

① 《推行云南省县银行方案草案》，《财政经济》1945 年第 6 期，第 28—30 页。
② 《云南省财政厅县银行督导员暂行服务规则草案》，《财政经济》1945 年第 6 期，第 30 页。

方案草案》中，规定县银行的资本总额至少须达 200 万元，至多以 1500 万元为限，商股不得少于 1/2。[①]

云南省是建立县银行相对比较晚的省份之一，1944 年拟定了《推行云南省县银行方案草案》后，到 1944 年底时，业已成立的仅有昆明市银行与昆明县银行 2 家，曲靖、昭通、石屏、平彝、富民各县银行正在筹备，近可成立，其余均在筹备中。[②]以上除昆明县银行和昆明市银行早经开业不计外，两期共推行 101 县局，再加腾冲、龙陵二县，共计 103 县局。[③]

然而，昆明银行是早在云南省提倡设立县银行之前就已经设立的，为全面抗战时期云南省新设立之市银行，由昆明市政府倡办，成立于 1940 年 7 月间。1940 年春，昆明市政府为健全该市财政制度，调节地方金融起见，乃筹设昆明银行，资本定额为法币 500 万元，官股占 1/5，余为商股，该银行于 7 月 22 日筹备完竣后正式开幕营业。董事长为矿商澄农，监察长为市长裴荐藩，总经理由市财政局局长李崇年兼充，该银行除经营一般银行业务外，并代理市金库。[④]

为了加强县银行之设立，云南省财政厅除增设县银行督导室，派第四科科长郭曔兼充主任外，并将全省分为八区，委派督导员张惠庶、黄心一、芮元候、林洁、佴鷃、杨盛亭、明瑞云等分赴各县督导县银行之设立。[⑤]截至 1945 年 6 月底，除昆明市银行、昆明县银行及曲靖县银行等三家银行早已开业外，共成立筹备处者 50 县。[⑥]然而，到 1945 年底，仅有昆明市银行、昆明县银行、曲靖县银行及寻甸县银行等 4 家成立。[⑦]

西康省因地处边陲，各县筹集资金较难，业务发展不易，且推行新县制比四川省晚一年，对于县银行的筹设一直迟迟没有推动。直到 1941 年实行新县制以后，西康省才开始命令成立新县制的雅安、汉源、西昌、会理等四县，切实负责筹备设立县银行，然因地方凋敝，经济力量薄弱，困难太多，未能

① 王璧岑：《县银行与地方经济建设》，《财政经济》1945 年第 3 期，第 2 页。
② 《云南省三十三年度财政工作报告》，《财政经济》1945 年第 1 期，第 27 页。
③ 《滇省财政概况》，《财政经济》1945 年第 6 期，第 24 页。
④ 徐学禹、丘汉平编著：《地方银行概论》，福州：福建省经济建设计划委员会，1941 年，第 113 页。
⑤ 《财政经济零讯》，《财政经济》1945 年第 3 期，第 28 页。
⑥ 《云南省财政厅卅四年度一至六月份工作报告》，《财政经济》1945 年第 7—8 合期，第 18 页。
⑦ 云南省档案馆、云南省经济研究所合编：《云南近代金融档案史料选编（1908—1949 年）》第一辑（上）（内部资料），1992 年，第 190 页。

按照计划如期实现。[①]虽然西昌县银行由县长领导于 1941 年初开始筹备，并指定李钧等 9 人为筹备委员，资本总额约 30 万元，其中公股约定 6 万元，其余均属商股。[②]但该行并没有很快建立起来。

1942 年，西康省政府规定荥经、天全、越隽、冕宁、盐源等五县实施新县制，复饬令预为筹备，以便依照中央规定，于实施新县制一年以后，代理公库，亦因地方贫瘠，各项庶政，未臻办理，难于推动。1943 年 3 月，西康省政府鉴于 1941 年、1942 年规定实行新县制之县份均达到一年以上，依法应成立县公库，复通饬各县已着手筹备者，限于 8 月底筹组成立，未有着手筹备者，奉文后迅速加紧筹备，限于 10 月底筹备成立。此时期中，如限成立者，计有雅安、西昌、会理、荥经四县；但因立案手续尚未办妥，营业执照尚未颁发，以致迟迟不能开业，其中，仅雅安县银行于 1944 年 2 月办到，开始正式营业，其余各县，均因募集资金困难请求展限成立。[③]直到 1945 年才得以正式开业。

广西省的县银行则交由广西银行铺设。1942 年秋，广西省政府核准《广西银行辅导各县设立县市银行办法》，由该行派人赴各地指导县市银行的设立，设立步骤分四项：其一，先就该行未设分行、办事处之县份，就实际需要情形设立；其二，就该行已设立分行、办事处之县份，分别需要视情形设立；其三，其他人口达 10 万以上之县市，视情况设立；其四，如各县市能自行筹设者，得随时请求协助并联络。[④]到 1944 年，已成立有桂林市、河池县等 17 家县市银行，着手筹建的约 50 个县。1944 年 11 月，日军大规模入侵广西，筹建工作被迫停止，已成立的县市银行亦相继歇业。[⑤]

总之，在大后方，除四川、陕西设立县银行最多、成效相对较好之外，西部其他省份设立县银行的情况并不是太好，这种零星的设立还主要集中在西南地区的云南、贵州、西康与广西。在西北地区，仅甘肃设有 1 家县银行，惜以资料缺乏，详情难明。其他省份到抗战胜利时几乎没有县银行的设立。

①　李玉峰：《西康县银行现况及其前瞻》，《西康经济季刊》1944 年第 9 期，第 96 页。
②　《各地纷设县银行》，《广西银行月报》1941 年第 2 卷第 1 期，第 37 页。
③　李玉峰：《西康县银行现况及其前瞻》，《西康经济季刊》1944 年第 9 期，第 96 页。
④　沈雷春主编：《中国金融年鉴》(1947)，上海：黎明书局，1947 年，第 A96 页。
⑤　广西壮族自治区地方志编纂委员会编：《广西通志·金融志》，南宁：广西人民出版社，1994年，第 73 页。

第二节　典型剖析——全面抗战时期四川省的县银行

全面抗战时期，四川省不仅有全国第一家成立的县银行，也是全国普设县银行最全面的省份，且一直完全处于国民政府的统治之下，具有连续性和代表性。据统计，1942 年底，全国已设县银行 159 家，其中四川省有 65 家，占 40.88%。[①]截止到 1944 年 6 月底，全国依法成立之县银行由财政部核准登记发给营业执照者共 218 家，其中，四川省独有 104 家，占 47.71%。[②]到 1945 年抗战胜利时，在全国县银行家数中，川、康、滇、黔四省县银行占到 53%，而四川省的县银行则在四省中独占 90%。[③]到抗战结束后的 1945 年底，全国成立县银行达 301 家，四川省仍有 123 家，占 40.86%。[④]本节将对抗战时期四川省创设的县银行进行分析。

一、全面抗战时期四川省的县银行筹设情况

在西南地区，四川省较为富庶，早在全面抗战前，各县的乡村银行或农民银行的设立数量就是全国最多的省份之一；全面抗战后，四川省又为战时首都所在省份，一切新政的推行相对较为容易，在《县银行法》颁布前，四川各县的准县银行就有 11 家，详见表 6-3。

表 6-3　《县银行法》颁布前四川各县的准县银行概况表

行名	实收资本/万元	成立时间	备考
北碚农村银行	4.00	1928 年 10 月	官商合资，但以商股为主
江津农工银行	29.90	1933 年 7 月 1 日	民股
綦江农村银行	0.50	1933 年 9 月	官股
棠香农村银行	5.85	1934 年 5 月 1 日	荣昌私立棠香中学设立，股本由基金拨充
垫江农村银行	3.26	1935 年 11 月	民股
金堂农民银行	5.70	1935 年 11 月	官股
梁山农村银行		1934 年 3 月	
纳溪农村银行	1.00	1934 年 7 月	民股

① 田茂德、吴瑞雨整理：《抗日战争时期四川金融大事记（初稿）》，《四川金融》1985 年第 1 期，第 32 页。

② 台湾"国史馆"藏国民政府未刊档案，档号：001—080001—0002。

③ 中国人民政治协商会议西南地区文史资料协作会议编：《抗战时期西南的金融》，重庆：西南师范大学出版社，1994 年，第 320 页。

④ 沈长泰编著，胡次威主编：《省县银行》，上海：大东书局，1948 年，第 44 页。

续表

行名	实收资本/万元	成立时间	备考
璧山农村钱庄	0.50	1935 年	民股
彭县彭益银行	2.00	1934 年	官督民办
通江平民银行	10.00	1935 年	发行钞票 10 万张折合 10 万钏拨充资本

资料来源：杨及玄：《由县银行法的公布说到四川各县的县银行》，《四川经济季刊》1944 年第 1 卷第 2 期，第 160 页。

从表 6-3 可见，在全面抗战之前的一段时间里，四川省县乡银行的创立还是相对比较多的，既有民股，也有官股，还有官商合股。不过，1935 年，国民政府重申各地方银行机构须向财政部注册领照，方能开业。四川省已开业的这些准县银行，或以办理不善，或以资金缺少，业务无法展开，或未及时向财政部登记注册，只好自行关闭，仅存北碚农村银行和江津农工银行两家。此后，1940 年 1 月《县银行法》颁布之后，北碚农村银行增资改组为北碚银行，而江津农工银行亦增资扩大业务范围，改组为四川农工银行，成为商业银行[①]，这为四川省县银行的推设奠定了良好的基础。

1940 年 1 月《县银行法》颁布后，四川省作为大后方重镇，亦为陪都所在省份，得风气之先，首先响应国民政府号召，积极筹设县银行。10 月，四川省财政厅随即拟定了《四川省各县筹备县银行注意事项》（7 条），由四川省政府颁布施行，并规定先成立当地县银行筹备委员会、财政科科长及财务委员会主任为当然委员，资力不足的可联合邻县共组。官本以历年余款、整理特许费及不动产预算外增益或借款抵充，股款交国家银行或省银行存储。县银行的成立最迟不得超过 1941 年底。[②]

在四川省政府的倡导之下，许多县份开始了筹备县银行的工作，至 1940 年 8 月，据各县呈报，可于当年内组设成立县银行的有铜梁、丹棱、富顺等 42 个县。因地方瘠苦，资金难筹，四川省政府准予缓设者，计有庆符、峨边、兴文等 25 县。然而到 1941 年，正式成立之县银行却仅有 1 家，其余 50 多家俱在筹备中。四川省财政厅为加大推进力度，进一步补充规定办法两条：①1941 年各县县银行应普遍设置完竣，资力不足的县份，准许由两县以上共同设置；②拟请财政部批准各县银行遵照《改善地方金融机构办法纲要》之规定，请领一元

---

① 四川省地方志编纂委员会编纂：《四川省志·金融志》，成都：四川辞书出版社，1996 年，第 35 页。

② 田茂德、吴瑞雨编：《民国时期四川货币金融纪事（1911～1949）》，成都：西南财经大学出版社，1989 年，第 221 页。

券及辅币券，并确实办理原纲要规定的各项业务，以期惠及中小农工商人，借以调剂地方金融，避免县乡镇辅币缺乏之恐慌。同时还规定分期推行计划，规划全省各县银行分四期成立，第一期（1941 年 1—3 月）设立 50 家县银行，第二期（1941 年 4—6 月）设立 30 家县银行，第三期（1941 年 7—9 月）设立 20 家县银行，第四期（1941 年 10—12 月）设立 30 家县银行。①不过这个计划并没有在 1941 年底完成，而实际的情形是四川省县银行的设立高潮出现在 1942 年、1943 年两年，截至 1942 年 5 月，在财政部登记领照正式成立之县银行 25 家中确已成立开业者 9 家，筹备中者 31 家。②到 1943 年 9 月 30 日，四川省各重要都市以及较富庶各县大致皆已成立各县市银行，达 96 家。③12 月底，四川省开业的县银行又增加了 2 家，达到 98 家，在比例上约达原计划 130 家的75.38%，尚未成立的县区不到 1/3。截至 1945 年底，在四川全省的 144 个县级行政单位中，除少数县市因地方贫瘠奉命准予缓设外，全省共设立 126 家县市银行，占全省 144 个县级单位的 87.5%。④兹将具体情况列表如下（表 6-4、表 6-5）。

表 6-4　1940 年 11 月—1945 年 12 月四川省（含重庆、西康地区）增设县银行概况表

开业年份	地区	开业数量/家	总资本/万元	平均资本/万元
1940	潼南	1	20	20
1941	新都、荣县、威远、井研、永川、巴县、合川、宜宾、高县、富顺、隆昌、叙永、古蔺、南川、广安、南江、自贡	17	681	40
1942	温江、新津、双流、内江、仁寿、江北、荣昌、綦江、大足、铜梁、眉山、彭山、乐山、屏山、犍为、峨眉、江安、兴文、珙县、泸县、合江、纳谿、涪陵、秀山、万县、忠县、巫溪、云阳、渠县、梁山、长寿、邻水、垫江、南充、岳池、南部、仪陇、遂宁、三台、蓬溪、广汉、德阳、什邡、江油、阆中、平武、开江、宣汉、开县	49	2384	48
1943	崇庆、成都县、郫县、资中、简阳、江津、邛崃、大邑、洪雅、夹江、丹棱、南溪、长宁、古宋、丰都、黔江、巫山、大竹、武胜、营山、西充、乐至、射洪、绵竹、安县、金堂、苍溪、彰明、达县、茂县、（成都市）	30（1）	1764（500）	58.8
1944	灌县、彭县、蒲江、青神、庆符、筠连、奉节、蓬安、安岳、盐亭、绵阳、梓潼、广元、昭化、万源、通江、松潘、（璧山）	17（1）	1119（500）	65

---

① 沈雷春主编：《中国金融年鉴》（1947），上海：黎明书局，1947 年，第 A94—A95 页。
② 郭荣生：《县银行之前瞻及其现状》，《中央银行经济汇报》1942 年第 6 卷第 7 期，第 44 页。
③ 《四川省银行业务分布之分析》，重庆市档案馆藏美丰商业银行未刊档案，档号：0296—13—17。
④ 四川省档案馆藏四川省财政厅未刊档案，档号：民 059—1—0849。

续表

开业年份	地区	开业数量/家	总资本/万元	平均资本/万元
1945	华阳、新繁、名山、马边、酉阳、中江、罗江、剑阁、懋功、（北碚局）	9（1）	450（500）	50
总计		123（3）	6418（1500）	52

资料来源：四川省档案馆藏四川省财政厅未刊档案，档号：059—1—0849。

注：有些地区的县银行成立时间、开业日期、注册时间各不相同，在引用各资料的统计数据中因选取的标准不一样，结果也略有差异。括号中的数据等同于县银行的市银行或北碚局银行。

表 6-5　1940 年 11 月—1945 年 12 月四川省县（市）银行机构一览表

县（市）名称	资本额度/万元				成立或开业日期	分行或办事处地点
	成立时	第一次增资	第二次增资	第三次增资		
温江县	54	100			1942 年 7 月 10 日	苏家桥、舒家度、刘家湾
成都县	60	100			1943 年 3 月 1 日	三河桥
华阳县	100	2 000			1945 年 5 月 3 日	
灌县	40	200	500	680	1944 年 1 月 1 日	石洋乡、太平乡
新津县	40	500			1942 年 9 月 2 日	
崇庆县	30	60	940	1 000	1942 年 4 月 1 日	怀远、王家场、羊马场、廖家场、安敦、道明、三江镇
新都县	10	500			1941 年 4 月 7 日	马家、复兴、弥牟镇
郫县	100	1 000			1943 年 3 月 29 日	犀浦、永宁、花园乡
双流县	20				1942 年 7 月 1 日	彭镇
彭县	100				1944 年 10 月 1 日	攀阳、新兴、殷平、隆丰乡
新繁县	41	60			1945 年 2 月 1 日	
资中县	100	500	3 000		1943 年 1 月 1 日	
内江县	50	100			1942 年 10 月 1 日	
荣县	20	50	250	1 200	1941 年 8 月 1 日	程家、五宝、双石、青山乡
仁寿县	50	450	4 000		1942 年 4 月	
简阳县	50	200	1 000	10 000	1943 年 7 月 1 日	石桥镇
威远县	25	50	1 000		1941 年 5 月 5 日	
井研县	30	100	500		1941 年 10 月	周坡乡
永川县	26	64			1941 年 3 月 1 日	松溉镇
巴县	50	100	600	3 000	1941 年 8 月	鱼洞溪、木洞、铜罐驿、人和、白市驿、跳石、南泉、马王坪

续表

县（市）名称	资本额度/万元				成立或开业日期	分行或办事处地点
	成立时	第一次增资	第二次增资	第三次增资		
江津县	40	100	500	3 000	1943 年 1 月 17 日	白沙、仁沱、朱沱、五福、油溪镇
江北县	20	40			1942 年 5 月 1 日	洛碛、水土镇
合川县	20	80	100	1 000	1941 年 1 月 8 日	大河坝、小沔溪、云门镇、龙市镇、铜溪镇
荣昌县	10	20	100	1 000	1941 年 1 月 1 日	
綦江县	30	100	500		1942 年 6 月 1 日	东溪、蒲河、三江
大足县	10	1 000			1942 年 1 月 7 日	
璧山县	500				1944 年 8 月 1 日	来凤驿、正兴、八塘
铜梁县	5	100	500	1 000	1942 年 1 月 8 日	安居、平滩、旧县、虎峰
北碚	500	2 000			1945 年 7 月 1 日	
眉山县	10	100			1942 年 5 月 1 日	
蒲江县	30				1944 年 4 月 1 日	
邛崃县	20	30	600		1942 年 5 月 1 日	
大邑县	40	554			1942 年 12 月 1 日	
彭山县	30	100	500		1942 年 1 月 1 日	
洪雅县	20	2 000			1942 年 1 月 1 日	柳江、止戈、罗坝、三宝
夹江县	15	30	100	500	1942 年 5 月 1 日	
丹棱县	5	17	100	171	—	
青神县	30	8 000			1943 年 12 月	
名山县	1000				1945 年 11 月	
乐山县	30				1942 年 7 月 1 日	
屏山县	12	310			1942 年 1 月 12 日	
马边县	100				1945 年 1 月	
犍为县	10	100	500		1942 年 7 月 1 日	桥滩、清溪
峨眉县	30	200	500		1941 年 8 月	
宜宾县	40	160	600		1941 年 4 月 1 日	白花乡、横江、熊溪、观音
南溪县	50	100			1943 年 8 月 1 日	李庄
江安县	50	600			1943 年 8 月 1 日	梅花镇
兴文县	11				1942 年 9 月 25 日	
珙县	10	20			1942 年 1 月 5 日	洛表

续表

县（市）名称	资本额度/万元				成立或开业日期	分行或办事处地点
	成立时	第一次增资	第二次增资	第三次增资		
高县	20				1942 年 4 月 25 日	
筠连县	100				1944 年 4 月 1 日	
长宁县	70	570			1943 年 2 月 1 日	安宁桥
庆符县	100	400			1944 年 10 月 20 日	
泸县	50	200	1 000	1 500	1941 年 5 月 15 日	蓝田坝、弥陀场、玄滩、兆雅
隆昌县	15	60	140	2 000	1941 年 2 月 1 日	胡家、龙市、石燕、谊食、界石
富顺县	60	280	1 200		1941 年 2 月	
叙永县	40	600	1 000		1941 年 11 月 6 日	护国镇
合江县	40	80	1 000		1942 年 9 月 25 日	白沙、榕岭、福宝、先市、佛荫
纳溪县	20	50	100	170	1941 年 11 月	
古宋县	20	60	200	500	1943 年 2 月 1 日	太平桥、共和场
古蔺县	20	170			1944 年 1 月 1 日	
酉阳县	20	500	1 500	3 000	1945 年 2 月	龙潭
涪陵县	40	500			1941 年 10 月 13 日	李渡、阁市
丰都县	44	60			1941 年 5 月	
南川县	20	50	100	200	1941 年 8 月 4 日	万盛、南坪、大观
黔江县	27	49			1943 年 10 月 10	
秀山县	15	100	3 000	8 000	1942 年 7 月 1 日	洪安、梅江、龙池、宋龙、石邯、清溪
万县	100	10 000	10 000		1942 年 3 月 4 日	分水、滚渡、龙驹
奉节县	50				1944 年 8 月 15 日	
开县	20	60	1 000	5 000	1942 年 1 月 1 日	温泉
忠县	6	20	70	1 000	1941 年 2 月 1 日	
巫山县	35	100	520		1943 年 1 月 1 日	
云阳县	25	50	500		1942 年 4 月 8 日	
巫溪县	25	100			1942 年 1 月 1 日	
大竹县	59.5	500	1 000		1942 年 8 月 1 日	
渠县	60	160	700		1942 年 11 月 1 日	三江、涌兴、站边、少愚、清溪、有庆、临巴
广安县	15	50	220	1 100	1941 年 1 月 1 日	
梁山县	20	100	500		1941 年 9 月 1 日	屏锦乡

续表

县（市）名称	资本额度/万元				成立或开业日期	分行或办事处地点
	成立时	第一次增资	第二次增资	第三次增资		
邻水县	20	50	210		1942 年 6 月 1 日	幺滩
垫江县	100	200			1942 年 5 月 1 日	
长寿县	20	50	200	1 000	1942 年 1 月 1 日	
南充县	100	500	2 000		1941 年 7 月 1 日	龙门
岳池县	50	1 000			1943 年 10 月	魏梓、坪滩、顾乡、勾角、龙孔、和溪、新坌、大石、城区、骑龙、清石、石垭、西板、富龙、高兴、文兴
蓬安县	150	300	1 200		1944 年 9 月 1 日	
营山县	20	313	400		1943 年 11 月	小桥、回龙、老林、双河
南部县	10	20	180		1942 年 8 月 1 日	盘龙、东坝、河坝、王家、新政
武胜县	40	200			1942 年 12 月	沿口、烈面溪
西充县	30	60	600		1943 年 7 月 5 日	
仪陇县	30	1 000			1942 年 4 月	
遂宁县	42	500			1942 年 5 月 1 日	桂花、拦江
安岳县	50	10 000	30 000		1943 年 4 月 1 日	
中江县	15	4 000			1945 年 3 月 15 日	苍山、龙台
三台县	10	120	500		1942 年 8 月 1 日	芦溪、观音、安居、三合、富顺
潼南县	20	60	491.6		1940 年 11 月 1 日	
蓬溪县	20	500			1942 年 6 月 1 日	蓬莱、蓬南、河边、任隆
乐至县	30	120			1943 年 3 月 1 日	童家、回澜
射洪县	50	100			1943 年 7 月 10 日	城厢、柳树、泽溪
盐亭县	39	50	420	1 000	1944 年 1 月 1 日	金孔
绵阳县	80	640			1944 年 7 月 6 日	
绵竹县	49	100	1 000		1942 年 5 月 1 日	尊道、富新
金堂县	10	200	4 000		1942 年 10 月 8 日	赵镇、淮口、竹篙
梓橦县	10	200	3 000		1944 年 1 月 1 日	复兴、元华
罗江县	33	200			1945 年 1 月 1 日	
广汉县	30	90			1942 年 11 月 2 日	三水、连山、高骈
剑阁县	100				1945 年 1 月 4 日	

续表

县（市）名称	资本额度/万元				成立或开业日期	分行或办事处地点
	成立时	第一次增资	第二次增资	第三次增资		
苍溪县	10	410			1943 年 6 月 1 日	元坝、东溪、龙山、文昌宫
广元县	50	500			1945 年 1 月 4 日	
江油县	60	400			1942 年 3 月	中坝
阆中县	35	50			1942 年 7 月 1 日	
昭化县	50	300			1944 年 11 月	
彰明县	60	500	1 000		1942 年 3 月 1 日	大平、青莲
平武县	142				1942 年 1 月 12 日	
达县	50	57.9			1942 年 2 月	
开江县	20	50	100		1942 年 10 月 1 日	
宣汉县	30	50	200	300	1941 年 11 月	黄土、胡苏、南坝
万源县	100				1944 年 3 月 1 日	
通江县	20				1944 年 10 月	
茂县	25	100	150		1944 年 8 月	
懋功县	100	300	1 000		1945 年	
松潘县	250				1944 年 4 月 1 日	
成都市	500	4 000			1943 年 6 月 18 日	
自贡市	60	400	2 070		1943 年 1 月 15 日	大坟堡、贡井
康定	1 000				1945 年 5 月 14 日	
雅安	20	50	120	5 000	1942 年 7 月	
西昌	42.1	80	1 000		1944 年 6 月	

资料来源：四川省地方志编纂委员会编纂：《四川省志·金融志》，成都：四川辞书出版社，1996年，第 36—41 页。

从表 6-4 和表 6-5 可见，全面抗战时期四川省的县银行筹设十分普遍，而设立的高潮时间集中于 1942—1943 年的两年中。这两年共设立县（市）银行 80 家，占总数 126 家的 63.49%，而且还有 60 家县（市）银行开设有分行或办事处，占总数的 47.62%，107 家县（市）银行进行了至少一次以上的增资，有的还进行了 2—3 次的增资，占总数的 84.92%。

从全面抗战时期四川省的县银行发展情况来看，虽然县银行的设立速度不及四川省政府预想得快，但与全国其他省份的情况比起来，也算是最为积极的了，四川省内较偏远的县份都有县银行的设立。与此同时，有近乎一半的县银行在其业务辖区的乡镇内，陆续设立了分支行和办事处，总计多达 200

处，切实将金融网点深入到了四川的广大农村，普设面为全国之冠。

二、战时四川省典型的县银行设立情况

1940—1943 年，四川省的县银行极为发达，先后成立开业达 48 家，约占当时全省所辖县市的 2/5。其中，1940 年内核准者 2 家，1941 年内核准者 16 家，1942 年前 9 个月内核准者 28 家，1943 年上半年内核准者 2 家。以实收资本而论，50 万元以上者并不多，大多于 10 万—20 万元，10 万元以下者亦有不少家。[①] 以下将通过一些典型县银行的筹设情况，看到县银行设立过程中的艰辛与困难。

（1）成都县银行的创设。成都县自奉令与成都市区划分后，新县制处于筹建中，县属乡场仅有 10 余处。1940 年 9 月，根据成都县工作进度表第四项规定，应筹备县银行，经成都县县长陈诗涛会商，聘请县中殷实公正士绅文天龙、任沧鹏、辜仲实、雷瑞清、周积光、廖仲和、熊记华、刘启明、何清海、熊子骏及县政府财政科科长黎照垣等为筹备员，于 9 月 3 日召开会议，成立筹备委员会，由县政府聘请筹备委员 17 人，议决资本暂定为 30 万元，其中地方公股占 10 万元、其余 20 万元为募集商股。推定委员黎照垣负责设计及草拟规章，由全体委员分头招募股款，并将公股计列入 1941 年地方年度预算，议定于 1941 年元旦开始营业。此后，由筹备处会同商股发起人负责筹备招股，并将原定资本总额 30 万元扩大至 60 万元，分为 6000 股，每股 100 元，除由县财政委员会认股 2000 股外，其余向县区内商民募集，倘不足额时，需向县区以外之商民招募，但以中华民国国民为限。股份认定后即缴纳信金的 1/10，限于开业前一个月内缴足股款的 1/2，其余股款可于开业后 5 年内分期缴清。股息计商股股息定为周年 1 分、公股股息定为周年 8 厘，均自缴纳股款之日起算，但公股股息须俟商股股息拨足后仍有剩余方得拨付。根据《成都县银行股份有限公司章程》可知，成都县银行设于成都市青龙街，因业务上之需要，呈请县政府转呈省政府咨转财政部核准，于县区内设立办事处。营业年限自登记之日起算，以 30 年为限。满限由股东会议决，由县政府转呈省政府咨转财政部核准延长之。银行组织，设董事 17 人组织董事会，公股董事由县政府派充，商股董事由股东会就有十股之股东中选举之，公股、商股董事人数之分配依出资之比例定之。董事会设常务董事 7 人，由董事互选之并就常务董事中推

---

① 张与九：《抗战以来四川之金融》，《四川经济季刊》1943 年第 1 卷第 1 期，第 69 页。

举 1 人为董事长，对外代表全行并为董事会及股东会之主席。董事、常务董事暨董事长名单应呈由县（市）政府转呈省政府咨转财政部备案。设监察人 7 人，公股监察人由县政府派充，商股监察人由股东会就有十股之股东中选举之，以上公股、商股监察人人数之分配依出资之比例定之。监察人互选 1 人为常驻监察人，常驻川行办公。监察人、常驻监察人名单应呈县政府转呈省政府咨转财政部备案。董事任期三年，监察人任期一年，公股董事监察人得连派连任，商股董事监察人得连选连任。银行股东会分常会、临时会两种，常会由董事会于每年终结账后三个月内召集之，临时会由董事会或监察人认为必要时，或有股份总数 1/20 以上之股东出具理由书请求董事会召集时召集之（表 6-6）。①

表 6-6　成都县银行董事监察人年贯履历清册

职务	姓名	年龄/岁	籍贯	履历	备考
董事长	廖仲和	47	成都县	四川法政学校毕业，现任省政府秘书	商股选举
常务董事	雷瑞清	48	成都县	蚕桑学校毕业，现任本县财务委员	商股选举
常务董事	任沧鹏	55	成都县	北京法政专门学校毕业，现任四十一军军法处处长	商股选举
常务董事	刘启明	39	成都县	成都大学毕业，现任省参议员	公股派充
常务董事	熊子骏	48	成都县	日本早稻田大学毕业，现任省参议会秘书	公股派充
常务董事	周积光	51	成都县	蚕桑学校毕业，现任本县财务委员	商股选举
常务董事	戴虚伯	46	成都县	四川学校毕业，现任四川公路局材料处处长	商股选举
董事	刁耀清	40	成都县		商股选举
董事	张懋勤	65	成都县	自治研究所毕业，现任本县财务委员	商股选举
董事	李文渊	49	成都县	成都中学毕业	商股选举
董事	谢湛	32	成都县	中央陆军军官学校高教班毕业，现任九十五军中校参谋	商股选举
董事	熊记华	46	成都县	四川高等学校毕业，现任本县财务委员	商股选举
董事	何星海	52	成都县	四川高等学校毕业，现任本县财务委员	商股选举
董事	辜仲实	55	成都县	四川高等学校毕业	商股选举
董事	曾兆丰	37	成都县	成都中学肄业	商股选举
董事	赵熙宁	40	成都县	成都高等师范学校毕业，现任党部书记长	公股派充
董事	傅养恬	42	成都县	北京师范大学毕业，现任四川大学教授	公股派充
常驻监察人	文德彬	56	成都县	四川通省师范学堂毕业，现任本县财务委员主任委员	公股派充
监察人	叶叔声	51	成都县	成都中学毕业	商股选举
监察人	廖至刚	47	成都县	四川法政学校毕业，现任省政府财政厅股长	商股选举
监察人	刘仲思	32	成都县	四川大学毕业，现任县府科科长	商股选举

① 四川省档案馆藏四川省财政厅未刊档案，档号：民 059—2—2663。

续表

职务	姓名	年龄/岁	籍贯	履历	备考
监察人	曾子厚	55	成都县	成都中学毕业，现任成都经收处主任	商股选举
监察人	牛次封	51	成都县	保定军校毕业，现任四川公路局局长	商股选举
监察人	邓蟠材	51	成都县	四川军官学校毕业，曾任二十四军旅长	公股派充

资料来源：四川省档案馆藏四川省财政厅未刊档案，档号：民 059—2—2663。

成都县银行自成立后，即遇物价节节上涨，而资金短缺，开支庞大，致业务进展，受莫大阻碍。经常业务除依法代理县库外，仅办理存款、放款等；原拟举办之汇兑业务，亦因资金周转不灵，致形搁浅。年终结算，收入利益尚感不敷开支，拨厥原因，实以资本薄弱，暨受物价变动剧烈影响所致。资本原定总额 60 万元，1944 年既感周转不灵，致碍营业发展。1945 年资本总额增加为 200 万元，限期收足，以资充实资本，发展业务。[1]

（2）荣县县银行的筹设过程。四川省政府 1940 年 10 月财字第二五八九九号训令，准予设县银行，1940 年 11 月，荣县政府即奉令组设县银行，开始筹备县银行，拟将在 1941 年 1—6 月特许费增益内拨出 2.5 万元作为官股，随即商聘富绅郭乾照、张灵叔、钟让渠、刘仲泉、宋伯昂、丁绍固等为筹备委员，筹集商股，连同官股共筹足 10 万元为股本，筹备委员会定于 1940 年底以前成立县银行，并拟定《荣县县银行招募商股章程》，规定银行资本总额暂定法币 10 万元，每股 100 元，分为 1000 股，除公股 250 股外，应募集商股750 股计 7.5 万元，凡在荣县有住所之中国人民及法人团体、合作社均可投资为本银行之商股股东，须于 1940 年 12 月 10 日以前，向本行筹备委员会填具认股书，其认股数额每人至少 1 股起，至多以 100 股为限，限于 1940 年 12月 20 日以前照所认股额先缴 1/2，其余在 1941 年 2 月 15 日以前缴清。时经两月，筹备就绪，募足股额，1941 年元旦，开股东创立大会，全体股东依法选举董监事及经理、副理各负责人员，且一致承认，在原定股额法币 10 万元之外，增加为 20 万元，此皆各股东踊跃投资之力，俾本行得以迅速完成。而此后制定的《荣县县银行章程》则明确规定，银行总额定为 20 万元，分为 2000股，每股 100 元，由县政府认购 600 股外，其余 1400 股，分向县境内有住所人民仅先招募，如有不敷，需在县区外招募足额。同时重新制定了《荣县县银行增募商股章程》，规定，资本总额经股东创立大会议决，暂定法币 20 万元，每股 100 元，分为 2000 股，除公股担任 500 股外，应募集商股 1500 股，

---

[1]　四川省档案馆藏四川省财政厅未刊档案，档号：民 059—2—2664。

计 15 万元，筹备会已筹集 900 余股，应增募 500 余股。凡在本县有住所之中国人民及法人团体、合作社均可投资为本银行之商股股东。凡欲投资本银行者须于 1941 年 1 月 30 日以前向本行填具认股书，其认股数额每人至少自 1 股起至多以 100 股为限。筹备会拟定商股为 750 股，现增加为 1500 股，照额募足时增加董事 4 人。由于财政部的营业执照迟发，荣县县银行推迟到 8 月 1 日才正式开业。①

为扩张营业、便利工商、普及接济小工商业之款，荣县县银行根据 1941 年度股东大会议决增加股本，并制定了《荣县县银行三十一年第一次增资章程》，此次增加股额为 30 万元，连原有股额 20 万元，共为 50 万元，此次新增股资每股金额仍照旧有股份，每股金额为 100 元，新增资额 30 万元为 3000 股，旧有资额 20 万元为 2000 股，共为 5000 股，新增股款不足之数，由董监会负责先觅旧股东分认，次再另招新股，以足额为限。1942 年 2 月 24 日，荣县县银行召开 1942 年度增加股额会议，全体股东共 166 人到会，截至 1942 年 4 月 20 日，共已收足新股半数计 15 万元。②

以上是根据四川省档案馆藏资料所列举的两个县银行筹设的基本情况。由此可见，在四川省这样条件相对较好的省份，县银行的建立也并不是想象中那么容易，充满了艰辛。下面，笔者再根据目前所能见到的史料，对四川省县银行筹设中存在的各种不易进行一个简单的总结与分析。

首先，县银行的筹备与建立并不顺利。1941 年上半年，遂宁县银行积极筹备成立，基金定为 50 万元，其中，由财政委员会拨款 20 万元，工商界占 4 万元、商会占 20 万元、士绅占 6 万元，原定期两个月募足报案领照，正式营业。③然而并不是那么顺利，该行直到 1942 年才建立起来。1941 年初，浦江县政府与当地士绅暨金融人士积极筹组县银行，预定资本为 10 万元，官商各 5 万元，积极筹募，准备在当年的 7 月内开幕营业。④最终该行到 1944 年才建立起来。

其次，县银行的资本筹措十分困难。仅以当时条件相对较好的成都市银行为例，即可见其资本的筹措是何等艰难。1942 年夏秋之间，正是四川省组设县银行的高潮时期，成都市政府先后约集工商界及地方士绅交换意见，聘定王斐然、熊志韬、张锡光、杨润生、唐庆永、赵子艺、胡信城、陈益廷、蓝尧衢、丁少鹤、吕寒潭、闵次元、钟干、李仲膺、陈极清、刘钧、王聚奎、

---

① 四川省档案馆藏四川省财政厅未刊档案，档号：民 059—2—3131。
② 四川省档案馆藏四川省财政厅未刊档案，档号：民 059—2—3132。
③ 《各地纷设县银行》，《广西银行月报》1941 年第 2 卷第 1 期，第 37 页。
④ 《各地纷设县银行》，《广西银行月报》1941 年第 2 卷第 1 期，第 37—38 页。

张采芹、吴仲谦、范英士、钟云鹤等 21 人为筹备委员，议定股款总额为 500 万元，然而在随后商讨官股、民股的比例时，成都市政府以财政困难，不能有多的经费投资为由，否定了官民投资各半之议，最多只认 1/10，即 50 万元，经过激烈争辩，随后经成都市政府向四川省政府请示，最后决定官股占 1/5，即 100 万元，筹备委员会只有尽力分向各业商民及士绅劝募。商股资本确定为 400 万元后，筹备委员会一面在成都《新新新闻》《华西日报》等刊登招股启示；一面在筹备会议席上，讨论摊认办法，决定由银行公会摊认 40 万元、钱业公会 20 万元、绸布商 20 万元、匹头商 30 万元、百货商 20 万元、北货商 5 万元、广五金商 10 万元、西药商 10 万元、面纱商 10 万元、川产丝商 10 万元、人力车商 20 万元、国药商 10 万元、纸烟商 10 万元、典当商 10 万元，其他无公会之公司行号 10 万元，共计 235 万元，由各公会主席分别劝募，其余 165 万元，由市商会召集其余各范围较小之公会开会商讨，分别认募，并决定于市商会召集各帮负责人开会时，请市长出席说明，并请市府添聘各主要公会负责人谢幼璋、傅文翰、刘渊如、夏肇康、武景山、李葆衡等为筹备委员，以加重其责任。但是，到认股截止日期，各商帮认者寥寥，又经再三催促，仍无结果，延到 11 月 17 日，再召集筹备会议，决定赶印认股章程及认股书各 6000 份，以 3000 份分交各商帮，继续催认，另以 3000 份交市政府转发各镇保甲，分别向市民劝募，中经反复催促，至 11 月底，始填就认股书 200 万余元，筹备委员会又于 12 月 1 日开会，延长认股期至 12 月 8 日，始将股额认足，乃通知聚兴诚等 9 家银行号将收股日期定为 12 月 22 日午后三时截止，后以银行结息又顺延一日，但至 24 日筹备委员会开会时，总计各收款银行所收数目仅 245.3 万元，市商会约集各帮所认之股，即有 108.9 万元未缴，又决议将收股期延至 12 月 29 日，但到 12 月 30 日筹备委员会开结束会议时，尚差 105.5 万元，经筹备委员会反复研讨，最后决定将成立会延至 1943 年 1 月 16 日召开，所差股款，一面由市商会负责将所认之数于 1 月 5 日以前收齐，如有差额，由其他筹备委员共同负责填充，经过如此周折，始将民股 400 万元募齐。1943 年 1 月 16 日，成都市银行终于在市商会大礼堂召开成立大会，市银行的股东共计有 624 户，当日实到 590 户。票选蓝尧衢、杨润生、钟干、钟云鹤、丁少鹤等 5 人为常务董事，蓝尧衢为董事长，并由 5 名监察人互选李葆衡为常务监察人，6 月 18 日正式开业。[1]以上可知，条件相对较好的成都

---

① 蓝尧衢：《成都市银行的实务和法理》，成都：新华印刷所，1946 年，第 9—13 页。

市银行筹措资本都是如此艰难，对于那些地处偏远的县银行来说，其资本的艰难就更加可想而知了。

最后，县银行的成效不佳。虽然四川建立的县银行很多，但其效益并不是很好，如叙永县银行，1941年11月成立，股本40万，其中官股10万、商股30万，1942年营业不佳，损失9000余元。三台县银行，1942年8月1日成立，股本120万，其中官股14万元、商股106万元，经营县银行规定之存款、放款、汇兑、抵押并办理县库业务，到1943年12月，除股息税捐一切开支外，股东略有红息。[1]营山县银行，1943年1月1日成立，股本21万元，其中官股6万元、商股15万元，仅营存款、放款、汇兑业务，到年底无甚盈利。金堂县银行，1943年10月8日正式开业，股本10万元，其中官股5万元、商股5万元，自1942年契约暂行营业到1943年正式成立后的一年多时间里，因当地金融枯滞，既非交通要道又非工商区域，故对于存款、放款、汇兑等业务不甚发达，仅代理县库之公款，收付较为繁忙，共计公私存款为数百万余元，放款则仅在100万元上下，收益除抵补开支外稍有盈余。什邡县银行，1942年10月1日正式开业，股本30万元，其中官股7.5万元、商股22.5万元，开业以来，由于地处偏隅，尚未通汇，只办有存款、放款及代收款项暨承办政府委托业务，1943年存款平均约计230万元、放款平均约计210万元。营业中心目标以贷放款于各小企业家为原则，但股本只有30万元不敷周转，利用吸收代理公库及其一切存款以扶助其生活。广汉县银行，1942年11月2日开业，股本30万元，其中官股15万元、商股15万元，仅经营存款、保证信用放款及贴现业务。[2]

第三节　典型剖析二——全面抗战时期陕西省的县银行

在全面抗战时期，陕西省是西北地区筹设县银行最好的一个省份。自1940年12月长安县银行正式成立开始，1941年1月，陕西省政府拟定分期筹设计划，分为四期推进，1942年，筹设50家，各行资本总额为2005万元，每行资本最多者110万元、最少者15万元，平均每行资本为40万余元；1943年，正式成立开业者有60家，各行资本总额为3345万余元，每行资本最多者200万元、最少者10万元，平均每行资本为50万余元；1944年上半年，先后成

<hr>

① 四川省档案馆藏四川省财政厅未刊档案，档号：民059—1—0898。
② 四川省档案馆藏四川省财政厅未刊档案，档号：民059—1—1903。

立的县银行有 61 家，各行资本总额统计共达 3823 万余元，每行资本额最多者 250 万元、最少者 15 万元，平均每行资本 60 万余元。历届决算，均有盈余，业务进展甚速。①而截至 1945 年抗战结束时，先后成立 63 家县银行，陕西省共辖 92 县，除陕北 19 县属于陕甘宁边区管辖外，余共 73 县，占当时国民政府所辖陕西省县份数的 86.30%，推设数量稳居全国第二位（四川省为第一名）。本节将对陕西省县银行的筹设情况作一分析。

（1）陕西省政府分期筹设县银行，积极推进县银行建设。抗战期间，为了开发西北农业，活跃农村经济，在国民政府的统一布置下，陕西省政府对于推设县银行十分积极。为了促进县银行的发展，陕西省政府在奉令后，以设立县银行事系属创办，而陕西省地方财力艰窘、人才缺乏，办理不无困难。为兼顾事实，除陕北少数县份因情形特殊，一时尚难筹设外，其余各县察酌地方实际情形，按其金融状况、资力厚薄、需要缓急，并依据新县制实施之先后，为分期筹设之标准，草拟分期设立计划，咨国民政府财政部核定后，即开始督饬各县筹设。

1940 年春，陕西省政府通过《陕省县银行筹设计划》，以陕西省新县制实施之先后为分期筹设县银行的标准，除陕北 19 县为陕甘宁边区所管辖，情况特殊，一时尚难筹设外，要求其余各县每县均应设立 1 家县银行。具体进度计划为：第一期（1941 年 1—4 月）正式设立榆林、绥德、洛川、商县、安康、南郑、邠县、大荔、凤翔、咸阳、华阴、华县、渭南、兴平、武功、临潼、长安、宝鸡、褒城、城固、四乡、沔县、富平、泾阳、三原等 25 县；第二期（1941 年 5—8 月）正式设立扶风、郿县、岐山、鄠县、周至、醴泉、乾县、永寿、长武、耀县、中部、同官、米脂、乾城、邰县、朝邑、蒲城、澄县、白水、高陵、蓝田、陇县、洋县等 23 县；第三期（1941 年 9—12 月）正式设立凤县、留坝、商南、山阳、雒南、柞水、镇安、白河、洵阳、平利、镇坪、盛皋、紫阳、洑阴、宁陕、石泉、镇巴、佛坪、略阳、宁阳、宁强、潼关、平民、枸邑、淳化、濮荫、汧阳、宜君等 28 县；第四期（因情形特殊，不能确定日期）正式设立神木、鄜县、府谷、虞施、靖边、宜川、葭县、横山、安塞、甘泉、保安、安定、延川、定边、清涧、吴堡等 16 县。②

1941 年 3 月 18 日，经过陕西省政府第 274 次会议通过，4 月 10 日，颁行了《陕西省各县县银行章程准则》，规定：县银行主要目标是"调剂地方金

① 李崇年：《陕省县银行之成长与发展》，《陕政》1944 年第 5 卷第 11—12 期合刊，第 11—12 页。
② 沈雷春主编：《中国金融年鉴》（1947），上海：黎明书局，1947 年，第 A95 页。

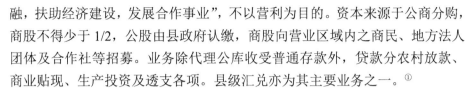

融，扶助经济建设，发展合作事业"，不以营利为目的。资本来源于公商分购，商股不得少于 1/2，公股由县政府认缴，商股向营业区域内之商民、地方法人团体及合作社等招募。业务除代理公库收受普通存款外，贷款分农村放款、商业贴现、生产投资及透支各项。县级汇兑亦为其主要业务之一。①

（2）培养现代金融人才，促进县银行建设。在陕西省县银行的筹设过程中，陕西省政府充分认识到现代金融人才的重要性，县银行为现代金融机构，与旧式钱庄、票号性质不同，其业务如何发展、资金如何运用、如何调剂地方金融，以及如何发展地方经济，自非有专业人才不可。而此种具有银行经验及金融经济知识之熟练人才，在战时大后方银行事业蓬勃之时，大量罗织，尤属困难。于是，为了促进县银行的筹设，陕西省政府搜集有关银行法令，并察酌地方实际情形，拟定《各县县银行筹备委员会组织规程准则》《县银行招股简章准则》《县银行章程准则》《县银行人事管理规程准则》《筹备县银行应注意事项》，并设计县银行各种账簿、表报折据式样，以为各县办理之标准。此外，又制定会计、业务、文书、事务、出纳、县金库等处理规程及其他单行办法多种，并将上项规章及中央所颁银行法令，专门编辑成《陕西县银行服务人员手册》，颁行各县，以资遵守。②同时，对县银行经营人员设班进行专门培训，学员采取保送和招考两种，其中保送以每县银行 1 人为原则，资本在 10 万—20 万元者可保送 2—3 人，其余皆为招考。招考报名的条件是，第一类为主办人员，要求是：高中以上学校毕业，曾在银行界服务 3 年以上者；大学或商科高中毕业者。第二类为佐理人员，要求是：商科初中毕业或高中肄业者；普通中学毕业，曾在银行界服务 1 年以上者。③

陕西省政府为解决县银行人才缺乏之困难，也为培养县银行急需的从业人员，积极推动分期建设县银行计划的顺利完成，决定由陕西省立政治学院开设金融训练班，学员除由设行各县保送外，其余由该班招考高中以上毕业学生。第一期学员 96 名，1940 年 10 月 28 日正式开班授课，训练 4 个月，讲授 3 个月，实习 1 个月。1941 年 3 月满期，均经分别以筹备主任、筹备员分派第一期筹备各县，办理筹设事宜，以俟正式开业，即委为经理及行员。第二期学员 63 名，1941 年 4 月 21 日正式上课，其中，各县保送经甄选合格者25 人、招考收录者 38 人，于 10 月毕业后分派第二期筹设各县办理筹备事宜。

---

① 陕西省财政厅第四科编印：《陕西县银行服务人员手册》（上），西安：启新印书馆，1944 年，第 203—205 页。

② 李崇年：《陕省县银行之成长与发展》，《陕政》1944 年第 5 卷第 1—2 期合刊，第 11 页。

③ 中央银行经济研究处编：《十年来中国金融史略》，重庆：新中国文化社，1943 年，第 192 页。

第三期学员 70 余名，于 1942 年 1 月由陕西省省地方行政干部训练团设班训练（因陕西省立政治学院奉令结束），5 月即行毕业，分派第三期设行县份任职。1943 年 3 月，陕西省财政厅招考高中以上学生 42 名，经短期讲习，分派各县银行先行实习两个月后，即分派计划设立各县，继续筹设。①统计三期学员及短训班学员共 271 名，均先后分派各县担任县银行的筹备工作。开业后，按其资历与能力，分别派充经理或行员。

各县银行在建设过程中，还录用省立商业专科银行科毕业生及西北农学院农经系毕业生。所有从业人员中以陕西省本省籍贯为最多，约占全数的 75% 以上。②同时，陕西省财政厅还与陕西省银行合办县银行业务人员培训班，自 1940 年 9—12 月、1941 年 1—4 月、1941 年 5—8 月，分三批训练。③据统计，自 1941 年起到 1945 年 10 月，计先后训练从业人员 390 余人。同时，还选用西北大学、河北商学院，陕西省立商业专科及国内其他专科以上学院各届毕业生。④此外，1941 年 10 月，陕西省地方行政干部训练委员会还专门对外公开招考县银行业务人员 100 名，其中主办人员 25 名、佐理人员 75 名，经短期训练，即分派各县银行充任经理或行员，报名日期自 10 月 13 日起至 10 月 19 日止，考试日期定于 10 月 23—26 日，录取人员则定于 12 月 5 日开始训练。⑤

《陕省县银行筹设计划》颁布后，陕西省财政厅督导各县积极办理，第一期应设 25 县中，除长安县先行试办，于 1940 年 12 月开业，绥德、榆林、洛川三县因情形特殊，暂缓设立外，其余各县为提早设立，遂将第一期训练期满之县银行业务人员 96 名（系由陕西省立商业专科学校训练），先以筹备主任及筹备员名义，分别派往设行各县，商承县长进行筹备事宜。至 1941 年 10 月底，已有安康等 22 县筹备就绪，先后开业。原派筹备人员，即委为各行经理及行员。第二期训练之县银行业务人员（亦由陕西省立商业专科学校训练），于 1941 年 10 月中旬正式毕业，计共 57 名，因人数过少，不敷分配，乃察酌各县实际情形，择设长武等 16 县先行筹设，1942 年 8 月已经先后成立。第三期筹设县份为山阳、白水、百合、陇县、蓝田、汉阴、紫阳等，约 1942 年 9

① 屈秉基：《陕西省县银行之现状及其改进问题》，《陕行汇刊》1943 年第 7 卷第 3 期，第 13 页。
② 李崇年：《陕省县银行之成长与发展》，《陕政》1944 年第 5 卷第 11—12 期合刊，第 11—12 页。
③ 中央银行经济研究处编：《十年来中国金融史略》，重庆：新中国文化社，1943 年，第 191—192 页。
④ 岳焕：《对于陕西省地方金融今后之寄望》，《陕政》1945 年第 7 卷第 1—2 期合刊，第 48 页。
⑤ 《陕地政干训会招考县银行人员》，《陕行汇刊》1941 年第 5 卷第 8—10 期合刊，第 81 页。

月间可全部毕业。[①]1943 年上半年，陕西省政府继续督饬未设立各县继续筹设，虽有数县将股本募齐，但人才极感缺乏，于是陕西省财政厅招考专科及高中以上学生 42 名，施以短期讲习，并分派各县银行实习两个月后，即委派各县进行筹备事宜。[②]

（3）战时县银行建设概况。然而，在陕西省实际的县银行建设中，并不是那么顺利，不过在陕西省政府的积极努力下，县银行的筹设虽没有完全按照以上计划进行，但在每一期县银行筹设过程中，实际筹设的县银行数比计划要少，直到抗战结束时，陕西省也没有实现在其管辖范围内的 92 县普设县银行的美好愿望。以下是陕西省 1940—1945 年县银行的实际建设情况。

长安县银行是陕西省创办的第一家县银行，1940 年 11 月 17 日成立。自其成立后，首先由长安县政府委托县银行代理收付县金库，所有县金库事务由县银行接办，截至 1940 年 12 月 31 日，长安县银行代理县金库款收付两抵结存法币 26 462.08 元。[③]随后，积极计划，逐步实施各项业务，以调整乡村地方金融，促进生产事业之旨意，呈准县政府，分别办理生产、消费、运输三种合作贷款，在新筑镇组织成立纺织生产合作社，有社员 80 余人，均系富有生产能力者，不日办理贷款手续，从事生产。因大兆镇为县政府所在地，合作社故决定在该镇设立，已派贾自醒前往，附近机关团体、学校、农民均参加，预定社员 1000 余人，并即购办各种日用必需品运往，以供社员应用，下月上旬，可望开幕。关于运输方面，拟在县组织运输合作社，以便利客货运输为目的，刻正进行组社事宜。[④]1941 年上半年，长安县银行贷给农仓及各种合作社之款项，已达 10 万余元，为进一步吸收游资，以扩大业务及优待存户，长安县银行决定自 7 月起提高存款利率，活期存款周息 7 厘，定期存款周息 9 厘。[⑤]1941 年上半年，陕西省第一期筹设 20 余县，经陕西省财政厅的督饬，积极办理，到 6 月份，大致均告就绪，兴平县银行，在筹备主任姬广义的努力下，于 6 月 5 日成立，开始营业。[⑥]宝鸡县银行已呈准于 6 月 23 日先行开业，关于经理人选，业经陕西省政府委派该行筹备主任管凌霄充任，

①　中央银行经济研究处编：《十年来中国金融史略》，重庆：新中国文化社，1943 年，第 192—193 页。
②　屈秉基：《陕西省县银行之现状及其改进问题》，《陕行汇刊》1943 年第 7 卷第 3 期，第 12 页。
③　《长安县银行接办县金库》，《陕行汇刊》1941 年第 5 卷第 1 期，第 99 页。
④　《长安县银行逐步实施各项业务》，《陕行汇刊》1941 年第 5 卷第 1 期，第 63—64 页。
⑤　《长安县银行提高存款利率》，《陕行汇刊》1941 年第 5 卷第 6 期，第 57—58 页。
⑥　《兴平县银行成立》，《陕行汇刊》1941 年第 5 卷第 6 期，第 58 页。

其他重要职员如会计、业务、出纳等，亦已决定。①而渭南县银行，自筹备主任张育民到任后，积极负责筹划，同时还得到该县县长的极力协助，6 月正式建立起筹备委员会，聘请渭南县各级长官担任委员，积极募集基金。②8 月 4 日，渭南县银行正式开幕。南郑县银行经过筹备就绪后，也于 10 月 1 日正式开幕。③

第一期县银行建设中，原计划要建设 25 县，正式设立者为 22 县。除长安一县于 1940 年 12 月提前开业，先行试办外，其余如宝鸡、咸阳、兴平、武功、三原、华阴、华县、邠县、沔县、西乡、凤翔、渭南、泾阳、临潼、城固、商县、富平、大荔、南郑、襄城、安康等 21 县，于 1941 年 4 月开始筹备，至 12 月底止，均已先后开业。第二期县银行建设中，原计划要建设 23 县，正式设立者为 16 县。自 1941 年 11 月开始筹备，至 1942 年 6 月底止，均已完全开业，计有鄠县、邰阳、高陵、洋县、朝邑、韩城、澄城、盩厔（周至）、雒南、长武、永寿、蒲城、同官、洛川、中部、宜川等县。第三期县银行建设中，原计划要建设 27 县，实际设立者为 12 县。自 1942 年 5 月开始筹备，截止 1942 年底，均先后开幕，计有醴泉、乾县、白水、陇县、蓝田、耀县、宁强、汉阴、山阳、白河、略阳、紫阳等县。全省 92 县截止 1942 年底，共计已成立 50 个县银行。④与计划相比较，实际筹设的县银行比计划要少，前三期原计划要完成 75 个县银行的设立，实际上仅设立 50 个县银行，仅占原计划的 66.67%。占陕西省 92 县的 54.35%。在原计划的第四期中，虽然没有设定具体筹设时间，但确定要完成 17 个，实现普设目的。

1943 年 7 月，陕西省政府为进一步贯彻筹设县银行的计划，完成全省新金融机关的敷设，以促进基层地方经济的发展，特就陕西省立商业专科学校当年毕业生中，择优选拔分派郿县、岐山、扶风、沔阳、平民、潼关、洵阳、石泉、平利、岚皋等 10 县继续筹设县银行，希望在最短期内能筹备成立。⑤到 1943 年底，这 10 家县银行如期成立，陕西省共设立县银行 60 家，占全省所辖 92 县的 65.2%，各行资本最高为 200 万元、最低为 10 万元，居全国第二位。⑥

尽管陕西省筹设开业的县银行不断增加，然而，许多县银行都是在没有

---

① 《宝鸡县银行开业》，《陕行汇刊》1941 年第 5 卷第 6 期，第 58 页。
② 《渭南县银行筹备委员会成立》，《陕行汇刊》1941 年第 5 卷第 6 期，第 58 页。
③ 《渭南南郑县银行开幕》，《陕行汇刊》1941 年第 5 卷第 8—10 期合刊，第 81 页。
④ 屈秉基：《陕西省县银行之现状及其改进问题》，《陕行汇刊》1943 年第 7 卷第 3 期，第 12 页。
⑤ 《省府派员筹设郿县等十银行》，《陕行汇刊》1943 年第 7 卷第 4 期，第 67 页。
⑥ 屈秉基：《抗日战争时期的陕西金融业》，《陕西财经学院学报》1984 年第 2 期，第 91—92 页。

领到财政部营业执照的情况下就开业了，对此，1944 年 1 月 11 日国民政府财政部以陕西省邠县、安康、咸阳、西乡、泾阳、大荔、耀县、周至、沔县、褒城、略阳、洋县、紫阳、宁强、白河、澄城、邰阳、韩城、华阴、兴平、同关、华县、武功、富平、雒南、汉阴、白水、蓝田、陇县等 29 县县银行，均未经财政部核准登记发给营业执照，特令西安区银行监理官办公处转饬暂停营业，并赶办登记手续，监理官办公处奉令后，分令各县银行遵照办理。面对这个问题，1 月 20 日财政厅厅长周介春发表书面谈话："本省县银行年来在地方各级政府竭力倡导扶植之下，全省普遍设立，业务日有进境，裨益地方经济实非浅鲜，前日报载银行监理官办公处奉令以邠县等二十九县银行未经核准登记饬暂停营业，查本省奉令筹设县银行，因限期迫促，各县在上级严令督促之下，分期加紧筹备，多于短期内筹备就绪，惟因出资花名过多，股东名册填送核正颇费时日，若特注册手续办妥再行开业，非特一切耗费甚大，有损资力，且风气初开，筹备就绪而不开业，深恐地方观感因之日坠，将来业务推进必多困难。迭据各县呈请正式先行开业一面赶办注册手续，省政府为适应事实需要，不得已权予照准，业经报部有案，年来竟府厅严令各县催办手续，已有二十一家核准登记，并奉到正式营业执照，其余二十九县注册文件已造送，惟因财政部省政府及本厅层层核转，往返更正，致未能立时完成登记。本厅迭经分电各县听侯办理，于三月底以前当可完全送部。至于部令着以上二十九县暂停营业一节，本厅尚未奉到命令。"[①]

截至 1944 年上半年，先后成立 61 家县银行，陕西省县银行推设数量稳居全国第二位（四川省为第一名）。各行资本总额共达 38 236 897 元，每行资本额最多者 250 万元、最少者 15 万元。平均每行资本呈递增趋势，1942 年为 40 万余元，1943 年为 50 万余元，1944 年为 60 万余元。[②]表 6-7 将集中反映陕西省（1940—1945 年）筹设县银行的情况。

表 6-7　1940—1945 年陕西省县银行设立情况一览表　　　　单位：家

成立年份	成立行数	行名
1940	1	长安
1941	20	南郑、邠县、大荔、凤翔、咸阳、兴平、华阴、华县、临潼、渭南、武功、宝鸡、泾阳、三原、富平、褒城、沔县、城固、西乡、商县

---

① 《财政部令安康等二十九县银行暂停营业》，《陕行汇刊》1944 年第 8 卷第 1 期，第 52 页。
② 岳焕：《对于陕西省地方金融今后之寄望》，《陕政》1945 年第 7 卷第 1—2 期合刊，第 50 页。

续表

成立年份	成立行数	行名
1942	29	安康、洋县、雒南、永寿、韩城、同官、宜川、中部、醴泉、白水、乾县、宁强、山阳、蓝田、略阳、白河、濮荫、长武、鄠县、周至、洛川、邠阳、朝邑、蒲城、澄城、高陵、紫阳、陇县、耀县
1943	10	扶风、岐山、郿县、石泉、沔阳、平利、岚皋、洵阳、潼关、平民
1944	1	淳化
1945	2	商南、留坝
总计	63	

资料来源：岳焕：《对于陕西省地方金融今后之寄望》，《陕政》1945 年第 7 卷第 1—2 期合刊，第 48—49 页。

由表 6-7 可见，到 1945 年上半年，陕西省所设的 63 家县银行并没有完成原计划，原计划是经过四期建设，县银行的建设达到 92 县全覆盖，实际上，到抗战结束时完成率为 68.48%。而由于陕北 19 县在陕甘宁特区的范围内，属于暂缓筹设，因此，国民政府能管辖的县份实际只有 73 县，如此看来，63 家县银行已占到了 73 县的 86.30%，实属不低。设立的高潮集中在 1941 年、1942 年、1943 年的三年时间里，共计 59 家，占完成总数的 93.65%，其资本总额共达 52 094 720 元，1941—1945 年，平均每行资本呈递增趋势，其中 1941 年为 12.5 万元、1942 年为 20.9 万元、1943 年为 42.5 万元、1944 年为 80.1 万元、1945 年为 82.69 万元。[①]

（4）陕西省的县银行资本筹集并不容易。依照《县银行法》规定，应以县乡镇之公款与人民合资举办。而陕西省由于地方疾苦，各县乡镇多无大宗公款可资扩充，陕西省政府为推行顺利，在县银行筹设计划中特规定股本筹募办法，各县需根据地方实际情形，依照办法自行拟定核报。该办法规定股本标准，一等行资本总额须在 20 万元以上，二等行须在 10 万元以上，三等行须在 5 万元以上，各收足 1/2 以上时即可开业。其筹募原则为尽量招募商股，比数不得少于总额的 1/2。筹募办法，公股以各县省银行未记名之民股，历年应得股息红利扩充及县乡镇地方其他可资利用之公款扩充，或由县府以省行未记名之民股，每年应得利息红利作担保，向银行借款扩充。商股由各县商会筹募，向乡镇士绅劝募，以及县境内公民自由投资。仅以陕西省第一、第二两期设立各县银行来看，均系经济较为发达之县份，筹集资金相对较为容

---

① 岳焕：《对于陕西省地方金融今后之寄望》，《陕政》1945 年第 7 卷第 1—2 期合刊，第 50—51 页。

易。因此，其设立各行资本总额 100 万元者，仅有长安、南郑、宝鸡、褒城等 4 县；50 万元者有渭南、雒南等 2 县；40 万元者有临潼、城固、高陵等 3 县；20 万—30 万元者占大多数，计有安康、邠县、大荔、凤翔、华阴、兴平、武功、泾阳、三原、西乡、商县、长武、鄠县、盩厔、洛川、蒲城、澄城、洋县、永寿、同官、中部等 21 县；10 万—15 万元者，计有咸阳、华县、富平、沔县、郃县、朝邑、韩城等 7 县；最少者为宜川县，仅 5 万元，而且大半均系收足 1/2。其资本之筹措，事实上大半均系县政府向人民摊派而来。少数贫瘠县份，如洛川、中部、宜川、略阳、紫阳、白河等县筹集资本，曾经许多困难始行开业。①其中，洛川本为第一期开办县份，按照陕西省的计划，应于 1941 年 1 月成立，但因招募股本及筹备行址等事，延至 1942 年 6 月 10 日始行开业。原定股本 20 万元，截至开业时，仅收足 8 万元。②

综上所述，在全面抗战期间，大后方县银行有了前所未有的发展。这个发展是在构建大后方金融网络背景下发生的，本身就是建设大后方金融网络的重要环节，同时也是国民政府为推行新县制而采取的重要措施。因此，其进程与发展情况均关乎抗战大后方的稳定，关乎抗战的结局。在整个大后方金融网络中，四联总处是网络的核心，举凡方针政策的制定，制度的确立，信息的发布，资本的汇聚、分配，经营活动的监督等重大事项，均由此产生；中央银行、中国银行、交通银行、中国农民银行四行则是网络中的一级节点，它们秉承政府和四联总处旨意，联络和督导全国各级地方银行，贯彻落实各项重大决定与任务；而包括省地方银行、县银行在内的各级地方银行则是这个网络中的二、三级节点，它们按照国家银行的指令和要求，着重在本地区内开展经营活动。所以，县银行及省地方银行构成了大后方金融网络存在发展的基础，县银行在战时大后方的空前发展，正是这一金融网络形成的不可或缺的前提，而且也在一定程度地配合了新县制的实施，对于改变近代中国金融机构区域分布不合理的状况，以及推行"地方自治"起到了积极的作用，在近代中国金融发展史上亦具有重要的时代意义。然而，由于县银行的发展，是特殊历史条件下的产物，并且受制于政府政策及落后的社会经济、资金、人才等因素，其发展程度是很有限的。这使得大后方县银行从数量上看，的确较前有大幅度的增长，但在质量和实力上的确又相当弱小，因而其所产生

---

① 屈秉基：《陕西省县银行之现状及其改进问题》，《陕行汇刊》1943 年第 7 卷第 3 期，第 12—13、15 页。

② 吴致勋：《洛川财政之过去与现在》，《陕行汇刊》1944 年第 8 卷第 6 期，第 64 页。

的影响和历史作用自然无法达到国民政府为其设定的"足以'发展经济，培养民生'、完成自治之设施"的理想目标，更无法挽救新县制名不副实并走向破产的命运。新县制从 1939 年正式实施，经过了全面抗战时期到 1949 年，最终寿终正寝。其原因固然复杂，但从根本上看，则是国民党本性使然，因为以实现"地方自治"为目标的新县制与以专制独裁为宗旨的国民党政权，两者之间本来就是水火难容的矛盾，这对矛盾贯穿了从全面抗战到战后的历史时期。然而在"自治"与"专制"的十字路口，国民党最终抛弃了前者而选择了后者，为此付出的代价，不仅是新县制的破产，而且是整个政权的崩溃。

第七章　地方银行业与抗战大后方经济

　　近代中国的省地方银行营业重心与一般商业银行之差异，主要体现在，1929 年以前，省地方银行的唯一使命是各省地方政府发行钞票之工具，为内战军费之主要筹措机关。其后，省地方银行之经营，虽有所改变，比此前更为合理，但商业化程度仍然较深，业务与生产事业相游离，地方色彩太重，忽略省际关系及与整个中央金融政策的配合。1937 年全面抗战开始后，省地方银行为金融之一环，其所负担之任务已不专属于一般普通银行性质，而具有特殊使命。省地方银行的宗旨逐渐明确为调剂全省金融、辅助地方经济建设，以达成政府金融经济政策，故其业务除一般银行之业务如存款、放款、汇兑等外，尤其重视协助本省经济建设事业。于是，各省地方银行的业务重心逐渐转为扶助省境内的农工产业，推进地方公共建设事业方面，其经营特色渐次显露，体现了省地方银行之真正价值。全面抗战期间，各省地方银行所作之农业放款、建设事业放款，在其放款总额中所占的比率，比普通商业银行是项放款比率高，而实际数额亦较大。

　　近代中国人口 80%以上为农民，而农村社会滞留于半封建的地步，农民长期遭受地主商业资本及高利贷的重重剥削，民不聊生，要繁荣农村经济，发展地方经济，则县地方金融机构之建立就显得尤为重要。抗战时期的县银行建立，直接目的就是发展农村经济与配合新县制之实施，大后方各省县银行经过五年的努力，以各县乡镇为营业区，配合县政国策，办理农村放款，投资生产事业，着重于农村服务，不以营利为目的，为促进农村经济发展奠定了基础。

　　各省县地方银行的业务范围，如前所述大致有两类，第一类属于一般银行的业务，如存款、放款、押汇、贴现、汇兑、保管、信托等；第二类则为政府赋予地方银行的特殊职能与使命的业务，如调剂内地金融、促进币制统一、复兴农村经济、辅助地方工商，主要表现在代理省库、发行地钞、给地方政府借款、代理政府收购物资、扶持农工商业专项贷款等。其中，第一类业务在战时的情况已在第四、第五、第六章中作了探讨，因此本章主要围绕第二类业务的情况，来考察地方银行与抗战大后方经济的关系。

全面抗战前，各省地方银行由于资金不足，其业务主要隅于省内若干较大城市，放款对象多为政府机关或私人商店，投资工矿企业不多，贴现、押汇业务亦少。全面抗战后，随着沿海、沿江工业区域相继沦陷，以及国民政府的内迁，大后方对外交通隔绝，军民所需物资不得不自行生产，各地轻工业、日用品工业需要资金甚亟，于是，大后方各省地方银行与各省经济发展之间的关系更加紧密。1938 年 6 月，在汉口召开的第一次全国地方金融会议中，作为财政部部长兼中央银行总裁的孔祥熙在训词中就特别强调："自抗战以来，都市工业受敌人摧残。敌人的目的是要根本毁灭我们的生产力，所以目前情形之下，新式工业一时不易恢复，内地现有的又供不应求，只有提倡手工业以资补救。开矿也是极需要奖励的一件事，中国得天独厚，各种矿产的蕴藏极为丰富，可惜都没有开采。近年各省得钨矿、锡矿、锑矿等虽稍有开采，然规模甚小，于国家富力无甚裨补，这并不是因为我们没有资源，也不是没有劳力，而是因为缺乏资金，这次都是地方金融界应该尽力帮助的。"[1]1939 年 3 月，在重庆召开的第二次全国地方金融会议所做出的"关于如何增进业务案"的决议明确规定："后方之省份应谋自给自足，凡军事民生有关之农工矿产，各省省银行或地方银行应以融通资金方或促其平均发展，如本省生产粮食较多而缺乏棉花者，对于植棉放款应予提倡，以企棉产增加而达自给自足目的。"[2]虽然省地方银行以辅助本省经济建设为宗旨，资助本省工商业之发展为各省地方银行之基本业务。然而，国民政府为促进各省地方银行致力于发展各省工商业，1940 年 5 月 25 日公布《地方金融机关办理小工商业贷款通则》（19 条），使贷予正当小本工商业者以营运资金，辅助各业之发展，增加日用品之供给。此后，为进一步防杜囤积居奇之流弊，1942 年 12 月，又将上项通则改为《修正地方金融机关办理小工业贷款通则》，其公布施行，旨在辅助小

---

① 《廿七年六月一日第一次地方金融会议孔院长训词》，《广东省银行季刊》1942 年第 2 卷第 3 期，第 50 页。

② 台湾"国史馆"藏国民政府财政部未刊档案，档号：018—260—1488。

工业之发展，以增加日用必需品之供给。①正是在国民政府的积极提倡下，大后方各省地方银行积极投资实业，对农矿生产事业尽量融通资金，促成各省公私企业之迅速发展，担起了发展本省工商业的重任。

第一节　西南地区各省地方银行对本省工商业的投资

西南地区是抗战大后方的中心地区，重庆是国民政府的战时首都，四川省是抗战大后方的核心区域，云南省、贵州省、西康省、广西省是抗战大后方的主要区域。

四川省为国民政府战时首都所在地，为抗战大后方的核心区域，四川省银行更是将自己的主要业务集中在扶植地方工商业上，为抗战做出贡献。全面抗战初期，四川省银行对小工商业放款主要参照国民政府行政院颁布之办法办理。1940 年，各地小工商业请求借款者，凡经调查属实，即予尽量放贷，因此成绩尚佳。现将 1940 年小工商业放款数字列表于下（表 7-1）。

表 7-1　1940 年四川省银行对小工商业的放款统计表　　　单位：元

月份	放款种类	放款额	
1 月	信用	0	219 454.96
	抵押	219 454.96	
2 月	信用	0	82 680.00
	抵押	82 680.00	
3 月	信用	0	65 970.00
	抵押	65 970.00	
4 月	信用	11 800.00	116 860.00
	抵押	105 060.00	
5 月	信用	16 900.00	147 310.00
	抵押	130 410.00	
6 月	信用	95 950.00	149 350.00
	抵押	53 400.00	
7 月	信用	112 400.00	353 000.00
	抵押	240 600.00	
8 月	信用	224 570.00	332 700.00
	抵押	108 130.00	

---

① 郭荣生：《八年来政府对省地方银行之管制》，《财政评论》1946 年第 15 卷第 6 期，第 140 页。

续表

月份	放款种类	放款额	
9 月	信用	337 346.46	456 826.92
	抵押	119 480.46	
10 月	信用	320 974.66	602 361.16
	抵押	281 386.50	
11 月	信用	322 240.00	810 666.00
	抵押	488 426.00	
12 月	信用	410 960.00	1 117 588.00
	抵押	706 628.00	
总计			4 454 767.04

资料来源：《四川省银行工作报告》（1940—1941 年），四川省档案馆藏四川省银行未刊档案，档号：民 072—02—2842。

由表 7-1 可知，1940 年对小工商业贷款中，从 2 月起，贷款金额基本呈增加的态势，在放款中除 1、2、3 月信用放款为零外，其余月份均有信用放款，并逐渐增加，反映了四川省银行对战时中小工商业扶持的力度不断地加大。

1943 年 10 月，为扶助小工业之发展，增加日用品之供给，特依照财政部《修正地方金融机关办理小工业贷款通则》，四川省银行公布《四川省银行办理重庆市小工业放款暂行办法》，办理重庆市区小工业放款，而小工业是指以其出品能供给军用或民生日用需要，并经社会局登记加入同业公会者为限。凡是符合要求的小工业都可填具申请书，提出担保品，向四川省银行申请此项借款，四川省银行接到申请后，即派员实地调查其业务及担保品，再核定放款金额。而担保品种类，以自有之原料产品、土地、房屋、工具、生财为限。借款人还需觅取殷实铺商或厂家，或社会上有信誉之二人担保，缮具保结。每一借款人，其借款数额，至多不得超过 5 万元，借款利率按照重庆市中央银行挂牌拆息计算，借款期限，定为 3 个月，如有特殊情形不能如期清偿时，须于到期前一个月填具申请书，申述展期理由，送交本行核办，展期以一次为限。借款人所借款项，限在本业上作正当运用，不得移作其他不正当用途，或转贷他人，从中渔利。[①]

四川省银行除致力生产事业放款外，复对若干已具成效之事业，更为直

---

① 《四川省银行办理重庆市小手工业放款暂行办法》，《中央银行经济汇报》1943 年第 8 卷第 9—10 期合刊，第 265—266 页。

接之投资，以示积极扶助之意旨，计截至 1944 年 6 月 30 日，其实业投资情况如表 7-2 所示。

表 7-2　四川省银行实业投资分类表（1944 年 6 月 30 日）　　单位：元

类别	金额
公用事业	9 338 000.00
矿业	151 000.00
特种企业	1 097 700.00
垦殖业	400 000.00
木业	80 000.00
实业	1 330 570.00
旅行业	200 000.00
新闻业	638 000.00
农业	20 000.00
保险业	65 000.00
国货运销业	49 000.00
丝业	700 000.00
制药业	2 000.00
毛织业	20 000.00
铁路	100 000.00
工业	233 300.00
总计	14 424 570.00

资料来源：《四川省银行工作总结》（1944 年 1 月 1 日—1944 年 6 月 30 日），四川省档案馆藏四川省银行未刊档案，档号：民 072—02—2628。

由表 7-2 可见，四川省银行对实业的投资还是十分积极的，涉及的领域十分广泛，包括工业、农业、实业以及铁路、保险等各个行业。四川省银行除致力于生产事业放款外，对若干已具成效之事业，乃直接予以投资，以示积极扶助之意旨，计截至 1944 年 6 月 30 日，直接投资总额达 1442 万余元。

与其他各项业务一样，四川省银行之信托业务在战时也有较大发展。

（1）机构之扩充。过去省行信托部组织甚小，仅设正副主任主管其事，下分会计、营业、运输、代办四课。1940 年 7 月因推广业务之需，乃将机构扩大，改设经理，并将仓库课改隶信托部，共设会计、营业、仓库三课，会计课分文书、账务二组；营业课分代办、信托存款、报刊保险、运输四组；

仓库课设管理一组；除总行外，并指定成都、内江、万县、泸县、宜宾、合江、乐山、自井、雅安、灌县、太和镇、遂宁、南川、昆明等 14 行处添设是项业务，信托机构因以渐臻健全。[①]

（2）信托存款及信托投资之办理。省行为提倡节约储蓄，吸收社会游资起见，特举办信托存款和信托投资两种，由信托部办理。信托存款中，又分甲乙两种，凡以款项交存省行代为营运，信托人得享保息分红之权力者，称为甲种信托存款；凡以款项交存省行代为转放，照市给息，省行只酌取手续费者，称为乙种信托存款。所谓信托投资，则系由信托人指定一定用途（但以不违背政府法令为限）委托省行代为营运，而损益悉归信托人负担。上项办法，均定于 1940 年 1 月起正式举办。[②]经省行努力工作，1941 年信托存款最高达到 130 万余元。[③]

（3）信托放款。主要目的原在于扶持生产建设事业机关，故利率力求降低，1941 年放款额达到 200 万余元。[④]

（4）代理保险。省行为图减少工商损失，借以促进生产，并顾及自身押品安全，以求保障押款起见，特与兴华、华安、太平、安平、天一等保险公司及中央信托局，订立《代理保险条约》，计分水火险、陆地兵险、运输险等数种，凡属省行押品，一律须保火险，设有仓库行处，则采取同一保险办法；未设仓库行处，则出代保单代为投保。此条约推行以来，尚属顺利。[⑤]1941年各分支行处均承办代理保险业务，计本年度各分支行处投保火险总额为30 249 311.00 元，其中代客保险者约占 30%，其余 70%，则多属于省行之房屋、生财或押品。至于陆地兵险及水火险，因限于环境，承办较少（详见表 7-3）。[⑥]

---

① 《四川省银行工作报告》（1940—1941 年），四川省档案馆藏四川省银行未刊档案，档号：民 072—02—2842。

② 《四川省银行工作报告》（1940—1941 年），四川省档案馆藏四川省银行未刊档案，档号：民 072—02—2842。

③ 《四川省银行工作报告》（1941 年），四川省档案馆藏四川省银行未刊档案，档号：民 072—02—2844。

④ 《四川省银行工作报告》（1941 年），四川省档案馆藏四川省银行未刊档案，档号：民 072—02—2844。

⑤ 《四川省银行工作报告》（1940—1941 年），四川省档案馆藏四川省银行未刊档案，档号：民 072—02—2842。

⑥ 《四川省银行工作报告》（1941 年），四川省档案馆藏四川省银行未刊档案，档号：民 072—02—2844。

表 7-3　1941 年四川省银行承办各项保险统计表　　　单位：元

区域	保险行处所在地	保险金额
川东区	重庆	3 222 800.00
	璧山	34 500.00
川南区	内江	13 268 640.00
	宜宾	903 400.00
	威远	58 200.00
	仁寿	65 398.00
	荣县	361 600.00
	合江	192 000.00
川西区	灌县	2 147 400.00
	绵竹	1 082 170.00
	赵镇	1 075 700.00
	德阳	671 900.00
	资中	314 500.00
	洪雅	110 650.00
	雅安	100 000.00
川北区	西充	544 059.00
	资阳	311 500.00
	太镇	976 000.00
	遂宁	1 607 028.00
	南充	2 588 300.00
	合川	410 000.00
	巴中	138 766.00
	乐至	37 800.00
总计		30 222 311.00

资料来源：《四川省银行工作报告》（1941 年），四川省档案馆藏四川省银行未刊档案，档号：民 072—02—2844。

表 7-3 显示，1941 年内江、重庆、南充地区的保险业务金额居前三位，分别为 13 268 640.00 元、3 222 800.00 元、2 588 300.00 元，说明当年这三地的保险事业在省内发展较快。

（5）办理运输。物价激增，多缘于交通不便，省行自购卡车办理运输，借以输销土产，平准物价，辅助输出，争取外汇，前后开行昆渝线、成渝线、渝宝线总数十次，载运货物百余吨，近以政府装运桐油出口，又开至畹町，惜车数不多，装载有限。①1941 年行驶里程共计 56 958 千米，行驶路程为渝蓉、渝昆、渝皖、渝宝等区域。除载运省行公物与现钞，暨调遣职员外，并代运军政公物与商家货品，计本年度运输商品 18 吨、军政公物 96 吨，其中为政府承运吨数占总吨数的 50% 强。②

（6）发展省际贸易。四川省毗邻各省，或接近战区，所有物产皆可供换取外汇，或接济内销之用，若不及时疏销抢购，诚恐转以资敌。1940 年中四川省银行曾设法与陕西省银行接洽，办理川陕棉糖运销，后以陕西省银行主张先办甘陕联合运销，俟办有成效，再推及四川省，此事遂从缓议。现拟继续与其他省银行商洽发展省际贸易事宜。③

四川省银行的信托业务自开展以来，发展良好，其信托收益，综合 1941 年投关于信托业务之全部收益，总额为 577 010.34 元，支出总额为 179 073.89 元，纯益为 397 936.45 元。④

全面抗战后，云南经济并入国家体系，在这种情况下，富滇新银行自动停止了过去的商业银行的业务，将业务转到经济建设投资和贷款方面，专门投资抗战所需的各种工业。表 7-4 和表 7-5 即可反映全面抗战时期富滇新银行生产事业的放款及投资情况。

表 7-4　1940 年—1944 年 8 月富滇新银行生产事业投资放款统计表

单位：元

年份	生产事业投资	生产事业放款	
		总行	个旧
1940	12 495 309	21 874 711	6 396 620
1941	29 478 294	106 934 524	24 916 451
1942	41 354 201	147 312 811	13 913 379
1943	62 592 946	201 892 920	17 691 842
1944	106 602 159	226 807 450	25 784 772

资料来源：中国人民政治协商会议西南地区文史资料协作会议编：《抗战时期西南的金融》，重庆：西南师范大学出版社，1994 年，第 134 页，有改动。

---

① 《四川省银行工作报告》（1940—1941 年），四川省档案馆藏四川省银行未刊档案，档号：民 072—02—2842。
② 《四川省银行工作报告》（1941 年），四川省档案馆藏四川省银行未刊档案，档号：民 072—02—2844。
③ 《四川省银行工作报告》（1940—1941 年），四川省档案馆藏四川省银行未刊档案，档号：民 072—02—2842。
④ 《四川省银行工作报告》（1941 年），四川省档案馆藏四川省银行未刊档案，档号：民 072—02—2844。

表 7-5　截至 1945 年底富滇新银行生产事业投资情况表

投资类别	单位名称	投资金融/元	占股本百分比/%
独资	安宁温泉宾馆	35 989 014	100.00
合资	云南省合作金库	9 570 000	19.14
合资	富滇保险公司	3 750 000	75.00
合资	中国国货公司	140 000	0.35
合资	裕滇纺织公司	2 500 000	12.50
合资	中国电力制钢厂	200 000	16.70
合资	蚕丝股份有限公司	8 000 000	30.00
合资	锡业股份有限公司	5 160 000	5.16
合资	云南中国茶叶贸易公司	7 000 000	86.00
合资	云丰造纸厂	4 150 000	27.60
合资	裕云机器厂	2 500 000	2.50
	蚕丝新村股份公司	9 000 000	36.00
	蚕丝改进所长坡生产农场	750 000	25.00
	经济委员会运输处	5 000 000	16.67
	华声出版社公司	50 000	2.50
参加投资	华兴水泥股份有限公司	4 235 200	14.12
参加投资	个碧石铁路公司	20 007 878	
参加投资	昆明地产营业股份公司	2 000 000	13.33
参加投资	中国通运公司、富滇新银行合办仓库	84 506	50.00
参加投资	川滇公路管理局沿途餐宿站	504 111	66.67
参加投资	吴井新村工程委员会	9 000 000	
参加投资	中国通运股份有限公司	1 269 000	42.00
参加投资	昆明市自来水公司	9 384	3.13
参加投资	云南利华金矿公司	20 000	
总计		130 889 093	

资料来源：中国人民政治协商会议西南地区文史资料协作会议编：《抗战时期西南的金融》，重庆：西南师范大学出版社，1994 年，第 134—135 页，有改动。

从表 7-4 和表 7-5 可见，富滇新银行在全面抗战时期致力于云南的地方经济建设，从 1940—1944 年的 5 年时间里，对生产事业的投资与放款逐渐增加，到 1945 年底，投资各类生产建设性企业共计 24 家，其中独资 1 家、合资 10 家、不详 4 家、参与投资 9 家，共计投资金额为 130 889 093 元，为改变云南的经济面貌，促进抗战胜利奠定了经济基础。

此外，在云南，富滇新银行与其他金融机构一起承担对云南交通的开发，参与对交通事业的贷款。1939 年，中央银行、中国银行、交通银行、中国农民银行、新华银行、金城银行、富滇银行等 7 家银行，为发展西南运输和便利交通，特允云南汽车公司请求，贷给款项专作购买车辆的用途，并与其签订合约，贷款总额计法币 60 万元，其中，中央银行、中国银行、交通银行、中国农民银行及富滇银行等 5 行各贷 10 万元，新华、金城两家银行则各贷 5 万元。[①]

广西地处西南边陲，全面抗战前，交通闭塞，经济落后，不但没有像样的现代化机器工业，就连手工业也仅限于都安等地生产纱纸的家庭作坊和桂林、玉林等地的家庭纺织业等，商品生产和交换更是极不发达。从 1936 年开始，广西银行就以扶助工矿企业的发展为主，企图通过银行贷款的支持，促进工矿事业的发展。广西银行以开发广西经济为己任，积极从事工商业的投资，1936—1939 年的 4 年内，发放建筑放款有账可查者共 65 家，其中公营 11 家、私营 54 家。广西全省在 1944 年地方经济最盛时共有工厂 287 家，其中公营 43 家、私营 244 家，资本总额 7041 万元，职工总人数 14 825 人。以 1937 年 12 月向湘桂铁路商股投资 29 315 元为契机，广西银行的生产事业投资逐年增多。据统计，广西银行独资经营的工商企业，全面抗战初期有新生盐号、广西地产公司、西南建业公司、新基庄等。全面抗战中期有天宝金号，抗战胜利后有梧州同益行、广州同益行、南宁同行、柳州伺福行、桂林同昌行等。[②]

1941 年初，广西银行为了辅助手工业之发展，增加日用必需品之供给，特举办手工业小额贷款，贷款对象无论手工业之合作社或个人均可贷款。贷款用途以下列各种为限：①购买原料；②添配工具；③制造产品；④运销产品；⑤关于其他确有收益之手工业生产事业。贷款数额按借款用途及借款期间出品价值决定，但每户至多不得超过借款期间出品价值的 60%。贷款利率，日息 1 分。贷款期限，6 个月。[③]

1941 年 3 月，广西银行为扶助小本商人的资金周转，公布《广西银行小额信用放款办法》，专供商人各项业务流动资金之周转，规定借款数额不得超过借款商号实收资本总额，其最高额数以法币 1000 元为限，借款期限最长不

---

① 盛慕杰：《战时之中国银行业》，《财政评论》1940 年第 3 卷第 1 期，第 119 页。
② 郑家度：《论旧广西银行的产生、发展和消亡》，《广西农村金融研究》1985 年第 6 期，第 32 页。
③ 《广西银行举办手工业小额贷款》，《金融周报》1941 年第 11 卷第 4 期，第 22 页。

得超过 1 年，以整借零还为原则，由借款商人于借款时制定期间分期偿还，并得在期内随时偿还借款一部分或全部，借款以月息 1 分计算，于每次还本时计收该次利息，同时借款时须觅殷实铺保或相互联保，但联保最少需 3 家以上，彼此均负连带责任。[①]

1942 年，广西银行与企业公司为发展广西省纺织工业，充裕后方物资供应，特共同投资合办纺织厂 1 所，资本额定为 500 万元，厂址设在桂林，双方均已派重要人员组织管理委员会，筹划推行，并定于 1942 年 7 月向桂林市新友公司订购织布及新装纺织机两部，一俟厂址建筑完成，到 1943 年春开工。[②]

全面抗战时期贵州银行业务发展较为正常，"本行设立之目的，一则使全省各地方收支汇兑，得以流通，借收普通调剂之功；再则辅功国家银行，使其资本借地方银行而深入边区；三则生产事业之发展，端赖金融机构之扶植，本省各种生产事业若开矿、植林、畜牧、水利、纺织等轻重工业，均有待地方银行之辅助"[③]。根据章程规定，银行业务为各种存款、放款、汇兑、押汇、储蓄、信托、票据承兑和贴现、买卖有价证券、并营仓库业务及其他关于银行一切业务。除此一般之业务外，尚有"受贵州省政府之委托办理下列之业务"：①代办省市县公库；②经理省市县公债或库券之发行及其还本付息事项；③保管省市县公共机关团体之财产及基金；④代收解各种款项。该行"为调剂金融起见，得遵照中央法令呈请财政部核准发行一元券及辅币券"，故其资金虽不十分雄厚，因与政治有紧密关系，其所属地位，则殊为优越。[④]

在贵州，过去国家银行对于普通放款极少单独承做，商业银行虽做比期放款，然利息高，期限短，借贷者多感不便。贵州银行开业后，各方期望甚高，先后请求押款者颇多，省行对于各方之要求经严密之稽核手续后，凡不合乎本行押款之理想标的物或系民生日用必需品，有助长囤积之嫌者，省行概予婉拒，而对于有助于生产建设者，则尽力扶持（表 7-6、表 7-7）。[⑤]

① 《广西银行小额信用放款办法》（1940 年 3 月公布），《广西银行月报》1941 年第 1 卷第 5 期，第 89 页。

② 《桂金融企业两机关合办纺织厂明春可开工》，《广西合库通讯》1942 年第 3 卷第 11—12 期合刊，第 37 页。

③ 《钱春琪氏谈三年来之贵州银行》，《贵州日报》1944 年 8 月 17 日。

④ 丁道谦：《贵州金融业之回顾与前瞻（上）》，《财政评论》1942 年第 8 卷第 4 期，第 79 页。

⑤ 《贵州银行三十年度行务概况》，贵州省档案馆藏贵州银行未刊档案，档号：M56—1—691。

表 7-6　1941 年 9—12 月贵州银行放款种类每月余额分析表　　单位：元

科目	9 月	10 月	11 月	12 月
定期抵押放款	50 600.00	295 600.00	85 000.00	248 500.00
往来存款透支	390 514.23	763 444.12	802 873.86	3 520 344.59
贴现	—	—	—	50 000.00
小额放款	—	9 030.00	14 180.00	15 980.00
总计	441 114.23	1 068 074.12	902 053.86	3 834 824.59

资料来源：《贵州银行三十年度行务概况》，贵州省档案馆藏贵州银行未刊档案，档号：M56—1—691。

表 7-7　　1941 年 9—12 月贵州银行放款性质每月余额分析表　　单位：元

种类	9 月	10 月	11 月	12 月
商业	431 114.23	1 010 324.47	727 437.41	1 382 240.56
工业	10 000.00	53 370.88	153 416.45	2 432 584.03
机关	—	—	21 200.00	20 000.00
总计	441 114.23	1 063 695.35	902 053.86	3 834 824.59

资料来源：《贵州银行三十年度行务概况》，贵州省档案馆藏贵州银行未刊档案，档号：M56—1—691。

由表 7-6 和表 7-7 可知，贵州银行过去放款业务多着重工业及短期商业放款，其方式多采取透支和随时存取，可见省行资金运用颇具灵活作用，至放款利率最低月息 1 分、最高 2 分，要视放款性质及对象而定，其和国家银行相比虽嫌稍高，但和一般利息在 3 分左右的商业银行相比，该行所取尚属公允，因银行成本不能不顾及也。故截至最近，该行放款余额虽达 380 万余元，但其中 3/5 均属工业放款，可见该行扶助后方生产建设之苦心，至于小额信用贷款，贵州银行亦曾特别致力，期于小本工商业能有补助，然以每户所放金额规定至多 2000 元，故所放总数在放款总余额中亦仅占极小部分。

贵州银行负有扶助农业发展之使命，对于本省生产建设事业自应随时斟酌情形予以赞助，自 1941 年 8 月以后，先后投资该省贵阳市合作金库 1 万元、公共汽车公司 11 万元、丰裕实业股份有限公司 10 万元及贵阳市民生工厂股份有限公司 10 万元，上述各事业，系以调剂市区金融及经营机械、纺织、染织等工业发起组织。贵州资源丰富，初经开发，工业建设迫切需要资金，是以应其邀请分别酌以投资，又贵州企业公司为本省国民经济建设之统筹机关，经洽定将农矿工商调整委员会应增加之股份 65 万元，亦由贵州银行承受。①

---

① 《贵州银行三十一年度行务概况》，贵州省档案馆藏贵州银行未刊档案，档号：M56—1—691。

全面抗战时期的贵州市场上存在大量的游资及闲资，或者大量投资于商业，或者囤积居奇，造成严重的通货膨胀，而且贵州经济发展资金缺额很大，但国家银行体系的网络覆盖程度有限，再加上政治、传统、地方势力等的影响，对游资的吸纳程度有限，所以必须借助地方金融网络的作用。贵州银行建立之初，即大力增设分支机构，扩大储蓄网络，存款额、放款额及汇兑额上升很快。

贵州省省际贸易的发展，在全面抗战后，各省银行之间也在寻求贸易互动，到1938年上半年，在两广方面就有合作办法——广东省银行梧州办事处和广西银行及广西出入口贸易处互相合作，由广东省银行采办粤盐运桂推销，去交换桂米，广东省行方面更可于短期内陆续收回盐商押款。[①]

总之，西南地区的省地方银行对西南地区各省的工商业及交通运输业等都是积极推进的，为抗战时期西南地区经济的发展做出了贡献。

第二节　西北地区各省地方银行对本省工商业的投资

西北地区的工商业是相对比较落后的。在西北地区，陕西省与甘肃省的经济相对较为发达，这与陕西省银行和甘肃省银行的经营活动是密切相关的。其次是宁夏省与新疆省，宁夏银行与新疆商业银行同样为西北地区经济的发展做出了贡献；而青海省在整个全面抗战时期都没有建立省级地方银行，因此这个地区的经济在西北地区也是相对较为落后的。下面，笔者将对西北地区的陕西、甘肃、宁夏与新疆四省的省级地方银行与该省工商发展的关系展开论述。

全面抗战后，由于陕西省接近战区，地位日益重要，陕西省银行乃增加资力，充实机构，调剂地方金融，协助生产建设，以适应"抗战建国"之需要。陕西省银行对于社会游资尽量吸收，存款结余数额在全面抗战之后的五年时间中持续增长，详见表7-8。

表 7-8　1937—1941 年陕西省银行存款结余数额表　　　　单位：元

年份	上半年金额	下半年金额	指数
1937	—	5 322 597.00	100.00
1938	9 162 216.95	9 990 459.11	187.61

---

① 盛慕傑：《战时中国银行业务动态》，《财政评论》1939 年第 1 卷第 1 号（创刊号），第 189 页。

续表

年份	上半年金额	下半年金额	指数
1939	14 567 099.40	22 100 167.73	415.21
1940	25 011 666.72	20 211 612.60	379.73
1941	35 726 467.82	24 641 988.51	462.97

资料来源：郭荣生：《抗战期中之陕西省银行》，《中央银行经济汇报》1942年第6卷第10期，第77页，有改动。

由表 7-8 可知，全面抗战以后，从 1937—1941 年的五年时间里，陕西省银行的存款结余数额总体呈现递增的趋势，1941 年下半年存款结余数额是 1937 年下半年的近 4.6 倍。随着存款的不断增加，陕西省银行的放款也逐渐增加，详见表 7-9。

表 7-9　1937—1941 年陕西省银行放款结余数额表　　　　单位：元

年份	上半年金额	下半年金额	指数
1937	—	7 635 321.00	100.00
1938	7 387 845.30	6 987 309.59	091.51
1939	7 774 032.33	18 116 584.57	237.27
1940	21 383 924.60	16 202 229.13	213.51
1941	22 248 470.77	29 223 566.67	382.74

资料来源：郭荣生：《抗战期中之陕西省银行》，《中央银行经济汇报》1942年第6卷第10期，第78页，有改动。

由表 7-9 可知，陕西省银行的放款数额也是不断增加，1941 年下半年放款结余数额是 1937 年下半年的近 4 倍。这些放款主要用于支持抗战与地方经济建设事业。到 1941 年底，陕西省银行促进地方建设事业的投资主要集中在以下八个方面：①资助煤炭产销。陕西省用煤，素仰给于河南省，自河南省沦陷为战区，交通艰阻，来源顿绝，陕西省煤荒遂趋严重，省内磋商，乃乘时开采煤矿。省行为协助生产起见，特予同官煤矿透支 50 万元，白水煤矿透支 10 万元，其他小矿亦透支 3 万—5 万元不等；同时并一面予陕西省煤矿统制运销处长期透支 100 万元，以利运销。②资助陕西省企业公司。陕西省政府为发展本省生产事业并调整物资计，特设企业公司，资本 2000 元，就本省生产建设事业分别投资或扶助。对本省物资应行输出或输入者则予以调整，以供需求，借免壅积操纵之弊。该公司范围颇大，门类亦多，省行于是特准订立长期透支 140 万元，以资协助。③资助中国工业合作协会。自中国工业合作协会在宝鸡成立西北区办事处后，陕西省小工业经该处指导资助者甚多，陕西省战时经济因小工业之勃兴，获益匪浅。该区办事处资力欠充，成立之后，即向省行订立长期透支 50 万元，以资周转。④资助财政部贸易委员会陕豫办事处。中央为调整对外贸易，特设财政部贸易委员会各省办事处。陕豫办事处原设南郑，旋迁西安，该处成立之初，即与省行订立透支 50 万元，该会附设之富华贸易公司陕豫分公司亦向省行订立透支 20 万元。⑤资助面粉公司。西北主要食物为面粉，西安华峰、成丰、和合各面粉公司，均向省行订有巨额透支，多则 30 万—50 万元，少则 10 万—20 万元，视季节而增减。⑥资助医药制造及日用品工业。西北化学制药厂、华西制药厂、集成三酸厂亦均与省行订有长期透支，数目多则 10 万余元，少亦 3 万—5 万元。⑦办理改良棉种、麦种贷款。陕西省农业改进所为推广优良棉种、麦种，每届棉麦成熟之际，需款收购 10 种，历年来均向省行透支，其总额达 50 万元。⑧资助棉花打包工厂。渭南西北机器打包厂、永乐店西北合记打包厂均与省行订立有透支，数额 5 万或 10 万元不等。①

陕西省银行积极投资工业。西京电气公司原有资本 100 万元，其中陕西省银行及资源委员会各 33.5 万元，中国建设公司 33 万元。1940 年，该公司所属西京电厂因修理发电机及锅炉需款 40 万余元暨修理期内电费收入减少，并宝鸡分厂向申新纱厂线路设备需款 8 万余元，支出激增，致公司经济短绌，不敷周转，商议由各股东共暂垫借 30 万元，陕西省银行已垫付 10 万元，1941 年 4 月 1 日，该公司于重庆召开第四次董事会议，决议增加公司资本 100 万元，由各股东照以前所认数额分担，陕西省银行应摊认 33.5 万元，陕西省银行去电声明只勉可担认 16.5 万元，连前缴股款共为 50 万元。西北印刷公司是经国民政府行政院核准设立的，是依照财政部规定办法统筹印制西北各省省钞的公司，陕西省银行为谋本行印制钞票上的便利，对该公司进行投资，加入股本 10 万元。②自1938 年至 1941 年 6 月，陕西省银行贷款生产建设机关 1100 万余元。③

陕西省银行积极支持交通建设。陕西省经济贸易委员会修筑西兰公路，对于发放工资、路线既长自感困难，陕西省银行接受其委托，先后成立乾县、邠县、平凉、泾川、静宁、定西、兰州等分处，专办发放工资事宜，并不计得贴，收汇各种建设用款，以资协助。该路顺利完成后，始将甘肃省各处撤回。此外，对于西荆、西汉、安白等处公路之修筑，所有一切汇拨之款均由

---

①　萧紫鹤：《陕西省银行概况》，《金融知识》1942 年第 1 卷第 6 期，第 123—124 页。
②　《本行投资工业情形》，《陕行汇刊》1941 年第 5 卷第 6 期，第 73—74 页。
③　傅兆荦：《抗战以来之我国省地方银行》，《财政知识》1943 年第 2 卷第 3—4 期合刊，第 76 页。

本行揽做。其汉宁、汉白、西兰三路各有透支 5 万元，以济不时之需用，以期公路之早日完成。①

陕西省银行的投资放款除了支持地方经济建设之外，还努力支持抗战，对于军队的粮食需求及军工企业的生产与建设事业都积极投资，1938 年到1941 年 6 月底，陕西省银行对军需与抗战的投资从表 7-10 中得以彰显。

表 7-10　1938—1941 年 6 月底陕西省银行重要放款户名表　单位：元

户名	借款金额
第×战区购粮委员会	3 340 000.00
第×战区购粮委员会	540 000.00
第×战区购粮委员会	370 000.00
第一军需局	2 000 000.00
第×集团军办事处	250 000.00
军政部驻陕军粮局	500 000.00
暂编××师	30 000.00
第×××军	20 000.00
新编第××师	30 000.00
陕西省保安处	100 000.00
军医署驻陕办事处	150 000.00
伤病之友社	20 000.00
第×战区食粮管理处	400 000.00
陆军第×预备师	50 000.00
关中师管区	50 000.00
裕民造纸厂	30 000.00
陕西省企业公司	2 900 000.00
财政部盐务局陕北运输处西安办事处	1 500 000.00
财政部陕西盐务办事处	1 000 000.00
经济部采金局豫陕鄂边区采金处	40 000.00
华西建设公司股款	150 000.00
财厅土地陈报处	300 000.00
泾湄渠工程抵押借款	3 500 000.00
韩宜路工程借款	150 000.00
协兴机器造纸厂	20 000.00
中南火柴公司	30 000.00
西京机器修造厂	30 000.00
省政府购买酒精借款	180 000.00

---

① 《陕西省银行七年来之总检讨（民国二十七年四月陕西省银行报告）》，《银行周报》1938 年第22 卷第 36 期，第 5 页。

续表

户名	借款金额
大华制革公司	130 000.00
西北合记打包公司	50 000.00
华西制药厂	60 000.00
财政部贸易委员会豫陕办事处	500 000.00
西京市公务员消费联合社	150 000.00
赈济委员会第五救济区	130 000.00
陕西省动员委员会	100 000.00
防空司令部	50 000.00
军委会运输管制处监察处西北分处	47 000.00
白水新生煤矿公司	50 000.00
白水陕西建华洋灰厂	35 000.00
鄠县终南产米厂	20 000.00
渭南象峰面粉厂	60 000.00
渭南西北机器打包厂	100 000.00
宝鸡西华动力酒精厂	100 000.00
咸阳裕农植物油公司	50 000.00
华峰面粉公司	300 000.00
西北化学制药厂	100 000.00
中国合作协会西北区办事处	500 000.00
陕西省农业改进所	510 000.00
陕西灾童教养院	25 000.00
同官煤矿管理委员会	300 000.00
虢镇难民纺织厂	60 000.00
集成三酸厂	40 000.00
汉惠渠追加工程费	200 000.00
大华纺厂	100 000.00
西京市钱业公会代购军粮借款	100 000.00
西北文化服务社	500 000.00
富华公司豫陕分公司	500 000.00
陕西省直接税局	20 000.00
党政军员消费合作社	200 000.00
陕西省直接税局	20 000.00
第一便民所	30 000.00
集成便民所	16 000.00
西京电厂	150 000.00
总计	22 983 000.00

资料来源：郭荣生：《抗战期中之陕西省银行》，《中央银行经济汇报》1942年第6卷第10期，第78—80页。

由表 7-10 可见，陕西省银行自 1938 年到 1941 年 6 月间，对于军需及生产建设事业，尽力扶植，共计放款的重要单位有 63 个，前后贷放款额达 2290万余元。

甘肃省银行从 1939 年改组成立到 1942 年，其投资的实业主要有重庆华西建设公司股金 5 万元、甘肃兴陇工业公司股金 180 万元、西安西北印刷公司未定股金约 30 万元，共计投资数额约 215 万元。1943 年又增加对甘肃裕陇仓库投资 50 万元，连前共计各项投资额约 365 万元。[①]

甘肃省工业落后，仅有一些家庭手工业，如陇南各县之纺织造纸及陇东一带之陶瓷手工业出品。战时，为提倡手工业，1939 年秋，中国工业合作协会天水、兰州两事务所成立后，对于各手工业技术上之改进，颇收实效，甘肃省银行为资助其发展，曾以工合介绍贷款方式拨款 50 万元，分配各合作社运用，同时，截至 1941 年底，甘肃省银行直接贷出之小工业贷款亦达 348 745 元。[②]

甘肃省政府在经济建设上，特别重视水利、畜牧以及雏形工业之发展，甘肃省银行对于这些事业的贷款与投资，亦无不竭力以赴，到 1941 年底，其较为重要者为：①水利林牧公司 1 950 000 元；②溥济渠水利工程 24 000 元；③煤矿机器厂 480 000 元；④甘肃造纸公司 500 000 元；⑤甘肃印刷公司 50 000元；⑥华亭瓷业公司 40 000 元；⑦华西事业公司投资 50 000 元。此外，协助国立西北医院、国立西北技艺专科学校、中央通讯社等医药文化机构之贷款，亦达 15 万元左右。总计此项协助建设政策之贷款与投资总额约在 3000 万元以上，约占全部业务的 65.7% 以上。[③]

以 1939 年下半年放款总额为基期，加以比较，其指数如表 7-11 所示。

表 7-11　1939—1943 年甘肃省银行放款指数表　　　　单位：万元

期别	1939 年下半年	1940 年上半年	1940 年下半年	1941 年上半年	1941 年下半年	1942 年上半年	1942 年下半年	1943 年上半年	1944 年下半年
指数	100.00	117.42	126.34	166.09	288.71	382.70	452.29	759.96	918.89

资料来源：郭荣生：《五年来之甘肃省银行》，《财政评论》1944 年第 12 卷第 6 期，第 79 页。

①　洪铭声：《介绍一个边省行——甘肃省银行的史迹与展望》，《西康经济季刊》1944 年第 9 期，第 101、104 页。
②　甘肃省政府编：《甘肃省银行概况》，1942 年，第 20 页。
③　甘肃省政府编：《甘肃省银行概况》，1942 年，第 19 页。

由表 7-11 可见，放款额指数除 1940 年下半年情形略降外，其余年份俱呈递增趋势。递增数字虽比较缓慢，但也可以看出是该行营业稳健的表现。1941年下半年之放款额指数是 1939 年同期的 2.8 倍，是 1940 年同期的 2.3 倍。为进一步明了甘肃省银行放款情形，笔者再将 1941 年及 1943 年各类放款百分比列表于下（表 7-12、表 7-13）。

表 7-12　1941 年下半年甘肃省银行放款种类分配率表　　　单位：%

放款种类	百分比	放款种类	百分比	放款种类	百分比
定期放款	0.71	购入票据	2.38	定期抵押放款	30.66
畜牧贷款	0.37	小商业放款	1.11	合作贷款	0.24
小商业抵押投资	0.24	押汇	0.01	活存抵押透支	10.56
贫民小本贷款	0.01	活存信用透支	10.90	小工业抵押透支	0.38
活期抵押放款	0.11	小工业信用透支	0.60	定期信用放款	0.71
各种事业投资	4.32	小工业贷款	0.01	小商业定期抵押放款	0.24
贴现放款	0.01	小工业定期抵押放款	0.07	小商业活期贷款	0.14
存款同业	29.86	小工业活期贷款	0.03	商业透支	0.57
小工业活期抵押贷款	0.08	有价证券	1.33	小商业活期抵押贷款	0.13

资料来源：郭荣生：《五年来之甘肃省银行》，《财政评论》1944 年第 12 卷第 6 期，第 79 页，有改动。

由表 7-12 可见，甘肃省银行 1941 年放款以定期抵押及存款同业为最多，占总额的 60.52%；其他各种放款，细分零散所占比例极小，11 种小工商放款占总额的 3.03%。

表 7-13 中虽仅为总行业务处贷款情形，然亦可见该行放款分配性质之一般。总观全年放款，工矿占第一位；教育文化及公益事业占第二位；交通及公用事业占第三位；商业占第四位。此外农林部分，自中中交农四行专业化后，已成为中国农民银行之营业范围，故贷款数甚少。

甘肃省以交通阻塞，资金至为枯竭，商业颇为没落，全面抗战以后，货运尤属艰难，致土产运销，渐告断绝，商品缺乏，物价高涨，甘肃省政府有鉴于此，1940 年春，正式筹设甘肃省贸易公司，统筹全省供需物资，收购运销事宜，规定资本在 1000 万元，由甘肃省银行投资 200 万元，并先后贷款 650万元，以资协助。[①]

---

①　甘肃省政府编：《甘肃省银行概况》，1942 年，第 18 页。

表 7-13　1943 年甘肃省银行总行业务处对兰州市各种放款分类比较表

单位：元

项目	工矿	农林	商业	交通及公用事业	教育文化及公益事业	个人	其他	共计
定期放款	—	—	580 000.00	—	—	—	—	580 000.00
定期质押放款	12 209 124.92	250 413.50	749 538.38	544 237.17	2 327 746.84	—	962 159.61	17 188 256.46
活存透支	—	—	300 000.00	578 729.67	1 648 765.84	—	299 844.16	2 767 689.67
活存质押放款	4 897 801.24	—	464 902.92	4 371 878.18	8 283 378.64	20 100.52	162 661.96	18 200 733.46
小额活期质押放款	137 489.79	—	—	—	—	—	—	137 489.79
贫民小本贷款	—	—	—	—	—	4 159.00	—	4 150.00
畜牧贷款	—	40 295.07	—	—	—	—	—	40 295.07
买入汇现	45 000.00	—	100 000.00	100 000.00	—	—	—	245 000.00
贴现	—	—	1 450 800.00	—	—	—	—	1 450 800.00
总计	17 289 415.95	290 708.57	3 645 241.30	5 594 845.02	12 259 891.32	24 259.52	1 424 665.73	40 614 414.45

资料来源：郭荣生：《五年来之甘肃省银行》，《财政评论》1944 年第 12 卷第 6 期，第 80 页，有改动。

全面抗战时期的宁夏银行，主要从事宁夏羊毛及各种土特产品的收购与外销，主要是将宁夏的大烟土、羊毛、驼毛、甘草、发菜等土特产运往兰州、西安等地销售，然后在当地大量购进布匹、纸张、五金等生活必需品，运回宁夏销售。为了便利对宁夏土特产的收购与运销，1939 年，在宁夏银行内部专设富宁商行，专营商业，该商行对外仍以宁夏银行招牌进行活动，实际上内部账目实行独立。[①]1940 年 4 月，富宁商行即利用裕宁甘草公司的旧设备，建起了利宁甘草制造厂，股金 40 万元，厂址由原来的贺兰县洪厂营迁至银川北郊八里桥。产品甘草药膏主要销往西安、兰州等城市各大医院或药房，少量精品由国民政府财政部所属外贸公司销于国外，换取外汇。太平洋战争爆发后，由于国际甘草膏市场停滞，西北地区也不好推销，利宁甘草膏制造厂只好停产。1945 年初，富宁商行又利用原利宁甘草膏制造厂的旧设备，并新购置了一部十二马力的旧蒸汽机，创办了宁夏历史上第一个机器制造厂——宁夏银行造纸厂。不久，该厂改名为利宁造纸厂。[②]

宁夏工业本来一无所有，一切工业品都要从外地购入。全面抗战时期的宁夏银行，积极扶助地方生产事业，贷款经营了一些厂矿企业，相继办起了毛织厂、铁厂、面粉厂、玻璃厂、瓷器厂、火柴公司、酒精厂、精碱公司等，详见表7-14。

表 7-14　抗战时期宁夏银行投资的部分工矿企业统计表

企业名称	董事长	董事或股东	地址	创建时间	资金	产品	停产时间
宁夏电灯股份有限公司	马鸿逵		银川	1935 年 10 月	10 万银元		
兴夏毛织股份有限公司	马鸿逵	刘慕侠、邹德一、李云祥、马继德	银川	1942 年 1 月	13 万元（法币）	毛纺、地毯	
兰鑫炼铁股份有限公司	马鸿逵	李云祥、马继德、李翰园	大武口汝箕沟	1943 年 2 月		铁锅、锹等	1945 年
光华陶瓷股份有限公司	马鸿逵	马希贤、马义忠、李云祥、马继德	大武口	1944 年 3 月	50 万元（法币）	低档陶瓷器	1949 年 6 月
宁夏制糖厂	马鸿逵		银川	1944 年筹建	10 万元（法币）	未成	
鸿丰烟草股份有限公司	刘慕侠		银川	1944 年		低档纸烟	1946 年

---

① 云峰：《马鸿逵的秘密帐号》，宁夏回族自治区政协文史资料研究委员会主编：《宁夏三马》，北京：中国文史出版社，1988 年，第 259 页。

② 纪坤：《宁夏第一个机器工厂的变迁》，宁夏区政协文史资料研究委员会编：《宁夏文史资料》第 17 辑，银川：宁夏人民出版社，1987 年，第 73—74 页。

续表

企业名称	董事长	董事或股东	地址	创建时间	资金	产品	停产时间
光宁火柴股份有限公司		刘慕侠、李云祥、马继德、马希贤	银川	1942 年 6 月	60 万元（法币）	驼牌火柴	
德昌煤矿公司	马鸿逵	以马家"敦厚堂"号名义经营	汝箕沟	1943 年			
德兴煤矿公司		邹德一、李云祥、马继德、李翰园	磁窑堡	1943 年			
兰鑫机器厂		刘慕侠、赵文府、马希贤、李翰园	银川	1944 年		维修	1945 年
利民机器面粉公司	马鸿逵	省政府与银行合办	银川	1943 年 8 月		双塔牌面粉	

资料来源：张慎微等：《马鸿逵家族经营的几个工厂》，宁夏回族自治区政协文史资料研究委员会主编：《宁夏三马》，北京：中国文史出版社，1988 年，第 264 页。

以上工厂，都是全面抗战时期，主要由宁夏省主席马鸿逵亲自主办的企业，这些企业的资金主要由国民政府拨款，其余资金则完全由宁夏银行贷放，由此可以看出，全面抗战时期宁夏银行对地方工业建设的支持。

第三节　大后方省银行与地方农业的关系

近代以来，中国的经济是建立在农业基础上的，农村经济十分重要，农村繁荣，全国经济即可稳定。自 20 世纪 30 年代以来，中国的农村贷款成为国民政府救济农村的要策，不但鼓励各银行去贷放，而且嫌各银行办理力量不够大且不能集中，还曾有农本局进行组织。然而，就省地方银行而言，因资力不足，地方不靖，1937 年以前，经营农贷者甚少。

全面抗战后，国民政府将复兴农村作为巩固抗战的基础，农村贷款一变而为战时金融政策之一。由于中国缺乏纯粹的农业银行，对于农村贷款，如果由各商业银行和中央及特许银行去办理，在业务上既有不合，在效能上也不能普遍，于是，国民政府不得不借助于各省地方银行，因为省地方银行和地方上的关系最为深厚。

1938 年 6 月在汉口召开的第一次全国地方金融会议中，作为财政部部长兼中央银行总裁的孔祥熙在训词中说："中国自古以农立国，农民占百分之八十以上，素称地大物博，然究其实际，我们现在所需要之米粮，尚不能自给，而须向他国购买。近年向暹罗、越南、加拿大等处进口之米麦颇多，上述诸地，论土地不及我们之肥沃广大；论人民不及我们之众多，而他们的粮食产量竟有余裕，则固然由于他们人民的勤劳和政府的奖励，以及他们的金融上周转灵活，便于生产，亦为其主要原因。中国农人往往终岁劳苦，不得一饱；并非土地不毛，雨水失调，而由于苛捐杂税的勒索，高利贷的盘剥和奸商的操纵物价，囤积居奇，弄得入不敷出，以致农耕荒废。这次赈济委员会成立之后，本人自兼委员长，特别注重促进农产的工作，就是不但要救济灾荒于已然，更要预防荒歉而未然，使全国人民都自给自足，粮食无缺。"[①]他特别强调地方金融机构对于推动农业、发展农村经济的重要性。

在国民政府极力提倡农贷的激励下，各省地方银行遂将对农村的放款作为自己的主要业务之一，从事办理农业生产供销贷款、农田水利、农业推广、农林副业、农产品押储等业务，以促进本省农业的发达，农产的增加。

一、西南各省地方银行与本省农村经济

全面抗战时期的四川省银行，自奉令办理农贷以来，即积极推行，除举办农产品押储放款、农村手工业放款外，并于四川省合作金库辅导之灌县、广安、涪陵、南充等 4 县合作金库，以及农本局辅导之三台、遂宁、合川、广汉等 4 县合作金库，分别订立抵押透支放款办法，每县各 10 万元，共计 80 万元。1940 年四川省农贷实行分区办理之前，四川省银行曾呈请省政府准予参加指划县份，但并无具体结果，以致对合作社贷款无法举办，乃不得不从事于农村手工业方面之推进。[②]四川省银行 1940 年累计发放农业贷款总额约为 2260 万元。[③]

全面抗战时期，广西农村高利贷盛行，据 1937 年对柳城等 12 个县的调查，在不同季节和不同地区间，货币贷放最高利率为 52%，最低亦达 24%；稻谷实物贷放最高利率为 76%，最低亦达 35%。农民因高利贷而倾家荡产、卖儿卖女的时有所闻。[④]

---

①《廿七年六月一日第一次地方金融会议孔院长训词》，《广东省银行季刊》1942 年第 2 卷第 3 期，第 50 页。

②《四川省银行工作总结》（1944 年 1 月 1 日起至 1944 年 6 月 30 日止），四川省档案馆藏四川省银行未刊档案，档号：民 072—02—2628。

③ 傅兆荄：《抗战以来之我国省地方银行》，《财政知识》1943 年第 2 卷第 3—4 期合刊，第 75 页。

④ 郑家度：《论旧广西银行的产生、发展和消亡》，《广西农村金融研究》1985 年第 6 期，第 31 页。

为了扶助与改善农村经济，广西银行积极从事农贷业务，1937 年 1 月 26 日另行设置的广西农民银行（到 1940 年 6 月重新并入广西银行），专门从事农贷业务，陆续扩展在 42 个县办理农贷业务。1937 年 5 月，广西银行制定《广西农民银行团体信用放款办法》规定："信用放款只放给依法组织并向本行申请审核通过之农民互助团体，借款团体向本行所借款项，只得转贷与会员或社员，其用途以本行放款章程所规定者为限，借款团体向本行所借款项全体会员或社员应负连带保证责任，所借款项，如到期尚未清偿者，不得再向本行申请借款。本行对借款团体，需随时审查一切账目，并得监督其借款用途。借款团体每年结账后，须造业务报告表，送本行审查。"①广西农民银行自成立以后，到 1938 年的一年时间中，业务甚为发展，信用放款达 184.5 万余元，除收回 91.38 万余元外，尚有半数因未到期故未收回，此种放款，在广西尚属创新，而放款之收回，极为顺利，由此证明放款、借款极为满意，故计划扩充业务，发行农产证券，以供给农民资金，指导各县成立地方农行，使各地农民普遍得到放款实惠。建设省农仓，商由农本局借款建设，以厚仓储，地点定在桂、邕、梧、柳、庆、浔、贵、龙、全、平等 10 处，以及北流、运江、大湟江、江口等 4 处，本年将先在梧、桂、邕、浔、平、全等 6 处建设农库。继续指导组织农民借款协会，增加信用放款额。推行实物放款，除以谷贷农作种子粮食外，或将予贷肥料、农具，扩办押储及保管业务、侯省仓筑成后即办。严办加工制造业务，如采办新式碾米机、代理农民碾米、增加其价值。举办农场、林场放款，水利垦殖放款及农村放款等。办理农民储蓄汇兑信托及耕牛保险等，务期发展农村经济，增强农村经济。②1939 年，广西农民银行为扶助农村事业、发展农村经济及利用闲资扶助农民办理副业，继续扩大对农业的贷款，特规定各项贷款暂行办法，通饬各分行遵照，凡经营农村之副业农民或个人团体经营之农场，倘因资金不敷周转者，可径到该行分行或办事处贷款。③

广西农民银行自建立后大力提倡对农业放款，1939 年，其农贷金额为 710 万余元。④其中，农村信用放款数目已达 313 万余元，比 1938 年增加 4 倍多，投放 55 900 多家农户，平均每户可借到 56 元左右，据调查，农村信用放款的资金到达农民手中的用途，购买耕牛的占 23%，购买肥料的占 39%，添制农具的占

---

① 《广西农民银行团体信用放款办法》，《西大农讯》1937 后第 3 期，第 6 页。
② 《广西农民银行扩大业务计划》，《金融周报》1938 年第 5 卷第 9 期，第 20 页。
③ 《广西农民银行增办农贷》，《金融周报》1939 年第 8 卷第 1 期，第 14 页。
④ 傅兆菜：《抗战以来之我国省地方银行》，《财政知识》1943 年第 2 卷第 3—4 期合刊，第 75 页。

11%，开垦荒地的占 4%，清还旧账的占 15%，其他用于消费的不过 8%。[①]截至 1939 年 10 月底，广西农民银行发放信用放款、不动产及动产抵押放款共计 760 万元。此外，1937 年在桂平试办青苗放款 1.5 万元，1939 年发放八角、桐油、青麻等特种农产品专项放款 29.7 万元。与此同时，广西农民银行还经营农业仓库，办理农产品的保管、押储、加工、运销和平价出售等项业务，其中包括：①稻谷变价贷放。每当春二三月青黄不接时，把仓储稻谷高价卖出，发放农贷，秋后新谷登场，又将收贷所得的资金低价购回稻谷。1937—1939 年，变价贷放的稻谷共 10.2 万担。②稻谷实物贷放。直接借出稻谷，春借秋还，每担加息谷二成，三年间借出稻谷 8.9 万余担，息谷收入达1 789 529 斤。③谷米平价平粜。1939 年桂林市因人口增多引致粮价不断上涨，广西农民银行桂林仓库自行碾谷 3840 担和从外地调运糙米 31 000 担，大事宣传，办理平粜。[②]

广西农民银行经营农业仓库与发放农村贷款相互依存，交替进行，不仅有效地调节资金运用，而且一放一收、一买一卖之间，都可以赢得相当可观的利润。特别是平粜、平价，虽然略低于新涨的高价，仍然高出涨风前的市价，更是一箭双雕，名利齐收。由于银行农贷计息较低，特别是在农村青黄不接、银根枯竭时发放一定数量的低息贷款，帮助农民维持简单再生产，对恢复和发展农业生产起了一定的作用。据统计，1939 年全省水稻一项产量 5739 万担，平均每人 410 斤。但也必须指出：1942 年广西遭遇特大自然灾害，部分县兼有水旱两种灾害，水灾 49 县、旱灾 62 县，田地被淹 80 万亩，农作物损失估计 246 万担，重灾民达 150 万人以上。可是，广西农民银行为了防止发生呆账损失，停止发放长期农业贷款，短期贷款在币值暴跌的情况下，也较上年减少，赤裸裸地暴露出唯利是图的市侩面目。[③]

富滇新银行 1941 年度的农贷总额为新币 2000 万余元。[④]

二、西北各省地方银行与本省农村经济

20 世纪 30 年代初，陕西省经历灾荒，满目疮痍，农村贷款，至为殷切，自 1934 年起，陕西省银行即办理农村贷款。首先是由县政府担保，直接贷款

① 杨明达：《广西农民银行在广西经济中所起的作用》，《最前线》1939 年第 3 卷第 7 期，第 13 页。
② 郑家度：《论旧广西银行的产生、发展和消亡》，《广西农村金融研究》1985 年第 6 期，第 30—31 页。
③ 郑家度：《论旧广西银行的产生、发展和消亡》，《广西农村金融研究》1985 年第 6 期，第 31 页。
④ 傅兆荣：《抗战以来之我国省地方银行》，《财政知识》1943 年第 2 卷第 3—4 期合刊，第 75 页。

于农民，1934 年贷款总额为 401 768 元，1935 年为 594 896 元，1936 年上半年为 686 387 元。陕西省办理农贷机关截至 1936 年，已有 11 家互相争逐，情势紊乱，经陕西省合作委员会提议，划区分贷，定于 1936 年下半年实行，并指定陇县、西乡、城固、扶风等 4 县，为省行贷款区域。当经与该 4 县订立划区分贷合约，规定贷款总额为 55 万元。全面抗战之后，到 1938 年又增富平、蒲城、白水、同官、耀县等 5 县为陕西省银行的贷款区，并增加贷款 100 万元，共计 155 万元。1939 年贷款总额已达 275 万元，管理偶或不周，危险即属难免。1939 年 6 月，陕西省银行添设农贷科，以专责成。农贷科成立后，一面清理旧欠，一面办理贷放，1939 年下半年，统计贷出总额达 755 236 元，1940 年贷出总额 1 730 803 元。①此后，国民政府将各省农贷划归四联总处统筹办理，陕西省银行的农贷于 1940 年 10 月底奉令结束，分别交由中国银行与中国农民银行接办。表 7-15 是陕西省银行从 1934 年开始办理农贷，到 1940 年 10 月宣告结束时的农贷结余额比较表。

表 7-15　1934—1940 年 10 月陕西省银行农贷结余额比较表　　　单位：元

时间	金额
1934 年	62 755.00
1935 年	69 395.45
1936 年	261 568.10
1937 年	180 072.36
1938 年	360 735.83
1939 年	513 026.20
1940 年 10 月	1 536 489.38

资料来源：郭荣生：《抗战期中之陕西省银行》，《中央银行经济汇报》1942 年第 6 卷第 10 期，第 80 页。

由表 7-15 可知，陕西省银行从 1934 年开始办理农贷，到 1940 年 10 月，共办理近 7 年的农贷业务，贷款金额逐渐增加，1939 年 7 月设农贷科专司其职后，农贷业务更是得到进一步发展，举办之农贷计有信用合作社贷款、棉种推广贷款等数种。各项贷款余额，截至 1940 年 10 月结束时，共为 1 536 489.38 元。

纵观全面抗战初期陕西省银行对农村贷款的情况，大致可分为以下四个方面：①小宗贷款。该项贷款性质，系为小本农商周转而设，陕西省银行各行处暨富泰钱局均经办理，年久数巨，成绩颇著，社会称便。②划区贷款。

---

① 萧紫鹤：《陕西省银行概况》，《金融知识》1942 年第 1 卷第 6 期，第 122—123 页。

以前陕西省银行在各县分别办理农村贷款，原在提倡，形同引资。无如区域广泛，缺望实多。今年各行在陕设立，各自择地投资，极形散漫，且有畸轻畸重之弊。陕西省合作委员会乃与各银行订立投资区域，以期贷款普遍；计本行指定南郑、西乡、陇县、城固、紫阳、平利等6县，贷款总额为31.1万元。该款合同签订后，即开始进行，其他各县，农村贷款，即渐次收回，由投资银行继续办理。③凿井贷款。此项贷款系陕西省政府为发展本省农田水利事业，与实业部农本局洽商借款50万元，分期拨付，曾经水利局建设厅与本行会商，拟定凿井贷款合同草案及本省农民贷款还款办法，分函所属各处，陆续支付，地方金融，颇为活动。第一期全数贷给10万元，第二期续拨之款，不料时局骤变，农本局因承办紧急业务，遂将此项凿井贷款，暂缓拨付。④其他农贷。除上所列各项贷款外，复有直接投资之贷款，如西北农林专科学校曾在武功等县组织合作社，请本行投资，由该校转放，计贷出额数有10万余元之谱。①

甘肃省为农林畜牧渔区，农业金融之融通甚为重要，故中央及甘肃省政府历年提倡办理农贷，而本省各金融机关亦莫不办理农贷业务，以期改进农业，发展地方经济。甘肃省办理农贷的银行有中国农民银行、中国银行、交通银行、中央银行及甘肃省银行等五行。中国农民银行于1935年创办时即办理农贷，中国银行于1939年开始办理农贷，交通银行及中央银行则于1940年参与农贷业务。甘肃省银行的前身为平市官钱局，于1938年创办农贷，在业务科之下设立农贷部主持农贷业务，该部设主任1人，办事助理人员2人，各县分局及办事处则设置农贷员1人，共计设立28县。1939年平市官钱局改组为甘肃省银行总行后仍继续办理农贷，业务课之下设立农业组，办理农贷，1940年业务课改名业务处，农业组改名为农业股，该股初仅设主任1人。各县农贷业务则由普通行员兼办。至1941年起，该股增辅助人员2人，共有3人。各县亦拟筹派专任农贷人员。②

甘肃省银行农贷业务之推行情况，1938年冬平市官钱局筹备改组为甘肃省银行时，即筹备农贷业务，准备以100万元办理皋兰等15县合作贷款，后因各国家银行已筹备办农贷，未能如期实施。1939年设局改组为甘肃省银行后，鉴于普通合作贷款已由各银行办理。甘肃省银行农贷则改为以农民储粮贷款为主，到1940年正式推进，同时兼办皋兰等3县灾区救济农贷及农业合

---

① 《陕西省银行七年来之总检讨（民国二十七年四月陕西省银行报告）》，1938年《银行周报》第22卷第36期，第6页。
② 甘肃省档案馆藏甘肃省参议会未刊档案，档号：14—1—31。

作贷款，代理主持农贷，以及辅助各国家银行农贷业务之不及。1941 年起，甘肃省银行农贷业务得到进一步扩展，除加强其辅助国家银行农贷之业务外，逐渐增加自办农贷业务：①倡办增粮贷款——甘肃省政府为扩大农贷及调剂食粮，令甘肃省银行联合中央银行、中国银行、交通银行、中国农民银行各国家银行共同办理。②协助边区农贷——办理庆阳等县边区农贷之收付事宜。③维持救济农贷——维持化平等县灾区农贷之收付事宜。④提倡工业合作——在兰州等 6 县市办理工业合作贷款。⑤试办畜牧水利及农仓贷款——在榆中等 6 县试办畜牧水利及特约农仓放款。⑥试办消费合作贷款——在兰州等 7 县市办理消费合作之贷款。⑦结束储粮贷款——原办农民储粮贷款于办理增粮贷款后分别结束。⑧代理农行农贷——在文县等 9 县代理农民银行收付农贷（表 7-16、表 7-17）。①

表 7-16　1939—1941 年甘肃省银行农贷进展比较表

年份	自办县数/个	比较/个		代理县数/个	比较/个		本行贷款数/元	比较/个	
		增	减		增	减		增	减
1939	2			24			271 892.00		
1940	18	16		9		15	1 769 850.00	1 497 958.00	
1941	20	2		9			1 333 573.00		436 277.00

资料来源：甘肃省档案馆藏甘肃省参议会未刊档案，档号：14—1—31。

表 7-17　1939—1941 年甘肃省银行农贷分类比较表

贷款种类	贷款数/元	百分比/%	备注
农业生产	597 975.00	45.00	包括畜牧水利等贷款
工业合作	434 500.00	33.00	
消费合作	266 569.00	19.00	
信用合作	34 709.00	3.00	
总计	1 333 753.00	100.00	

资料来源：甘肃省档案馆藏甘肃省参议会未刊档案，档号：14—1—31。

由表 7-16 和表 7-17 可见，甘肃省银行农业贷款，因一部分往来透支款项于年终结算时未提用，于 1941 年度贷款似略少，但实际贷款每年仍属增加。

甘肃省银行配合增粮政策。1939 年协助第八战区购粮委员会购粮政策，先后垫付购粮款 300 万余元；1941 年春，省政府鉴于甘肃省 1940 年春旱秋涝，灾歉存至，粮价飞涨，民食军粮，岌岌可虑，为促进粮食生产，经商准中央

---

① 甘肃省档案馆藏甘肃省参议会未刊档案，档号：14—1—31。

成立增进粮食贷款团，并选择皋兰、临洮、会宁等 36 县为贷款区，该项贷款共计 2000 万元，除由中央银行、中国银行、交通银行、中国农民银行及中央信托局拨款 1700 万元外，其余 300 万元则由甘肃省银行筹拨，9 月后，新粮"登场"，甘肃省政府饬由甘肃省银行辅助建立常平仓制度，实行收购增粮，此项粮款约 2500 万余元，首先由该行筹足 700 万元，其余不足之 1800 万元，由该行负责向四联分处订立转抵押借款，以资办理各项增粮县份之收购。[①]

甘肃省银行对于农村金融之辅助，主要以水利贷款、畜牧贷款、生产及消费合作贷款、交通工具贷款和贫民小本款等为主，总计此项贷款到 1941 年底约为 303 308 元。其中，对于水利林牧公司为 1 950 000 元，溥济渠水利工程为 24 000 元。[②]

第四节　大后方县银行与县级地方经济的关系

全面抗战后，对粮食及各种物资的需要急剧增加，然而，当时国民政府统治的核心区域西南、西北大后方的农业生产与农村经济都极其落后，生产技术与生产工具落后，不能满足当时抗战的需要，要改变这种状况，农事之改良、农场之设备、耕种地之整理、生产工具之购置、水利之兴修，以及种子、肥料、生活日用品之增加，莫不需要一一举办。然而，农村以生产资本之缺乏，生活日用之需不够维持，而又借贷无门，长期处于高利贷重压之下，无法自求解脱。因此，发展农业生产，振兴农村经济，就需要以活泼农村金融为其首要前提。县银行的大力提倡与发展，正是在这样的背景下展开的。

全面抗战时期，国民政府财政部为了调剂地方金融，扶植地方经济建设，发展合作事业，配合地方自治，协助新县制建设，于 1940 年 1 月和 12 月，先后公布了《县银行法》和《县银行章程准则》。按照《县银行法》的规定，县银行业务范围为收受存款，抵押放款，信用放款，汇兑及押汇，票据承兑及贴现，代理收解各种款项，经理或代募公司债、公债及农业债，经营仓库业务，保管贵重物品及有价证券等。而各省在执行的过程中，则更加强调发展县乡经济，如陕西省财政厅在执行上述规定中，特别强调县银行必须本着"救济农村，复兴农村，建设农村"三大发展目标。[③]

---

① 甘肃省政府编：《甘肃省银行概况》，1942 年，第 18 页。
② 甘肃省政府编：《甘肃省银行概况》，1942 年，第 19 页。
③ 陕西省地方志编纂委员会编：《陕西省志·金融志》，西安：陕西人民出版社，1994 年，第 146 页。

县银行的创设，其目的表面上看是调剂各县地方金融，扶助经济建设，发展合作事业，但根本上是促进地方自治，为实行宪政作准备，而促进地方自治，与县自治财政最有关系，因为财政与金融是相互作用的，县自治财政的推进，必须要有一个金融机构调剂县财政的盈虚及代理县财政收支。由此可见，国民政府大力推进县银行设立的真实动机无非是属于财政的。

战时县银行的建设取得最好成效的是四川省与陕西省，对此，笔者将以这两省的情况来分析县银行与地方经济的关系。

一、四川省的县银行与四川县域经济的发展

以下试对四川省县银行之存款、放款、代理公库业务及经营收益作一分析。

（1）县银行的存款。从来源看，县库存款和县区乡机关团体存款为大宗；从性质看，活期存款更是占绝对的主要地位。西南各县银行，据部分资料估算，县银行的存款中，公款约占80%以上，私款不足20%；而活期存款更是接近存款总数的100%。[①]如温江县银行，1942年10—12月存款总额为1 774.222 3万元，其中机关存款667.495 1万元、公库存款42.878 1万元、同业存款44.507万元、个人存款6.412 7万元；又活期存款1 005.579 4万元，定期存款仅为7.35万元。[②]灌县县银行1945年的活期存款为51万元，定期存款却仅5000元。更有甚者，遂宁、茂县等地的县银行，仅有活期存款，并无定期存款。[③]存款主要来源于机关与公库，表明县银行与县政府的关系密切，县银行已为县政府之出纳机关；个人储蓄少，一则是县乡人民多无存款于银行之习惯，二则反映出民众对县银行的不信任，县银行难以吸收社会闲散游资；活期存款占绝对优势表明县银行吸收的存款随时有提存的可能，不便调度和利用。虽然机关存款和公库款支持了县银行的存款业务，但这些也大都是活期款，流动性大，利用率有限，加上公库存款，没有政府批准不得动用，这就在很大程度上制约了银行业务的发展。从存款总额来说，"县银行之营业地区，限于一县辖境，所能吸收之存款，极为有限"[④]。财政部也承认，"截至1947年8月底，全国县银行吸收存款为数有限，资金运用距理想甚远"[⑤]。

---

① 中国人民政治协商会议西南地区文史资料协作会议编：《抗战时期西南的金融》，重庆：西南师范大学出版社，1994年，第322页。

② 四川省档案馆藏四川省财政厅未刊档案，档号：民059—2—2584。

③ 陶麟：《灌县经济概况》，《四川经济季刊》1945年第2卷第3期，第324—325页。

④ 许廷星：《战后县银行存废问题》，《四川经济季刊》1945年第2卷第3期，第230页。

⑤ 《中国新报》1947年9月4日。

（2）县银行之放款。按规定，县银行主要是对地方生产建设事业放款，并无商业放款的内容，然事实上，各县银行因资金有限，多以小额活期放款为主要业务，其中商业放款所占比重常在 80%以上。如泸县县银行的资本之大和业务之盛在省内县银行中首屈一指，而其营业发达的原因正是在于它是以商业银行的姿态出现的。[①]古蔺县银行在 1941 年的营业计划中，提出放款主要以办理工商业小本贷放为目标。[②]荣县县银行 1942 年的营业报告书中亦称："每月放款最多额竟达 100 万元，主要是对于各工商业之接济。"[③]忠县在 1945 年第一季度中共放款 40 万元，其对象主要为商业。[④]鉴于这与政府设立县银行的初衷背道而驰，所以 1946 年财政部通饬令各地县银行，禁止县银行商业性质的放款。[⑤]但对县银行来说，停止商业放款显然是不可能的，如不经营商业放款，即不能自给，所以额小、期限短、利润高的商业放款，自然为县银行偏爱。各省财政厅也明白此理，于是也就"睁一眼闭一只眼"了，财政部当然是鞭长莫及。正如袁宗葆所言："各县县银行主管人员，如其处事谨慎，拘泥于法规之规定，势必一筹莫展，使业务无形陷于停滞状态，甚至历年毁损，无法维持。"应当指出的是，也有小部分放款确实用到了地方经济建设事业上，如成都市银行发放的生产事业贷款，1944 年为 528 万元，占全部贷款总额的 12.3%。[⑥]可见，县银行对于调剂县域金融、扶助地方经济建设，确实起到了一定的积极作用，但同时也要注意到这种作用并不能高估。县银行毕竟自有资本薄弱，吸收存款又艰难，放款数额自然也不会太高，则也无法对社会经济产生重大的影响。有鉴于此，不少人对县银行的放款实际表示失望，"截至目前，已成立之各县银行，由于资本薄弱，力量有限，其果能尽斯项职责者，什不一见"，"欲使其发展一县农林、工矿、交通、水利以及其他建设，简直等于痴人说梦"。[⑦]

（3）县银行之代理县库。《公库法》于 1938 年 6 月 9 日公布，规定从 1939 年 10 月 1 日起正式实施。所谓公库，即为政府经管现金、票据、证券及其他

---

① 杨及玄：《由县银行法的公布说到四川各县的县银行》，《四川经济季刊》1944 年第 1 卷第 2 期，第 169 页。

② 四川省档案馆藏四川省财政厅未刊档案，档号：民 059—1—2026。

③ 四川省档案馆藏四川省财政厅未刊档案，档号：民 059—2—3132。

④ 王德成、李亚东：《三十四年一至三月份忠县经济动态》，《四川经济季刊》1945 年第 2 卷第 3 期，第 341 页。

⑤ 中国第二历史档案馆编：《中华民国史档案资料汇编》第五辑第三编：财政经济（二），南京：江苏古籍出版社，2000 年，第 3 页。

⑥ 四川省地方志编纂委员会编纂：《四川省志·金融志》，成都：四川辞书出版社，1996 年，第 369 页。

⑦ 《金融日报》1947 年 5 月 27 日。

财务者。该法第三条规定："公库现金票据证券之出纳、保管、转移及财产之契据等之保管事务，除法律另有规定外，应指定银行代理。在未设银行地方，应指定邮政机关代理。但均需该管上级政府公库主管机关之核准。"[1]在国民政府推广县市库网计划中规定，凡已实行新县制之县，应于实施新制后一年内实行《公库法》，并先由各省财政厅拟具县库网三年完成计划，呈报中央核定实行，计截至1943年底，四川、广东、广西、福建、河南、湖南、安徽、贵州、甘肃、陕西、宁夏、湖北、云南、浙江等14省，均已拟具计划，呈奉行政院核定实施，唯江西、西康二省，所送计划，甫经呈院核夺，青海、山西二省，奉准展缓至1944年7月1日实行，其余江苏、山东、河北、新疆等四省均以情形特殊，奉准暂缓举办。[2]

由此可见，当时寻觅代理公库机关之困难，尤其是县公库，在许多偏远地方，不但无国家银行，也没有省银行及其分支机构，其他商业银行也没有，县市银行更没有。所以找寻到了邮政机关。到1940年1月，《县银行法》公布才明确规定"得代理县市以下公库"，县银行代理县库得依法与县政府订立契约，其主要内容是："县地方总预算范围内的一切收入及预算外的收入，均由县行代理，银行对于所收之现金及到期票据证券应用存款方式存管。存管方式分为收入总存款、各普通经费存款、各特种基金存款三类，并规定了各类存款的计息方式和支出方式等。"[3]这是公库制推行后采用银行存款办法的一种具体表现，不仅为县银行的特征之一，也为县银行运用资金的最大来源。如成都市银行自开业以来，市库往来出入之款项，总数共约2000万元，每日存入额最高为数百万元，最低为数十万元，随存随支，平均存行数额200万—300万元。[4]荣县县银行于1942年代理荣县公库，1943年荣县县银行公库存款为84.2054万元，占当年该行总存款的30%左右。[5]县公库离开县政府，而由地方金融机构代理，可以使县政府呆滞之资金不被贪污挪移私用，而使之透过银行，以调剂地方生产建设资金。然而，代理县库也并不是百利无害，表面上看来，县库是一县财力汇集之所在，而实际上经常都是受窘、受迫。因为许多县财政并不宽裕，财政收入又有淡旺季之分，经常入不敷出，需靠

---

① 财政评论社编：《战时财政金融法规汇编》，1940年，第244页。
② 《财政部三十二年度推行公库法之检讨暨三十三年度加强工作办法》，台湾"国史馆"藏国民政府未刊档案，档号：001—080001—0002。
③ 四川省档案馆藏四川省财政厅未刊档案，档号：民059—4—6488。
④ 《成都市银行股份有限公司工作报告》，《成都市临时参议会第四次工作报告书》，1945年，第100页。
⑤ 四川省档案馆藏四川省财政厅未刊档案，档号：民059—2—3132。

县银行垫付经费，县银行资力有限，代理县库反成负担。如威远县县银行 1943 年下半年决算中公库透支 12 万元[①]，1944 年上半年透支 12.5895 万元[②]，这对于县行 50 万元的微薄资本，负荷确实甚重。"各县银行代理县库因财政不良而受拖累者为数极多，以致四川省政府认为县银行有普遍整顿的必要。"[③]可见，在新县制运动中，理论上说建立县自治财政有利于县银行的发展，但实际上县域经济的衰败和财政的窘困，反而却成了县银行发展的严重障碍。

（4）县银行的收益。下面，笔者以温江、荣县、威远 3 县县银行为例，来考察一下县银行的实际运营情况（表 7-18）。

表 7-18　温江、荣县、威远 3 县县银行 1941—1944 年营业结益表　　单位：万元

县别＼年份＼纯益	1941	1942	1943	1944
温江		13.0807（下半年）	14.4861	13.6398（上半年）
荣县	6.7271（下半年）	14.9023	15.2407	
威远		30.7719	27.3024	8.9915（上半年）

资料来源：四川省档案馆藏四川省财政厅未刊档案，档号：民 059—2—2584、民 059—2—2586、民 059—2—3131、民 059—2—3132、民 059—2—3228、民 059—2—3230。
注：银行结益指银行营业收入和非营业收入扣除营业支出、非营业支出、管理费支出、税金支出后的净额，它是银行经营成果的最终表现。

从表 7-18 列出的 3 县县行年度实际结益额来看，威远县县银行营业尚属不错，但业已呈现出下滑趋势。平均而言，各县行年度十几万元的收益，在当时的物价指数下，实在称不上运营良好。更有甚者，各县行创办伊始，开支庞大，而由于本身的资力甚弱，业务有限，自难有巨额盈余，初时入不敷出者亦不在少数。大后方县银行的运营情况表明，由于自身力量的欠缺及外部环境的压力，其银行业务的开展颇为不易，从而直接影响到县银行使命的达成。推其原因，主要者为资金难筹与营业无法开展，次要者为人才困难与各省当局推行不力。首先，资金难筹，按《县银行法》之规定，资本总额至少 5 万元，商股不得少于 1/2，殊不知多数省份，即区区 5 万元之微额，仍不易募集（如鄂西、贵州、西康），虽有数省规定由省银行加股筹设，惜省行本身，以营业种类太杂，自顾不暇，无力臂助，县银行资本，既已不易募集，即或募集足额，亦以数额太小，业务无法开展。其次，人才困难，年来金融

---

① 四川省档案馆藏四川省财政厅未刊档案，档号：民 059—2—3229。
② 四川省档案馆藏四川省财政厅未刊档案，档号：民 059—2—3230。
③ 《金融日报》1947 年 6 月 11 日。

事业,蓬勃发展,各银行俱在大量招考干部,并对其加以短期训练,即予任用,县银行规模不宏,颇难获得有经验之干部,此亦迟迟设立之一因。最后,推行不力,大后方多数省份存心观望,仅以公文敷衍局峰,不予实力推行,虽订有章则计划,亦多不切实际,故难见付诸实施也。①

1941 年上半年,荣县出现旱灾,荣县市面上米价日昂,斗米百金,虽然荣县县银行在 8 月 1 日正式开业,但为了救济市面,早在开业前,县银行即经董监联席会决议,商同县政府及地方法团机关同意,将第一次收存股款 4 万余元,立即转贷予县粮食购销处,在嘉定、内江各境,购运粮食回县,使荣县粮食得以供应,米价乃得平抑。夏秋之际,荣县旱灾,愈趋严重,秋收不及五成,虽政府倡导急振,力谋救济;然而荣县农村经济、社会金融,平时既乏流通,值此更加枯窘,县行复商承县府及机关法团会议决定,提前营业,贷予各乡镇振款,共约 10 万元。由于收入股款总额因官股尚未拨足,共仅收入现金 15 万余元,正值荒旱之时,加以金融异常枯窘情况之下,绝非少数资金所能调剂;不独无以便利地方,即本行业务,亦极难推动,复本前定计划,加紧厚利,吸收存款,由经理、副理各级职员,分别活动,故能在短期之中收集较大量之资金,复减利率,放出工商农业贷款,有 30 万余元,按月增加,截至 1941 年 12 月底结算,已达 60 万余元之多,调剂地方金融者,当亦不少。故营业以来,因地方灾况过重,生产无多,吸收存款,仍属有限,转运不灵,应付难周,此则事势所不能免,度亦地方人士之所共谅者也。本行自 8 月 1 日开业起至 12 月底止,正式营业时间共仅 5 个月,兹年度结算,获得纯益 67 000 余元。②

县银行主要与农村经济有密切关系,但市级银行也与手工业等有着重要联系,如成都是一个手工业都市,机械工业向来落后,在全面抗战期间,为维持后方军需民用,大都仰赖手工业生产,但由于手工业者资历有限,在物价持续上涨过程中,时常感到资金不能周转,以至再生产无法维持,然而向外贷款,既无信用可凭,而市息过高,亦难担负。1943 年 6 月,成都市银行建立后,为解决手工业者的困难,决定举办成都市手工业低利贷款,由成都市银行拨出资金 200 万元,并商请中央信托局成都分局、交通银行成都分行、四川省银行成都分行各拨 200 万元合并办理,并签订合约,由成都市银行经办,以月息 2 分 8 厘贷出,贷款期限 3 月,贷款手续经与各行局商洽并约集

① 中央银行经济研究处编:《十年来中国金融史略》,重庆:新中国文化社,1943 年,第 198 页。
② 四川省档案馆藏四川省财政厅未刊档案,档号:民 059—2—3131。

成都市 26 个重要手工业公会负责人商谈，决定先由各业贷款人填具申请书，送公会查核盖章证明其为本业会员后，再找两家同业担保，由成都市银行查对确实，先行垫款放予贷款人，然后凭单据向订约行局拨回归垫，贷款数额最初规定每户不超过 5 万元，后因物价续涨改为 10 万元，从 1944 年 6 月份开始办理，至 1945 年春结束。然而，四家行局所拨之 800 万元，对于成都手工业的救济作用实为杯水车薪，无济于事，而成都市银行自身之力量又极为有限，乃具文呈请四联总处，请由"四行两局"各划贷额 1000 万元办理，并由董事长蓝尧衢赴渝向国民政府财政部面陈一切，经过其 3 个月之奔走，使得四联总处批准"四行二局"各划 500 万元，同时向四川省银行接洽，亦蒙扩大贷额为 500 万元，成都市银行亦划拨资金 500 万元，共计 4000 万元办理，所有贷额利率、贷放手续等，一律照旧，但经分别向各行局洽商、订约，周折往返，到手续完成时，已届深冬。[①]经过不断努力，这些贷款从 1945 年初开始陆续贷出，一直持续到抗战胜利之后的 1946 年，表 7-19 可以部分反映出成都市银行经办手工业低利贷款的分配情形。

表 7-19　截至 1946 年 10 月底成都市银行手工业低利贷款分配表

业别	先后贷款户数/户	先后贷款金额/元	尚未清偿户数/户	尚未清偿金额/元
铜器业	304	18 010 000	53	4 850 000
靴鞋业	227	17 160 000	65	6 000 000
皮革业	203	11 540 000	39	3 800 000
棉织业	150	14 810 000	88	8 750 000
笔墨业	118	6 520 000	21	2 000 000
竹器业	105	5 570 000	9	900 000
皂烛业	91	5 450 000	11	1 100 000
织袜业	87	6 210 000	26	2 600 000
木工业	46	4 150 000	4	400 000
制帽业	65	5 410 000	23	2 250 000
白铁叶	55	4 500 000	20	1 750 000
油布业	51	3 340 000	8	650 000
丝棉业	43	3 050 000	9	600 000
新衣业	39	2 810 000	11	1 000 000
度量衡	21	1 500 000	4	350 000
染织业	19	1 180 000	2	200 000

---

① 蓝尧衢：《成都市银行的实务和法理》，成都：新华印刷所，1946 年，第 18—19 页。

续表

业别	先后贷款户数/户	先后贷款金额/元	尚未清偿户数/户	尚未清偿金额/元
缫丝业	14	1 150 000	1	100 000
制伞业	25	1 280 000	1	100 000
毛货业	10	1 000 000	1	100 000
刀剪业	35	1 860 000	12	1 020 000
茶叶业	24	830 000	1	100 000
徽章业	21	960 000	3	150 000
棕刷业	26	1 050 000	3	300 000
石刻业	3	600 000	无	无
金丝业	11	630 000	3	250 000
麻织业	4	200 000	无	无
总计	1797	120 770 000	418	39 320 000

资料来源：蓝尧衢：《成都市银行的实务和法理》，成都：新华印刷所，1946年，第21—22页。

由表 7-19 可见，成都市银行经办的手工业低利贷款十分艰难，虽几经周折，到抗战即将结束的 1945 年初才开始陆续贷出，这种低利贷款所涉及的 26个行业，几乎覆盖了绝大多数的手工行业，其贷款面还是比较广泛的。当然，在通货膨胀的情况下，这些低利贷款总额虽然在不断扩大，却仍不足以应成都市手工业者之急需。虽然贷款户达到 1797 户，但成都重要的手工行业在万户以上，而物价在上涨中，贷额每户 10 万元之数，购买力渐次递减，对于手工业生产者为助日微，加以贷款的期限长、周转慢、利润薄，势所必然，实属杯水车薪。

二、陕西省的县银行与陕西县域经济的发展

陕西省的县区经济，除陇海路沿线少数县份工商业较发达外，其余大多数县份均甚落后，虽然《县银行法》规定其业务甚为广泛，既包括一般银行业务，还要担当发展地方经济建设的责任，但事实上，陕西省县银行由于资力不足，对于许多法定业务都未能一一举办。在最初建立的一到两年时间里，以办理存放款及代理县库为主。存款来源，则多以县库存款为挹注。对于吸收普通存款，虽属困难，然经多方设法，数量亦逐渐增加。关于放款方面，最初以行基未固、资力薄弱，承做长期性之农业贷款，力有未逮，故各行为谋资金运用灵活起见，多侧重商业贷款。

1942 年下半年开始，陕西省政府将县银行的业务转向扶植农村经济，6

月 27 日,陕西省政府通行《陕西省各县县银行办理合作社苗圃贷款暂行办法》,具体规定了各县县银行办理合作社苗圃贷款的办法,苗圃贷款用途以支付地租工资、购买种子肥料、修建设备购置工具等三项为限,苗圃贷款数额以苗圃面积每亩 1000 元为基准,不得超过设备费的 60%,每苗圃借款总额最高不超过 3000 元。苗圃贷款期限最长不得超过两年,并应按年分期偿还,其第一年还款数额得于契约内规定之,苗圃贷款之利率得使用县银行对外放款之最低利率。[①] 经过调整,1942 年下半年,长安县银行开始与关中及陕南各行分别订约通汇,开始了汇兑业务,其他渭南、浦城、三原、兴平、南郑、安康、白水、凤翔、武功、韩城、澄城、咸阳等行,均已与其他各行分别订约互解汇款。此后,增加农村放款,并经提倡生产事业投资,以发展地方经济建设,其平日业务,除代理县公库并收受普通存款外,贷款方面,则分农村放款、商业贴现、生产投资及透资等项。

1943 年,陕西省的县银行积极从事生产建设事业,以其当年上半年之统计,60 个县银行共吸收存款 2.95 亿余元,放出之款亦达 2.88 亿余元,存放款之差额仅 700 万余元,截至当年 6 月以前,县银行之总盈余为 698 万余元,此项盈余皆用以扩展各银行之业务。各县行之业务,以办理农贷及扶助生产事业为主,商贷为副。根据统计数字,各县行办理农贷之款,占总贷款的 70%。贷款方法,采取摊派方式,以求公允普遍。另据中央社报道,陕西省各县银行,1943 年上半年开业者共 50 行,在筹备中者 10 行,资本总额 3000 万余元。1—2 月存款总额 2.96 亿余元,放款总额 2.88 亿余元,投资各种生产建设事业,如纺织、磨粉、造纸、制蜡、印刷等工厂 38 所,投放资金 3900 万余元,半年结算,45 行盈余共 698.65 万余元。另一行因开业时间较短,亏损数千元。[②]

1944 年 3 月 3 日,陕西省政府进而公布施行《陕西省各县县银行办理合作贷款办法》,规定县银行办理合作贷款对象以同一县境内之各级合作社、专营业务合作社、县合作社联合社及合作供销处等合作组织为限。县银行办理合作贷款种类有农工业生产贷款、农产运销贷款、农村副业贷款、合作供销贷款、农产品加工贷款等五类。县银行办理合作贷款数额应依照财政部管理银行信用放款暨抵押放款办法之规定,每户借款不得超过该行放款总额的 5%,县银行合作贷款利率以县银行放款最低利率计息。[③]

---

① 《陕西省各县县银行办理合作社苗圃贷款暂行办法》,陕西省财政厅第四科编印:《陕西县银行服务人员手册》(上),西安:启新印书馆,1944 年,第 235—236 页。
② 《本省各县县银行近况》,《陕行汇刊》1943 年第 7 卷第 6 期,第 44 页。
③ 《陕西省各县县银行办理合作贷款办法》,陕西省财政厅第四科编印:《陕西县银行服务人员手册》(上),西安:启新印书馆,1944 年,第 237—238 页。

正是在陕西省政府的不断规范与提倡之下,陕西省的各县银行即遵从法令办理农放,定有专款,视农时需要,普遍小额分贷于各乡镇,期限为 3 个月,以应农需。且利息甚微,以逐渐消灭危害农村、腐蚀农民之高利贷,以苏民困,而利农村生产。商业贴现及透支系银行应市场需要放款之一种。县银行资力薄弱,为期转便利、营运灵活起见,故贷额稍大,以其期短息大,可以增加收入,弥补开支。至生产事业投资,以限于本身资力,未能单独举办。仅少数县行与县地方合资经营小规模之工业,如纺织、制服、造纸等经营以来,以币值贬值,生产成本增高,少著成效。详见表 7-20 和表 7-21。

表 7-20　1941—1945 年陕西省各县县银行业务情形比较表

年份	成立行数/家	资本总额/元	存款总额/元	放款总额/元	纯益总量/元	备考
1941	21	2 634 000	27 762 000	16 710 000	212 000	
1942	50	10 481 000	129 828 000	122 688 000	2 673 000	
1943	60	25 553 000	691 048 000	472 065 000	8 474 000	
1944	61	48 897 000	2 382 745 000	1 765 007 000	46 563 000	
1945	63	52 094 720	11 187 280 000	6 856 808 000	129 500 266	办理决算者除淳化以遭兵乱,留坝以营业期过期未列外,共 61 行

资料来源:岳焕:《对于陕西省地方金融今后之寄望》,《陕政》1945 年第 7 卷第 1—2 期合刊,第 50 页。

如以各年成立行数,平均各项营业数额,则每年度每一行所有各项营业平均数如表 7-21 所示。

表 7-21　1941—1945 年陕西省各县县银行业务情形平均比较表　　单位:元

年份	资本额	存款数量	放款数量	纯益数量	备考
1941	125 000	1 322 000	795 000	10 000	以 21 行平均所得
1942	209 000	2 596 000	2 453 000	53 000	以 50 行平均所得
1943	425 000	11 517 000	7 351 000	141 000	以 60 行平均所得
1944	801 000	39 001 000	28 944 000	763 00	以 61 行平均所得
1945	826 900	183 398 000	112 899 000	2 123 100	资本额以 63 行平均所得,其他以 61 行平均所得

资料来源:岳焕:《对于陕西省地方金融今后之寄望》,《陕政》1945 年第 7 卷第 1—2 期合刊,第 50—51 页。

由表 7-20 和表 7-21 可见,陕西省的县银行在创建之后,各行资本总额统计共达 52 094 720 元。平均每年资本呈递增趋势,1941 年为 12 万余元,1942

年为 20 万余元，1943 年为 40 万余元，1944 年为 80 万余元。其业务也在逐渐步入正轨，从 1941 年下半年开始，到 1942 年上半年，最初仅经理存款、放款及代理县库。1941 年下半年办理决算的县银行共 21 家，平均每行营业时间不满四个半月，其中，各行存款收入总额共 2776.2 万余元，平均每行存款总额为 130 万余元。各行放款总额共计 1671 万余元，平均每行放款总额为 79 万余元。决算中获益者 15 家，纯益总数为 22.56 万余元；纯损者 6 家，纯损总数共 1.27 万余元，盈亏相抵，共得纯益 21.29 万余元，平均每行获利 1 万余元。经过调整，到 1942 年下半年以后，增加了汇兑业务，又增加了农村放款。并经提倡生产实业投资，以发展地方经济。另统计显示，从 1942 年到 1944 年上半年，陕西省的县银行在放款及投资方面得以逐渐完善，其存款、放款及投资、损益的大致情况如下：1942 年办理总决算的县银行 50 家，平均每行营业时间不满 8 个月，各行全体收入存款总额共 12 982.80 万余元，平均每行存款总额 259 万余元；各行全体放款总额共 12 268.88 万余元，平均每行放款总额 245 万余元。而从 1942 年开始县银行开始举办生产事业者共 30 家，投资总额共 197.48 万余元，平均每行投资 6.5 万余元，1942 年决算中，获益县银行 41 家，纯益总数为 272.73 万余元；纯损县银行 9 家，纯损总数为 5.41 万余元，盈亏相抵，共得纯益 267.32 万元，平均每行获利 5.34 万余元。1943 年全年办理决算的县银行共 50 家，当年新成立的 10 家县银行，其营业时间过短，未办正式决算，故未计入。各行全体收入存款总额共 69 104.80 万余元，平均每行存款总额 1382 万余元，各行全体放款总额共 47 206.50 万余元，平均每行放款总额 944.13 万余元。该年在投资方面，各行继续办理生产事业投资者共 45 家，全体投资总额共计 460.38 万余元，平均每家投资数额为 10.23 万余元。在当年的决算中获利的县银行共 49 家，纯益总数 847.40 万余元，亏损者为 4300 余元。全体盈亏相抵，共得纯益 846.97 万余元，平均每行获利 17.28 万余元。1944 年上半年正式办理决算的省银行共 61 家，除淳化县银行是当年 4 月开业除外，其他各行营业时间均为 6 个月。各行全体收入存款总额共 90 319 万余元，平均每行存款总额 1480 万余元；各行全体放款总额共 56 659.24 万余元，平均每行放款总额 928.84 万余元。在投资方面，1944 年上半年各行共举办纺织、磨粉、造纸、制服、印刷等工厂计 30 余家，投资及放款于各工厂，计达 3970 万余元。当年上半年办理决算的县银行共 61 家，其中获利者 50 家，共计纯益 1077.9 万余元；亏损者 10 家，共计纯损 74.57 万余元。①总体而言，陕西省的县银行自开始建立以后，各行资本总额历年增加甚多，营业颇见发达，各行存款及放款总量逐年增加，裨益农村经济实非浅鲜。

三、抗战时期大后方县银行建设的作用

县银行在战时大后方的快速发展并非常规式发展，而是在特定环境下依靠政府大力推动的结果，是典型的强制性制度变迁，并且县银行在大后方的推设并非是孤立的，而是构建大后方金融网络的重要一环，是建立新县制、发展地方经济、厚植"抗战建国"物质基础的重要举措。因此，大后方县银行之发展所产生的影响也是十分广泛而复杂的。

（1）县银行作为一种新式的现代金融机构，在战时的大量出现是在特殊背景下政府不遗余力倡导的结果，有利于大后方地区现代金融的发展。但是，大后方县银行的发展存在很大的不平衡性，而且可持续发展的动力明显不足。

全面抗战前，大后方地区社会经济和金融事业极为落后，而全面抗战后，则迎来了一个大发展时期。全面抗战时期，建设大后方金融网成为稳定金融秩序、保障战时经济运行、支撑抗战的头号大事，而努力筹设发展县银行，又是建设大后方金融网的重要环节和步骤。有鉴于此，国民政府大力倡导和推动县银行的发展。首先为县银行之推设确立法律保障。在 1940 年颁布《县银行法》，制定了推设县银行的法律规范，又订定《县银行章程准则》（46 条），详细规定了县银行设立的各项具体事宜，作为各县拟订章程之准绳。其次是努力督促大后方各省认真落实县银行的发展。《县银行法》颁布后，财政部通令各省省政府，督促各县积极筹设。于 1941 年 2 月颁布的《县银行总行章程》，规定在重庆设立县银行总行，各省省会设立办事处，以为指导、监督各个县银行业务之中枢；后又将县银行总行改为全国县银行推进委员会，直属财政部。考虑到该委员会与钱币司的职权有重复之嫌，转而将此任委托给中央银行，并在中央银行内设立县银行业务督导处，负责督导各县银行之业务，并协助其发展。各县府亦依法组织县银行筹备会，负责进行县银行成立的相关事宜。最后是详细拟定大后方各地县银行发展规划。如前所述，四川、陕西、河南、湖北、安徽、广西、云南、贵州等各省都制订了县银行发展计划，分期推进。

---

① 李崇年：《陕省县银行之成长与发展》，《陕政》1944 年第 5 卷第 11—12 期合刊，第 12—14 页。

　　在县银行的筹设过程中，地方政府的支持力度也是县银行建设中不可忽视的因素，除前文所言之成都市银行外，凡是县银行筹设迅速的地方都受到县政府的积极支持，如宜宾县银行就是由宜宾县政府约同县商会、县临时参议会及地方各界人士商谈筹组的。1940 年 9 月，县政府委派地方士绅樊从纲、吕辅周、邓天翔为宜宾县银行筹备委员会正、副主任，并聘请商会会长刘数光、李照尧等人为筹备委员会委员，作为发起人进行筹备，股东会上公推当时临时参议会议长吕鹿鸣为董事长，副参议长解维哲为副董事长，县参议员、宜宾青年党主席彭次三为监事长，美纶百货公司总经理赵如芳为县银行首任经理。①另据《温江县银行股份有限公司招股章程》：温江县银行"先设筹备处，由县政府聘筹备委员五人会同商股发起人，负责筹备招股及开办一切事宜；筹备处一切用费由县财务委员会及县商会先行垫付至银行开业之日作正报销，本银行资本总额暂定为法币四十五万元，分为四千五百股，每股一百元，除由县政府认股二千股外，余由县区内商民募集，倘不足额时得向县区以外之商民招募……"②由此可知，县银行的筹备与设立虽然困难重重，但县政府的态度一般仍是较为积极的，也是不可或缺的。

　　正是在国民政府从中央到地方各级政府的大力推动下，大后方的县银行于全面抗战中才有了真正意义上的发展，"七七事变"前，全国以县镇为营业区域之银行仅 26 家，1945 年底，全国县银行跃升到 301 家。其中大后方县银行从全面抗战前的 6 家（四川 5 家、陕西 1 家），发展到 196 家，其迅猛的发展，加快了现代金融在大后方地区的进程，使得大后方地区全面抗战前金融事业极其落后的局面有了明显转变，尤其是推动了大后方金融网络的建设，这对于整个抗战事业来说，意义重大。

　　《县银行法》规定，县银行以"调剂地方金融，扶助经济建设，发展合作事业"为宗旨。可见，县银行的设立是为调剂地方金融和发展地方经济服务的，而在战时县银行首先就承担着服务于构建大后方金融网的重要任务。就大后方金融网络体系而言，国家银行居于领导和骨干地位，其他机构都处于不同的从属地位，国家银行凭借其法定地位和政权力量，树立了其在金融业中的统治地位，发挥着主导作用；各级地方银行是体系的基础，其中县银行是最基层的银行，并多散布于国家和省地方银行力有不逮处，成为战时大后

---

　　①　中国人民政治协商会议西南地区文史资料协作会议编：《抗战时期西南的金融》，重庆：西南师范大学出版社，1994 年，第 346 页。
　　②　四川省档案馆藏四川省财政厅未刊档案，档号：民 059—2—2584。

方金融网络中不可或缺且又无可替代的一部分，它同省地方银行一道，接受国家银行的领导、规范，既从事一般银行业务，又承担政府和国家银行所赋予的社会职责与义务，与国家银行一道贯彻着战时政府的意图。因此，大后方县银行的发展直接推动了大后方金融网的建设，到 1945 年 8 月，西南、西北十省（含重庆）的银行和银号、钱庄等金融机构则达总机构 473 家[①]，其中县银行从全面抗战前的 6 家发展到 196 家，县银行在整个金融网络体系中的地位由此可见一斑。大后方县银行在战时虽有突飞猛进的发展，但与整个大后方地区金融网的建设一样，呈现出很大的不平衡性。1940—1945 年大后方各省县银行共计 196 家，四川、云南、贵州、广西、西康等西南地区（138 家），远多于西北地区（58 家，其中陕西 57 家、甘肃 1 家、青海与宁夏没有县银行），占整个西部地区的 70.41%。而各地发展不均衡情形之原因，乃在于经济水平各地发展不一。[②]

当然，这种异乎寻常的发展，并非是大后方地区社会历史发展的自然结果，而是特殊的历史条件所致，即全面抗战的开始和国民政府确定以西南、西北地区作为抗战大后方所带来的结果，所反映的是全国金融体系演变过程中的一个特殊的历史发展阶段，然而，其发展由于主要是靠政府政策的推动，而缺乏可持续发展的动力。因此，随着抗战的胜利及国民政府还都南京，县银行的发展中心便向东部转移了，而大后方地区县银行的发展则明显迟缓下来。

（2）大后方县银行的发展一定程度上推动了地方经济的发展，有利于坚持抗战和新县制的推行，但这种作用十分有限。

全面抗战前西部地区的金融业、高利贷盛行，且种类繁多，名称不一，西北金融中最著者有下列数种：①大一分。本月借洋一元，月底还本息洋一元一角，即月息十分。实则乡俗尚多滚息入本，其利率尚不止此也。②麦课账。本年二三月间，借洋一元，八九月间还洋一元，加小麦四升为息。小麦四升，值洋一元六角，六个月时间还本息二元六角，月息在二十六分以上。③集账。上集借洋一元，下集还本利一元一角。各地集镇不一，或五日一集，或三日一集，甚或二日一集，倘属下集未能偿还，则滚利入本。其利率之高，常在百分之百以上，诚骇人听闻也。④对本账。本年三四月间，借洋十元，八九月时，还本利二十元。利率为月利二十分。⑤预抵账。本年二三月间，

---

① 邓翰良：《十年来之商业》，谭熙鸿主编《十年来之中国经济》（中），上海：中华书局，1948 年，第 L47 页。

② 寿进文：《战时中国的银行业》，出版社不详，1944 年，第 65 页。

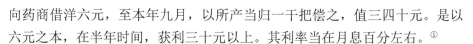

向药商借洋六元，至本年九月，以所产当归一干把偿之，值三四十元。是以六元之本，在半年时间，获利三十元以上。其利率当在月息百分左右。[①]

全面抗战后，县银行设于大后方各县（市），直接与地方经济密切联系，其发展状况自然关系着地方经济的兴衰。如前所述，县银行以"调剂地方金融、扶助经济建设、发展合作事业"为宗旨，那么它是否担当起了这一使命呢？这就需要从其业务活动情况和业绩来考察。

依照《县银行法》的规定，县银行可经营业务范围较广，但县银行由于自身资本薄弱，并不能面面俱到地开展各项业务，就实际情形而言，各县银行一般日常经营的主要业务仅有存款、放款、汇兑及代理公库几种。

以上可见，县银行作为战时金融组织的重要组成部分，本应该实现"调剂地方金融、扶助经济建设、发展合作事业"的宗旨，从各方面努力，改善地方经济，特别是农村经济。然而，从县银行经营业务的实际情况来看，却是向着一般商业银行的方向倾斜，没有能够很好地完成战时地方金融组织的历史任务。

---

① 甘肃省银行编：《一年来之甘肃省银行》，兰州：俊华印书馆，1939年，第20页。

近代中国地方银行包括省银行和县市银行两类，与国家银行和商业银行共同构成整个金融事业，在金融体系中占有重要地位。与国家银行、商业银行不同，近代中国地方银行有着自己独特的发展历程，与主要社会力量发生着千丝万缕的关系，业务范围异常广泛，对地方经济有着举足轻重的影响。近代中国地方银行体系形成较晚，加之其资本来源受制于地方政府的财力，尤其在业务经营上长期被割据势力控制，无法从事正常的业务，而是沦为地方割据势力争斗中敛财自肥的工具和予取予求的"钱袋子"。不仅无助于地方经济、社会事业的发展，反而扰乱地方金融和经济秩序，甚至连自身生存发展都难以维持。因此，在中国近代金融体系中，地方银行居于一种特殊的边缘化地位，然而，全面抗战的开始却使这种状况发生了深刻变化，并体现出鲜明的时代特点，产生了巨大而深远的影响。

第一，全民族抗战局面的形成，特别是抗战大后方的建立，推动了战时地方银行的快速发展。全面抗战前西部地区银行业是极其落后的，就成为抗战大后方的四川、云南、贵州、陕西、甘肃、宁夏、青海、广西等地区而言，在战前所拥有的银行总分支行，仅占全国总数的 14.8%，但仅仅到全面抗战开始后第四个年头的 1941 年 8 月止，这些地区陆续新设的银行总分支行就达战前规模之三倍。① 其中，省地方银行的发展速度十分迅速，到抗战胜利前夕，整个西南、西北地区的本地省地方银行，总行从 7 家发展为 12 家，分支行处由 98 家发展到 364 家，总行与分支行处，战时的发展结果，其总

---

① 寿进文：《战时中国的银行业》，出版社不详，1944 年，第 60—61 页。

行与分支行数量分别是战前的 171% 和 371%。①

第二，战时大后方的地方银行是处于大规模战争的特殊背景下而发展演变的，因此必然带有与此背景相联系的鲜明的时代特点。总结起来，主要表现在以下几方面。

（1）时代需要，应运而兴。在中华民族生死攸关之际，幸赖国共合作达成，开始了波澜壮阔的全民族抗战。中国人民一面在日寇进攻下拼死抵抗，一面在中国广袤的西南、西北地区，建立起以重庆为首都、以四川为中心的抗战大后方（主要区域是九省一市）。正是因为有了全民族抗战局面的形成，特别是抗战大后方的建立，才有了战时地方银行的快速发展。战时地方银行的快速发展，不只是东部地区地方银行大量内迁之故，更深层的原因还在于大后方地区抗战经济发展的需要。尽管大后方地区在战前经济发展程度十分落后，但政府西迁后，后方的经济发展有一日千里之势，大后方在战时成为抗战的支点和经济重心，对货币及其流通的紧迫需要、金融业的发展提供了强有力的引擎。

（2）政策支持，政府主导。抗日战争全面开始以前，国民政府就已开始对经济进行一些规划，总的政策方向就是以建立统制经济为目标。全面抗战伊始，国民政府就正式确定了金融统制政策，而实现金融统制的一个重大措施便是建立大后方金融网，地方银行在其中则被赋予了"传导中央所定财政金融方案"的使命。于是，在国民政府的主导、推动下，大力发展地方银行便作为金融网建设计划的重要一环而实施开来。

（3）构成体系，形成网络。推动地方银行的发展是国民政府战时金融统制体系的重要组成部分，是构建大后方金融网的重要一环。因此，与全面抗战前明显不同的是，大后方地方银行的布局，不是地方政府自身的主观意志，而是纳入了上述金融统制体系和网络构建的框架，由国民政府统一计划和推动实施的，并且形成了大体贯彻其意志的金融统制体系与网络。其中，国家银行居于领导和骨干地位，地方银行是体系的基础。

（4）同行联系增强，政府监管更严。战时金融统制和大后方金融网络的建立，进一步增强了地方银行间的联系与业务合作。近代中国各省银行，在相当长的时间里主要都是各自为政，1938 年 6 月及 1939 年 3 月财政部召开的

---

① 重庆市档案馆编：《抗战时期大后方经济开发文献资料选编》（内部资料），2005 年，第 347 页；中国银行经济研究室编：《全国银行年鉴》（1937），上海：汉文正楷印书局，1937 年，第 A13 页；沈雷春主编：《中国金融年鉴》（1947），上海：黎明书局，1947 年，第 A113—A114 页。

两次地方金融会议，则加强了省银行间之相互联系。特别是第二次地方金融会议，关于地方银行之互相联系，议决省立各行应在省内每县设立分支行一处；各行就汇兑、代兑、生产投资等，应订约合作。其后，陕西、甘肃两省行拟定《陕西、甘肃省银行（以下简称甲方、乙方）委托互兑省券办法》五项，迈开了省行间正式合作的步子。地方银行纳入战时金融统制体系后，与国民政府关系更加密切，因而受到中央和地方政府更强有力的监管，与此同时，也得到中央政府和地方政府在一些方面更有力的支持。

（5）与地方联系加深，对经济扶持加大。全面抗战前，地方银行之业务大多仅限于为地方军政机关服务，与社会经济活动很少有关系，尤其在军阀混战时期，往往沦为当权军阀的筹饷工具，滥发钞票，信用扫地。全面抗战开始后，为适应抗战形势的紧迫需要，国民政府颁布《改善地方金融机构办法纲要》等一系列文件，向金融机构，特别是肩负支持地方经济建设责任的地方银行提出了刻不容缓的任务。在国民政府促进下，大后方地方银行积极行动起来，加强了与地方经济建设的联系，其中农贷事业、工矿商业、本省特产、收购物资运销土产、交通及水利事业等为战时地方银行的重大业务，它们有力地支援了抗战事业，也带动了地方银行自身的发展。

（6）资产结构日益官股化，存款增量迅猛。地方银行之资本，除少数参有商股，或由地方公股凑集，或由国库直接拨给外，本就大多为地方政府之投资。全面抗战开始后，随着金融垄断体系的确立和不断强化，地方银行资本结构更趋官股化。其中，省地方银行尤为突出，在政府的支持下，许多省银行纷纷增资，资本实收数额大幅增加。省银行的大幅增资，显然有利于增强银行的实力，以便更好地发挥其重要作用。不过，县银行的处境则十分尴尬，由于大多数县政府财力的窘迫，其资本来源极为紧张。

第三，战时大后方地方银行的发展，对中国抗战以及中国近代金融格局的演变都产生了巨大而深刻的影响。

（1）战时大后方地方银行的发展，有力促进了大后方地区经济和社会事业的发展。全面抗战开始后，战时的西南、西北及全国其他国统区各地方银行就逐渐成为国民政府支撑西部及国统区经济发展的一个重要支柱。正是在国民政府的大力扶植下，抗战时期的各地方银行一改战前对地方经济漠不关心的传统，对地方经济的建设积极介入，并且努力而为，为地方农贷事业、工矿商业、本省特产、收购物资运销土产、交通及水利事业等提供资金支持，对抗战时期的国统区经济的发展起到了极大的促进作用，成为战时国民政府统治区中一支值得依赖的重要的金融力量。

（2）战时大后方地方银行的发展，有力支持了中国人民伟大抗战事业的发展。地方银行积极协助政府执行国家的金融政策，一方面，积极协助政府执行国家的金融政策，如积极参加抢购物资，抵制敌伪经济侵略；投资农工生产，扶助地方经济建设；完成各县市金融网，活泼地方金融等。另一方面，随着这些新兴业务增多，各省地方银行资本已不同于一般普通银行性质，而具有了特殊使命，在发展地方经济、扶助农工商业、推进农贷、协助中央收购物资、平抑物价、接济军粮民食、运用金融力量扶助地方财政健全发展、奖励储蓄、吸收存款等方面，省地方银行均以战斗姿态，出现在金融战线之上，为抗战的最后胜利做出了巨大贡献。

（3）战时大后方地方银行的发展，迅速缩小了西部与东部金融业的差距，推进了西部地区的金融现代化。全面抗战前，整个西南、西北区域的现代银行业远远落后于东部地区。而战时，随着诸沦陷省份之省地方银行纷纷内迁至西南、西北地区，以及该地区本土地方银行的发展，出现了国内金融中心由上海向重庆的转移，也引起了全国金融重心由东部地区向西部地区的转移，这种局面极大地增强了以这一地区为主体的大后方的现代银行业力量，扭转了自近代以来，西部地区的现代金融业远落后于东部地区的格局，从而也使处于大后方区域内的地方银行之地位的显著提升。

第四，战时大后方地方银行业的发展历程与经验教训，不仅书写了近代史上中国地方银行业发展最引以为傲的辉煌篇章，也给当今地方银行业的发展提供了可供借鉴的宝贵启示。

（1）地方银行业的发展，必须正确定位，立足于为地方经济和社会事业的发展服务。全面抗战前，地方银行中的大多数，自觉或不自觉地将自己定位于割据势力的"钱袋子"或"印钞机"，从而远离地方经济建设和社会事业，沦为割据势力予取予求的财政工具，也因此不仅不能为地方经济和社会事业提供有效服务，反而时常发挥着扰乱地方经济秩序、戕害地方国计民生的负面作用，自然也难以使自身得到发展。全面抗战后，在国民政府的督导和改造下，地方银行开始认识到地方银行与地方经济和社会事业之间互相促进、互相制约的相辅相成的关系，认识到为地方经济和社会事业服务是地方银行存在的根本价值所在，离开了报效桑梓、服务乡民，也就失去了地方银行赖以生存的"土壤"。于是，地方银行一方面努力承担为政府理财的任务；另一方面，积极投身于地方经济建设，尽其所能地支持地方工商业的发展，在融入地方社会经济和社会事业中，也使自身获得了空前的成长与发展。

（2）地方银行业的发展，必须善于处理好与政府之间的关系。全面抗战前，地方银行中的大多数，只是将自身视为政府的附属品或依附于政府的简单的工具，而没有从经营实体的立场来看待自身，这就造成了地方银行完全失去了作为经营实体应有的自主权，听凭政府颐指气使，结果成为地方政府的"钱袋子"或"印钞机"，并随着地方政府的兴衰而起伏不定，既难以为地方建设服务，也难以把握自身的命运，更谈不上自身的发展。全面抗战中，地方银行转变了经营理念，从以前的只为地方政府服务，到通过贷款、兑换券、债券、信托、贴现等，以及在抗战时期颇具开创性的直接投资工商业、代为运销、抢购物资等各种方式，支持地方经济，扶助地方工商业。同时，地方银行在大力推动地方经济事业，不断满足市场需要的过程中，也得到了较好的回报，赢得了自身的迅速发展和壮大。当然，在这一过程中，地方政府正确的引导，合理规范的监管，对于充分发挥地方银行的作用，以及与市场之间的良性互动关系，又起着不可或缺的关键作用。

（3）地方银行业的发展，必须善于及时把握历史的机遇。地方银行实力上不如国家银行，经营的灵活性则不如商业银行。因此，在与国家银行和商业银行的竞争中，根本无法应付，更遑论在合法经营中，捕捉商机、积极开拓，取得突出成就。而这种状况在全面抗战时期则发生了逆转。地方银行纷纷利用全面抗战开始后所带来的新形势，特别是抓住国民政府对地方银行的大力扶持政策，以及抗战事业对地方银行需求的猛增，准确捕捉商机，适时进行经营方向和营销策略上的转变，为企业发展开拓市场与空间，在履行政府金融机构的社会责任的同时，既推动市场的繁荣，又赢得自身的良好发展。这些不仅为我们揭示了地方银行在战时赢得空前发展的路径，也为今天我们寻求企业的发展之路提供了鲜活的范例与启示。

参考文献

一、未刊档案资料

重庆市档案馆藏档案：

重庆市银行业商业同业公会档案，全宗号：0086

美丰商业银行档案，全宗号：0296

全国省银行重庆联合通汇处甘肃组档案，全宗号：0320

上海商业储蓄银行重庆分行档案，全宗号：0310

四明商业储蓄银行重庆分行档案，全宗号：0314

银行档案汇集档案，全宗号：0319

甘肃省档案馆藏档案：

甘肃省参议会未刊档案，全宗号：14

贵州省档案馆藏档案：

贵州省财政厅档案，全宗号：M60

贵州省银行档案（1912.2～1949.10），全宗号：M56

中国银行贵州分行（1915.1～1950.7），全宗号：M52

陕西省档案馆藏档案：

陕西省银行档案（1930～1949），全宗号：22

四川省档案馆藏档案：

四川省财政厅档案，全宗号：民059

四川省银行档案，全宗号：民072

中国农民银行成都分行档案，全宗号：民071

台湾"国史馆"藏档案：

财政部档案，全宗号：018

陈诚副总统文物，全宗号：008

国民政府档案，全宗号：001

中国国民党"党史馆"藏档案：

国防档案，档号：防 003

二、档案及资料汇编

财政部财政科学研究所、中国第二历史档案馆编：《国民政府财政金融税收档案史料（1927—1937 年）》，北京：中国财政经济出版社，1997 年。

重庆市档案馆、重庆师范大学合编：《中华民国战时首都档案文献》（第四卷·战时工业、第五卷·战时金融），重庆：重庆出版社，2008 年。

重庆市档案馆、重庆市人民银行金融研究所合编：《四联总处史料》（上、中、下），北京：档案出版社，1993 年。

重庆市档案馆编：《抗日战争时期国民政府经济法规》（上、下），北京：档案出版社，1992 年。

重庆市档案馆编：《抗战时期大后方经济开发文献资料选编》（内部资料），2005 年。

重庆中国银行编辑：《重庆经济概况》，重庆：重庆中国银行，1934 年。

贵州金融学会、贵州钱币学会、中国人民银行贵州省分行金融研究所编：《贵州金融货币史论丛》，贵州中国人民银行金融研究所《银行与经济》编辑部，1989 年。

贵州省档案馆：《贵州企业股份有限公司》（上、下），贵阳：贵州人民出版社，2003 年。

贵州省档案馆编：《民国贵州省政府委员会会议辑要》（上），贵阳：贵州人民出版社，2000 年。

洪葭管主编：《中央银行史料（1928.11—1949.5）》（上、下），北京：中国金融出版社，2005 年。

宁夏回族自治区文史研究馆编：《宁夏文史》第 4 辑（内部发行），1989 年。

宁夏回族自治区政协文史资料研究委员会主编：《宁夏三马》，北京：中国文史出版社，1988 年。

宁夏区政协文史资料研究委员会编：《宁夏文史资料》第 17 辑，银川：宁夏人民出版社，1987 年。

四川联合大学经济研究所、中国第二历史档案馆编：《中国抗日战争时期物价史料汇编》，成都：四川大学出版社，1998 年。

吴冈编:《旧中国通货膨胀史料》,上海:上海人民出版社,1958年。

云南省档案馆、云南省经济研究所合编:《云南近代金融档案史料选编(1908—1949年)》第一辑(上、下)(内部资料),1992年。

云南省档案馆、云南省经济研究所合编:《云南兴文银行始末》(内部资料)。

浙江省中共党史学会编印:《中国国民党历次会议宣言决议案汇编》,出版时间不详。

中国第二历史档案馆、中国人民银行江苏省分行、江苏省金融志编委会合编:《中华民国金融法规档案资料选编》,北京:档案出版社,1989年。

中国第二历史档案馆整理:《经济部公报》(6),南京:南京出版社,1994年。

中国第二历史档案馆编:《四联总处会议录》(一),桂林:广西师范大学出版社,2003年。

中国第二历史档案馆编:《四联总处会议录》(十五),桂林:广西师范大学出版社,2003年。

中国第二历史档案馆编:《中华民国史档案资料汇编》第三辑:金融(一),南京:江苏古籍出版社,1991年。

中国第二历史档案馆编:《中华民国史档案资料汇编》第五辑第一编:财政经济(七),南京:江苏古籍出版社,1994年。

中国第二历史档案馆编:《中华民国史档案资料汇编》第五辑第二编:财政经济(三)(四),南京:江苏古籍出版社,1997年。

中国第二历史档案馆编:《中华民国史档案资料汇编》第五辑第三编:财政经济(一)(二),南京:江苏古籍出版社,2000年。

中国科学院历史研究所第三所主编:《锡良遗稿·奏稿》第1册,北京:中华书局,1959年。

中国人民银行上海市分行金融研究所编:《上海商业储蓄银行史料》,上海:上海人民出版社,1990年。

中国人民银行总行参事室编:《中华民国货币史资料(1912—1927)》第一辑、第二辑,上海:上海人民出版社,1986年、1991年。

中国人民政治协商会议甘肃省委员会文史资料研究委员会编:《甘肃文史资料选辑》第10辑,兰州:甘肃人民出版社,1981年。

中国人民政治协商会议甘肃省委员会文史资料研究委员会编:《甘肃文史资料选辑》第8辑,兰州:甘肃人民出版社,1980年。

中国人民政治协商会议四川省成都市委员会文史资料研究委员会编:《成都文史资料选辑》第8辑(内部发行),1985年。

中国人民政治协商会议西南地区文史资料协作会议编：《抗战时期西南的金融》，重庆：西南师范大学出版社，1994 年。

中国人民政治协商会议新疆维吾尔自治区委员会文史资料研究委员会编：《新疆文史资料选辑》第 8 辑，乌鲁木齐：新疆人民出版社，1981 年。

中国银行总行、中国第二历史档案馆合编：《中国银行行史资料汇编》，北京：档案出版社，1991 年。

周开庆主编：《经济问题资料汇编》，台北：华文书局，1967 年。

三、民国资料及著作

《成都市临时参议会第四次工作报告书》，1945 年。

《广西巡抚张鸣岐奏广西官银钱号改办普通银行折》，《政治官报》1910 年第 935 期。

财政部直接税处编：《十年来之金融》，重庆：中央信托局印制处，1943 年。

财政评论社编：《战时财政金融法规汇编》，1940 年。

董文中编辑：《中国战时经济特辑续编》，重庆：中外出版社，1940 年。

甘肃省银行编：《一年来之甘肃省银行》，兰州：俊华印书馆，1939 年。

甘肃省银行编：《甘肃省银行三十二年度业务报告》，1944 年。

甘肃省银行编：《甘肃省银行三十三年度业务报告》，1945 年。

甘肃省银行编：《甘肃省银行三十四年度业务报告》，1946 年。

甘肃省银行经济研究室编：《甘肃省银行小史》，1945 年。

甘肃省政府编：《甘肃省银行概况》，1942 年。

甘肃省政府秘书处编译室编印：《甘肃省政府公报》1936 年第 1、2、5、6 期合刊。

高叔康：《战时农村经济动员》，长沙：艺文研究会，1938 年。

郭荣生编：《中国省地方银行概况》，重庆：五十年代出版社，1945 年。

行政院农村复兴委员会编：《云南省农村调查》，上海：商务印书馆，1935 年。

何辑五编著：《十年来贵州经济建设》，南京：南京印书馆，1947 年。

黄钟岳编著：《十二年来之广西银行》，桂林：广西银行总行出版社，1944 年。

孔祥熙：《四年来的财政金融》，重庆：中国国民党中央执行委员会宣传部，1941 年。

蓝尧衢：《成都市银行的实务和法理》，成都：新华印刷所，1946 年。

刘佐人：《省地方银行泛论》，广州：广东省银行印刷所，1946 年。

罗敦伟：《中国战时财政金融政策》，重庆：财政评论社，1944 年。

马寅初：《中华银行论》，上海：商务印书馆，1929 年。

陕西省财政厅第四科编印：《陕西县银行服务人员手册》（上），西安：启新印书馆，1944 年。

陕西省政府统计室编：《陕西省统计资料汇刊》，1942 年。

沈雷春主编：《中国金融年鉴》（1947），上海：黎明书局，1947 年。

沈长泰编著，胡次威主编：《省县银行》，上海：大东书局，1948 年。

寿进文：《战时中国的银行业》，出版社不详，1944 年。

孙德全编：《银行揽要》，上海：商务印书馆，1919 年。

谭熙鸿主编：《十年来之中国经济》，上海：中华书局，1948 年。

王沿津编：《中国县银行年鉴》，上海：文海出版社，1948 年。

魏永理主编：《中国西北近代开发史》，兰州：甘肃人民出版社，1993 年。

魏友棐：《现阶段的中国金融》，上海：华丰印刷铸字所，1936 年。

翁文灏：《抗战以来的经济》，重庆：胜利出版社，1942 年。

吴承禧：《中国的银行》，上海：商务印书馆，1934 年。

徐学禹、丘汉平编著：《地方银行概论》，福州：福建省经济建设计划委员会，1941 年。

杨寿标：《工业建设与金融政策》，重庆：商务印书馆，1945 年。

张家骧：《中华币制史》，北京：民国大学出版部，1925 年。

张肖梅编著：《贵州经济》，上海：中国国民经济研究所，1939 年。

张肖梅编著：《四川经济参考资料》，上海：中国国民经济研究所，1939 年。

张肖梅主编：《中外经济年报》（1939），上海：中国国民经济研究所，1939 年。

张肖梅主编：《中外经济年报》（1940），上海：中国国民经济研究所，1940 年。

中国通商银行编：《五十年来之中国经济》，上海：上海六联印刷股份有限公司，1947 年。

中国银行经济研究室编：《全国银行年鉴》（1937），上海：汉文正楷印书局，1937 年。

中国银行总管理处经济研究室编：《全国银行年鉴》（1936），上海：汉文正楷印书局，1936 年。

中国银行总管理处经济研究室编纂：《民国二十二年度中国重要银行营业概况研究》，上海：中国银行总管理处经济研究室，1934 年。

中中交农四行联合办事总处秘书处编：《四联总处农业金融章则汇编》，重庆：中中交农四行联合办事总处秘书处，1943 年。

中央银行经济研究处编：《全国银行人事一览》，上海：中央银行经济研究处，1936 年。

中央银行经济研究处编印：《十年来中国金融史略》，重庆：新中国文化社，1943 年。

周葆銮编纂：《中华银行史》，上海：商务印书馆，1919 年。

朱斯煌：《银行经营论》，上海：商务印书馆，1939 年。

邹宗伊：《中国战时金融管制》，重庆：财政评论社，1943 年。

四、民国报刊资料

《财政经济》

《财政经济零讯》，1945 年第 3 期。

《滇省财政概况》，1945 年第 6 期。

《推行云南省县银行方案草案》，1945 年第 6 期。

《云南省财政厅卅四年度一至六月份工作报告》，1945 年第 7—8 合期。

《云南省财政厅县银行督导员暂行服务规则草案》，1945 年第 6 期。

《云南省三十三年度财政工作报告》，1945 年第 1 期。

李培天：《树立地方金融网与改进地方财政》，1945 年第 1 期。

王璧岑：《县银行与地方经济建设》，1945 年第 3 期。

张维亚：《一年来的云南经济》，1945 年第 1 期。

《财政评论》

《全国省银行座谈会纪要》，1947 年第 16 卷第 6 期。

《中外财政金融消息汇报·五省地方银行联办省际通汇》，1940 年第 4 卷第 1 期。

《第二次地方金融会议议案内容》，1939 年第 1 卷第 5 期。

丁道谦：《贵州金融业之回顾与前瞻（上）》，1942 年第 8 卷第 4 期。

郭荣生：《八年来政府对省地方银行之管制》，1946 年第 15 卷第 6 期。

郭荣生：《五年来之甘肃省银行》，1944 年第 12 卷第 6 期。

洪铭声：《论县省银行的利弊及其合流之必要》，1944 年第 12 卷第 6 期。

孔祥熙：《第二次地方金融会议演词》，1939 年第 1 卷第 4 期。

刘天宏：《战时滇省货币金融概况》，1939 年第 1 卷第 5 期。

盛慕杰：《战时之中国银行业》，1940 年第 3 卷第 1 期。

盛慕杰：《战时中国银行业务动态》，1939 年第 1 卷第 1 号（创刊号）。

杨恺龄：《省地方银行改革刍议》，1944 年第 11 卷第 4 期。

杨寿标：《省地方银行业务之回顾与前瞻》，1944 年第 11 卷第 4 期。

袁宗蔚：《改进各县县银行业务拟议》，1944 年第 12 卷第 6 期。

《财政知识》

傅兆荣：《国家银行专业化后之省地方银行》，1942 年第 2 卷第 1 期。

傅兆棻：《抗战以来之我国省地方银行》，1943 年第 2 卷第 3—4 期合刊。

韦宇宙：《论县财政与县银行》，1943 年第 2 卷第 3 期。

《川南工商》

曾昭楚：《县银行之设立及其展望》，1945 年第 2 卷第 3 期。

《贵州企业季刊》

钱春琪：《贵州金融事业概述》，1944 年第 2 卷第 2 期。

《贵州日报》

《钱春琪氏谈三年来之贵州银行》，1944 年 8 月 17 日。

《广东省银行季刊》

《廿七年六月一日第一次地方金融会议孔院长训词》，1942 年第 2 卷第 3 期。

《广西合库通讯》

《桂金融企业两机关合办纺织厂明春可开工》，1942 年第 3 卷第 11—12 期合刊。

《广西银行月报》

《各地纷设县银行》，1941 年第 2 卷第 1 期。

《广西银行小额信用放款办法》1940 年第 1 卷第 5 期。

陈文川：《广西银行的组织沿革》，1941 年第 2 卷第 1 期。

《湖南省银行半月刊》

《财部将设立县乡银行》，1941 年第 1 卷第 6 期。

《该行总行负责人谈县乡银行业务要点有六》，1941 年第 1 卷第 6 期。

《赣临川筹组县立银行》，1941 年第 1 卷第 6 期。

《湖南省银行月刊》

张人价：《论金融系统之梳理与省银行之地位》，1941 年第 1 卷第 3 期。

《湖南省银行经济季刊》

《省地方银行机构问题》，1943 年第 2 期。

《各省地方银行三个中心工作》，1943 年第 5 期。

《贵阳金融业调查》，1944 年第 6 期。

《桂林金融调查》，1944 年第 6 期。

《金融与工业之关系》，1944 年第 6 期。

《抗战期中之湖南省银行》，1942 年第 1 期（创刊号）。

《论国家银行业务调整与省银行的职责》，1943 年第 4 期。

《论今日之金融管制》，1943 年第 3 期。

《论西北之农业金融》，1943 年第 3 期。

《论制颁省地方银行法之必要》，1943 年第 3 期。

《全国省地方银行第三次座谈会各省代表访问记》，1943 年第 4 期。

《我国地方金融机构改造之途径》，1942 年第 1 期（创刊号）。

《我国省地方银行业务之分析》，1942 年第 1 期（创刊号）。

《我国银行组织概要》，1942 年第 1 期（创刊号）。

《我国战时金融管制概观》，1943 年第 4 期。

《银行国有化与我国银行体系之改造》，1944 年第 6 期。

《战后省地方银行问题》，1944 年第 6 期。

《金融导报》

《非常时期我国银行业之概况（一）》，1941 年第 3 卷第 10 期。

《国民政府制定县银行法》，1940 年第 2 卷第 4 期。

《论县银行制度》，1940 年第 2 卷第 4 期。

《西南金融经济之全貌》，1941 年第 3 卷第 9 期。

《银行法与县银行法》，1941 年第 3 卷第 6 期。

盛慕杰：《对于重庆金融会议之管窥》，1939 年第 1 卷第 2 期。

《金融季刊》

沈长泰：《调整省银行之意义及其实施办法》，1944 年第 1 卷第 1 期。

熊英：《今后省地方银行业务之研究》，1944 年第 1 卷第 1 期。

《金融知识》

《安徽省银行概况》，1942 年第 1 卷第 6 期。

《福建省银行概况》，1942 年第 1 卷第 6 期。

《各省地方银行调查》，1942 年第 1 卷第 6 期。

《湖北省银行概况》，1942 年第 1 卷第 6 期。

《抗战四年来之广东省银行》，1942 年第 1 卷第 6 期。

《四川省银行的过去与现在》，1942 年第 1 卷第 6 期。

《抗战后之广西银行》，1942 年第 1 卷第 6 期。

归鸿：《两年来之贵州银行》，1944 年第 3 卷第 1 期。

洪铭声：《调整省地银行问题的讨论》，1944 年第 3 卷第 6 期。

胡铁：《省地方银行之回顾与前瞻》，1942 年第 1 卷第 6 期。

萧紫鹤：《陕西省银行概况》，1942 年第 1 卷第 6 期。

徐继庄：《我国省地方银行问题》，1942 年第 1 卷第 6 期。

袁宗葆：《改进县银行刍议》，1944 年第 3 卷第 3 期。

朱林：《浙江地方银行概况》，1942 年第 1 卷第 6 期。

《金融周报》

《财政部解释县银行地位》，1947 年第 17 卷 12 期。

《滇省决议设立昆明银行》，1939 年第 8 卷第 17 期。

《滇省七银行贷款发展西南交通》，1939 年第 8 卷第 8 期。

《甘肃省银行发行检查报告》，1939 年第 8 卷第 26 期。

《甘肃省银行积极发展业务》，1939 年第 8 卷第 19 期。

《甘肃省银行六七月份发行检查报告》，1940 年第 9 卷第 3 期。

《广西农民银行扩大业务计划》，1938 年第 5 卷第 9 期。

《广西农民银行增办农贷》，1939 年第 8 卷第 1 期。

《广西银行改组成立》，1937 年第 3 卷第 1—2 期合刊。

《广西银行举办手工业小额贷款》，1941 年第 11 卷第 4 期。

《健全战时金融机构办法之施行》，1939 年第 8 卷第 12 期。

《孔院长谈我国财政金融之近况》，1939 年第 8 卷第 11 期。

《银行业在西南增设分行》，1939 年第 8 卷第 9 期。

《中央健全战时金融机构办法》，1939 年第 8 卷第 11 期。

《经济导报》

《国内之部·商业》，1942 年第 1 卷第 1 期。

《经济动员》

《地方金融机构改善办法纲要》，1938 年第 1 卷第 1 期。

《改善地方金融机构之意义》，1938 年第 1 卷第 1 期。

《巩固金融办法纲要》，1939 年第 3 卷第 7—8 期合刊。

《金融会议孔院长训词》，1938 年第 1 卷第 1 期。

《经济动员与金融政策》，1938 年第 1 卷第 3 期。

《抗战建国经济纲领》，1938 年第 1 卷第 3 期。

《全面抗战以来之各地金融实况》，1938 年第 1 卷第 1 期。

《四川银行业战前投资之分析与今后应采之投资途径》，1939 年第 3 卷第 9—10 期合刊。

《战时健全中央金融机构颁发纲要》，1939 年第 3 卷第 7—8 期合刊。

《战时金融之前方与后方》，1939 年第 2 卷第 10 期。

《战时农村金融问题》，1938 年第 1 卷第 4 期。

《中日战争与中国银行》，1938 年第 2 卷第 2 期。

《建国月刊》

潘益民：《兰州金融情形之今昔》，1936 年第 14 卷第 2 期。

《农村合作月报》

《设立县乡银行的过虑》，1936 年第 1 卷第 12 期。

《陕行汇刊》

《宝鸡县银行开业》，1941 年第 5 卷第 6 期。

《本行呈准财政部在重庆平凉洛阳三地添设办事处》，1941 年第 5 卷第 6 期。

《本行二十九年十一月至三十年四月增设分行处情形》，1941 年第 5 卷第 6 期。

《本行投资工业情形》，1941 年第 5 卷第 6 期。

《本省各县县银行近况》，1943 年第 7 卷第 6 期。

《财政部令安康等二十九县银行暂停营业》，1944 年第 8 卷第 1 期。

《陕地政干训会招考县银行人员》，1941 年第 5 卷第 8—10 期合刊。

《省府派员筹设郿县等十银行》，1943 年第 7 卷第 4 期。

《渭南南郑县银行开幕》，1941 年第 5 卷第 8—10 期合刊。

《渭南县银行筹备委员会成立》，1941 年第 5 卷第 6 期。

《兴平县银行成立》，1941 年第 5 卷第 6 期。

《长安县银行接办县金库》，1941 年第 5 卷第 1 期。

《长安县银行提高存款利率》，1941 年第 5 卷第 6 期。

《长安县银行逐步实施各项业务》，1941 年第 5 卷第 1 期。

屈秉基：《陕西省县银行之现状及其改进问题》，1943 年第 7 卷第 3 期。

屈秉基：《陕西金融业之现状及其展望》，1944 年第 7 卷第 1 期。

吴致勋：《洛川财政之过去与现在》，1944 年第 8 卷第 6 期。

《陕政》

李崇年：《陕省县银行之成长与发展》，1944 年第 5 卷第 11—12 期合刊。

岳焕：《对于陕西省地方金融今后之寄望》，1945 年第 7 卷第 1—2 期合刊。

《时事月报》

《全国经委会拟普设县立国民银行》，1934 年第 11 卷第 3 期。

《四川经济月刊》

《川银行业发展近况》，1938 年第 9 卷第 4 期。

《甘省筹设省银行》，1937 年第 7 卷第 1—2 期合刊。

《四川地方银行兑换券准备金检查委员会条例》，1934 年第 1 卷第 1 期。

《四川省银行改总管理制》，1937 年第 8 卷第 1 期。

《西康省行股本确定》，1937 年第 7 卷第 4 期。

《西康省银行改组》，1939 年第 11 卷第 1—2 期。

《西康省银行将成立》，1937 年第 7 卷第 1—2 期。

《四川经济季刊》

陈寿琦：《论地方银行之将来》，1943 年第 1 卷第 1 期。

郭荣生：《政府对省地方银行之管制》，1945 年第 2 卷第 1 期。

施复亮：《四川省银行的过去现在和将来》，1944 年第 1 卷第 3 期。

陶麟：《灌县经济概况》，1945 年第 2 卷第 3 期。

王德成、李亚东：《三十四年一至三月份忠县经济动态》，1945 年第 2 卷第 3 期。

许廷星：《战后县银行存废问题》，1945 年第 2 卷第 3 期。

杨及玄：《由县银行法的公布说到四川各县的县银行》，1944 年第 1 卷第 2 期。

杨泽：《今后省地方银行地位之重估》，1946 年第 3 卷第 2 期。

余尚复：《四川省银行代理国库之实况与今后改善办法之拟议》，1944 年第 1 卷第 3 期。

张与九：《抗战以来四川之金融》，1943 年第 1 卷第 1 期。

《四川月报》

《行营再布收销理由》，1935 年第 7 卷第 4 期。

《内江等六县将成立四川地方银行代办处》，1934 年第 5 卷第 1 期。

《省府规定各县办法》，1935 年第 7 卷第 4 期。

《四川统计月刊》

《成渝各钱庄资本业务概况表》1939 年第 1 卷第 1 期。

《四川省各县合作金库统计表》1939 年第 1 卷第 1 期。

《四川省银行分布一览表》，1939 年第 1 卷第 2 期。

《西大农讯》

《广西农民银行团体信用放款办法》，1937 年第 3 期。

《西北春秋》

《西安金融业之今昔》（西安通讯），1935 年第 22 期。

《西北经济》

《川帮银行》，1948 年第 1 卷第 4 期。

《贵州省银行简史》，1948 年第 1 卷第 4 期。

《省银行当前任务》，1948 年第 1 卷第 4 期。

白眉：《战时创办的四家银行》，1948 年第 2 卷第 1 期。

《西北经济通讯》

《西北金融事业之战时的任务》，1941 年第 1 卷第 1 期。

《西北资源》

黎小苏：《陕西银行业之过去与现在》，1941 年第 1 卷第 6 期。

《新西北》月刊

南秉方：《甘肃平市官钱局之发展》，1939 年第 1 卷第 3 期。

《西康经济季刊》

洪铭声：《介绍一个边省行——甘肃省银行的史迹与展望》，1944 年第 9 期。

李玉峰：《西康县银行现况及其前瞻》，1944 年第 9 期。

《西南导报》

《财政部积极发展内地金融》，1938 年第 2 卷第 1 期。

《川金融业数量激增》，1938 年第 1 卷第 1 期。

《对金融会议闭幕后的新希望》，1938 年第 1 卷第 2 期。

《广西农民银行之农村放款》，1939 年第 2 卷第 2—3 期合刊。

《抗战以来之川省金融》，1938 年第 1 卷第 3 期。

《农本局办理康农业贷款》，1939 年第 2 卷第 2—3 期合刊。

《黔省金融将趋活跃》，1938 年第 1 卷第 4 期。

《四川银行之分布状况》，1939 年第 2 卷第 4 期。

《西南金融新政策》，1938 年第 1 卷第 2 期。

《渝金融界投资川省丝业》，1938 年第 1 卷第 5—6 期合刊。

《中行拨款开发川康金矿》，1939 年第 2 卷第 4 期。

黄钟岳：《广西省财政概况》，1939 年第 2 卷第 5 期。

《新建设》

辛元：《第三次全国财政会议》，1941 年第 2 卷第 6—7 期合刊。

《新新疆》

彭吉元：《十年来新疆的财政与金融》，1943 年第 1 卷第 1 期。

《银行季刊》

方振经：《论县银行》，1948 年第 1 卷第 3—4 期。

《银行月刊》

《甘肃省银行推设天津分行》，1924 年第 4 卷第 3 号。

《广西筹设省银行》，1926 年第 6 卷第 3 号。

《广西省银行将成立》，1926 年第 6 卷第 4 期。

《宁夏西北银行不日开幕》，1926 年第 6 卷第 4 号。

《银行周报》

《成立董监会后之陕西省银行》，1933 年第 17 卷第 26 号。

《富滇银行驻沪办事处结束》，1929 年第 13 卷第 43 号。

《陕省银行力谋整顿》，1933 年第 17 卷第 28 号（总第 803 号）。

《陕西省银行七年来之总检讨（民国二十七年四月陕省银行报告）》，1938 年第 22 卷第 36 期。

《陕西省银行之过去现在及将来》，1933 年第 17 卷第 21 号。

《四川地方银行发钞状况》，1935 年第 19 卷第 17 期。

《云南富滇新银行已开幕》，1932 年第 16 卷第 39 号。

朱恭宇：《论当前省银行问题》，1947 年第 31 卷第 27 期。

刘善初：《论省银行与县银行》，1947 年第 31 卷第 47 期。

《最前线》

杨明达：《广西农民银行在广西经济中所起的作用》，1939 年第 3 卷第 7 期。

《中国经济》

紫薇：《广西银行与广西经济》，1935 年第 3 卷第 6 期。

《中行月刊》

《富滇新银行设立上海分行》，1933 年第 7 卷第 2 期。

《宁夏省银行钞停止使用》，1932 年第 4 卷第 5 期。

《宁夏省银行发行新钞，焚毁旧钞》，1933 年第 7 卷第 1 期。

《云南富滇银行改组，销毁纸币三千万》，1933 年第 7 卷第 2 期。

《中农月刊》

《财政部授权各省财政厅监理县银行业务办法》，1945 年第 6 卷第 5 期。

《中央银行经济汇报》

《陕西省县银行业务概况》，1944 年第 9 卷第 4 期。

《四川省银行办理重庆市小手工业放款暂行办法》，1943 年第 8 卷第 9—10 期合刊。

《四川省银行扩充资本为一千万元》，1939 年第 1 卷第 2 期。

郭荣生：《抗战期中之甘肃省银行》，1942 年第 5 卷第 9 期。

郭荣生：《抗战期中之广西银行》，1943 年第 7 卷第 9 期。

郭荣生：《抗战期中之陕西省银行》，1942 年第 6 卷第 10 期。

郭荣生：《抗战期中之四川省银行》，1943 年第 5 卷第 5 期。

郭荣生：《抗战期中之云南富滇新银行》，1943 年第 8 卷第 5 期。

郭荣生：《我国省地方银行之特质及其任务》，1944 年第 10 卷第 4 期。

郭荣生：《吾国战时地方经济建设与地方银行》，1942 年第 5 卷第 4 期。

郭荣生：《县乡银行与农业金融制度之建立》，1941 年第 3 卷第 7 期。

郭荣生：《县银行之前瞻及其现状》，1942 年第 6 卷第 7 期。

瞿仲捷：《对于县乡银行之认识》，1941 年第 3 卷第 9 期。

《中央经济月刊》

《渝方战时金融之检讨》，1942 年第 2 卷第 6 号。

《中央银行旬报》

《陕西省银行开幕》，1930 年第 2 卷第 3 期。

五、主要研究论文

安文：《贵州银行的前世今生》，《当代贵州》2012 年第 20 期。

白兆渝：《刘湘与四川地方银行》，《文史杂志》2002 年第 6 期。

白兆瑜：《王陵基王锡琪叔侄与四川省银行》，《世纪》2008 年第 6 期。

曾斌：《福建省银行研究》，福建师范大学硕士学位论文，2003 年 4 月。

常树华：《辛亥革命以前至抗日战争爆发前夕的云南金融》，《云南财经大学学报》2009 年第 6 期。

常树华：《再论富滇——富滇新银行》，《云南财贸学院学报》1986 年第 3 期。

车辚：《从富滇银行的历史看重建富滇银行的机遇与条件》，《云南财贸学院学报》2006 年第 2 期。

陈锦祥、林德志：《试述抗战前期的"福建省银行"》，《中国社会经济史研究》1990 年第 2 期。

陈平：《民营经济的崛起与发展地方银行机构的研究》，《市场周刊（财经论坛）》2003 年第 2 号。

陈天声：《民国时期浙江地方银行轶事》，《杭州文博》2013 年第 1 期。

董丽霞：《抗战时期湖南银行研究》，湘潭大学硕士学位论文，2011 年 5 月。

董孟雄、罗群:《近代云南的实业开拓者和理财家缪云台述论》,《云南民族学院学报(哲学社会科学版)》1998年第2期。

董长芝:《论国民政府抗战时期的金融体制》,《抗日战争研究》1997年第4期。

杜恂诚:《清末民初形形色色的地方银行》,《银行家》2003年第8期。

冯定学:《民国时期安徽地方银行研究》,安徽大学硕士学位论文,2011年5月。

冯定学:《试论抗战前安徽地方银行的农贷》,《传承》2010年第33期。

龚关:《1920年代中后期天津银行挤兑风潮》,《历史教学(高校版)》2007年第6期。

谷秀青:《近代农村信用合作社的制度分析(1928—1940年)》,华中师范大学硕士学位论文,2005年5月。

郭丽:《民国年间新疆省银行研究》,新疆大学硕士学位论文,2007年6月。

郭洲:《陕北地方实业银行及其发行的纸币》,《中国钱币》2006年第4期。

韩文亮:《我国地方银行的现状与发展》,《广西金融研究》2000年第12期。

郝宏展:《近代新疆金融变迁研究(1884—1949)》,中央财经大学博士学位论文,2013年3月。

何惠忠、柳崇正、段宝玲:《民国山西省银行的祁帮票商》,《山西档案》2007年第3期。

何品:《从官办、官商合办到商办:浙江实业银行及其前身的制度变迁(1908—1937)》,复旦大学博士学位论文,2006年10月。

何品:《清末民初的浙江银行(1909—1915)——近代中国省级地方银行个案研究》,未刊稿。

何品:《权与钱的较量:1923年浙江地方实业银行官商分股事件评析》,复旦大学中国金融史研究中心编:《上海金融中心地位的变迁》,上海:复旦大学出版社,2005年。

何志成:《解放前河南省银行的演变》,《河南金融研究》1983年第9期。

金东:《20世纪40年代县银行存贷款业务论析》,《宁夏大学学报(人文社会科学版)》2010年第5期。

金东:《民国时期县域新式金融机构的构建——以县银行为中心的考察》,华中师范大学硕士学位论文,2008年5月。

金东:《我国20世纪四十年代县银行资本考论》,《西南金融》2010年第5期。

赖永初:《我所知道的贵州省银行》,《贵阳文史》2005年第4期。

蓝银刊:《也说浙江地方银行小纸币》,《收藏》2001年第5期。

李石:《"滇币"始末——民国时期云南地方货币金融体系初探》,云南大学硕士学位论文,2013年5月。

李永福：《解放前山西省银行存在的合法性考证》，《山西高等学校社会科学学报》2000年第 8 期。

李永伟：《宪政视角下的南京国民政府县银行制度史论——以规则变迁为中心》，《中南大学学报（社会科学版）》2013 年第 2 期。

李雨芝：《民国时期陕西省银行小额贷款市场化运作经验探析及其现代启示》，西北大学硕士学位论文，2008 年 6 月。

梁宏志、唐云锋：《富滇银行时期云南金融恐慌的成因》，《云南民族大学学报（哲学社会科学版）》2008 年第 3 期。

刘方健：《近代重庆金融市场的特征与作用》，《财经科学》1995 年第 3 期。

刘京：《民国时期地方银行建设思想及对当前地方金融体系构建的启示》，《中国经贸导刊》2010 年第 9 期。

刘平：《近代中国银行业监理官制度述论》，《上海金融》2007 年第 6 期。

刘志英、张朝晖：《抗战时期的浙江地方银行》，《抗日战争研究》2007 年第 2 期。

刘志英、张朝晖：《民国时期浙江地方银行的农贷研究》，《杭州师范学院学报（社会科学版）》2007 年第 1 期。

刘志英：《抗战大后方金融网中的县银行建设》，《抗日战争研究》2012 年第 1 期。

刘志英：《抗战大后方重庆金融中心的形成与作用》，《中国社会经济史研究》2013 年第 3 期。

马陵合：《地方银行在农村金融中的定位与作用——以民国时期安徽地方银行为例》，《中国农史》2010 年第 3 期。

屈秉基：《抗日战争时期的陕西金融业（续完）》，《陕西财经学院学报》1985 年第 3 期。

屈秉基：《抗日战争时期的陕西金融业》，《陕西财经学院学报》1984 年第 2 期。

屈晶：《抗日战争时期广东省银行的农贷活动研究》，暨南大学硕士学位论文，2010 年 6 月。

申艳广、戴建兵：《直隶省银行挤兑风潮及其影响》，《江苏钱币》2011 年第 4 期。

申艳广：《民国时期直隶省银行研究》，河北师范大学硕士学位论文，2012 年 5 月。

沈飞：《广西银行及其发行的纸币》，《收藏》2013 年第 5 期。

史继刚：《论抗战时期国民政府大力推广县（市）银行的原因》，《江西财经大学学报》2003 年第 3 期。

史继刚：《民国前期县地方银行的创设》，《四川师范大学学报（社会科学版）》1999 年第 1 期。

史继刚：《县（市）银行与抗战时期的西南、西北金融网建设》，《四川金融》1999 年第 2 期。

史允：《龙云政府的货币发行政策》，《云南行政学院学报》2003 年第 3 期。

舒畅：《四川省银行述论（1935—1949）》，四川师范大学硕士学位论文，2007 年 4 月。

苏利德：《绥远省银行在抗日战争中的历史作用》，《内蒙古统计》2013 年第 5 期。

孙建华：《民国时期县银行的变迁、缺陷及启示》，《经济研究导刊》2011 年第 7 期。

唐学智：《民国江西裕民银行述论》，南昌大学硕士学位论文，2008 年 12 月。

唐云锋、何运信：《论抗战时期国民政府与云南地方政府的金融博弈》，《云南财贸学院学报（社会科学版）》2006 年第 1 期。

唐云锋、刘涛：《试论 1914 年～1935 年云南地方银行与法国东方汇理银行的博弈》，《思想战线》2003 年第 3 期。

田茂德、吴瑞雨、王大敏整理：《辛亥革命至抗战前夕四川金融大事记（初稿）》（一），《四川金融研究》1984 年第 4 期。

田茂德、吴瑞雨、王大敏整理：《辛亥革命至抗战前夕四川金融大事记（初稿）》（二），《四川金融研究》1984 年第 5 期。

田茂德、吴瑞雨、王大敏整理：《辛亥革命至抗战前夕四川金融大事记（初稿）》（三），《四川金融研究》1984 年第 8 期。

田茂德、吴瑞雨、王大敏整理：《辛亥革命至抗战前夕四川金融大事记（初稿）》（四），《四川金融研究》1984 年第 9 期。

田茂德、吴瑞雨、王大敏整理：《辛亥革命至抗战前夕四川金融大事记（初稿）》（五），《四川金融研究》1984 年第 10 期。

田茂德、吴瑞雨、王大敏整理：《辛亥革命至抗战前夕四川金融大事记（初稿）》（六），《四川金融研究》1984 年第 11 期。

田茂德、吴瑞雨整理：《抗日战争时期四川金融大事记（初稿）》，《四川金融》1985 年第 1 期。

田茂德、吴瑞雨整理：《抗日战争时期四川金融大事记（初稿）》，《四川金融》1985 年第 3 期。

田茂德：《四川省银行要略（续）》，《西南金融》2003 年第 6 期。

田茂德：《四川省银行要略》，《西南金融》2003 年第 5 期。

屠涛：《历史上的富滇银行》，《传承》2009 年第 6 期。

万振凡、张开东：《论"政府主导模式"对中国近代地方银行发展的制约——以民国江西裕民银行为中心》，《江西师范大学学报（哲学社会科学版）》2009 年第 4 期。

汪昌桥：《安徽地方银行史略》，《安徽史学》1991 年第 4 期。

汪良平、袁丽琴：《缪云台与富滇新银行》，《大庆师范学院学报》2012 年第 2 期。

王冬梅：《国民政府时期的县银行研究（1940—1949）——以四川省县银行为例》，西南大学硕士学位论文，2011 年 4 月。

王恭敏：《浙江地方银行沿革》，《浙江金融》1987 年第 10 期。

王恭敏：《浙江金融史简述》，《浙江学刊》1989 年第 6 期。

王平子、马陵合：《金融监管体制下的地方银行——以民国时期安徽地方银行为例》，《历史教学（下半月刊）》2017 年第 11 期。

王庆德：《近代贵州金融业变迁中的省银行》，《贵州文史丛刊》2000 年第 4 期。

王彦龙：《浙江地方银行及其所发钞票——兼与李家洪先生商榷》，《收藏》2001 年第 6 期。

王迎春、王接福：《李汉珍与民国河南省银行》，《中州古今》1995 年第 5 期。

魏宏运：《重视抗战时期金融史的研究——读〈四联总处史料〉》，《抗日战争研究》1994 年第 3 期。

吴筹中、吴中英：《西康省银行及其发行的藏币券》，《中国钱币》1995 年第 1 期。

吴东海、汤根火：《关于浙江地方银行纸币的几个问题》，《东方博物》2004 年第 3 期。

吴篆中：《重庆银行与四川地方银行的钞券》，《西南金融》1989 年第 S1 期。

伍常安：《近代江西地方银行业的几个发展时期》，《历史档案》1990 年第 2 期。

夏彬洋：《广西银行业务研究（1932—1945 年）》，广西师范大学硕士学位论文，2013 年 5 月。

肖良武：《近代贵州金融制度变迁与金融市场研究》，《贵阳学院学报（社会科学版）》2006 年第 3 期。

肖良武：《近代贵州金融制度变迁与金融网络的建立》，《贵州社会科学》2006 年第 2 期。

萧良武：《贵州银行研究（1941—1949）》，《贵州文史丛刊》2007 年第 2 期。

萧山县支行金融志编写组：《民国时期的萧山县银行》，《浙江金融研究》1983 年第 1 期。

小河：《战时的湖南省银行》，《经贸导刊》1996 年第 9 期。

谢杭生：《清末各省官银钱号研究（1894—1911）》，《中国社会科学院经济研究所集刊》第十一集，北京：中国社会科学出版社，1988 年。

忻平：《论新县制》，《抗日战争研究》1991 年第 2 期。

徐荣、蒋耘、姚勇：《抗战时期浙江地方银行办理物资抢购事宜史料一组》，《民国档案》

2008 年第 3 期。

徐维喜：《谈谈旧河南省银行第一次的成立》，《河南金融研究》1984 年第 8 期。

阳福明：《张其煌与广西省银行券样票》，《收藏界》2002 年第 11 期。

杨斌、张士杰：《试论抗战时期西部地区金融业的发展》，《民国档案》2003 年第 4 期。

杨亚琴：《旧中国地方银行的发展》，《上海金融》1997 年第 4 期。

叶少宝：《局势发展与民国地方官办银行经营模式的转变——以抗战前广东省银行为例》，暨南大学硕士学位论文，2005 年 5 月。

忆亚、中英：《浙江官钱局、浙江银行及其发行的钞票》，《中国钱币》1991 年第 4 期。

易丹军：《近代湖南银行研究（1945—1949）》，湘潭大学硕士学位论文，2011 年 5 月。

易棉阳、姚会元：《1980 年以来的中国近代银行史研究综述》，《近代史研究》2005 年第 3 期。

袁常奇：《民国时期湖南省银行货币》，《金融经济》2008 年第 18 期。

袁克林：《四川地方银行及四川省银行纸币发行始末》，《东方收藏》2012 年第 9 期。

袁自永：《略谈毛泽民改组新疆省银行》，《新疆金融》1998 年第 10 期。

张朝晖、刘志英：《近代浙江地方银行与政府之关系研究》，《财经论丛》2006 年第 6 期。

张朝晖、刘志英：《浙江地方银行与近代浙江工商业》，《中国社会经济史研究》2011 年第 1 期。

张朝晖：《试论抗战时期大后方金融网的构建路径及特点》，《抗日战争研究》2012 年第 2 期。

张根福：《抗战时期银行界的迁移及其影响——浙江省个案研究》，《抗日战争研究》2001 年第 3 期。

张开东：《论江西地方政府与裕民银行（1928 年—1946 年）》，江西师范大学硕士学位论文，2008 年 5 月。

张丽：《1927—1937 年湖南银行业研究》，湘潭大学硕士学位论文，2011 年 5 月。

张奇峰：《新桂系时期广西银行市场化探析》，《广西财经学院学报》2009 年第 6 期。

张善熙：《民初的两个"四川银行"和两种"四川兑换券"》，《四川文物》1994 年第 4 期。

张晓辉、屈晶：《抗战时期广东省银行农贷研究》，《抗日战争研究》2011 年第 4 期。

张秀莉：《限制与利用：南京国民政府时期省银行发行权的沿革》，《史林》2010 年第 5 期。

张益民：《国民党新县制实施简论》，《史学月刊》1986 年第 5 期。

张正廷：《山西省银行片断回忆》，《山西文史资料》1997 年第 1 期。

赵俊：《抗日时期国民政府开发西北金融问题研究》，西北大学硕士学位论文，2004 年 3 月。

赵敏：《抗战胜利前后的绥远省银行》，《吉林省教育学院学报》2006 年第 5 期。

郑家度：《论旧广西银行的产生、发展和消亡》，《广西农村金融研究》1985 年第 6 期。

周玮：《浙江地方银行研究（1923—1949）》，浙江大学硕士学位论文，2007 年 5 月。

朱连熙、孟珉：《张宗昌与山东省银行钞票》，《中国钱币》1992 年第 1 期。

朱清华、李东：《民国期间陕西省五家银行发行的纸币》，《西部金融·钱币研究》2010 年增刊总第 4 期。

祝远娟：《民国时期广西银行与社会的发展》，广西师范大学硕士学位论文，2004 年 4 月。

六、主要研究著作

程霖：《中国近代银行制度建设思想研究（1859～1949）》，上海：上海财经大学出版社，1999 年。

戴建兵：《金钱与战争——抗战时期的货币》，桂林：广西师范大学出版社，1995 年。

戴建兵：《中国近代纸币》，北京：中国金融出版社，1993 年。

董庆煊、穆渊：《新疆近二百年的货币与金融》，乌鲁木齐：新疆大学出版社，1999 年。

杜恂诚：《金融制度变迁史的中外比较》，上海：上海社会科学院出版社，2004 年。

广西壮族自治区地方志编纂委员会编：《广西通志·金融志》，南宁：广西人民出版社，1994 年。

贵州金融学会、贵州钱币学会、中国人民银行贵州省分行金融研究所编：《贵州金融货币史论丛》，贵州中国人民银行金融研究所《银行与经济》编辑部，1989 年。

贵州军阀史研究会、贵州省社会科学院历史研究所：《贵州军阀史》，贵阳：贵州人民出版社，1987 年。

贵州省地方志编纂委员会编：《贵州省志·金融志》，北京：方志出版社，1998 年。

郭荣生编：《中国省银行史略》，沈云龙主编：《近代中国史料丛刊续编》第十九辑，台北：文海出版社，1975 年。

韩渝辉主编：《抗战时期重庆的经济》，重庆：重庆出版社，1995 年。

何长凤编著：《吴鼎昌与贵州》，贵阳：贵州人民出版社，2010 年。

《中国金融史》编写组：《中国金融史》，成都：西南财经大学出版社，1993 年。

胡致祥:《贵州经济史探微》,贵州省史学学会近现代史研究会编:《贵州近现代史研究文集》(之二),贵阳,1996年。

贾大泉主编:《四川通史》(卷七·民国),成都:四川人民出版社,2010年。

姜宏业主编:《中国地方银行史》,长沙:湖南出版社,1991年。

李平生:《烽火映方舟——抗战时期大后方经济》,桂林:广西师范大学出版社,1995年。

李清凌主编:《甘肃经济史》,兰州:兰州大学出版社,1996年。

李玉:《晚清公司制度建设研究》,北京:人民出版社,2002年。

陕西省地方志编纂委员会编:《陕西省志·金融志》,西安:陕西人民出版社,1994年。

时事问题研究会编:《抗战中的中国经济》,北京:中国现代史资料编辑委员会翻印,1957年。

四川省地方志编纂委员会编纂:《四川省志·金融志》,成都:四川辞书出版社,1996年。

四川省中国经济史学会、《中国经济史研究论丛》编辑委员会:《抗战时期的大后方经济》,成都:四川大学出版社,1989年。

孙健:《中国经济通史》中卷(1840—1949年),北京:中国人民大学出版社,2000年。

田茂德、吴瑞雨编:《民国时期四川货币金融纪事(1911~1949)》,成都:西南财经大学出版社,1989年。

熊大宽主编:《贵州抗战时期经济史》,贵阳:贵州人民出版社,1996年。

徐安伦、杨旭东:《宁夏经济史》,银川:宁夏人民出版社,1998年。

徐枫、赵隆业编著:《中国各省地方银行纸币图录》,北京:中国社会科学出版社,1992年。

徐矛、顾关林、姜天鹰主编:《中国十银行家》,上海:上海人民出版社,1997年。

杨重琦主编:《兰州经济史》,兰州:兰州大学出版社,1991年。

叶世昌、潘连贵:《中国古近代金融史》,上海:复旦大学出版社,2001年。

翟松天:《青海经济史(近代卷)》,西宁:青海人民出版社,1998年。

张公权著,杨志信摘译:《中国通货膨胀史(1937—1949年)》,北京:文史资料出版社,1986年。

中国人民银行总行金融研究所金融历史研究室编:《近代中国金融业管理》,北京:人民出版社,1990年。

重庆金融编写组编:《重庆金融》(上、下),重庆:重庆出版社,1991年。

周春主编:《中国抗日战争时期物价史》,成都:四川大学出版社,1998年。

周天豹、凌承学主编：《抗日战争时期西南经济发展概述》，重庆：西南师范大学出版社，1988年。

周勇、刘景修译编：《近代重庆经济与社会发展（1876—1949）》，成都：四川大学出版社，1987年。

后　记

　　近代中国的地方银行是中国新式金融机构中的重要组成部分，由于中国幅员辽阔，各省的地方经济发展差异很大，而各省地方经济发展的好坏，无疑与各省地方银行有着紧密的关系。早在 20 世纪末，当笔者还在复旦大学攻读博士学位时，就开始关注地方银行与地方经济这个问题，特别是当笔者 2002 年博士研究生毕业之后，到了浙江省杭州市工作，注意到浙江地方银行是近代中国省级地方银行中的佼佼者，它的成功直接促进了近代浙江地方经济的发展，笔者在浙江工作期间，即花费了较多的时间考察这个典型个案，并完成了《近代浙江地方银行研究》一书，该书于 2011 年获得国家社会科学基金后期资助，并在 2015 年由商务印书馆出版。在此期间，笔者因工作调动来到了重庆的西南大学，学术研究与关注的重点自然转到了"抗战大后方金融"领域，由于笔者对浙江地方银行的研究，发现抗战时期大后方的地方银行在整个战时西南、西北金融网中起着至关重要的纽带作用。于是，决定继续扩大研究范围，对抗战大后方地方银行做群体研究，规划了"抗战时期大后方地方银行研究"课题，申报教育部人文社会科学规划项目，并获得批准。本书即是在 2010 年度教育部人文社会科学规划一般项目"抗战时期大后方地方银行研究"（项目批准号：10YJA770033）基础上，经过修改完成的。

　　该课题从 2010 年 11 月 16 日批准立项之日起，历时五年才得以结项，主要是因为这一课题是一个学界研究相对比较薄弱的领域，可供借鉴和利用的成果与资料都比较少，而且抗战大后方所涉及的地域十分广泛，包括西南、西北地区的四川、云南、贵州、西康、广西、陕西、甘肃、宁夏、青海、新疆及重庆市等十省一市，需要课题组独立搜集大量第一手资料，耗费的时间远远超出了预期。

　　在这五年的时间里，笔者通过对大后方主要省市如四川省、贵州省、陕西省、甘肃省、云南省、重庆市等省市档案馆以及台湾"国史馆"、中国国民党"党史馆"的查访，搜集了大量抗战大后方省、县地方银行的未刊档案资料，同时对抗战时期最为重要的经济金融类报纸杂志和已出版档案文献进行了"地毯式"搜集，并经过认真严谨的梳理、对比和分析，使课题研究具备了充分的第一手史料，使研究成果建立在坚实的信史基础上。基于更深入的思考与认知的提升，笔者对原有的课题设计从体例、构思到内容都进行了调整、充实和进一步的完善，将原来的五章增加到了七章，鉴于省地方银行在抗战大后方金融中的重要作用，将原来的"第三章 战时大后方省银行机构的发展与变迁"拆分为三章内容，即现在的"第三章 全面抗战时期省地方银行的变迁""第四章 全面抗战时期西南地区省地方银行组织机构和业务的发展"及"第五章 全面抗战时期西北地区省地方银行组织机构和业务的发展"。扩展之后，不仅从宏观上梳理了全面抗战时期省地方银行的发展演变，而且在此基础上，对省地方银行的地位变化与特征进行了总结，进而还分区域对西南、西北地区的省地方银行进行了个案剖析。五年的研究，使项目预期研究计划不仅得到很好的执行，而且笔者自信，研究成果无论数量还是质量都超过了预期。

在完成课题结项之后，因为出版经费问题，暂时没能付梓，但笔者的研究并没有停止，而是在结项书稿的基础上，不断完善与打磨，直到 2017 年获准西南大学中央高校基本科研业务费专项资金项目"抗战大后方的经济发展与社会变迁研究"创新团队项目立项（项目批准号：SWU1709122），才使得本书的出版有了经费上的支持，最终在科学出版社杨静女士和王媛女士的关心及帮助下才得以出版。本书的出版还得益于不少前辈、朋友和同事的大力关怀和支持，在此，一并表示衷心感谢！由于笔者学识和能力所限，本书在所难免会存在不足之处，诚挚期待读者的不吝赐教。

刘志英

2018 年 11 月 22 日